U1008862

陶富源文集

第12卷

学术论文写作通鉴

陶富源◎著

安徽师范大学出版社
ANHUI NORMAL UNIVERSITY PRESS
·芜湖·

责任编辑:张奇才　吴顺安

谢晓博　陈　艳

装帧设计:张　玲　王晴晴

责任印制:桑国磊

图书在版编目(CIP)数据

学术论文写作通鉴 / 陶富源著.—芜湖:安徽师范大学出版社,2016.5(2024.7重印)

(陶富源文集)

ISBN 978-7-5676-2281-4

Ⅰ.①学… Ⅱ.①陶… Ⅲ.①马克思主义哲学—论文—写作 Ⅳ.①H152.3

中国版本图书馆CIP数据核字(2015)第280327号

学术论文写作通鉴

XUESHU LUNWEN XIEZUO TONGJIAN

陶富源　著

出版发行:安徽师范大学出版社

芜湖市北京中路2号安徽师范大学赭山校区　邮政编码:241000

网　　址:http://www.ahnupress.com/

发 行 部:0553-3883578　5910327　5910310(传真)

印　　刷:江苏凤凰数码印务有限公司

版　　次:2016年5月第1版

印　　次:2024年7月第2次印刷

规　　格:700 mm × 1000 mm　1/16

印　　张:23.25　　插页:2

字　　数:386千字

书　　号:978-7-5676-2281-4

定　　价:129.00元

凡发现图书有质量问题,请与我社联系(联系电话:0553-5910315)

出版前言

陶富源（1944.11.3—），江苏海安人，1969年7月毕业于北京大学哲学系，安徽师范大学马克思主义学院教授，博士生导师。曾任中国历史唯物主义学会常务理事、中国人学学会常务理事、国家社会科学基金学科评审组专家，终身享受国务院政府特殊津贴。获全国模范教师、省级教学名师、省十大杰出教师、省五一劳动奖章、安徽好人等10多项荣誉。主持和完成国家社会科学基金项目3项。独撰和合作出版著作、译作13部，发表论文240多篇，其中在《中国社会科学》《哲学研究》《马克思主义研究》发表论文20篇。获省部级教学科研成果一等奖、曾宪梓教育基金会高等学校教师奖三等奖等10多项奖项。

《陶富源文集》原10卷本，390余万字，于2016年5月由安徽师范大学出版社出版。2023年12月，陶富源先生又增加2卷本内容，并对原有10卷本进行修订，现为12卷本，470余万字。各卷的书名分别是《形上智慧论》《实践主导论》《终极关怀论》《哲学与马克思主义哲学》《青年马克思与费尔巴哈》《唯物辩证论与实践智慧》《唯物史观在当代》《政治文明的哲学观照》《精神家园的哲学守望》《面向世界的哲学沉思》《流年履踪的哲学随想》《学术论文写作通鉴》。

本套文集为陶富源先生从事马克思主义哲学研究50多年成果的结集，分别以哲学基本理论、马克思主义哲学基本理论、马克思人学基本理论、马克思主义辩证论、历史论、价值论、政治论、精神论等为主题，对学术界的既有成果给予了科学概括、论证和创造性理解、说明。本套文集视野开阔、时代气息浓郁、学术品味醇厚，全景式展现了一代哲学家的思想轨迹和学术贡献，从一个侧面反映了中国哲学理论研究的新进展和新成就，对推进中国哲学理论研究具有重要的学术价值。

由于收入本套文集的大部分作品为公开出版或发表过的，因此为了保留原作的本来面貌，除对个别文字、标点符号、部分参考文献作必要的技术处理外，对原文不作实质性改动。文集难免有文字讹错之处，敬请方家批评指出，以便今后重印时改正。

安徽师范大学出版社

2024年7月20日

总　序

哲学是时代的产物。

党的十一届三中全会开启了中华民族走向经济腾飞、文化复兴的伟大时代。这是一个古老民族从挫折中总结，于艰难中奋起，不断走向昌盛的时代，是一个解放思想、继往开来、锐意革新的时代。

沐浴着时代风雨，鼓荡起哲思才情，50多年一路走来，我共独撰和合作出版了著作和译作13部，发表学术论文240余篇，这些是我在哲学旅程中的一些思考和记录。在发表的论文中，有近半数的论文被《新华文摘》《光明日报》《中国人民大学复印报刊资料》《全国高等学校文科学术文摘》等转载、摘介和被多种著作所引用。

我信奉马克思主义哲学，因为它是指引人类走向彻底解放的真理，是科学的哲学。和一切科学一样，马克思主义哲学会随着时代的变化而发展。它的某些具体结论和具体原理，有的可能有错而被证伪，有的也会过时而被取代，但其基本原理具有持久的生命力，是不会从根本上被驳倒，被推翻，因而是必须坚持的。当然，马克思主义哲学的基本原理也要与时俱进，要经过不断改进、补充和丰富，从而能更系统、更全面、更正确地反映不断发展着的时代精神。

我这几十年来，除对自己留意以外，确也时时想到国家，想到社会，想到自己的责任，因而对治学始终持一种认真的态度，并以能为马克思主义哲学的宣传和发展尽自己的一点微力而感到欣慰。

承蒙学界朋友的鼓励和支持，我对多年来撰写和发表的部分文稿进行了梳理和审定，按相关专题，分成12卷出版。这12卷的书名分别是《形上智慧论》《实践主导论》《终极关怀论》《哲学与马克思主义哲学》《青年马克思与费尔巴哈》《唯物辩证论与实践智慧》《唯物史观在当代》《政治文明的哲学观照》《精神家园的哲学守望》《面向世界的哲学沉思》《流年履踪的哲学随想》《学术论文写作通鉴》。

收入该文集的个别文章在发表时因各种原因删减较多，现恢复原稿，这种情况已在文中作了说明。其余文章，除个别文字校正外，未作修改，以保持原貌。有少量文章是与别人合作撰写的，对此在书中也有标明。

本文集的出版，得到了安徽师范大学领导、安徽师范大学马克思主义学院领导的大力支持，得到了我的学生兼好友王平、陶庭马、汪盛玉、方芳、金承志、马和平、杨晶、张涛、黄友生、刘洋、毛加兴等的帮助，得到了我的家人的关怀，也得到了安徽师范大学出版社的鼎力相助。对各方的支持，谨此致以衷心的谢意。

陶富源

2024年6月20日

2016版序言

一

我之所以喜欢写作，还得从小时候的事情说起。

我父亲是个农民，读过几年私塾，识得一些字，看过不少书。听我二姑说，我父亲年轻时很喜欢看书。那是在解放以前，家里很穷，住的房子既小又破。阴雨天，房顶多处漏雨，只有灶台后面烧火处有一块干燥的地方。每逢阴雨天不能干活的当口，我父亲就不管不顾，一个人躲在灶台后面，心安理得地读书。为此，我的二姑，他的二姐没有少生他的气。在农闲时节，我家每天晚上吃完饭，洗漱一下，为了节省灯油，也就早早把灯熄了。但不是马上躺下睡觉，而是一家人（我父、我母、我姐和我）坐拥在被窝里，听我父亲讲故事。这是我们全家人一天中最快乐的时光，也是童年时代留给我的最美好的回忆，像枕边的一道暖光照亮着我今后的读书生涯。

可能是受父亲的影响，在上乡村小学来回的路上，我也爱给同行的小伙伴们讲故事。先是讲听来的和从书上看来的故事，后来这些故事讲完了，拗不过小伙伴们的请求，我只得自己编故事来讲。

可能是得益于这种讲故事和编故事的训练，促进了我的写作能力的提高。在作文点评时，我写的作文经常得到语文老师的表扬。这种表扬又进一步促进我更多更认真地看书读报，并用一个小本子，把当时认为可以运用于作文的一些美言佳句记下来，从而形成了某种良性互动。

1958年，我到海安县中学就读。该校前身为私立紫石中学，是由曾任江苏省省长的著名爱国人士韩紫石于1939年倡办，1956年更名为海安县中学。该校教风严谨，学风端正，蔚为风气，誉满江苏。在该校学习的六年中，我受到了良好、扎实、系统的基础知识教育和基本技能的训练。各门功课，成绩名列前茅。尤喜语文、政治、历史等科目。其中，对语文喜之更甚。主要原因是，我的作文不时被语文老师拿到本班和同年级平行班去作范文展示。对我来说，这是一种莫大的鼓励和鞭策。

二

1964年，我考入北京大学哲学系。这里真正成了我学术旅程的起锚之地。

当时给我们班授课和我接触比较多的，有黄枬森、许全兴、杨克明、施德福、孙伯鍨等后来成为海内名哲的多位先生。

北大老师所采用的研讨式的授课方式，给我留下了深刻印象，从中获益良多。我后来成为大学教师后，也一直采用这种方式给学生授课，并受到广泛好评。

研讨式的授课方式，不同于我在中小学阶段那种习以为常的灌输式的授课方式。这种授课方式是把既有的书本知识作为理解和记忆的对象，老师的讲课就在于帮助学生理解和掌握这种书本知识。不过，在基础教育阶段，采用这种方式可能是必要的。

研讨式的授课方式则是把书本知识作为研究对象，它是以问题为中心，即以教师提出的问题和学生按老师指定书目通过学习提出的问题为中心，经过探讨和讨论，去寻求解惑之路，从而展开其教学活动。另外，教师的讲评、引申、总结也是以问题的步步深入来引领，并贯穿其讲授内容。

这种研讨式的教学方式使我们的学习由被动转为主动。为了准备讨论会上的发言，每个人都要按教师指定的书目认真看书，认真准备。在小组会上、在学生宿舍里，大家有时为一个问题而争得不可开交，其场面之热烈，现在回忆起来还历历在目。不仅如此，这种研讨式的教学方式，还养成了我们遇事进行审视、质疑、思考和追寻的学术品质。我认为，这是北大赐予我的、令我终身受益的最宝贵的精神财富，也是我在后来能取得一些科研成绩的一个重要原因。

另外，与黄枬森先生的交往中，我第一次懂得，学马克思主义哲学不仅要读哲学教科书，重要的还要读马克思主义原著，要读经典。在与许全兴先生的交往中，我第一次知道，书不仅要认真读，而且要做读书笔记。在与杨克明先生的交往中，我知道了，在高校当教师不仅要教好书，而且要搞好科研，要发表文章。在北大，我读的第一本马克思主义经典著作是恩格斯的《反杜林论》，并学着许先生的样，也做起读书笔记来。从那时起，特别是后来走上高校教师岗位，我读了不少经典著作和其他著作，坚持做了几十年的读书笔记。我深切体会到，一门学科的经典是该门学科的根基，只有阅读经典，才能打牢这个根基。做读书笔记，是做学问的不二法门，只有坚持做读书笔记，才能在学术上不断积累和不断进步。

三

1970年3月我离开北大，到安徽省6377部队阜阳县插花庙农场劳动锻炼，于1971年3月被分配到芜湖师专（该校2005年并入安徽师范大学）任教，并于1995年调入安徽师范大学任教。

随着全国高校从七七级开始恢复毕业论文写作及答辩制度和实施学位制度，特别是现代化进程中知识经济的兴起和我国科教兴国战略的实施，也就使加强学术素质教育，成为高校的一项紧迫之事。因此，传统教育模式存在的那种重知识传授，轻科研能力培养的偏颇亟待纠正。不少学生反映，他们是在不知学术论文为何物的情况下写作毕业论文的，因而写得很苦、很累。

为了改变这种状况，我于20世纪80年代（1985年前后），在总结自己多年治学经验和教训的基础上，开始给学生开设“学术论文写作”专题讲座，由于反响热烈，该讲座不仅坚持多年，而且得以升格，作为安徽师范大学政教专业必修课（1996年）和全校公共选修课（2000年），以“文献检索和论文写作”为课名，被正式列入人才培养规划和教学计划。

作为该课程的主讲教师，对于这门课程的教材建设，我义不容辞。但因手头资料稀缺，只能边摸索、边积累、边前进。在草创阶段几乎是白手起家，开始从拟定“讲课提纲”起步，到补充丰富为“课堂讲义”，经过多年探索总结，在“课堂讲义”的基础上，进一步加工整理为一本书：《学术论文写作通鉴》，由安徽大学出版社于2005年出版。

该书出版以后，被安徽师范大学和一些高校作为“学术论文写作”课的教材和参考读物使用，获学生好评。该教材在安徽师范大学使用，至今已历10年，从中积累了不少经验。正是在吸取了这些经验的基础上，对该书进行了补充和修订，并再版。此次再版，坚持和发扬了初版关于把学者的学术担当与学术积累和学术创作作统一理解和系统展开的特点。另外，作为一本为大学生和青年学者写的治学入门书，为了使他们喜欢，也力求写得通俗些、生动些，富有情趣些。当然，这个目的是否达到，不得而知。这只能由读者去评判。总之，希望该书的再版，能对刚刚走上科研道路的青年继续有所帮助。

陶富源

2015年10月20日

2005年版序言

自20世纪80年代以来，相对稳定的学术研究在我国开始恢复。

随着思想解放运动的不断深入，现代化建设的突飞猛进，以及各项有关制度（学位论文制度、职称制度、研究基金制度、科研成果奖励制度等）的相继恢复和建立，我国的学术建设获得了长足发展。科研队伍不断壮大，人们的科研积极性空前高涨。可以说，这二十多年来硕果累累，人才辈出，是新中国历史上学术最活跃、最繁荣的时期，在研究的深度和广度上是以往任何时期所不可比拟的。

但在充分肯定成绩的同时，我们也应该看到，我国科研的总体水平还比较落后，与世界上一些发达国家相比还存在着较大差距，与中国社会主义建设的需要还不相适应。另外，“文革”期间使老中青几代人学术荒疏所造成的滞后影响还不可能在短期内消除，改革开放以来社会转型过程中的“文化失范”还有待克服，特别是市场经济条件下的“市场效应”对学术研究的负面作用还将长期存在。由于上述多种因素的综合作用，一个时期以来，学术浮躁、学术违规，以至学术腐败等的不良风气得以滋生弥漫，严重危害着我国学术事业的健康发展。因此，必须下大力气，去做好多方面的工作，为健全学术规范、学术管理机制和提高学人的学术自律意识而努力。

俗话说：“学坏容易学好难”。为了抵制上述不良风气对那些涉世不深，但又急于开辟自己学术天地的青年学子的影响，为了切实提高他们的科研水平和写作能力，就必须在这方面给青年学子以帮助和指导。

陶富源教授的《学术论文写作通鉴》是有关如何治学与如何写作的一本书。它是为初学写作者、为青年学生而写的。

该书是一本视野开阔、立意高远、系统论述治学与写作规律，富于实际操作性和带有个性色彩的学术论文写作著作。其特点有以下几个方面。

第一，研究视野开阔。本书着眼于人类学术史的实际，以马克思主义哲学为指导，系统地论述了学术研究与论文写作的一般性问题，以30多万字的篇幅比较完整地建构了研究与表述理论的基本框架。全书共分十三章，采用多元视角，分别论述了学术研究的意义，学术研究的起步、境界、途径，学术论文的内涵、选题，学术资料的搜集、运用，学术论文的立意、提纲、编写格式，以及学术论文的标题、开篇、本论、结论、语言等诸方面。各章相对独立，又浑然成篇。整部著作中，内容涵盖宽广，材料引用翔实。

第二，整体立意高远。治学的目的是什么？或者说，为什么要从事学术研究与论文写作？这是本书花了不少笔墨论述的一个根本问题。针对这一方面的种种不正确见解，作者立足于当今知识社会，从人类科学发展的高度，明确指出："论文写作的目的是为着人类理性的提升"，"是对人类实践经验的总结和提高人类活动的理性自觉"，是为了"探索规律，揭示真理，除旧布新"。在当今知识社会的背景下，学会治学与写作，更有其重要意义。由此，作者认为："学者的责任和使命就是学习知识、传播知识和创造知识。""学术、文化和教育是延续一个国家、一个民族精神的命脉所在。""做学问的人，懂得了自己所从事的科研工作的意义，心中燃烧着一团圣火，就会无所畏惧，勇往直前。"书中的这些论述高屋建瓴，意蕴深刻。全书以此作为根本指导思想，对学术研究和论文写作中的一些重要问题，比如科学研究与社会进步、治学与寂寞、治学与辛劳、治学目标选择中的社会需要与个人兴趣、学术规范与学术创新、学术与大众等的关系问题都做出了具有新鲜感的说明。

第三，文章思路新颖。在知识界，谈治学、谈写作的论著不少，但是把治学与写作为一个整体来加以说明的论著并不多见。而这正是本书的一个特点。书中认为："治学要有所成就，就离不开勤于动眼、动脑和动手"，即必须把"多学、深思和动笔"结合起来。就三者的关系来说："学为基础，思为主导，用为目的"。作者还指出："读到的知识可能暂时属于你的，记下来的知识可能长期属于你的，运用起来的知识才是真正属于你的。"因此，脱离了学术论文写作，脱离了知识的运用，治学就失去了目的，治学就难以有所成就。而从学术论文写作，即表述的角度来说，书中指出，要“言而有物、言而有序、言而有文”。而“要做到言而有物，就必须治学有得；要做到言而有序，就必须符合逻辑；要做到言而有文，就必须讲究修辞”。书中围绕上述见解所表达的思路，设章立节展开全书的内容，不仅角度新颖，思路清晰，而且各部分相映成趣。

第四，富于个性色彩。不少谈治学、谈写作的著作，所论往往比较抽象。即谈“应该做什么”的多，谈“如何去做”的则比较少，因而缺少可操作性。本书作者涉猎了中外学者治学与写作的经验，吸取了前人有关如何写作论文的研究成果。书中许多典型材料和名言、佳句给人以深刻的印象。更为值得称道的是，作者在广泛吸取、综合前人成果时，融进了自己长期从事科学研究的经验与体会，从而使内容更加丰富生动，并富有个性色彩。本书在写作手法上遵循理论与实践相结合的原则，力图避免上述缺陷。在对一些问题的论述中，既有理论的分析，又有实例的佐证；既有规范性的一般说明，又有关于操作要点及注意事项的具体提示。比如，书中在论述了“向名师请教是科学道路起步的关键”这一观点以后，接着就如何向名师请教，列举了四条途径。又如，在分析了做读书笔记的重要性以后，接着就如何做读书笔记谈了自己的六点体会。再如，对文章如何开头以及如何结尾不仅归纳了常用的几种方式，而且在介绍每种方式时，还辅之以范例的展示和说明。至于学术论文的关键词如何正确选择，书中详细地说明了五点注意事项。凡是涉及操作性方面的问题，该书都有类似的具体说明。作者之所以能做到这样，主要是因为作者本人是一位长期从事教育和学术研究的学者。

富源同志1964年秋入北京大学哲学系学习。那时我刚毕业后留系任教，当了六四级新生一个多月的班主任。到了10月中旬，我就下乡“四清”去了。时间虽短，但由于搞入学教育，很快就与同学们搞熟了，许多同学给我留下了较深的印象。富源同学是苏中人，农家子弟，敦厚淳朴，好学上进，这是他给我的最初印象。“文革”中，他不是“积极分子”，不参与派性斗争，而是抓紧时间，看书学习。大学毕业后，他到安徽芜湖工作。他忠诚党的教育事业，成绩显著，一度被推上领导岗位，任芜湖师范专科学校校长。到安徽师范大学后，他不慕官位，而独钟于学术事业，有志于献身马克思主义哲学的教学与研究。

他虽不在大城市、名大学执教，但由于他对所钟情事业的执着，几十年如一日，锲而不舍，最终取得了令人欣喜的成果。他在《哲学研究》等刊物发表学术论文一百四十余篇。他的《形上智慧论——哲学的当代沉思》《实践主导论——哲学的前沿探索》《终极关怀论——人的哲学之悟》三大著作，构成了一家之言。富源同志好学深思，他的文章和著作富有新意，做到了坚持与发展的统一。他学风端正，文风朴实，讲究章法，注重修辞，在治学与写作上积累了丰富的经验。本书可以说是他长期进行科研与写作经验的结晶，因此读来倍感亲切，颇为实用。

本书的不足之处也是有的。我认为主要是对象过宽。本书所论的学术研究与论文写作的对象囊括了全部自然科学和哲学社会科学的学术研究与论文写作。这两大类的学术研究与论文写作，固然有其共性，但对读者而言，更适用的是它们各自的特点，因为这两类的学术研究与论文写作的差异实在太大。事实上，作者因其自身专业所限，主要讲的也是有关哲学社会科学的学术研究与论文写作。倘若作者定位在这一方面，或许可以写得更深入些，更切近于这部分读者的需要。

如作者在书中所言，学术研究与论文写作虽无秘诀可授，但却有规律可循。了解前人治学、作文的经验，懂得了科研、写作的规律，无疑可少走不必要的弯路。富源的这部著作是一本有关治学、写作的好书，它对于纠正学术界的浮躁作风，促进我国的学术建设，对提高人们的科研能力，尤其是帮助青年学子在学术上尽快地成长和进步，都是有益的。因此，我乐意向广大读者推荐这部著作。

许全兴

2004年11月2日于北京

目　录

绪论　学术研究与科学发展

盖文章，经国之大业，不朽之盛事。年寿有时而尽，荣乐止乎其身，二者必至之常期，未若文章之无穷。①

——曹丕

我们应该寻找智慧，因为智慧创造了万物，智慧教授一切。……我们应该借助科学研究接近对各种事物的普遍认识，接近“泛智”，接近包罗万象的而且各部分协调的完全的智慧。②

——［捷］夸美纽斯

在马克思看来，科学是一种在历史上起推动作用的、革命的力量。③

——［德］恩格斯

对知识分子，特别是高校的教师和学生来说，能书善文是一个必备的、重要的能力要求。这里的“能书”是指，能用书面语言进行写作；“善文”是指，表达得好，有文采。能书善文，通俗地说，就是要学会写作；对从事专业工作的知识分子来说，就是要学会论文写作，特别是学术论文写作。

对于为什么要写作学术论文，我曾在大学生中做过一些调查，发现有不少学生把写作学术论文看作一种无可奈何之事。言下之意，是学校有这方面的规定。即本科生、硕士生和博士生要拿到毕业文凭，

① 曹丕：《典论·论文》。

② 转引自钟楠编：《世界名人名言集》，261页，上海：世界图书出版公司，2001年。

③ 《马克思恩格斯文集》第3卷，602页，北京：人民出版社，2009年。

要获得相应的学位证书，在毕业以前，就要完成一篇达到一定规格要求的专业学术论文；另外，各种专业技术职称的评聘，也要求申请者必须发表和提交一定数量和水平的科研成果（包括论文和专著）。

由于有这一方面的规定和要求，于是，有些人便把写作学术论文当作一项单纯的任务来完成，把它视为一块敲门砖，如果门一旦被敲开了，那么也就打算把它扔掉了。

由于抱着这样一种肤浅的认识，因而有的毕业生并不认真对待毕业论文写作，不以追求论文的高水平、高质量为目标，而是以能被通过、能达到及格为满足。还有人东拼西凑，搞所谓“拿来主义”。另外，在评定职称过程中，下述情况也并不罕见。有的人在评定职称以前，着实拼命干了几年，所以，取得的成果也颇为丰富。可在评上职称以后，原来的那种劲头也就没有了，于是难得有新的成果发表。

这种情况的存在，一方面与我们现存的制度，比如研究生培养制度和实际存在的职称终身制有关。拿职称评定来说，由于职称的评聘没有真正分开，因而使当事人并不感到外界的压力，于是心安理得，得过且过（当然，随着这方面改革的深入，这种状况将会得到改变，这是无疑的。可喜的是，一些院校正在推出一些改革措施，如职称以聘代评的制度改革，毕业生论文匿名评审制度的推行等）。

另一方面，也是主要的，与当事人的认识有关。即一些人只看到写论文与拿文凭、拿证书的关系，而没有看到这项要求背后的更深刻、更本质的原因。即没有把学术论文写作视作学人应该具有的一种学术素质（在中国古人那里，如果说某人不学无术，那可是一个特别严重的问题），是学人履行社会职责所应掌握的一种看家本领。

说大学生如何特别，我不赞成，但把大学生混同于普通老百姓，我也不赞成。

美国学者马丁·特罗教授曾以一个国家高等教育入学人数在适龄青年中的所占比重（我国俗称“毛入学率”）为指标，把高等教育划分为精英化教育（毛入学率在15%以下）、大众化教育（毛入学率在15%—50%之间）和普及化教育（毛入学率在50%以上）等三个不同阶段（1970年美国的毛入学率为40%，英国为19.9%；1975年，西德为19.5%、瑞典为24.8%、意大利为31.1%；中国2002年为15%，2003年为17%，2006年为22%）。我国大学教育从2002年开始进入大众化阶段以后，毛入学率不断升高，但大学生或受过高等教育的人数，在总人口中的比重仍然偏低，与一些发达国家相比，还存在很大差距（2007年，我国这个比重为5.57%；而同年，美国为35%，日本为23%）。

但不论在什么国家，是发达国家，还是发展中国家，受到高等教育的这一群体，对于社会发展的推动作用却是巨大的。这是为什么呢？这是因为受过高等教育的这一群人，他们有文化、有知识、有专业技能，因而更善于继承、更善于总结，也更善于创造和表达。可以说，包括大学生在内的广大知识分子是社会的大脑。他们的工作，特别是学术研究工作，说到底，是不断引导社会走向理性自觉。

在这个意义上说，科学研究是一项不朽事业。什么叫不朽，不朽就是不死。人的肉体不可能永垂不朽，但人的道德、事业、文章可以不朽。《左传》曾言："太上有立德，其次有立功，其次有立言；虽久不废，此之谓不朽。"所谓立德，就是树立崇高的道德境界，足以垂范后世，永为表率；所谓立功，就是为国为民立下丰功伟绩，他的成就变成社会和历史的一部分；所谓立言，就是他的传世之作和教导，构成了民族和人类文化的一部分，永为后人所享用。

在这个意义上说，历史上那些立德、立功、立言之人，都是死而未死。南宋有位诗人写道："遗表不随诸葛死，《离骚》常伴屈原生"，讲的就是这个意思。徐干在《中论·夭寿篇》中说："其身殁矣，其道犹存，故谓之不朽。"司马迁在《史记·孔子世家赞》中赞叹道："天下君王，至于贤人，众矣，当时则荣，没则已焉。孔子布衣，传十余世，学者崇之。自天子王侯，中国言六艺者，折中于孔子，可谓至圣矣。"俄罗斯伟大诗人普希金在其名著《纪念碑》中有言："不，我决不会完全死去：我的灵魂在遗留的诗歌中，将比我的骨灰活得更长久。……我所以永远能被人民挚爱，因为我曾用诗歌，唤起过人们善良的感情。"①

作为三不朽之一的"立言"，主要是指著书立说，就是写文章。从前文所引曹丕的论述可知，他对写文章的评价很高。认为著书立说，对资政治国的大业来说，是一件不朽的大事。人总是要死的，因而与

① 转引自张守仁：《死是一个必然会降临的节日》，《新华文摘》，2017（18）。

生命相伴随的那些荣耀、享乐也会随之消失。即使人的寿命再长，也不及文章的影响之久远。

曹丕在这里是从政治角度说的。如果从思想、学术角度说，好文章是人类的精神之花，智慧之果，能使人眼睛一亮，豁然开朗；天地一宽，境界升华！能使人走出误区、盲区，解放思想，破除牢笼；能在滚滚红尘中净化心灵，唤起良知，提高理性，激发无穷创造力。一篇好文章、一本好书，往往能拯救众多的灵魂，振奋千万人的精神。特别是重要的创新文章，甚至能影响一个时代的追求，形成一股思潮，引发一场革命，促进重大社会问题的解决。好作品，好论著，如火炬，似灯塔，引领人类前进的方向，如春风化雨，似江河行地，滋润着人类的心田。好文章、好作品是生产力、战斗力，是认识世界改造世界的工具和武器，驱动着科学与文化的双轮，使时代走向进步，社会走向和谐，人生走向美好。

好文章，特别是好的学术文章，是通过艰辛的努力，即学术研究而成就的。因此，科学的发展，社会的进步，离不开科学研究的促进作用。

一、学术研究促进了人类科学和社会的发展

（一）学术研究促进了人类理性的提升和社会的发展

在生物进化史上，狗的起源比人早。在地球上还没有产生人以前，狗已经有了，但那时的狗是野狗。人类起源以后，部分野狗变成了家狗，变成了人的工具（猎狗、看家狗等）或人的宠物。不过狗还是狗，在基本属性方面没有多大改变。人的资格虽然没有狗那么老，但人的发展却是十分巨大的。这是因为，狗和人以外的其他一切动物只有生物遗传、生物进化，而人除了有生物遗传、生物进化以外，更为重要的，人还有社会遗传、社会进化。即一个人或一代人能够通过社会劳动、社会交往、语言交流、书本学习，继承别人或前人的文明成果，在新的更高的起点上开始自己的发展。

在人类发展史上，先有劳动，然后在劳动基础上产生了语言，继而产生了文字。有了文字以后，就有了写作，有了文章，包括有了学

术论文。

文字的产生是人类进入文明时代的基本标志之一。

公元前25世纪，古埃及人把文字写在纸草（芦苇的一种）上。两河流域的苏美尔人把文字写在润湿柔软的泥版上（小亚细亚的凯尔地区，发现了焙土块上有尖笔写的文字，写此字时约为4000年前，现存英国博物馆），因其笔划像楔子或箭头，所以称为“楔形文字”。在我国，汉字大约起源于五千年前。现在在陕西西安半坡遗址挖掘中，出土的器皿上已有文字形的图案，对此文字现在还不能破译。汉字较为系统地运用，大约在四千年前。汉字产生以后，经过了“象形——表意——形声”这几个阶段，开始用最简单的方法记载历史，例如王朝谱牒。这应该在夏朝就有了，到了距今3400多年的商代的甲骨文和金文已相当成熟。甲骨文是写在甲骨上的文字。19世纪末期开始，在河南安阳小屯出土了大量甲骨文甲片，说明那时的中国，就已经存在大量文字书写的典籍。

而与世界上其他文明不同的是：甲骨文与古埃及、古巴比伦和玛雅等文明所创造的文字，虽然被称为“人类四大文字发明”，但后三种文字却随着文明湮没而不复存在，并没有什么经典和文献流传下来。

有了文字，就有了文章。古代文章，或简称古文的写作，其内容大体可分为四类：一是应用文写作（书信、公文、契约、单据等）；二是文学艺术创作（诗词歌赋、戏曲小说等）；三是历史记述（例如中国的廿四史）；四是论文写作。

从功能上说，应用文写作服务于日常应用（在日常公务和私务活动中直接发挥效用），文学艺术创作是为着娱情教化（愉悦心情，敦化风俗），历史记述是为了以古鉴今，论文写作是为着人类理性的提升。也就是说，是对人类实践经验进行理性总结，从而提高人类活动的理性自觉。或者说，是为着探求规律，揭示真理，除旧布新。

古代论文的表现形式，其发展，是从论断式、提要式，前进到论证式、推理式。

这是因为论文作为人类理论成果的表达，是以抽象思维能力的一定发展和理性认识成果的一定积淀为前提的。

人类早期的认识是直观性认识，人与自然处于天然的统一之中，主体和客体浑然一体。那时人类的认识还处于童年时代，还没有抽象思维能力，认识事物离不开事物的具体形象，或是借助形象来反映事物。人类思维的进一步发展，是在对具体事物的形象进行直观认识的基础上，借助抽象和概括，而形成一般的概念和判断。

与人类认识的这种发展相适应，人们的思维表达一开始表现为论断式、提要式。经过这样一个阶段以后，才进一步表现为论证式、推理式。

在中国古代，孔子、老子的思想表达大体属于前者，即论断式、提要式的，当然其中也有论证，但论证比较简单。比如，孔子的“温故而知新”“后生可畏”“仁者爱人”等命题，都仅是论断，而没有论证。当然，这也为后人的论证解释提供了较为宽广的空间。这从而也才有了所谓“常解常新”之说。

在西方，从泰勒斯、赫拉克利特，到智者派的普罗泰戈拉，他们的思想表达也是论断式、提要式的；中经苏格拉底到柏拉图，特别是亚里士多德已经用推理、论证的形式来表达思想。

在中国，到了战国时代，不少思想家的思想表达就有了比较多的论证性、推理性。古代遗留下来的经后人编辑而成的一些著作，如《孙子兵法》《荀子》《韩非子》等，就分别是孙武、荀况、韩非等的论文集。比如，荀子的《劝学》不仅讲人要学习知识，而且讲了人为什么要学习。因为人不是生而知之，而是学而知之。另外，只有学习前人，才能超过前人。所谓“青，取之于蓝，而青于蓝；冰，水为之，而寒于水”。不仅如此，《劝学》还讲了怎样学习：“用心一也”“契（锲）而不舍”等。不难看出，这里的论证不仅有了条理性，而且有了连贯性。

不过，需要指出的是，古代先人的那些论断式、提要式的思想，在思想史上的地位是极为重要的，而且这种地位是后人不能取代的。因为他们的思想开辟了后世各种学说的先河，起了学术奠基的作用。另外，也因为有了这些最初的思想，从理论角度来说，后人才有了议论的思想材料，才有了论证的思想依据，从而也才有了完整意义上的议论文这种文体。

古代论文中，占突出地位的是哲学论文、政治论文、军事论文等。哲学论文论天人关系、论真论善论美，政治论文论治国之道、用人之道、赏罚之道，军事论文论战争与政治、攻城与攻心、进攻与防御、奇袭与伏击，等等。

“道”，从客体向度说，就是对事物普遍规律的指谓；从主体向度说，就是人认识和改造世界所应遵循的根本原则。人生的根本原则被称之为做人之道，治国安邦的战略原则就是常言的治国之道。主体之道实际是客体之道的实践化、生活化。因此在这个意义上说，“道”就是智慧。

孔子是智慧大家。《论语》是孔子的学生所记录的，关于孔子及若干学生的言语行事，主要是孔子思想智慧的结晶和表达。这是一部享誉中外的著作，是世代中国人涵养、陶冶民族精神的一个重要文化资源。自汉代何晏《论语集解》至清代，传世注释者，计有两千家之多，可谓源远流长。

另据史料记载，当年秦王政读到韩非的《孤愤》《五蠹》等论文，激动不已，并说，如“得见此人与之游，死不恨矣”①。其意思是说，如果能见到写书的这个人，同他交往，就是死了也没什么可遗憾的。后来韩非去了秦国，他的思想对秦统一大业的实现，发挥了重要作用。

这里还可以说一说刘邦。刘邦在秦末农民战争以后做了皇帝。刘邦这个人没有太多的文化修养，他是靠手中之剑，夺得政权的。因而有些看不起儒生。有人跟他讲儒家的思想如何重要，他有些不耐烦，并说老子打天下是“马上得之”，我何必用儒？有个大胆的儒生叫陆贾站出来说：你马上得天下，你能马上治天下吗？刘邦一时语塞，但随之觉得很有道理。于是他说：那你能不能写一写，秦为什么失天下？我为什么得天下？还有历史上一些诸侯国成功与失败的经验教训，你写一写。后来陆贾写了一部书叫《新语》，其中有12篇文章。太史公司马迁在《史记》中，是这样记载这一事件的：“每奏一篇，高帝未尝不称善，左右呼万岁”。可见当时的场面是多么热闹，也是总结历史经验的好机会。然而刘邦不是听听而已，也不是仅在口头上赞曰，写得好，写得好，而是把这些经验贯彻落实到汉初的政策中去了。这些政策的实施，使西汉从汉初的贫困，经过七十多年和几代人的努力，从而才成就了汉武帝的盛世辉煌。

总之，这些古代论文是人们对当时社会实践经验的总结，同时又

① 《史记·老子韩非列传》。

极大地提高了人类的哲学智慧、政治智慧和军事智慧，从而推动了古代文明的发展。不仅如此，它对后世文明的发展，也有某种启迪和推动作用。这也是当代人不断地回过头来，向古人请教的一个根本原因。

18世纪以来，随着人类社会从传统农业社会，到近代工业社会，再到当代知识社会的演进，学会论文写作在今天更成为一种时代需要，成为符合时代潮流的一种体现。

从经济层面说，农业社会是以土地和人的体力为基本生产资源的社会。在这样的生产力水平上，经济和社会的发展十分缓慢。工业社会是以矿产、能源和金融资本为基本生产资源的社会，它虽然创造了远远高于农业社会的生产力总和，但经济和社会的发展仍然不是很快。自20世纪70年代以来，数字信息技术革命的兴起和发展，使一些发达国家由工业社会向知识社会转变。知识社会是以知识的学习、运用和创造为主要动力来推动经济全面增长的社会。

在知识社会中，科学技术是第一生产力，从而使其成为推动经济和社会加速发展的主导力量。西方发达国家在20世纪50—60年代，科技进步的因素在国民生产总值增长中的比重已上升到50%，到80年代则高达60%—80%。

其原因在于，20世纪中叶以来，科学、技术、生产的关系发生了重大变化。在这以前，是从生产到技术，再到科学。即人们在生产中提出技术改革的要求，生产进一步的发展又要求解决一些理论问题，从而推动科学研究的发展。而现在更多的是从科学到技术，再到生产。即科学开始走在技术和生产的前面，显示出巨大的威力。也就是说，科学由过去的"配角地位"上升到"主角地位"。这种主角地位在"科学技术是第一生产力"这一命题中，得到了集中充分的体现。

知识社会，也有人称之为"信息社会"。其实，运用"知识社会"的概念，比用"信息社会"这一概念更准确、更规范。信息是同事物的物质过程、能量过程紧密地联系在一起的一种普遍现象。它是系统内部和系统之间，通过相互作用而实现的，对其中某一事物的形态、结构、属性和含义的表征。因此，信息是客观世界的一种普遍存在的基本形式。客观外界的信息只有经过人的认识器官的接受、储存和加工处理，才能变成认识成果，客体信息才能转化为人的知识信息、学术信息，并运用于认识和改造世界的过程之中，从而成为对人类有价值的东西。因此，用“知识社会”这一概念，才能准确揭示当今时代发展的本质特征。然而，由于“信息社会”这一概念产生在先且已获广泛流传，因此，在知识社会的意义上，还是可以继续使用的。

人类社会的发展，在任何时代都不可能没有物质条件、物质基础，这是毫无疑义的。但在知识社会中，对人类最有意义的不是物质资源，而是知识信息，特别是学术信息。

梁启超先生曾把学术看作文化的核心。这是很有道理的见解。人类文化之传承，一方面靠口说、示范，即语言、行为；另一方面靠文字、器物。而自有文字始，思想、语言、行为及所用之器物，皆可笔之于书。因为文字之传承功能要比口说与行为等的作用范围更广、时间更久、效用更大，而学术是以文字传承文化之最重要者。其所含知识、信息、思想、理论、方法等，乃经历代学者精思、磨洗、锤炼、锻打而成，是文化之精华。如此，学术则关乎国家、民族之命运。所以，历代著名学者往往是学术、道德一身兼之，即所谓“铁肩担道义，妙手著文章”。

学术信息的载体和传播工具是什么？是学术论文和学术专著。其中，主要是学术论文。人们凭借着这些载体和工具，将对世界进行探索的成果记录下来，藏入人类文化的宝库，并通过教育，一代一代流传下去。每一代人踩着前人的肩膀，一步步攀登科学的高峰。唯其如此，人类才有了今天的文明发展和灿烂辉煌。因此，学术、文化和教育是延续一个国家、一个民族的精神命脉所系，是照亮人类文明大道的圣火。

在知识社会这样的文化背景下，人们处于书山文海的包围和裹挟之中，如果不掌握治学和写作的技巧，无论对谁而言，都将难以大有作为。美国著名社会预测学家约翰·奈斯比特认为，由工业社会向信息社会的过渡中，有五种最主要的事情，其中之一就是：在这个文字密集的社会里，我们将比以往任何时候更需要基本的读写技巧。

（二）学术论文是学术成果的主要载体和传授工具

在科技发展日新月异的今天，大众传媒迅速发展。但就学术成果的载体和传播工具而言，主要仍然是学术论文。世界上有一个比较流行的说法：“工业的语言是蓝图，科学的语言是文章”。这句话是说，工程技术人员通过蓝图设计来展示和规划工业的发展，科研人员则是通过写作学术论文来把自己的研究成果公之于世。据统计，在当今世界上，每天平均有一万多篇论文发表，每年发表的论文总计有六百余万篇。这些论文在同时代人中相互交流、相互借鉴，推动着科学的发展，促进着文明的进步。

为什么学术论文相对于学术专著而言，会成为学术成果的主要载体和传播工具呢？这是因为学术论文比之于学术专著，具有如下三个方面的特点。

一是简便。它是指学术论文的写作篇幅不长，消耗的时间和精力相对来说较少，因而便于写作。

二是适用。它是指学术论文对学术成果的表达比较适用。一缕之思，一得之见，皆可成文，有话则长，无话则短。如湖面上的一叶小舟，轻巧灵活，便于驾驭。

三是及时。它是指论文生产成本低，生产周期短，能比较快地刊登出来，与读者见面，因而对学术成果的反映比较快捷。

由于学术论文有上述三个方面的特点，所以，学术论文所反映的往往是作者所获得的最新研究成果。与这一点相联系，所以，许多影响人类生活的创造性见解，往往是通过学术论文首先表达出来的。比如，爱因斯坦在1905年发表的科学论文《论动体的电动力学》里，创立了狭义相对论；车尔尼雪夫斯基在23岁时发表学位论文《生活与美学》，引起了美学界的震动；美国心理学家华生（1878—1958年）发表在1913年《心理学评论》杂志上的论文——《一个行为主义者所认为的心理学》，成为行为主义心理学正式创立的宣言。这样的例子不胜枚举。

由于学术论文所提供的是最新的学术信息，并代表学科发展的前沿水平，所以研究人员要取得成就，除了要系统阅读有关的学术专著以外，还必须花相当精力，去搜集和阅读发表在相关杂志上的最新的学术论文。如果把人类的科学比作海洋的话，那么，学术论文就是科学海洋的潮头。它不停地在科学的浪尖上激荡、跳跃、奔腾。

（三）科学工作者应为社会提供更多更好的学术论文

作为知识社会的人，特别是知识社会的学人，不仅要有学习和吸收学术信息的紧迫感，而且要有创造和贡献科学成果的责任感。

作为一个学生，之所以上大学，之所以报考研究生，可能是基于个人或家庭的各种考虑。比如，有人可能是为了出人头地，光宗耀祖；有人是为了改变自己的处境，拓展自己的生存空间；有人为了生活富有，有一个体面的工作，有一个可心的爱人。应该说，这些考虑都无可非议，都可以理解。但学人，也就是狭义理解的知识分子，即科学工作者，作为一种社会角色，就有其社会责任。这个责任就是学习知识、传播知识和创造知识。如前所说，知识分子是社会的大脑，知识的发展和丰富意味着社会自觉程度的提高。而社会的自觉程度愈高，社会发展的速度就会愈快。

在人类历史上，原始社会的发展最为缓慢（有人通过研究指出，原始社会的生产率，大约每万年提高1%—2%），其所经历的时间也最长。因为那时还没有脑力劳动和体力劳动的分工，还没有专门从事脑力劳动的知识分子。奴隶社会和封建社会之所以会比原始社会发展得快（劳动生产率大约每万年提高近4%），是由于脑力劳动者即知识分子群体的产生，其脑力劳动的成果愈来愈成为社会发展的强大动力。资本主义社会之所以比奴隶社会、封建社会发展迅猛（资本主义社会的生产率大约每年提高3%），也是因为知识的学习和创造活动日益突破统治阶级所垄断的狭隘的上层，而逐渐普及于平民百姓。

社会主义社会是包括广大知识分子在内的人民当家作主的社会。社会主义社会的科学工作者更应该积极开展科学研究，把科研成果写成学术论文，为社会、为人民大众提供更多更好的精神财富，并为物质财富的创造提供学术基础。著名科学家钱三强曾多次大声疾呼："我希望现在的和未来的科技工作者能够切切实实地增强科技写作能力，为社会提供更多、更好的科技文献。"①

二、学术论文是学术水平评估的主要依据

一般说来，学位，是攻读者学力水平的标志；技术职称，是专业技术人员专业水平的反映。而学位授予和职称评聘，都是以学术论文

① 转引自陈妙云：《学术论文写作》，7页，广州：广东人民出版社，1998年。

作为主要评估依据的。这是中外学术界的共识，因而这一方法获得了广泛的应用。这种做法虽然也有其不足，但它比起“说你行，不行也行；说你不行，行也不行”的这样一种主观人为的判断，就显得客观多了。

一篇论文是作者的学术素养和能力的外在体现。从系统论角度说，一篇学术论文写作就是一项系统工程。其中包含采集、构思、表达等若干子系统。在各个子系统运转的过程中，写作者作为活动的主体，始终处于中心位置，写作活动的成败主要取决于作者的学术素养和能力。因此，学术论文也就成为评估学人学力水平和专业技术水平的主要依据，具体说来有以下四个方面。

（一）专业理论水平的体现

学术研究是研究者运用所掌握的知识，特别是专业知识去解决专业范围内的某一问题的过程。就解决某一问题而言，可谓是攻其一点。而这一点能否被攻下来，能否取得全胜，就取决于是否有立体的、纵深的火力。这也就是人们常说的，要“旁征博引、纵论古今”。而能否做到这一点，又与作者所掌握的专业知识的广度和深度有关。人们常说“一桶水”与“一杯水”的关系，是说作者必须有丰厚的知识储备，即所谓自己有“一桶水”，才能端给读者“一杯水”。为什么有些论文缺少立体感、纵深感，缺乏说服力？说到底，还是专业知识的掌握比较窄、比较浅。

现代认知心理学家通过比较研究，发现研究能力的差异与当事人的专业知识水平直接相关。专家之所以成为专家，就是因为他们在某种领域所掌握的知识的数量和质量不同于其他人。许多智能专家认为，智能行为取决于知识量。这一说法虽然有些过当，但掌握深而广的知识，对科研工作至关重要。

（二）专业知识运用能力的体现

在这里，能力包括知识，但能力不等于知识。就二者的关系来说，科研能力要以一定的专业知识为基础。没有这个基础，科研能力就无法形成，就成了无源之水，无本之木。所以要从事科学研究，要培养科研能力，首要的是要做好这个打基础的工作（当然，这里的基础是相对意义上的，不同的研究课题所需要的知识基础不同，其广度、厚度也有区别）。当然也不能因此说，具有了一定的知识基础，也就具有了某种科研能力。因为科研能力是对专业知识的运用，是在这种运用中发展和创造新知识的本领。因此，如果对既有的知识不去加以运用，不去进行创造，是谈不上科研能力的形成和提高的。也就是说，知识的获取主要靠读书，而科研能力是不能靠读书学到的，它是在科研实践中得到锻炼、培养，而获得提高的。或者说，是在科研实践中学会科研的。其实不仅科研能力，人的一切能力离开了实践锻炼，都是无从谈起的。

有些人可能也有丰富的知识，但如果只是学习知识，而不能创造知识和创造性地运用知识，那么，知识在他那里，也就如同进入了收藏室、冷冻库，也就丧失了它应有的价值。而且知识如果没有被运用起来，没有按照一个主旨贯穿起来，也就显得散，显得杂。犹如珠子，不能成串，必然散落一地；没有按一个原则归类，也就必然杂色共陈。

由于知识不等于能力，所以唯学历论、唯文凭论不对。在社会人群中，高学历、低水平的人不在少数。同等学历的人，科研成就也不一定相当。另外，也有不少人学历不高，但科研能力很强。恩格斯虽然没有上过大学，也没有读过高中，且只是一个初中肄业生，但他后来与马克思一起创立了马克思主义。毛泽东中师毕业，但他在长期的革命实践中，坚持和发展了马克思主义，创立了改变中华民族命运的毛泽东思想。鲁迅先生连中等医专都没有毕业，但当年的北京大学、厦门大学都聘他任教。这些思想家、理论家的成功之处就在于，坚持自学，且学以致用。当然，这样说，并不是否认人们去取得高学历，而是说，不要以争取高学历为满足，而是要争取高水平。对包括大学生、研究生在内的广大学人来说，就是要发表高水平的学术论文。所以，作为科研成果的学术论文，可以检验出作者运用专业知识解决问题的能力。

（三）科学思维能力的体现

人的科学思维能力有多个方面的表现。就其要点来说有以下四个方面。

1. **思维的广阔性**

这里是指思维的视野广阔。可以说，任何一个带普遍性的问题，都可以进行多角度、多层次、多方面的分析说明。因为任何一个带普遍性的问题，都有它的形成过程，都有其从简单到复杂的演化历史，而且这种形成和演化不是孤立进行的，而是在与其他多方面事物的相互联系、相互作用中进行的。如果能从多方面联系的角度，能从历史演化的角度来论述问题，这就体现了思维的广阔性。比如，当今世界的人口问题、环境问题、两极分化问题、知识经济问题、现代资本主义和现代社会主义等问题，都可以展现研究者思维的广阔性。

2. **思维的深刻性**

这里是指思维能透过现象抓住本质。由于本质是由事物的根本方面所规定的，因此，思维的深刻性也就是要抓住事物的要害，抓住事物的根本方面。形象地说，表现在对问题的分析上要"一针见血"，表现在对问题的说明上要"入木三分"。比如，有人鼓吹"人权高于主权"，"人权无国界"。一个国家的主权与该国的人权，其关系如何？一个国家如果丧失了主权，这个国家的人民还有人权可言吗？又比如，有人鼓吹"文明冲突论"，不同的文明有冲突吗？没有。只有文明与野蛮之间才会发生冲突。再比如，有人鼓吹儒家社会主义，这是一种杜撰，还是真有其事？如此等等，都要通过深入分析，才能获得科学的说明。这里就体现了思维的深刻性。

3. **思维的独创性**

这里是指思维内容的创新性，即见人之未见，言人之未言，而且言之成理，能给人以启迪。思维的独创性与所谓"老调重弹"格格不入，与教条主义"八股腔"也正相反对。

4. **思维的条理性**

这里是指文章的论述按照逻辑规则依次展开，环环相扣。

总之，学术论文能客观地体现作者思维品格的具体水准。

（四）文字表达能力的体现

就语言而言，用于思考的是"内部语言"，用于说话的是"口头语言"，用于写作的是"书面语言"。三者既相互联系，又互有区别。习惯上所说的，“怎么想就怎么说”，“怎么说就怎么写”，其实，这是很不精确的一种表述。

实际上，“内部语言”有着相当程度的“朦胧性”“散漫性”。有时候觉得自己想清楚了，其实，想清楚的往往只是一个大概，或者说，只是大体的“来龙去脉”，至于其中的一些具体情况，包括构成环节及运行机制等，却并不那么了解。

另外，思想上的清楚，也并不等于说明上的清楚。为此，在语言上，就必须对“内部语言”进行整理加工和转换，使之变成能用于交流的“口头语言”。口头语言仍缺乏准确性，仍具有相当程度的散漫性。因此，口头语言又须经过整理加工，才能变成既有条理，又分寸准确的文章。所以，很会想问题的人，未必有很好的口才；有很好口才的人，也未必有很强的写作能力、文字表达能力。著名科学家卢嘉锡教授说，表达是很重要的。一个只会创造不会表达的人，不能算一个合格的科学工作者。科学家茅以升甚至认为，“文字写作有技能”等同于“科学技术有发明一样”。

总而言之，学术论文写作是一种具有高度科学性和复杂性的活动。在论文的写作中，感性的、理性的、智力的、非智力的各种因素都在发挥作用。因此，学术论文能较综合地反映学人的专业技术水平，故而以此为依据，才能体现评估的科学性和客观性。也是因为这一点，所以这种检验学人专业技术水平的办法，实施已久，并且还会继续沿用下去。①

（五）学术论文写作可以改变人生命运

正因为学术论文是评价专业技术人员的专业技术水平的一个主要依据，所以，对广大学人特别是青年学子来说，学术论文写作可以改变其人生命运。

我曾在一所大学当教师，也曾在该校当过校长。在该校工作期间，我曾积极支持该校“学报”开辟大学生论文专栏。你别看大学生的论文很幼稚，甚至可能在一开始不那么像样子，但经老师的指点、修改，居然变成了铅字，发表了出来，这对他们来说，是何等巨大的、美丽

① 参见陈妙云：《学术论文写作》，1—3页，广州：广东人民出版社，1998年。

的诱惑！这诱惑，如春雨之滋润，如冬阳之温暖，如爱情摄魂魄。有的由此而热爱上专业学习，这甚至影响他们的人生选择，影响他们的未来发展。那些在大学生论文专栏中发表过论文的大学生，其中有不少人后来通过学术研究和论文写作，开辟了自己的学术道路，有了名气，成了大学教授、研究生导师和科研单位的研究骨干。有几位在全国还有了一些声望。有语云：人以文名，文以人名。二者相得益彰，此言不虚。

任何一个事物都有里程碑或标志性的东西。如，西藏的标志性建筑是布达拉宫，遵义会议对中国革命具有里程碑式的意义，等等。科学技术的发展也不例外，作为科学技术重大成就之标志的杰出学术论文的发表为其里程碑。

三、学会论文写作与掌握写作规律

（一）学会论文写作适应时代需要

既然学术论文是学人专业技术水平的一个主要评估依据，因此希望自己精通论文写作，已成为职称晋升者和学位进取者的普遍心愿。

日本学者宫川松男曾说，目前欧美大学中，至少要专辟20—30个课时，讲授学术论文和调查报告的写作。现在的美国大学中，无论学习何种专业都必须通过“应用写作”这门基础课，且规定了具体的写作要求和训练次数，并出现了把大学生的科技写作课提前到中学的趋势。日本的各种考试，作文是必考科目。日本一所研究院的调查认为，对研究生最有用，且需进一步加强的三门科目中，就有写作课（另两门是思想方法论课、电子计算机课）。世界发达国家对写作，尤其对学术论文写作的高度重视，深刻反映了当代科技进步所带来的时代特点。

我国也有重视学术论文写作的传统，尤其在改革开放以来，随着科教兴国战略的确立，全社会重视科研、参与科研，已蔚为风气。在这过程中，我国恢复和建立、健全了如下几个方面的制度。第一，全国高校从七七级开始恢复了写作学术论文的制度：三年级学生要写学年论文，四年级学生要写毕业论文，并进行论文答辩。第二，从1981

年起，全国实行学位制度。第三，恢复了专业技术职务评聘制度。第四，设立了科研基金制度。第五，建立了科研成果奖励制度等。

以上这些制度极大地调动了人们从事科研的积极性。学术论文写作，已由高等学校、科研机构，扩展到党政机关、工矿企业、部队农村。正是在这种社会背景下，学术论文写作不再是部分专业教研人员才敢问津的事情，而成为人民群众认识世界、改造世界的强有力的武器。

具体说来，学术论文有以下三个方面的功能：一是记载人类劳动成果的文化功能；二是通过学术刊物的发表等形式，为社会发现和培养人才的评价功能；三是通过社会决策管理机构的中介，转化为直接或间接的社会、文化、经济的效益功能。

以上谈的是写一般论文的目的。那么，写毕业论文的目的又是什么呢？大体说来，毕业论文与一般论文的写作目的是一致的，所不同的是，写毕业论文是为了满足学生将来的需要，使学生掌握科学研究的方法，因而是作为学习论文写作的一种练习。将来不论是写论文，还是写专著，都还是要用这个方法。掌握了方法，对学生将来写什么都会有很大帮助，甚至使学生终身受益。由此看来，毕业论文又具有教育的意义。

（二）掌握写作规律，提高写作成效

学会论文写作有如此重要的意义，并逐渐成为人们的普遍心愿。但也不时听到人们感叹，写论文难。有些大学生认为，搜尽枯肠，绞尽脑汁，还是收效甚微。于是不少人“想写又害怕写”，把学术论文看得很神秘，不敢尝试。这种心态对论文写作有正面作用，也有负面作用。

其正面作用在于，这些人知道学术论文是一种很高层次的论文，是难度较大的、不是轻易能写好的文章，从而促使作者更注重学术修养，更认真地对待，投入更多的时间和精力去写。只有这种正面作用得到充分发挥，他慢慢才会不害怕写，并能写出他心目中期望值很高的论文来。

其负面作用在于，只看到写作学术论文难，却没有看到这种难是相对的，不是绝对的，在一定条件下，难是可以转化为易的。也就是

说，只要努力，这个难度是可以跨越的。因此，如果一味强调难，自己吓自己，人为地夸大害怕的心理，那是不妥的。许多想写但又怯于动笔的人，主要障碍正是来自这种负面的影响。

应该说，写作学术论文，特别是写出高水平的学术论文确实不易，不要说初学写作者，就是对专家学者而言，也绝非轻松之事。现在有人把写作说成“玩”。在文学界有所谓“玩文学”之说，这可不是什么正经话，你千万别当真。学术论文写作难，这是因为学术论文写作，除了要有新思想、新观点、新论据以外，还要精雕细刻，字斟句酌，“语不惊人死不休”，甚至要创造出一种独属自己的风格、气韵。如此说来，又怎能不难？

不过，学术论文总是人写的。古语说：“天下事有难易乎？为之，则难者亦易矣；不为，则易者亦难矣。”[①]陈妙云先生在《学术论文写作》一书中曾讲到这样一件事：一位中国留学生的孩子，在美国读小学五年级，老师布置写关于美国南北战争的论文。孩子的父母听了目瞪口呆，而他们的孩子却没有丝毫怯意，认认真真地查资料，认认真真地写，最后顺顺当当地写出了他的论文。这个事件给人以启发。它告诉人们，应该有敢于尝试的勇气。首先要敢写，开始可能写得不好，写得很苦，但写多了，就会逐渐学会写作，逐渐具有了写作的功力。有了这种功力，难也就转化为易，就好比卫星进入轨道，在无边无际的太空中悠悠飞行。无数奇观幻景，迎面而来。写作心态就会进入一种自由状态，以至达到陶醉其中的境界。这大概也就是古人所说的文思泉涌、欲罢不能的状态吧。

那么，怎样才能达到那样一种自由的写作境界呢，或者如上文所说，怎样逐渐提高自己的写作功力呢？我认为，其中最重要的一条，就是要掌握写作规律。

鲁迅先生说：“创作是并没有什么秘诀，能够交头接耳，一句话就传授给别一个的，倘不然，只要有这秘诀，就真可以登广告，收学费，开一个三天包成文豪学校了。”[②]鲁迅的这段话是对的。不过写作虽无秘诀可授，却有规律可循。写作的本质是什么？它是人脑在对客观外界认知的基础上所展开的思维活动和伴随着思维活动所进行的语言活

① 刘柯选编：《古典文学大观》，757页，长沙：岳麓书社，1989年。

② 《鲁迅全集》第6卷，311页，北京：人民文学出版社，1981年。

动。简言之，写作就是人脑的思维和思维向语言的转化。本书的写作就是力图从学术论文写作的角度来揭示这个转化的规律。

有人说，懂不懂写作规律无所谓。清代学者袁枚就说过："能为文，则无法如有法，不能为文，则有法如无法。霍去病（西汉名将）不学孙吴，但能取胜，是即去病之有法也。房琯（唐吏）学古车战，乃至大败，是即琯之无法也。"[①]不少人与之共鸣：古往今来，不学写作理论而成为写作高手者比比皆是；相反地，学了写作理论却不能为文者也云云众多。这些人以此作为论据，来否认掌握写作规律的必要性，应该说，这是不妥的，是缺乏具体分析的。关于这一点，方遒先生在其《写作思辨》一书中做了很好的说明。这里结合我自己的理解，转述如下。

如前所说，关于规律的知识是可以通过读书学得的。关于规律的运用，这是一种能力，而能力是不能通过对书本知识的学习获得的，也不是靠别人三言两语传授什么"秘诀"就能掌握的，而是在实践中获得和提高的。因此，不能把学习关于规律的知识与运用规律的能力混为一谈。也就是说，不能认为学习了关于规律的知识，也就具有了运用规律的能力，以至能无往不胜。如果这样认为，实在是一种误解。如果只学不用，或是生搬硬套，那么关于规律的知识，学习得再多，也会无济于事。反之，如果认真学习，学以致用，并用之得心应手，那么关于规律知识的学习，就不仅是必要的，而且也是重要的。它可以提高人们运用规律的自觉性，避免盲目性。

无论为文或作战什么的，成功只会属于遵循规律办事的人，压根儿漠视规律，或仅仅满足于纸上谈兵的本本主义者，是注定无所作为的。梁启超先生说："我不敢说懂得了规矩之后便会巧，然而敢说懂得了规矩之后，便有巧的可能性；又敢说不懂规矩的人，绝对不会巧，无规矩的，绝对不算巧。"[②]这段话是很有道理的。

那么，怎样解释不懂写作理论而能写出好文章这样的事实呢？

应该说，不懂写作理论，不能用写作理论来指导写作实践，对当事人来说，无疑是一种缺憾，是不值得拿来炫耀和别人效法的。因为有无正确理论的指导，其实践成效是大不一样的。

---

① 袁枚：《书茅氏八家文选》。

② 转引自方遒：《写作思辨》，3页，合肥：安徽大学出版社，1998年。

比如，跟渔夫学游泳，比之与跟游泳专家学游泳是不同的，后者总比前者来得快捷和正确。同样跟农民学种地与跟农业专家学种地，也是不一样的。这就是农民也得拜农业专家为师的道理所在。至于不懂理论凭着自己长期的探索而获得成功的，也只是暗合于法则而不自知。所谓“暗合于法则”，是指只是知其然，而不知其所以然。因此，其获得的成功必然受到很大的局限。

郭沫若先生说：“规矩的使用总是应该学的。我们要学习怎样收集材料，怎样处理材料，怎样表现材料。”[①]张潮也说：“由规矩而巧者其巧无穷，不由规矩而巧者其巧难继则甚矣。”[②]对于初学写作的人来说，懂得一点写作规矩，就等于把握了一把登堂入室的钥匙。

任何理论的价值，首先取决于它本身的科学性。科学的写作理论必定会真实地揭示和概括出写作的基本规律、法则和方法。

从写作的过程来说，写作不仅仅是人们通常所理解的“动笔写文章”，而是积累、运思和动笔等三个阶段的有机统一。

第一，积累。其中包括知识经验的积累、思想的成熟、情感的深化，以及有关写作的其他方面修养的提高。古人提倡“读万卷书，行万里路”，其目的就是要人们不要轻易动笔，而要在动笔前直接或间接地大量积累知识和经验。在知识和经验积累的基础上，要通过思维提炼思想。思想的成熟是写作的重要因素。文章除了表现作者的思想，还表现作者的人格、情感、语言运用的灵气和写作技巧等多个方面。这些都需要通过加强锻炼以获得培养和提高。

第二，运思。它是伴随着语言进行的复杂的心理活动，是由感知、记忆、思维、意志、情感等活动组成的，一种对外界和体内的信息进行识别、评价、加工改造、选择建构，并创造出新信息的过程。运思时存在着触发、静思、入迷的心理态势，其中包含有散发与收敛、简单与复杂、模糊与清晰的心理矛盾，以及多种思绪运行和交汇的前进轨迹。运思的动态变化，最终要向了然于心过渡，以达到“胸有成竹”。

第三，动笔。即用文字符号将思维的成果表达出来，也就是行文。它是写作的具体实践活动，是一种具有劳动性质的操作行为。

① 转引自方道：《写作思辨》，3页，合肥：安徽大学出版社，1998年。
② 转引自方道：《写作思辨》，3页，合肥：安徽大学出版社，1998年。

可见，从写作基础的构筑来说，关键是治学有得、治学有成。因此，从事写作不是一个纯粹的技巧问题，而是点滴汇纳的飞泻，能量蓄积的升腾。所以，要学会写作，首先要懂得治学。

第一章　学术研究的起步

能够把一种幻想转变为人类最优秀的成果，并且能……将这粒火星留传给每一位后人的那种能力，就是创造过程本身。[①]

——［美］S. 阿瑞提

夫为学之道，用志不能不一，用力不能不专。[②]

——袁枬

学之经莫速乎好其人。[③]

——荀子

要进行学术研究，要顺利走上科研的道路，要在学术上有所作为，就要懂得学术研究如何起步。因此，学术研究如何起步，这是任何一个有兴趣从事学术研究的人，所关心和所要解决的首要问题。如果这个问题解决得不好，就难以顺利走上科学研究的道路，也就很难有大的作为。

为了解决这个问题，有这样三个子问题是必须弄清楚的。一是，什么是学术研究。上文所引阿瑞提的论述，他把学术研究，看作一个创造过程。二是，什么是适合自己研究的学科领域。这也就是上文袁枬所讲的“用志”的“一”、“用力”的“专”。三是，在这个学科领域中，那些成功者，特别是名家有哪些突出的贡献，如何拜这些名家为师，求得他们的指点。这就是荀子所说的，学习的途径没有比诚心

① 转引自钟楠编：《世界名人名言集》，421页，上海：世界图书出版公司，2001年。

② 袁枬：《清容居士集·自序》。

③ 《荀子新注》，10页，北京：中华书局，1979年。

请教良师益友收效更快的了。下面就这三个方面的问题来进行一些具体分析。

一、学术研究的本质

（一）学术研究的本质是创新

学术研究，即我们通常所说的治学，或曰“做学问”，也就是研究和创造知识。换句话说，是对新知识的探求。为了进一步深入理解学术研究的本质内涵，有必要把学习与治学加以分析比较。

学习与治学的关系如何？对此可能有这样三种回答：一是治学就是学习；二是治学不同于学习；三是治学与学习既有区别，又有联系。我赞同第三种回答。

治学与学习的区别在于：学习的最大特点是理解和接受；治学的最大特点是研究和创造。也就是说，学习的直接目的是继承以往的知识，治学的直接目的则是创造过去没有的知识。

人类的学习活动同人类的物质生产活动一样，都属于人类最基本的社会实践活动，二者是相辅相成的。个别人在生产活动中获得的经验，这种经验要通过传授和学习，才能被更多的人所掌握，才能世代相传。在学习的过程中，个人经验变成了社会经验，上代的经验变成了世代相传的历史的经验。正是依靠这种学习活动，人的认识能力和实践能力才逐渐形成和发展起来。由此可见，作为人类改造自身的学习力与作为人类改造世界的生产力共同构成了人类生存发展的基础、动力和源泉。

不仅如此，随着社会的发展，随着人的主体地位的提升，一个人、一个民族的学习力如何，是高是低，是强是弱，在愈来愈大的程度上决定着一个人生存和发展的空间，也决定着一个民族的前途和命运。这也就是当今许多国家提高义务教育层次、开展全民族读书运动、创建学习型国家的原因和根据所在。

人类的学习一开始是手把手的直接经验的学习，后来逐渐过渡到以语言、文字、书籍为中介的，以间接经验为主的学习。在直接经验学习的阶段，学与习是融合在一起的，学的过程也就是照着做的过程，即习的过程。后来进入以间接经验为主的学习阶段，把间接经验的获得称之为学，然后在直接经验中把所学内容加以理解、消化、巩固，加以实行，称之为习。在中国古代，最早把“学”和“习”联系起来的是孔子。

他在《论语·学而》中说：“学而时习之，不亦说（悦）乎！”这里的“习”，就是我们说的温习、实习、演习之意。在孔子看来，知见于行，达于知行统一的成就感，那是一件多么令人愉悦的事情啊！

那么什么是学习呢，按照今人的理解，学习是人类在认识和实践活动中获取经验知识，掌握客观规律，使人类自身获得提升的社会活动。诚然，这里所说的是广义的学习。对学生来说，往往是在狭义上理解学习，即文化知识的学习。①

俗话说，科学的力量在于学习和普及，科学的生命在于研究和创造。也就是说，科学只有通过学习，才能被广大群众所掌握，才能显示其力量，才能转化为社会财富。当然这样说，也并非主张只对科学进行学习和继承，不要进行研究和创造。实际上，科学只有通过研究和创造，才能不断前进，才能不断被赋予生命活力。而且，从根本上说，科学之所以称之为科学，其中重要的一点，就在于，它是可以研究的。如果科学不能被研究，不能被追问，那么这里的所谓科学也就与迷信无异了。因此，研究和创造是科学的生命力所在，是科学的本质要求。

这样说，与实践是科学发展的动力这一正确理念矛盾吗？不矛盾。科学的发展最终来自实践的推动，这是毫无疑义的。但是要实现这种推动作用，就必须有一个中介环节。这个中介环节就是要在思想家、科学家吸取实践经验和总结前人科学成果的基础上，进行加工制作。而这就是科学研究。

学习与治学的联系在于，二者是相互渗透、相互促进的。这表现在两个方面。一是人们可以边学习，边研究，在学习中进行研究，以学习促进研究，即把学习中发现的问题、提出的问题作为课题来进行研究。二是可以边研究边学习，在研究中加深学习，以研究带动学习。

一个人从上幼儿园、小学、中学到大学都在学习，然而其中也有

① 参见桑新民：《学习究竟是什么?》，《开放教育研究》，2005（1）。

研究。特别是到大学高年级，研究的成分就更多一些，但基本上还是接受前人和他人的知识。这种对知识的学习和研究的关系，在人的一生中，就表现为继承期和创造期的统一。

（二）人生的继承期与创造期

就人的一生来说，可以分为两个时期：一是人生的继承期，二是人生的创造期。人生的继承期，是以学习别人和前人的知识为主的时期；人生的创造期，是以研究和创造新知识为主的时期。一般说来，25岁以前称为人生的继承期，25—55岁称为人生的创造期。

有人对1500—1960年全世界1249名杰出科学家和1228项重大科研成果作了统计，发现科学发明的最佳年龄是25岁到45岁。还有人统计了古今中外1243名科学家、发明家所做出的1911项科学发明创造，其中，大多数人在30岁左右开始做出重大发明创造，40岁以前就做出一项发明的创造者占三分之二，约有60%的重大发明也是在40岁以前做出的。也有人统计了301位诺贝尔奖金获得者，其中，大约40%的人是在35—40岁之间获奖的。美国学者莱曼统计了数千名科学家、文学家、艺术家的年龄和成果，结果表明，创造与获取成就的最佳年龄在25岁到40岁之间。中国科学院的一份调查材料也表明，该院北京地区部分研究单位于1978—1979年获重大科技成果奖的科技骨干中，36—50岁的科技人员占88%。上述几种统计显示，中年是科学家、发明家取得成果的黄金时代。

从一些个案材料也可以证明上述结论是正确的。马克思恩格斯写作《共产党宣言》时，马克思29岁，恩格斯27岁；列宁创办全俄第一张马克思主义报纸《火星报》时31岁；毛泽东主办《湘江评论》时25岁；牛顿创立微积分、发现万有引力定律时24岁；爱因斯坦发表狭义相对论时26岁；海森伯建立量子力学时24岁。

从总体上说，文学、艺术、体育等领域的成功者，其年龄往往偏小，因为他们采用的是形象思维，或从事的是肢体竞技运动。自然科学家、发明家往往在25—50岁之间成名较多。例如，研制神舟六号宇宙飞船的科技骨干，平均年龄48岁。又比如，20世纪60年代计算机领域产生了一系列重大发明，这些重大发明的提出者大多数为30多岁的年轻人，有的仅20多岁。其中，只有冯·诺依曼年龄较大，他1945年提出存储程序概念时已经42岁。自然科学家、发明家所采用的是科学思维。思想家，特别是哲学家往往成名比较晚，他们比科学家成名在整体上要迟5—10年。为什么哲学领域的人成才比较迟？这是因为哲学具有高度的抽象性，哲学创新不仅要有广博的知识积累和丰富的人生阅历，而且要经过长期严格的哲学思维的训练才能成功。

当然，不管不同领域的名家在做出成就的年龄上有什么差别，就总体而言，中年是科学家、思想家、发明家的黄金时代，还是应该肯定的。

之所以会这样，是因为人到中年除了在经验的积累方面，同时在书本知识的积累方面都趋于比较成熟的状态。人们把接受知识的时期称为“继承期”，而把创造发明的时期称为“创造期”。那么可以说，科学家、发明家在少年、青年时代认真读书，接受教育，到了中年正是“继承期”进入后期，“创造期”进入最盛的时期。可以说，“继承期”是“创造期”的必要准备，“创造期”则是“继承期”的必然趋势。

发现、发明、创造，都是在知识继承和积累的基础上进行的。没有继承，没有积累，就没有前进的基础，没有创新的基础。不高度重视继承，不好好学习已有的知识，就是文化虚无主义，就是愚昧无知。只有好好学习，学而不厌，才能天天向上，进而不止。当然，学习不仅仅是学习已有的知识，也应包括总结自己个人的经验教训，更应包括向活生生的现实学习。活生生的现实就是一部庞大的教科书。“不学无术”“不学无知”“不学自败”，诚哉此言！自古以来，莫不强调读书，莫不强调学习；而一切成才者，莫不重视学习，莫不善于学习。所以，对学术研究来说，学习是创新的基础。

人生的学术继承、学术积累和农作物的成长是一样的道理，即都有一段“有效生长期”。比如一株玉米要150天成熟，但关键的时期是在60到80天。过了这个有效生长期，再给它浇多少水，施多少肥，用多少技术都已经无效了。

所以希望年轻的朋友们，静下心来好好做点学问，把自己的学术功底打得牢牢的。

（三）注重培养科研能力

对于大学生，特别是高年级的大学生来说，正处于继承期的高峰期和创造期的起步阶段。几年的大学生活，是人生中一段特定的学习、积累和准备的时期。掌握所学课程的基本知识和技能，这是对每一位大学生的起码要求。如果不仅做到了这一点，而且能在学习的基础上展开研究，懂得如何治学，并在某些问题的研究上取得初步成果，这是极有意义的。这种成功的激励和所引发的对更大成功的追求，会促使人掀开生活的新的篇章，铺就一条走向未来的成功之路。

这是因为，对学术研究来说，学习是基础，是创新的基础。但这里要指出的，学习是基础，这里的基础不是由死记硬背、机械训练而得到的死知识。这种知识与创新毫无关系。只有灵活运用的知识、经过反思和批判获得的知识，才能成为创新的基础。诚然，尽管如此，学习能力也并不等于研究能力，学习毕竟不同于创新。

普通的考试，特别是客观题占比很大的考试，并不足以衡量学生研究能力的强弱。因为考试主要是考既成的书本知识和教师传授的知识，因而这种考试有利于擅长记忆知识和积累知识的人，而不利于研究知识、创造新知识的人。也就是说，出色的考生并不一定擅长研究工作。

在历史上，有一些事实证明，一些著名的科学家往往在考试上的表现并不令人称道。埃利希（1862—1922），现代法学家，欧洲社会主义学派的创始人之一。但他当年并不擅长考试。按他自己的说法，他完全是靠考官的好心而通过医学毕业考试的。又比如，大科学家爱因斯坦，早年在工业学校入学考试中不及格。由此看来，“比起那种不加怀疑地接受全部教学内容的学生，善于思考、勇于批判的学生在积累知识方面很可能是处在不利的地位。”①

据《新华每日电讯》报道，著名华人数学家丘成桐发表自己的见解说，数学是做研究的，而奥数是做题目的。获得奥数金奖只能证明有考试能力，而不能代表有研究能力。他说，他教过好几个得奥数金奖的中国学生，知识面太狭窄，考试有能力，但思考没能力，甚至都

---

① ［英］威廉·伊恩·比德莫尔·贝弗里奇：《科学研究的艺术》，陈捷译，145页，北京：科学出版社，1979年。

不能毕业。邱先生的见解应引起我们深深的反思。即要对中国的教育制度，包括考试制度、教学模式、教学方法，进行一番认真的反省和改革。

武汉大学于2000年进行了题为“社会究竟需要什么人才”的用人市场调查，选派了1000名高年级学生，利用暑假对用人单位的主要领导进行访问和调查，运用分层随机抽样方式，抽取了1637个调查单位。

来自用人单位的信息表明，当代大学生的爱国热情、政治态度、进取精神、道德水准，都得到了较高的评价，而敬业精神、学术视野、处理人际关系的能力相对不足。另外，创新能力、科研能力、心理素质等，则绝对不足。

这种绝对不足，可以说是一个带有相当普遍性的现象，这也是我国高等教育的一个重大缺陷，即重知识的传播，而忽视能力，包括科研能力的培养。

美国的伯克利大学把学生参加科学研究纳入教学计划之中。在伯克利大学的本科课程目录中，有5门特别研究课程。伯克利大学本科毕业学分为120，其中，学生可以通过参加科研取得1/6以上的学分。

本科生的科研，从工作内容的角度说，分为两种：一是学生参与以教师为主的科研小组，在其中担任研究助理；二是学生自己提出项目方案，包括研究性项目、创造性设计工作，以及公众服务性项目。

20世纪90年代以来，伯克利大学开始设立专项基金，对本科生科研进行资助。1997年又成立了“本科生研究办公室”，对本科生的科研进行组织，并提供服务。许多教师把指导本科生科研当作自己最重要的责任，而教学相长和晋升的相关指标，也使教师有指导本科生科研的积极性。

对本科生进行科研资助，这项工作在中国也开始受到越来越多的重视。2006年6月，北京大学开始设立“本科生科研基金”项目。当年资助项目275个，参加学生424人。在中国东华大学，为了使本科生的“研究型训练”落到实处，学校规定每位讲师带教一名学生，每位副教授、教授带教两名学生。160多位教师的科研课题全部对学生开放，学生可根据自己的兴趣选择课题和老师。进入课题组后，学生将受到专业外语、文献检索、开题报告和课外科研活动四个环节的系统训练。经过训练，本科生的科研能力大大提高。有多名本科生做出科技成就，甚至被邀请参加国际学术会议。南开大学自2002年启动大学生创新科研“百项工程”活动，到2008年，学校共投入经费80万，支持700余名本科生开展课余研究，累计批准项目220项，完成论文250余篇，其中60余篇在各类学术期刊上发表。

（四）大学生要逐渐走向学术自立和成熟

中国的大学，大多是四年制。

第一年是大学生的适应期。

就多数学生来说，一年级基本上处于从高中到大学的适应期。当然这样说，并不否认少数人由于家庭、朋友或教师的影响，其适应期可能不到一年。

这种适应包括两个转换：一是从高中生到大学生的角色转换，二是从高中到大学的环境转换。与这两个转换相联系，也就产生了如下新的情况，即由高中时代要求考上大学的强烈目标追求，到上了大学后的一时目标迷失；由高中时代的紧张而充实，到大学时代的宽松而空虚；由高中时代的依赖（依赖老师和家长）中的踏实，到大学时代的独立中的彷徨。

之所以如此，集中在两个方面：一是如何做人，怎样与人相处，这里的人是指从全国各地来的同学和大学里的老师。二是如何为学，怎样适应大学的学习生活，看什么书，怎样听课，怎样做读书笔记，怎样主动、积极学习。

英国著名哲学家怀特海曾这样说：中学阶段，学生伏案学习，在大学阶段，他需要站起来四处观望。以上两个方面概括起来就是一句话：“路在何方？”这一时期是最容易出问题的时期。有的学生因为没有很好地实现以上这两个转换，四年大学生活，可以说，所成无几。

第二年是大学生的自立期。怎样做人、怎样为学，开始摸到了一些门径，开始由不适应到适应。

第三年是大学生的成熟期。大学生对自己的未来有了某种向往，有了某种设计，对所学专业有了自己特殊的兴趣和爱好，不少人开始形成了自己的一些学术见解，有才华的学生开始崭露头角。

第四年是大学生的收获期。这里包括要把学到的专业知识和技能运用起来、发挥出来、表现出来。要进行专业实习，要撰写毕业论文。

因此，四年的大学生活，二年级是一个关键时期，即二年级上学期一定要解决如何学、如何学好的问题。二年级下学期开始，一定要逐步解决如何治学的问题，要培养和具有初步的研究能力。

要指导学生搞科研，首先教师必须搞科研。这不仅是一种示范作用，而且只有教师搞科研，他才有资格指导学生搞科研。由此，教师可以分为两类：一是学者型教师，二是工匠型教师，也就是我们通常所说的教书匠。其区别就在于，教书匠只是向学生传授知识，而学者型教师则不仅传授知识，而且还从事学术研究和学术创新，在一些问题上有自己独到的见解，从而在授课中能给学生以智慧的启迪。

一位毕业于麻省理工学院的老师在斯坦福大学当教授，连续五年获得学生无记名投票评出的优秀教学奖。可聘期届满后，他却被学校解雇了。愤愤不平的学生去责问校方，却被告之，“他教学虽好，但五年来学术成果平平”。学生们这才知道，在世界一流的大学，只有世界一流的学者，才有资格被聘为终身教授。所谓世界一流学者，也就是从事学术研究并获得与时代发展要求相适应的科研成果的学者。

总之，探求新的知识，是学术研究的本质规定。培养和具有初步的研究能力，这是对一个研究者的基本素质要求，这也是对任何一个研究者学术研究起步的起码条件。这里是从研究主体角度说的。而从研究客体角度说，学术研究要起步，也必须首先明确研究的对象是什么，弄清了研究的对象、研究的学科领域，才能开展研究，这是学术研究的前提。

二、学术研究的前提

治学是一种追求，追求就要有目标。而目标需要选择，选择意味着取舍，意味着限制。在这里，既不能盲无目的，也不能什么都追求。在这个意义上说，目标选择是科学研究的前提。在当今时代条件下，治学目标的选择显得尤为重要，因而更需加以重视。

（一）当代科学在加速发展

自有科学以来，人类知识量在不断扩大，学科门类在不断增多，而且这种发展呈不断加速之势。

有人做过统计，恩格斯著《自然辩证法》，所涉及的各类学科的分支学科不到170门，而当代自然科学、社会科学和人文学科的分支学科总数已达3万多个，而且还会不断增加。古代的地学分出海洋学。发展到现代，海洋学又分衍出海洋地质学、海洋矿产学、海洋生物学、海洋生态学等分支学科130多门。

在现代社会，再也不可能出现孔子、亚里士多德式的通才，也不可能出现西方近代启蒙运动中"百科全书派"那样的通晓多门学科的博才。

孔子、亚里士多德生活的古代，各门科学还处在萌芽之中。西方古代人讲"爱智"，中国古代人讲"求道"，无论是"爱智"，还是"求道"，讲的都是哲学，当然是广义的哲学。因为那时各门萌芽状态的科学都还从属于哲学。在这样一种状况下，涉猎多种知识，不是特别困难。

西方近代启蒙运动中的"百科全书派"人物，是近代自然科学，特别是机械力学、化学、地质学、生物学等各分支学科初步分化的时代产物。在这个时代，自然科学的分化、发展尚不充分，社会科学的各学科，比如政治经济学、法学、社会学，以及思维科学中的心理学、数理逻辑等，尚在形成之中。因此，处于那个时代的人们，通晓多门学科的知识，虽然不易，但仍是可能的。

现代科学的发展与以往完全不一样了。学科分类越来越细，不同学科之间的共同语言越来越少。因此，非同行专家，要进行深入交流，都会感到困难。

随着各学科分支学科的增多，相应地知识量也在不断扩大。对这一发展趋势，恩格斯曾有所预见和论述。恩格斯说："科学的发展则同前一代人遗留下来的知识量成比例，因此在最普通的情况下，科学也是按几何级数发展的。"[①]他又说：自然科学借哥白尼的不朽著作宣布独立，"科学的发展从此便大踏步地前进，而且得到了一种力量，这种力量可以说是与从其出发点起的，时间的，距离的平方成正比的"[②]。

在这方面，美国和原苏联有一些学者也进行了很有意义的工作。

---

① 《马克思恩格斯全集》第1卷，621页，北京：人民出版社，1956年。

② ［德］恩格斯：《自然辩证法》，中共中央马克思恩格斯列宁斯大林著作编译局译，8页，北京：人民出版社，1971年。

"美国弗里蒙特·赖德从1944年开始，由德克·普赖斯在其《巴比伦以来的科学》（1961年）一书中完成的工作，以科研图书馆藏书、科学杂志、学术论文等指标作统计，得出了科学知识按指数增长的规律。"① 原苏联学者彼德洛夫指出，按任何一种计量特征（文章、杂志的数量、科学家的人数等）在300年期间科学的发展每隔10—15年增长一倍。美国学者肯尼斯·梅根据自己的研究，认为科学每隔28年增长一倍。不过，由于社会现象的复杂性，这种研究要达到精确的程度是很难的。但是有一点是确定无疑的，科学的发展在当代呈不断加速化的趋势。

据粗略估计，仅就自然科学领域而言，19世纪所取得的研究成果要比18世纪多许多倍，但20世纪前50年所取得的研究成果又远远超过了19世纪。而20世纪60年代以来，科学技术上的新发现、新发明，要比过去2000年的总和还要多。仅从科技杂志的数量上看，1900年世界上科技杂志的数量约为1万种，而如今已达10万种以上。发表的科技论文数大约是每10—15年翻一番。有人对科学知识的增长情况做出了估计，并得出了结论：人类的科学知识19世纪是每50年增加一倍，20世纪中期是每10年增加一倍，现在则是3—5年增加一倍。因而有的学者用"知识爆炸"来形容知识的这种急速增长之势。

（二）人生有限与知识无限

相对于科学的加速发展，人生是极为有限的。中国古人讲，人生七十古来稀，是说人活到70岁是比较少的。拿三国时代的一些人物来说，曹操活到65岁，刘备活到62岁，孙权活到70岁，诸葛亮活到52岁。至于周瑜、关云长、张飞都属非正常死亡，因而不在此列。随着时代的发展、社会的进步、生活水平的提高和医疗条件的改善，人的寿命在不断延长。有一个顺口溜："六十小弟弟，七十正当时，八十九十不稀奇。"但人的寿命仍然是极为有限的，于是这就产生了一个矛盾，即有限的生命或有限的最佳年龄段与知识加速发展、知识发展无限性之间的矛盾。在这种趋势和矛盾面前，治学者该如何应对呢？

在思想家庄子所处的时代，知识发展的速度虽然远没有今天这样急速，但是知识发展的无限性与人生有限性的矛盾，他还是看得很清

① 转引自查汝强：《科学与哲学论丛》，45页，南宁：广西人民出版社，1980年。

楚的。庄子说：“吾生也有涯而知也无涯，以有涯随无涯，殆矣。”[1]其意思是说，人的生命是有限的，而知识是无限的，以有限的生命去追求无限的知识，是很危险的。也就是说，是要坏事的，是不可能实现的。

如何看待庄子的这段论述呢？应该说，庄子的这段话是对的。但他由此所引出的结论，却是错误的。他说：“已而为知者，殆而已矣！”[2]其意思是说，既然如此，致力于追求知识的人，自然只能处于很坏的境地了。他的错误在于，他认为既然以有限的生命不能获得无限的知识，那就不必枉费精力去追求知识了。很显然，这种无可奈何的消极态度是不可取的。

那么出路何在呢？实际上，在如何解决人生有限与知识无限这一矛盾的问题上，也有一些古人提供了很好的见解，是值得今人加以借鉴的。那就是在治学目标的选择上，要进行自我限制，化知识的无限为有限，专注于有限而做出成绩，即为学之道，用志不能不一，用力不能不专。

荀子在《修身篇》中讲道：“将以穷无穷、逐无极与？其折骨、绝筋终身不可以相及也；将有所止之，则千里虽远……胡为乎其不可以相及也？”[3]意思是说，想要穷尽无穷的路途、没有终点的目标，即便是跑断骨、累断筋，也是一辈子不能实现的。反之，追逐有终点的目标，哪怕远及千里，也总是可以达到的。

我国明代科学家宋应星有诗云：“一个浑身有几何，学书不就学兵戈。南思北想无安着，明镜催人白发多。”也就是说，不专心的人，结果是什么也得不到。

近代德国大哲学家黑格尔也说过：“一个志在有大成就的人，他必须，如歌德所说，知道限制自己。反之，那些什么事都想做的人，其实什么事都不能做，而终归于失败。世界上有趣味的东西异常之多：西班牙诗、化学、政治、音乐都很有趣味，如果有人对这些东西感觉兴趣，我们决不能说他不对。但一个人在特定的环境内，如欲有所成

① 《庄子·养生主》。
② 《庄子·养生主》。
③ 《荀子·修身》。

就，他必须专注于一事，而不可分散他的精力于多方面。”[①]

有这一方面教训的人不少。蔡元培先生在《我的读书经验》一文中曾说：“我自十余岁起，就开始读书，读到现在将满60年了，中间除了大病或其他特殊原因，几乎没有一日不读的，然而我没有什么成就，就是读书不得法的缘故。”所谓不得法，在他看来，“第一是不能专心”。有一个自以为正确但实际是错误的观念，即“以不知一物为耻”的观念，于是“种种都读……都没有读通”。另外，随性读书“不忍割爱”，没有目标。他把这种读法称之为“乱读”。

前辈学人的这些经验总结，后辈学人是应认真汲取，并引以为戒的。

（三）治学目标的专业选择

治学和做其他事情一样，必须确定方向，找准目标，集中全力，以求突破。如果没有目标，瞎干一气，往往就难以坚持，也就不能做出成就。在这里切忌无所用心，或东张西望，左顾右盼，长期游移不定，或盲目从众，亦步亦趋，失去自我。确定目标，要从实际出发，不能好高骛远。目标太高，脱离了实际，必然无法实现，到头来也会挫伤信心。目标一旦确定，就要坚持下去，直到有所成就。目标不能轻易地转移，朝三暮四，一日三变，今日种瓜，明日点豆，其结果只能是一无所获。

选择治学目标，要结合国家需要和科学发展趋势，以及本人的素质、特长、爱好和所具有的研究条件。也就是说，既要考虑社会的需要，顺应科学发展的潮流，努力走在前沿，又要结合自己的实际，从脚下踩出一条远行的路。

一般说来，一个人的聪明才智往往集中表现在自己的特长和兴趣上，要是能在充分发挥自己特长的前提下，选择治学方向，往往就易于取得成功。

在这个问题的解决上，上了大学的好办些，因为上大学[illegible]志愿时，绝大多数考生已经在相当程度上结合了自己的特长和兴趣爱[illegible]

相对来说，对于那些业余自学的朋友，确定治学的目标就显[illegible]尤

---

① ［德］黑格尔：《小逻辑》，贺麟译，174页，北京：商务印书馆，1980年。

为迫切，尤为重要。因为自学者的学习往往较为随意，缺乏自觉目的。这样势必造成知识庞杂，无所归心，兴趣广泛，失去专注那样一种情况的发生。似乎什么书都看过了，但却没有哪一本书给自己留下深刻印象，似乎什么都知道一些，但对什么都知道得不深不透。与这种情况相联系，许多人往往找不到自己的特长所在。

那么，怎样办呢？遇到这种情况，当事人就要注意听听周围学人的意见，特别是多向资深学者咨询，要及早把自己的治学目标确定下来，不要把时间和精力耗费在漫不经心之中。

治学目标的选择，要落实到一定的专业上。

就专业的选择来说，宜窄不宜宽。这里的“窄”，是指掌握基本知识基础上的专业窄化。或者说，是在较宽的知识基础上的专业化。这里有几方面的关系要处理好。

1. 宽基础，窄专业

一般说来，学习要提倡宽基础，治学应坚持窄专业（这里的窄是相对的）。宽基础，就是要通过相关的多门课的学习，即我们通常所说的专业基础课的学习，获得比较宽广的知识视野。这里包括：学一点哲学和方法论，学某一学科的通论、通史。比如，学文学的就要学文学概论、文学史；学哲学的就要学哲学概论、哲学史，要读通一部讲述基本原理的教科书，这样才能使我们在泛读中掌握一根主线，而不至星星点点，连不成一片。在这个基础上，窄化专业，就易于突破一点。

2. 选择一门，旁及其他

比如，就大学历史系设置的课程来说，有不少门。对这些教学计划内的课程都要学好，都要认真对待。但不能平均用力。从入学一开始，至迟到二年级开始，就应当选择一门课，或断代，或国别，或专史，作为自己学习的重点，并围绕这个重点，去建立和丰富自己的知识结构，去建立自己的知识根据地，从而逐渐形成自己独特的一套，即自己的学术个性，一直持续不断地学习到毕业，这样必有收获。

3. 从打游击战，上升到打阵地战

有了自己的知识根据地，以此作为依托，就可以不断出击，以争取更多的地盘，即要依托原有的特长去发展新的特长。学术研究的起步阶段，有时难免会打一枪换一个地方。但是从长远来看，打一枪换一个地方，只能是火力侦察，不是学术研究的常态。学术研究要避免老打游击战，要从游击战逐步过渡到打阵地战。

游击战，打一枪换一个地方，不断地另起炉灶，这是对人的时间和精力的一种浪费。这是其一。其二，撒胡椒面，不能提高研究的水平和质量，东一榔头西一棒，算不得真学问，也不能真正成为某一方面的专家。

所谓打阵地战，就是对某一学术领域进行多方面、多角度的系统、深入的研究，并形成系列性的、综合性的成果。比如，国内有一位专家研究庄子，不仅研究庄子的自然观，而且研究庄子的人生哲学、养生学、美学思想，研究庄子的散文艺术、形象艺术、语言艺术、结构艺术，把庄子与多个思想家进行比较研究，并研究其对后世、对当今的影响等。这位专家所进行的庄子研究，就是一种阵地战的研究。

（四）治学目标选择的相对性

选择，包括治学目标的选择，意味着主体的自觉自愿。自觉是指经过理性思考，做出的选择是合理的；自愿是指情感认可，做出的选择是心甘情愿的。或者说，体现了自己的兴趣和爱好。

但是对选择，包括治学目标的选择不能理想化。因为选择不是单向，而是双向的。即你作为主体选择对象，但同时对象也选择主体，这就叫双向选择。所谓对象选择主体，是指对象对主体的限制和要求，通过限制和要求，从而实现客体对主体的选择。也就是说，主体选择不是任意的，选什么不选什么，要受到主客观条件的限制。

这里有几种情况。一是你想要的，不是你能要的。也就是说，你想要的对象，提出了超出你能要的难以满足的要求。二是你不想要的，可偏偏要塞给你。三是有时是不得不选。即无可选择，只能这样，不能那样。

比如，高考时报考专业，我的第一志愿是北京大学中文系，第二志愿是北京大学哲学系，第三志愿是北京大学历史系。后来，北京大学哲学系录取了我。另外，在我国有许多科研攻关项目，在开始时，也不是从事这种研究的科研人员的主动选择，而是国家的需要，国家的选择。那么怎么办呢？既来之，则安之，不得不学，不得不干，干出一番成绩，也就产生了兴趣，产生了感情，产生了爱。

爱因斯坦说："热爱是最好的老师"。这句话诚然不错。其实还可以加上两句，即变成三句：热爱是最好的老师，干出成果是最好的太老师，不得不干是最好的祖师爷。因为干出成果比单纯的热爱所起的促进作用更大，而不得不干，即社会和国家的需要又是干出成果的原动力。

另外，选择也有偶然性。这里说说马克思对研究方向的选择，是会引发兴趣的。

马克思逝世后，恩格斯在马克思墓前有一篇讲话，说马克思在理论上有两大发现：一是唯物史观，二是剩余价值学说。前者属于哲学方面的贡献，后者属于政治经济学方面的贡献。从学术价值来说，这两大贡献都填补了人类知识的空白；从社会价值来说，这两大贡献给无产阶级的解放提供了思想武器。因为这两大贡献，马克思成为彪炳千秋的伟人。然而马克思是怎样踏上哲学历程的呢？

年轻的马克思一开始由衷地希望献身于心爱的文学事业，从小就想当一位诗人。他说："说不定，我将来会成为一位杰出的诗人呢？"家里人也深信他写诗的才华。他的父亲曾当着他的面对他母亲说："一定是慈善的菲娅女神把诗人的桂冠放在卡尔的摇篮里了。"1935 年 10 月，马克思中学毕业，父亲为他选择波恩大学法律系，他想要儿子学法律当律师。因为这是一个收入丰厚且很有地位的职业。然而他对父亲代他所做的选择，心不在焉。在波恩大学一年中，他写了三本诗集，献给自己心爱的姑娘燕妮。另外，波恩大学管理松懈，学生懒散、放任。深爱着自己儿子的老马克思，怕儿子受到这种不良校风的影响，于是在第二年，他便把马克思从波恩大学转到柏林大学学法律。柏林是德国的政治中心、文化中心。黑格尔曾在柏林大学任教，在那里有巨大的影响。黑格尔死后，他的学生分为两派，一是青年黑格尔派，一是老年黑格尔派。两派争论十分激烈。这一场争论把一个法学系的学生深深吸引。从此马克思投入了哲学的怀抱，开始了对哲学的研究，并用哲学的研究去指导经济学的研究，又以经济学的研究来促进哲学的研究，进而做出了上述两大发现。

由此可见，选择是自觉与不自觉的统一，是偶然与必然的统一。

三、科学道路起步的关键

立志献身科学研究的青年，其科学道路起步的关键是什么？在于名师指点。

（一）何谓名师

名师首先是老师，而老师是相对于学生而言的，但名师又不同于普通老师。也就是说，名师是相对于其他老师，相对于他的同行而言的。顾名思义，名师就是在同行和学生心目中富有声望的老师。这种声望不是浪得虚名，而是名副其实。不是吹起来的，而是干出来的。靠的不是人为的炒作、美丽的包装，而是靠名师的德、才和他做出的贡献获得的。诚然，名师之德不仅指通常所说的有德性，而是品德高尚；名师之才也不仅指一般而言的有才能，而是才华出众。不仅如此，这种德和才还要通过贡献突出而表现出来。基于上述的分析，我们可以对什么是名师作一个较为全面的回答：名师就是品德高尚、才华出众、贡献突出，在同行和学生心目中富有声望的老师。

那么名师与学生成才的关系如何呢？这里可以用一句话来概括：名师出高徒。

（二）名师出高徒

这里的"高徒"，是指很有作为的学生。如何看待名师出高徒这一观点呢？就我的认识来说，有这样两点：一是这是一个以大量事实为根据的科学命题，二是这是一个需要辩证理解的科学命题。

众所周知，任何科学的命题，总是以事实为根据的。名师出高徒这一命题，之所以科学，也是以大量事实为根据的。也就是说，这不是个别现象，而是古今中外普遍存在的一个客观事实。

在中国历史上，孔子是儒家学说的开山祖，是一位教书先生，也是名师、大师，历史上称之为"至圣先师"。他共有"弟子三千"，所培养的贤达之人，也就是所谓"高徒"就有72人。在古希腊，从一代宗师苏格拉底到柏拉图，从柏拉图到亚里士多德，师生相传，可谓灿若星辰。

近代以来，这样的事例更是不胜枚举。比如，英国的化学家戴维和他的学生法拉第。又比如，中国复旦大学的苏步青与他的高足谷超豪，谷超豪和他的学生李大潜。有时名师是一位，而高徒却是几个或一批。比如，发明电子的英国物理学家汤姆生，在其一生中，共培养了8名诺贝尔奖获得者。在我国，清华大学的张维教授，从其门下走出的中国科学院和中国工程院院士竟有30位之多。

以上事实充分说明，名师出高徒，此言不虚。1931年诺贝尔医学奖获得者、德国学者奥托·沃伯格说："一个年轻科学家一生中最重要的事情是跟他那个时代的科学巨匠所进行的个人接触。"[①]我国暨南大学历史系教授朱杰勤也说过：科学家的杰出成就，除了个人努力外，名师的教导是决定性的因素。对此，1970年，诺贝尔经济学奖金获得者保罗·塞谬尔森在获奖大会上则公开宣称：我可以告诉你们怎样才能获得诺贝尔奖金，诀窍之一，就是要有名师指点。

据统计，美国的诺贝尔奖获得者，一半以上的人是跟前辈诺贝尔奖获得者学习过。这些跟获奖人学习过的人，比没有学习过的人获奖时间，几乎提前七年。在这个意义上可以说，世上并不缺少可以成为杰出人物的青年，所缺少的恰是培养这些青年成为杰出人物的名师。

享誉海外的西南联大创立于烽火连天的抗日战争时期，物质条件极为低劣。学校常常开不出工资，有位化学教授在授课之余，只好运用自己的一技之长制造肥皂卖钱，以补贴家用。但即便在这样困难的条件下，却培养了后来蜚声中外的杨振宁、李振道、吴仲华、邓稼先、林家翘、朱光亚、吴征镒、刘国光等一大批杰出人才。原因何在呢？一个重要原因在于，有闻一多、朱自清、冯友兰、陈寅恪、费孝通、吴晗、刘文典、吴有训、赵中尧、华罗庚、陈省身、任之恭、马大猷等一批文坛泰斗、科园宗师云集该校。

1993年，美国斯坦福大学与哈佛大学、麻省理工学院的学术声誉"评分"均为第一，综合排名位居榜首，其师资一流功不可没。斯坦福在创校之初就提出了物色最优秀的教师担任教授的要求，并成为传统。其现在的1322教师中，教授有744名，其中国家社会科学院院士89名，国家文理科学院院士167名，工理科学院院士65名。学校有21名诺贝

① 转引自中央人民广播电台理论政法部编：《成才之路》，55页，北京：广播出版社、中国社会科学出版社，1981年。

尔奖金得主。

大学的灵魂是什么？大学的灵魂是教授，特别是名教授。曾担任过清华大学校长（1931—1948）的梅贻琦先生说：“一个大学之所以为大学，全在于有没有好教授。孟子说：‘所谓故国者，非谓有乔木之谓也，有世臣之谓也。’我现在可以仿照说：‘所谓大学者，非谓有大楼之谓也，有大师之谓也。’”[①]周培源先生也曾说：“一所大学办得好或不好，它的决定因素或根本标志之一，乃是这个大学的教师阵容，古今中外绝无例外。”

但对名师出高徒这一命题，也要给予辩证理解。所谓辩证理解，我认为至少应该包括这样三个方面的内容。

第一，名师出高徒，并不否认自学可以成才。这就是说，个人成才的道路并非只有一条。

第二，名师出高徒，也并非名师尽出高徒。这是因为能否成为高徒，还有待于学生个人的努力，而学生之间总是存在着多种多样的差异。因此，即便受教于同一名师，其学生也不会人人成为高徒。如前所说，孔子有“弟子三千”，但“贤者”也只有七十二人。

第三，名师的作用主要在学生治学的起步阶段比较突出，比较关键。古人云：“师傅领进门，修行在自身”。对于学生来说，受教于名师，又超过名师，才能成为高徒。可见，名师在个人成才过程中的作用，不是绝对的，但确实又是显而易见的。

因此，对于青年学子来说，在科学道路的起步阶段，自觉地请求名师的指导，就成为学习的巨大推动力和主要的治学方法之一。

（三）名师的作用

那么名师的作用表现在哪些方面呢？概括地说，主要有以下四点。

1. 治学领路人

名师能帮助学生开阔视野，在学术上迅速走向成熟，能尽快地进入学科的前沿阵地，从而使学生能站在所处时代的最高科学平台上，通过努力，创造出体现时代水准的最新成果。

名师之作为名师，其特征之一，就是具有深邃的科学眼光。名师

---

① 转引自叶隽：《现代中国大学制度之肇创、流变与得失》，《教育学报》，2010（1）。

正是凭借这种眼光洞察现状，并准确地预见未来。我国著名物理学家冯端认为：画工和画家的区别在于前者只有手，而后者既有手，又有眼，就显得高明多了。这是非常有见地的经验之谈。“两弹一星”功臣、光学专家王大珩被公认为属于那种站在科学前沿、有眼光、有魄力的科学家。20世纪80年代初，当关注到世界各国对美国“战略防御倡议”的反应时，他敏锐地意识到我国应采取适当的对策。为此他联合著名科学家王淦昌、陈芳允、杨嘉墀，向中央提出“关于跟踪研究外国战略性高技术发展的建议”，成为“863”计划第1人，显示了非凡的科学眼光。

名师的这种科学眼光，对学生的帮助作用是很大的。因为科学发展到今天，各学科纵横交错，分支杂出。有人比喻说，任何一门学科都像一个很深的山洞，既有顽石挡路，又有歧途误人。有专家说，即使是一个很小的学科分支，你要是钻进去，都可以轻易地耗尽你的一生。在这种情况下，如果不重视导师的作用，一旦走进了一个小小的死胡同，就要白付出许多光阴。

另外，从知识的发展史来看，知识的发展愈到现代，每一个知识门类，从其基础知识到其前沿知识的中间层次愈来愈多。如何以比较短的时间走过这些中间层次，达到最前沿，导师的作用是很大的。他可以以富于远见的科学眼光，使学生少走弯路，省去学生许多徘徊摸索的时间。汤姆逊在他所著的《马克士威》一书中说过：“要逐步地跟随一个伟大的研究家，沿着不仅由他自己发现的，也沿着由他人引起别人发现的不朽道路走去，那就容易得多了。”①

2. 传授金钥匙

名师能教会学生掌握治学方法，开启智慧之门。科学研究是发现问题，解决问题，创造新成果的过程。分析问题和解决问题，这其中，知识的积累固然重要，但方法的掌握更为关键。尽管许多人都在知识的海洋中积累知识，但成功者却在少数。其原因在于许多人不懂得：知识可以老化，而方法则终身受用；知识是死的，方法是活的；不仅如此，知识只有用一定的方法组织起来，才能获得生命。因此学习前人和他人的治学方法，显得尤为重要。

① 转引自中央人民广播电台理论政法部编：《成才之路》，55页，北京：广播出版社、中国社会科学出版社，1981年。

日本著名学者片山泰久说：知识总有一天变得陈旧无用，真正重要的是产生这些知识的思想方法。我国学者陈千帆先生也说，学到做学问的门径，这比得到一种职业更重要，一生受用不尽。这也正如巴甫洛夫所指出的："方法能够推进科学。"法国著名生理学家贝尔纳说："良好的方法能使我们更好地发挥运用天赋的才能，而拙劣的方法则可能阻难才能的发挥。"[①]我国法相学会创办人罗时宪先生在谈到这一点时，也说了一个极为有趣的例子。他说，譬如一个小孩子常常向他妈妈索取一两毛钱买零食，一下子用完了再回来说"妈妈给我一毛钱"，许多时候会被妈妈拒绝，但假如这个孩子取得妈妈的钥匙自己去拿钱，他就可以财源不竭了。金钱是材料，钥匙是方法。

名师的作用之一，就是给学生教授治学方法。名师师承前辈学人，又经历了长期有效的治学实践，因而积累了相当丰厚的治学经验和方法。比如，如何选书，如何读书，怎样读才会有大的收获？怎样判断科研课题的性质和意义？怎样独辟蹊径进行创造性的研究？怎样搜集、梳理大量的学术资料等，学生都可以从名师那里获得指点。所谓"听君一席话，胜读十年书"。这里的一席话，我理解就是传授金钥匙，即教授分析问题、解决问题的根本观点和方法，包括治学方法。当然就现代科学来说，这里所说的"十年"可能夸大了一些。

3. 严格的批评督促

名师出高徒，重要的一点，名师是严师，催人奋发。名师一般不能容忍学生拙劣的工作、懒惰、投机取巧和粗制滥造，不允许他们拖拖拉拉、松松垮垮、马虎从事。

关于师道尊严，过去有一段时间对之加以批判，这恐怕不对。师道如果不尊严，何以为师，何以为名师。大哥，二哥、麻子哥，彼此称兄道弟，那能行？《参考消息》曾转发美国《纽约时报》的一篇文章。文中说，2004年有1/3的美国教师认真考虑过要改行。因为80%的学生张口闭口说，享有自己的权利，如果老师的管教稍有严厉，他们的父母就会提出申诉。所以孩子毫无顾忌，变得很粗野。这种所谓师生平等，造成的结果是学生凌驾于老师之上，使得正常的教学很难进行。

---

① 转引自［英］威廉·伊恩·比德莫尔·贝弗里奇：《科学研究的艺术》，陈捷译，序言X页，北京：科学出版社，1979年。

师道尊严，这里的师道是指老师之作为老师，对于学生来说，有他的规矩、要求。严师之严，即按教与学的应有规范办事，不通融，不苟且、不马虎。当然，讲师道尊严，不是搞封建主义的那一套，不是指用打骂的办法对待学生，甚至把学生当敌人。这是两码事，不能混为一谈。另外，师之严，也应该严而有度，严而通情，不能像夏天的烈日那样可怕，而应如温暖的冬阳那样，催人成长。

胡适之先生是大师，是严师。太平天国史专家罗尔纲先生在《师门五年记·胡适琐记》中说："我一入师门，适之师就将'不苟且'三字教训我"，每当发表为生活卖稿而写的急就章，"就得到适之先生严切的教训"。罗曾发表了《清代士大夫好利风气的由来》一文，"适之师见了，他非常生气，写了一封很严厉的信"，加以责备，认为罗尔纲以郭嵩焘等旧式文人的"随口乱道"为根据作概括论断，"这个题不能成立"。适之先生在信中还说："文字不可轻作，太轻易了就流为'滑'，流为'苟且'。因此写文章一定要慎重，发表文章就更加不能轻率。"尔纲先生对适之先生对自己的严格要求十分感动。他说："适之师教训我常常如此的严切。他的严切，不同夏日那样可怕，却好比煦煦的春阳一样有着一种使人启迪自新的生意，教人感动，教人奋发。"①

4. 言传身教

名师除了有高超的学识、才能以外，其追求真理的科学精神、一丝不苟的学术风格、发愤忘食的治学态度和乐以忘忧的人格境界等，都会给学生以巨大影响，并使之终身受益。因此，凡成名的大家，我们总能从他们的回忆中听到关于受益于师的故事。

教师的力量，主要是指教师所掌握的知识的力量和人格的力量。尤其是教师的人格是对学生最无形又是最有力量的教育。哈佛大学校长博克就坚持这一观点。他说，对大学生影响和作用最有效力的莫过于教师个人的性格。这里的性格无疑包括人格。由此，他认为，做师表者的责任，决不仅仅是灌输一些知识，而在把自己整个人格和盘托出，做人家的榜样。

爱因斯坦在纪念居里夫人时说："第一流人物对于时代和历史进程

① 转引自罗尔纲：《师门五年记·胡适琐记》，《北大人》，2003(14)。

的意义，在其道德品质方面，也许比单纯的才智成就方面还要大。”这是对以居里夫人为代表的科技大师的高尚情操和超凡人格的写照。事实上，名师、大师在教学中，不单是传授知识和培养能力，也在用自己的人格魅力对学生产生潜移默化的影响。还如爱因斯坦所言：“大多数人说，是才智造成了伟大的科学家。他们错了，是人格。”①

科学家是全社会知识层次最高的群体之一，享有崇高的社会声誉，对良好社会风气的形成能够产生很强的示范、引导作用。这也就是我们中国人所说的“学高为师，身正为范”。

中国杰出科学家钱学森，曾深情地回忆起冯·卡门先生对他的影响。有一次，冯·卡门先生鼓励钱学森在美国航空学会上发表与当时的大权威冯·米赛斯观点不同的意见，这种唯真理是从的精神，使钱学森大受教育。特别是有一次，钱学森与冯·卡门老师争论一个学术问题，双方互不相让，这使冯·卡门十分生气，以致用语尖刻。但事后经过思考，冯·卡门发现学生是对的。第二天一上班，他就爬上三楼来到钱学森小小的办公室，恭恭敬敬向钱学森行礼，承认自己错了。老师的这一举动，使钱学森铭记终生，后来他把这种平等和民主的学术精神带回中国，在“两弹一星”的事业中发挥了作用。

在人类科学史上，有这样三则故事也一直传为佳话。

一是，1661年，18岁的青年牛顿进入了著名的剑桥大学，很快被巴罗教授看中。巴罗教授是被英国国王查理二世称赞为“欧洲最优秀的学者”。就是这位教授在牛顿1667年获得硕士学位后，为了让牛顿早日脱颖而出，他慷慨地辞去了自己的待遇丰厚的教授讲座，让比他小33岁的牛顿接班。这一年，牛顿才26岁。可以设想，如果没有巴罗为他开路、让路，牛顿不可能那么快地脱颖而出。

二是俄国著名科学家罗蒙诺索夫留学德国期间，遇到了一位识才的伯乐，即名望很高的物理化学教授沃尔夫。在学习上，他对罗蒙诺索夫严格要求，在生活上多方照顾，解囊偿还罗蒙诺索夫欠下的债务，还毅然向《德国科学》杂志编辑部推荐罗蒙诺索夫在后来得到发表的、关于驳斥自己错误观点的文章。这是何等的胸怀！实在值得敬佩。

三是讲达尔文的。1856年达尔文收到一个叫华莱士的青年科学家

① 转引自刘延东：《在科研诚信与学风建设座谈会上的讲话》，《人民日报》，2010·4·9。

的来信及论文，希望达尔文看后提出意见并推荐发表。这篇论文中提出了物种进化论的观点，而这一观点正是达尔文研究了十几年，付出了许多心血，还没有发表的观点。由此达尔文陷入了极度的痛苦之中。很显然，如果推荐并发表该文，那么如他自己所说："我的全部独创性，无论它可能多么了不起，都将化为乌有。"然而达尔文战胜了自我，勇敢地向编辑部坦言了自己的思想，要求将华莱士的论文公开发表。编辑部在征得华莱士的同意后，裁定了进化论是由两人分别独立得出。对此，华莱士不仅十分赞同，而且建议把达尔文的名字放在前面，提议将这一理论命名为"达尔文进化论"。[①]达尔文和华莱士表现出了多么崇高的科学道德精神。在科学发展史上，正是这种精神像火炬一样，照亮前进者的道路。

总之，青年人在治学的起步阶段，受到名师的帮助、指点，是十分重要的。

（四）自觉向名师请教

有人说，很希望得到名师的指点，但很难遇上名师。其实，一个人只要诚恳虚心，生活中是处处有好老师的。一个青年人在科学研究中要获得名师的指点，并不是特别难的一件事。其实现的途径是多方面的。比如：①在大学学习期间，主动地去听名师讲课和作学术报告；②拜访名师；③用书信的形式向名师求教；④在自己的研究中，留意学习名师发表的最新研究成果。

我国著名词学家夏承焘先生曾深有体会地说道，在治学过程中，除了利用书信的形式各处求教，他还不断外出寻师访友。近代文坛先辈吴梅、夏敬观、陈匪石、马一浮等，他都登门拜访。对于词学同行，他都尽量争取向他们求教。夏承焘先生这种虚心求教的精神是十分可贵的，也是值得我们学习的。

总之，能否得到名师的指导和帮助，关键在于求教者自己。因此，在某种意义上可以说，对一个求学者来说，所缺少的不是名师，所缺少的是向名师请教的自觉性和积极性。

① 徐匡迪：《科学殿堂不容玷污》，《光明日报》，2013·1·14。

第二章　学术研究的境界

科学绝不是一种自私自利的享乐。有幸能够致力于科学研究的人，首先应该拿自己的学识为人类服务。[①]

——［德］马克思

思考是人类最大的乐趣之一。[②]

——［德］布莱希特

我相信我们应该在一种理想主义中去找精神上的力量，这种理想主义要能够不使我们骄傲，而又能够使我们把我们的希望和梦想放得很高。[③]

——［波兰］居里夫人

学术研究要有所成就，除了要找到适合自己研究的学科领域，并得到名师的指点以外，就研究主体来说，最重要的，还要有一个比较高的治学境界。

谈到境界，可能有人认为比较空，言下之意，是没有多大作用。其实，此言差矣。就我个人的体会来说，这是最重要的。有一个比较高的治学境界，才能使治学活动有一个正确的导向，才能激发治学活动的动力，才能排除治学活动中的种种干扰和克服种种困难，才能甘于寂寞，不辞辛劳，以治学为乐，从而才能有所成就。这里的五个"才能"，就其中的任何一个来说，都有许多故事可讲，而每一个故事

① 转引自［法］保尔·拉法格等著：《回忆马克思恩格斯》，马集译，2页，北京：人民出版社，1973年。

② 转引自钟楠编：《世界名人名言集》，403页，上海：世界图书出版公司，2001年。

③ 转引自王涵、华石等编：《名人名言录》，21页，上海：上海人民出版社，1981年。

都可以引发许多人生感慨。

要树立比较高的治学境界，就必须真正懂得为什么治学，以及正确对待治学中的寂寞与辛劳。就此，下面来谈三个方面的问题。

一、热爱科学，努力治学

关于为什么治学的问题，是治学境界中要解决的一个首要的、根本的问题。这里谈三点。

（一）境界可以改变境遇

什么是境界，境界也叫人生境界，是一个人想过一种什么样生活的目标追求。人生境界不同于人生境遇。所谓人生境遇，就是人在社会生活中所处的环境。这种环境可能是逆境，也可能是顺境。这些都是客观的、既成的，但又是可以加以改变的。如何改变人生的境遇，以什么样的理想目标来改变人生境遇，这就涉及主体的人生境界。也就是说，人生境界是从主体角度讲的，是指主体所持有的生活理想，以及所折射出的人生态度。因此，处于不同境遇中的人可能有不同的人生境界，同样，处于相同境遇中的人也可能有不同的人生境界。

一个人处于逆境，如果没有较高的人生境界，他就会消极被动，唉声叹气，怨天尤人，就会被困难所吓倒，那么他的状况就会愈来愈差。如元代诗人徐再恩在《水仙子・夜雨》中所描写的："一声秋叶一声秋，一点芭蕉一点愁，三更就梦三更后。"有人甚至经不住逆境的折磨，走上了自我毁灭的道路。李白的处境也曾很不好，用杜甫的话说："冠盖满京华，斯人独憔悴。"一个人混到了这个份上，应该说，是够悲惨的了。然而李白的内心是强大的。他有诗云："登高壮观天地间，大江茫茫去不还，黄云万里动风色，白波九道流雪山。"这就是诗仙李白的天地人生啊！

一个人处于顺境，如果没有较高的追求，也就不知珍惜，白白浪费掉好的环境和条件。可见，有无追求，有什么样的追求，其结果是不一样的。下面举一个例子。

有人问三个砌砖工人："你们在干什么？"第一个工人说："砌砖。"第二个回答："我正在赚工资。"第三个答："我正在建造世界上最富有特色的房子。”

这简单的答语使各人的境界，即工作态度和胸襟抱负，跃然而出。不难看出，第一个人无所追求，只把“砌砖”作为“活”来干。当然这种无所追求的境界，也是一种境界。第二个人把“砌砖”仅作为挣钱的手段，这是一种实用境界。因此，这两个人终生也只能是普通的砌砖工人。只有第三个人才把“砌砖”作为“事业”来干，作为实现自己美好愿望的手段。因而只有他才可能成为未来的建筑师。由此可见，在相同的境遇中，由于各人的境界不同，其结果可能大相径庭。

工人“砌砖”有一个境界问题，同样，人生和治学也有一个境界问题。

（二）人生应追求高境界

如果把境界视为人生追求，那么可以说，境界就是人的生命徽章，是显示一个人生命特点的关键性因素。境界的高低并不在于从事什么工作，而在于如何对待这份工作。

就人的现实追求来说，人生活在这个世界上总得做事，总要做事。不做事，就会无以为生，无以安生。当然，在这世界上，也有人不做事，靠别人养活，当懒汉，不劳而获。这是人们所鄙视的。

人要做事就得有一个现实追求。有人马马虎虎，得过且过，不求有功，但求无过；还有人例行公事，当一天和尚撞一天钟。这种工作态度和人生态度，如果说是一种追求，也可以算，但不高。或者说，比较低。其缺乏的就是人文精神、人格追求。

在古代，中国知识分子的最大出路，是学而优则仕。特别是科举制度以儒家经典为录取标准更是强化了这个特点。在中国古代，做官的人，都有很高的文化修养。官吏、诗人、文学家往往集于一身。翻开中国文学史、哲学史，一些文学家、诗人、哲学家，大都为官从政，而且不少人居于高位。李斯、屈原、贾谊、刘禹锡、韩愈、柳宗元、王安石、欧阳修、王阳明都是一些能官为文之人。这些人为官，大多具有品位，享有政声，这些人为文，也都声名远播，风骚千古。这其中所显示的就是人文修养、人格道德，人生的高境界。

所谓人生的高境界，就是把自己喜欢的事做得尽善尽美，不干则已，要干就好好干，干出成绩，干出人生的乐趣，就是追求事业的成功，把干事业看成社会价值的创造和人生的自我实现。

高境界也是一种高的理想追求。用一句不太好听的话说，是“吃着碗里的，想着锅里的”。这个比喻不恰当，它是说一些人贪心不足，具有不断膨胀的私欲。但如果反其意而用之，从人生境界的角度说，不断给自己提出新的奋斗目标，即在人生道路上，在取得成绩以后，不心满意足，不沾沾自喜，而是不断前行，不断去创造人生的辉煌。

人生境界对于一个人来说，十分重要。就做学问来说，也有一个治学境界的问题。

（三）为私利做不得真学问

所谓治学境界，就是你从事治学活动所追求的理想是什么，或者也可以说，你为什么从事治学。

对于这个问题，许多人口头上不便明说，但其心中是有数的，或者从他们的行为取向上，也是不难判断的。

有人从事治学是为了当官。在这里，治学只是其当官的手段。这不妥。

1. 治学不能为着做官

在现代社会条件下，当官有一定的学历规定。在有的单位，有的部门，要当上官，还有一定的学位要求、职称要求。因此，为了保住官位，或为了升官，一些党政干部就要去拿学位、拿职称，就要去上学、去研究、去写论文。这无可厚非，而且是应该大力赞扬的。

但是不少人弄虚作假，这就不仅败坏了官风，也败坏了学风。还有一些人原来不是官，但在取得了一些学术成果，当上了教授以后，就想以此为资本，去谋得一官半职，不然就认为不被重视，于是不安心工作，就要提出所谓的调动。为了留住人才，当权者也只能加以满足。应该说，高学历、高职称的人充实干部队伍，这对提高干部队伍素质，无疑是有益的，也是十分必要的。但毋庸讳言，这对科学发展、学术进步是一种损失。提倡所谓“双肩挑”，说说而已，做好每一项事业，都要全身心投入，把两副担子一起挑起来，除非你十分杰出，否则难以胜任。

另外，治学平平者当官无妨，人各有志，说不定另有一番作为。但对有学术才华者来说，绝不应该有谋官之想，你施展的天地不在官场，而在科坛。对学者、教授的尊重，不在于给他们加上显赫的官职和各种社会头衔，而在于要为他们的工作创造必要的条件。过多的兼职，过多的抛头露面，剥夺了他们进行科学研究的宝贵时间，对一个学者来说，只能意味着学术前途的毁灭。曾担任过中国科协主席的周光召先生说："要搞科研就不要当官，当官就不要搞科研，当了官就要好好为科研工作者服务，既当官又想搞科研，肯定什么都做不好。"①

为什么有人热衷于当官，因为中国历史上，农业经济长期占统治地位。你不当官，就只有面朝黄土，背朝天，终身碌碌，不得温饱。当了官，就有许多利益，就能掌握许多社会资源，就能一人得道，鸡犬升天。这个诱惑是很大的。如果工业经济发展了，那么人们的生活出路多了，情况就会改变。工业经济需要的是科学技术，特别是在现在，科学技术是第一生产力，于是科技人员大为吃香。这种情况在中国正在发生。现在许多单位开出优惠条件招聘教授、博士、科学院院士，就是一种证明。可以预计，随着工业经济、信息经济，特别是生态经济、人文经济、分享经济的发展，社会科学人才也将会受到社会的重视。

2. 治学不能为着出名

有人从事治学是为了出名。出名就是有名声，被社会所承认。拿文凭，评职称，得奖项，同行称道，荧屏露脸等，都是一种社会承认，都会使人扬名。谁都希望自己能成名，能被社会所承认。

但就做学问来说，不能把名声看得太重，更不能为名声所累。我对名声所持的态度，一是不拒绝，二是不劳神。真有学问和水平，自然能拿到相应的文凭和评上相应的职称。但如果虚有头衔，没有真才实学，那又有多大意义，东郭先生早晚有一天会混不下去的。唯学历论、唯职称论，这是社会心态不成熟的一种表现，唯才是举才是一个健康社会的常态。

另外，名声有赖于他人的肯定，容易受舆论、时尚、机遇等外在因素的支配，加之社会上有不少人热衷于名声，为了出名，可以使出各种招式，这就免不了会有人掺水使假，弄出许多有伤斯文的、不光彩的事件。比如，有人将一篇文章的内容，分成几篇来写，以求提高

① 转引自谭雄伟：《搞科研与当官》，《光明日报》，2005·9·12。

自己的产出率；有人让下属或学生写文章，自己不动笔，却把自己的名字挂上去，而且还挂在前面；更有甚者，剽窃别人的成果，占为己有，然而纸包不住火，难免败露。2005年被点名抄袭的教授有一百出头。

再者，在商品经济社会有一种通过捧名人扬名，借名人做广告的时尚。因此，赫赫有名者未必优秀，默默无闻者未必拙劣。以名声的大小、有无来作为衡量事业成败的标准，是不正确的。所以，古代贤哲多主张不要太看重名声。孔子说："人不知，而不愠，不亦君子乎?"①

我认识南京大学哲学系的一位教授，他对各种评奖活动从不参加。到目前为止，一项奖项也没有。但并不等于他没有学问，实际上他有大学问。他曾是国家学位办哲学学科评议组成员。这位教授就是把名声看得很轻、很淡。这一点，令我敬重!

当然这样说，并不否认人们要努力去成名成家，也不否认社会要奖掖先进，要给杰出者以承认和表彰。但万万不可用不切实际的宣传，揠苗助长。科学家的声誉是靠扎扎实实的工作，是靠杰出的科研成果，而不是靠人为的炒作（包装、哄抬），搞所谓大树特树来建立的。如果是那样，那是绝对树不起来的。

3. 治学不能为着谋利

有人从事治学是为了获利，即获取物质利益。直到不久以前，由于物质报酬是如此的菲薄，科学研究还是由献身者去从事的。但今天，研究工作及其成果已与职称、待遇相当紧密地联系在一起了。这是一种进步，是完全必要的。

改革开放以前，在极"左"思潮的影响下，漠视现实生活的空洞说教日甚一日，人们安贫乐道，羞于或耻于谈论物质利益问题。随着极"左"思潮的枷锁被解除，随着经济动机的正当性在现代化进程中逐步得到肯定，越来越多的人不但不回避它，而且以空前的坦率和热情讲究起聚财、生财和用财之道来。这是中国人在物质利益观上的一个拨乱反正。

但是经济动机的道德正当性，是有限度的。一味地追求经济利益，

---

① 《论语·学而》。

必然会助长急功近利的社会风气。由此社会思潮也很容易趋向另一个极端，即把理想追求、道德修养看成空洞说教，把金钱和财富作为一个人身份和能力的标志。

在这样一种背景下，学术界有些人或下海经商，或搞起第二职业，或者把治学作为谋取物质利益的手段。比如，申请某个课题，并不是对这个课题有什么理论兴趣，即不是出于对真理的热忱和追求，而是出于对科研经费的渴望。又比如，有些人撰写论著的直接动因是为了获得更高的职称以及与此相应的物质待遇。还有人为获利而拿项目。同一个课题，或稍加变动，或改头换面，从不同渠道去进行申报。既报国家项目，又报省、部项目，以求多次拿到科研经费。这种情况的存在，也有制度设计上的漏洞，必须予以改变。

另外，还有不少人重科研项目申报，轻科研项目研究。于是，不能按期完成科研计划（有特殊情况的除外），或是拿不出像样的科研成果。还有人拿到项目以后，邀集一些人，分头去做，然后拼凑成书，或让学生代劳，拼凑成书。有的人号称多产，一年出好几本书。对于这类书，我是从来不看的。我不相信，这种急就章，这样拼凑出来的东西，会有学术质量。很显然，当物质利益动机上升为主导性动机，那么对真理的热忱和追求，就会被边缘化，甚至完全被搁置起来。如果是这样，那么这样一些研究者也就不可能做出高水平的科研成果来。

（四）为科学从事科学研究

总之，不能为当官、为出名、为谋利而做学问。这不是真正在做学问，也不是做学问的人应有的境界。真正的治学境界应该是为科学而治学。

这是科学的本性所要求的。因为科学真理具有普遍性。只要是真正的科学知识，无论什么人，什么时候都可以利用。这决定了它的重要特征，无私利性，或曰“祛利性”。这是美国社会学家默顿所提出来的一个重要观点。

1957年，默顿当选为美国社会学学会主席。在发表的演讲中他指出：“即使到了今天，在科学已经大大职业化了的时候，追求在文化上还是被誉为、定义为主要是一种对真理的祛利性的探索，仅仅在次要的意义上才是谋生的手段。”[①]尼采也曾讲过：“一切伟大之物总是远离了市场和荣誉才能发生，新价值发明者总是住在市场和荣誉很远的地方。”[②]这就是为什么那些急功近利、目光短浅之人，无法形成深刻的科学思维的原因。相反，只有那些急公好义之人，才可能在科学研究上做出成就。

所谓为科学而治学，就是为科学的进步和发展，为追求真理而从事科学研究。

一切杰出的科学家、思想家之所以能不怕种种困难、能克服种种阻挠，义无反顾地献身科学研究，说到底，是出于对真理的热爱，是为了追求真理。

真理是崇高的。古希腊伟大哲学家亚里士多德留下了千古名言：“吾爱吾师，吾尤爱真理。”

真理是迷人的，充满魅力的。法国作家左拉说过，生活的全部意义在于无穷地探索真理。孔子也曾说：“朝闻道，夕死可矣。”[③]法国作家拉·梅特里为追求真理奋斗了一生。他曾感慨道：“愈是接近真理，便愈加发现真理的迷人。”[④]

真理的魅力在于真理的价值。

真理具有认识和实践两个方面的价值。真理的认识价值在于，它正确反映客体的本来面目，使人与一切虚幻、荒唐、错误的认识划清界限；真理的实践价值在于，它为实践指明正确方向，促进社会进步，增添人类幸福。

科学研究的价值就在于真理的价值。发现真理、发展真理，这就是科学工作者的价值。谁想沽名钓誉，谁想贪图富贵，谁就别想跨入科学的门槛。早期的思想家几乎个个出身名门望族，却蔑视权贵金钱。赫拉克利特、恩培多克勒拒绝王位，阿拉克萨哥拉散尽遗产，此类事不胜枚举。德谟克利特的父亲是波斯王的密友，而他竟说，哪怕找到一个原因的解释，也比做波斯王好。

当然，这样说，并不是要科学工作者去当苦行僧，去拒绝物质待

① 易杰雄：《哲学、文化与人生》，89—90页，石家庄：河北教育出版社，2014年。

② ［德］尼采：《查拉斯图拉如是说》，雷崧生译，73页，台湾：台湾中华书局，1978年。

③ 《论语·里仁》。

④ ［法］拉·梅特里：《人是机器》，顾寿观译，4页，北京：商务印书馆，1959年。

遇和必要的物质享受。这里是提倡一种精神，即热爱真理的精神。为此，就要看破点物欲，看破点红尘，要使人超越物欲的有限存在，去发现作为一个科学工作者的崇高意义。

做学问的人，懂得了自己所从事的科研工作的意义，心中燃烧着一团圣火，他就会无所畏惧，勇往直前。他就能坐冷板凳，耐得住寂寞，潜心钻研，不辞辛劳，并以治学为乐。

在中国科学界有一批这样的科学家、发明家，他们是以治学为乐的人。其中曾昭抡（1899—1967）就是他们中的一个代表。他是湖南湘乡人，著名化学家、教育家，中国化学学科的奠基人和领导者之一。1926年在美国麻省理工学院获得博士学位，历任中央大学、北京大学、西南联大、武汉大学教授。在西南联大，他始终是一身斜襟的蓝布长衫，穿布鞋，“脱下来，袜子里永远破着洞”。而他所穿的鞋子，在联大学生中几乎都知道，是前后见天的。费孝通曾评论曾先生：“在他心里想不到有边幅可修。他的生活里有个东西，比其他东西重要，那就是‘匹夫不可夺志’的‘志’。知识分子心里要有个着落，有个寄托。曾昭抡把一生的精力放在化学里面，没有这样的人在那里拼命，一个学科是不可能出来的。”[①]也就是说，真正的学者，是可以为学术而拼命的。

由于科学精神所要求的非功利性主旨，所以我们有理由认为，科学研究不应更多地成为治学者谋生的手段，而应更多地为科学的进步服务。不过这需要条件，即治学者不应该有生活之忧。不然治学者就会背上沉重的谋生包袱。如此，你让他看轻物质的追求，这对少数人可以，对多数人不行，一时可以，长期不行。邓小平这个观点是对的，是唯物主义的。因此，国家需要治学者献身科学，就必须解除学者的物质生活之忧，提高他们的工资待遇。

另外，中国应大大提倡“为学术而学术”的精神。从历史上考察，秦统一中国以后，由于皇权对学术的控制越来越严，文字狱越兴越多，学术越来越成为“皇权的婢女”，独立和纯粹的学术精神趋于薄弱。这是其一。其二，宗法家族的影响。中国学术长期是小宗派，师徒传授制，形成门派，相互攻讦，未能形成西方那样的学术共同体。其三，经

① 徐百柯：《曾昭抡：不修边幅的名教授》，《中国青年报》，2004·7·7。

世致用，安邦定国，功利主义太强。中国古代的技艺相对来说比较发达，有许多发明创造闻名世界，但科学理论不发达，最终拖累了技术的进步。及至清朝末年所见识的船坚炮利的西方科技威力，使得国人对科技功利性特别崇拜。所谓“科学救国”就是其典型表现。而对科学所要求的求真精神则十分缺乏。因而要树立“为学术而学术”的精神，必须在国民心态和思维取向上，克服科技功利主义思想。诚然，这里主要指的是基础科学。

二、甘于寂寞，潜心钻研

（一）治学要甘于寂寞

学术研究的最高境界是乐在其中。也就是说，要以治学为乐。这就像孔子曾经描述自己的那样：“发愤忘食，乐以忘忧，不知老之将至。”[①]这里是说，孔子自己用功读书，常常忘记了吃饭，以读书为乐，忧愁总是离他而去，终日沉浸在书中，以至竟不觉得自己将步入老年阶段。也就是说，全身心投入治学之中，以至忘掉一切，人与书融为一体，达到了出神入化的境界。这也就是古人所形容的“用志不分，乃凝于神”的境界。

对于这样一种境界，这样一种人生的体验，18世纪的唯物主义哲学家拉·梅特里有生动的描写。他说：“研究会使人心醉神迷的，就像爱情一样。”1980年诺贝尔化学奖获得者、美国生物学化学家保罗·伯格也曾说：“研究工作本身也给我难以用语言表达的乐趣——新的发现、开创新的事业和进入无人涉足过的新领域，都使我感到无比激动和愉悦。”[②]我国语文学界的泰斗王力教授也曾说：“我的求知欲很强吧！我觉得从不知到知，从不懂到懂，这是一种快乐，是一种很大的快乐。几十年来，我已经习惯搞研究工作了，让我放下就觉得无聊，日子就不好过。等到一天的工作完成了，有收获了，就很高兴。”[③]

---

① 《论语·述而》。

② 王恒、朱幼文：《诺贝尔科学奖百年百人（化学奖部分）》，175页，北京：中国城市出版社，2000年。

③ 王缉国、张谷：《国文通才王力》，254—255页，北京：北京大学出版社，2008年。

对上述诸位大家所说的这种快乐，我个人也曾有过这样一次特别深切的体验。1995年年前，我从原工作单位调动到现工作单位，分到了一套新房子，先是忙于装修，后又忙于搬家，接着又忙于春节期间的一些应酬。这样前后闹腾了两个多月，到了阴历正月初六，我一个人坐在书房里，安安静静地看书，浸润在知识的海洋里，与过往的大师们对话、交流，产生了一种无限满足和心灵净化的感觉，心中真是畅快极了。

总之，读书有得，治学有获，你就会获得充分的自我满足和令人激动的精神享受。或用拉·梅特里的话说：你就会“在那里享受天神才配享有的快乐”[①]。

治学者以治学为乐。有人可能会问，难道治学就不寂寞、不辛苦？

要说寂寞，治学当然寂寞，而且治学还需要寂寞。如果不甘寂寞，也就做不出真学问。

什么是寂寞？在汉语中，寂寞一词偏于贬义，有孤单、冷清，或孤独、孤苦等含义。然而在古今中外的科学家和思想家看来，寂寞不能与孤苦相等同。寂寞实际上意味着看淡社会的名利权势，远离人事纷争，潜心自己的工作，追求宁静、独立和自由的生存状态和生活境界。

因此，就学术工作中的寂寞来说，寂寞首先表征着较少非学术性的人际交往（当然，这并不排除学者之间的交往与交流，这也是学者的一种生活乐趣），即不在权势中奔走，不为名利而周旋，不追求娱乐聚会，不愿耗时于串门神侃，追求孤独、独处。与此相联系，寂寞也就同时意味着，较少受到外界的干扰、约束，相对自由地掌握和运用自己的时间和精力，从而表现出一种自由自在的状态。这种状态也就是心灵的一种宁静、恬淡、超然，而专注于自己所从事的学术事业。

可见，学术工作中的寂寞与通常所说的“孤苦”无缘，而是超脱日常生活利益之网的另一样生活，另一种情怀。

（二）寂寞是治学之要

学术工作为什么需要寂寞，甚至是治学之根本要求，这是因为：

---

① ［法］拉·梅特里：《人是机器》，顾寿观译，4页，北京：商务印书馆，1959年。

1. 基础性精神产品的创造须排除诱惑

创造基础性精神产品的学术活动具有非个人功利性的倾向，因而其需要寂寞，以远离利害的纷争。

人类所创造的精神产品，大体可以分为两种类型：

一是基础性精神产品。由于这类产品不具有直接的实用性，所以其文化价值不能用交换价值来衡量。比如，神话、宗教、哲学和科学的基本理论，都是这类基础性精神产品。

二是应用性精神产品。比如专利发明、临床技术、工程设计、流行歌曲、法律服务等。这类精神产品因其具有使用价值，因而可以用交换价值来衡量，可以用金钱的尺度来度量。

既然广义的知识有两种：一是基础性的，二是应用性的，那么与此相联系，知识分子也有两类，一类是创造知识的人，即学者，另一类是应用知识的人（比如工程师、临床医生、律师、农艺师、园艺师等）。就二者的关系来说，第一类知识分子处于科学文化领域的核心地带，为第二类知识分子的存在提供了基础性条件；第二类知识分子处于科学文化与社会、大众、市场的接壤地带，他们的工作为第一类知识分子的劳动提供了社会价值的实现。

从事学术探索和思维活动的知识分子，就必须有超脱个人利害得失的献身精神，就必须耐得住寂寞，这是学术工作的非个人功利性所必然需求的。只有热爱科学，对科学有献身精神，才能几十年如一日，孜孜不倦地追求科学真理，探索人类未来，攀登科学高峰，为科学的繁荣进步做出贡献。所以，从事科学研究首先要讲坐功，能够在板凳上坐得住。这也就是通常所说的能够坐冷板凳。

所谓坐冷板凳，就是远离喧嚣，静下心来，集中精力、集中注意力，从事科学研究。一定意义上说，注意力集中的程度决定着思维的深度和广度。即所谓“宁静致远”。科学史上，思想深邃的巨人都特别能集中注意力。奥托佛里希回忆说：“爱因斯坦特别能集中注意力，我确信那是他成功的真正秘诀：他可以连续数小时，以我们大多数人一次只能坚持几秒钟的程度完全集中注意力。”[①]一个人能否集中注意力，既有生理原因，也有心理和社会的原因。

---

① 常桦：《意志决定成败》，106页，武汉：武汉大学出版社，2006年。

为什么会有人坐不住呢？因为有很多诱惑。比如，看到有人发财就眼红，看到有人升官就心动，看到有人生活很“派”就气躁，那当然坐不住。特别是今天，在商品经济大潮的冲击下，拜金主义的诱惑是很厉害的。当然，这不是否认活络者经商、贤明者从政、手头宽裕者适当消费，这些都是社会所需要的。但如前所说，要做好学问，就必须排除种种诱惑，就必须静下心来，否则，这学问是做不成的。当然，这并不否认社会要提高和改善学者的生活和工作条件。

2. 学术探索需要自由时间

学术工作往往是一种探索性的个体性的活动，因而需要寂寞，以获得闲暇和自由。

探索未知的精神活动，是一种依靠长期积累，一朝突破的活动。从长期积累来说，科学发现有其必然性，从一朝突破来说，又有其偶然性，有其不规则性和非计划性。

无论从科学发现的必然性和偶然性来说，都需要治学者不受外界的干扰，不惜投入时间和精力。柏拉图认为，学者需要有时间上的自由，即具有闲暇，并在闲暇中从事其探索活动，思想无论把他们引向何处，他们都会追究到底，只要能探到真谛，他们不在乎时间的长短。贝弗里奇也说：“科学研究的进展是不规则的。科学家偶然一次去热切地追踪一项新发现，这时，他必须把全部精力倾注于工作之中，日夜思考。”[①]有一位科学家说：“这个时间因素必不可少。一个研究人员可以居陋巷，吃粗饭，穿破衣，可以得不到社会的承认。但是只要他有时间，他就可以致力于科学研究。一旦剥夺了他的自由时间，他就完全毁了，再也不能为知识作贡献。”[②]经济学大师亚当·斯密写作《国富论》时，在自家闭门整整坐了10年冷板凳，清心寡欲，沉稳坚韧，才得以完成。由此可见，闲暇和自由对于学术工作是多么的重要！

另外，学术探索和思维活动是一项个人化的行为，或者说是孤独的活动。这里的孤独包括两个方面，一是外在的孤独，二是内在的孤独。所谓外在的孤独，是指独立工作，往往远离非学术性的人际交往；

---

① ［英］威廉·伊恩·比德莫尔·贝弗里奇：《科学研究的艺术》，陈捷译，156页，北京：科学出版社，1979年。

② ［英］威廉·伊恩·比德莫尔·贝弗里奇：《科学研究的艺术》，陈捷译，159页，北京：科学出版社，1979年。

所谓内在的孤独，是指独立思考和独立判断，注重独创性、情感投入和内心的自由。爱因斯坦说："这种精神上的自由在于思想上不受权威和社会偏见的束缚，也不受一般违背哲理的常规和习惯的束缚。"[①]这种内心的独立自由是科学发展所需要的。因此，学术思考本身是"一种极孤独的活动"，"学习、思考、创新……全都要借助孤独"[②]。

有一个影响很广的奇谈怪论，即研究工作要有"团队"精神。其实，需要团队精神的不是科学研究，而是科学技术工程。比如，"两弹一星"工程、载人航天工程、探月工程等。科学技术工程有很多配套的工作，不是一个人所能完成的，需要多人组成的团队配合。但科研本身或创造性思维本身不是由集体产生的，而是科学家个人或科研小组中的首席专家单独进行的。

如上所说，学术工作中的寂寞，并不会引起孤苦。当然，不孤苦不等于说不辛苦。但学术研究中的辛苦是苦中有乐，这种乐如同在沙漠中找到甘泉那样快乐。

三、不畏劳苦，乐在其中

（一）治学要甘于辛劳

做学问，搞研究是很辛苦的。古人有两句谈做学问的劝喻：一句是"书山有路勤为径，学海无涯苦作舟"，另一句是"十年寒窗苦"。这两句话中都说到同一字"苦"，这绝不是偶然的巧合。这是因为科学探索活动本身是一种艰辛的劳动，要付出代价，有时甚至是生命的代价。这就难怪马克思把科学的入口处比喻为地狱的入口处一样，在这里必须根绝一切犹豫。[③]

科学探索之苦包括这样几个方面，一是，你的探索和结论可能与当权者的利益不符，或与主流观点相异，因而被视为洪水猛兽，或被斥为异端邪说而招致打击迫害；二是，你的探索要用自己的双脚在黑

① ［德］爱因斯坦：《爱因斯坦文集》第3卷，许良英等编译，180页，北京：商务印书馆，1979年。

② ［英］安东尼·斯托尔：《孤独》，张嚶嚶译，31页，呼和浩特：内蒙古人民出版社，1997年。

③ 《马克思恩格斯文集》第2卷，594页，北京：人民出版社，2009年。

暗中走出一条路来，这样比让别人牵着鼻子走老路有更多的艰辛和更多的风险；三是，科学研究中难免失败，而且失败多于成功。英国物理学家和数学家开尔文（1824—1907）曾写道："我坚持奋战五十五年，致力于科学的发展。用一个字可以道出我最艰辛的工作特点，这个字就是失败。"[①]法拉第说，就是最成功的科学家，在他每十个希望和初步结论中，能实现的也不到一个。由此可见，科学探索十分艰辛，科学研究的成果来之不易。

（二）治学是苦中有乐

1. 两种人生之苦

一是为失去所爱而苦。

如失去金钱、爱情、亲朋、祖国等痛苦，都属此类。这种苦是纯粹的苦，谁也不会主动去尝这种苦，因为这种苦中无乐可言。如果认为这种苦中也有乐，那就不可思议了。当然，尽管这类苦难的来临无可选择，但对待苦难的态度仍可以选择。即可以通过努力，使坏事变成好事，使人得到锻炼，使苦难变成人生难得的财富。

孟子说过："故天将降大任于斯人也，必先苦其心志，劳其筋骨，饿其体肤，空乏其身，行拂乱其所为，所以动心忍性，增益其所不能。"[②]孟子认为，天为了培养一个伟人，先给他安排一个艰苦锻炼的机会。这种观点是神秘主义的，不可信。但他认为，一个人要走向成功，必须经过非常艰苦的磨炼，这是十分正确的。古往今来，英雄豪杰、仁人志士，大都经过艰苦环境、复杂斗争、坎坷逆境的磨炼，而成就事业的。

张载说："贫贱忧戚，玉女（汝）于成也。"意思是说，逆境是用来帮助你达到成功的。没有逆境，没有忧患，哪有成功？

任何时代都有自己的苦。长征时吃皮带，20世纪五六十年代，吃饱还很成问题，许多人吃不饱。那时，我家也极度困难，我也饿过肚子。不过这一段经历，使我较早地懂得了生活的艰辛。因而在我身上没有那种不谙世事的轻狂，能忍耐，不苛求，善宽容。

---

① 转引自［英］威廉·伊恩·比德莫尔·贝弗里奇：《科学研究的艺术》，陈捷译，148页，北京：科学出版社，1979年。

② 《孟子·告子下》。

现在青年人面对竞争，压力很大。考试、就业、出成果、评职称，都是在不断的竞争中。同时，生活方面的压力也很大，一些青年教师要赡养老人，要结婚生子，要买房子，面临一系列头疼的事。但只要在困难中不屈服，坚持下去，就能走出困境；同时在困难中，才能造就金子般的品格。经过艰苦，不被压垮而能挺住的人，才能成大器，才能担当重任。

二是为追求所爱而苦。

比如，为改变不良现状，为拓展生存空间，为实现人生价值，为追求学业长进，为实现收入富有，为造福社会、报效祖国、谋求人类解放等而奋斗、而辛劳，就是为追求所爱而苦。为了所爱，人们往往甘愿吃苦，自讨苦吃。因为这种苦中有乐。这乐就在于这苦中包含了所爱，即包含了希望、理想，包含了成功、发展。因此，因为爱而吃苦，也是人生的一种享受。

2. 科研是苦中有乐

科学研究和探索中的苦，就属于苦中有乐的一类。因此，古今中外的许多大学问家出于对科学的真诚热爱，而不怕困难、不避风险。他们之所以能这样，说到底，是因为他们超越了一己的得失，而达到了一种以探求新知为生活第一需要的崇高境界。科学家达尔文说："我的成功不管有多大，我认为……最主要的是：爱科学。"①哲学家费尔巴哈也说："对科学的爱就是对真理的爱，因此对真理的爱是科学家的基本美德。"关于这一点贝弗里奇也正确指出："从事研究的人必须对科学真有兴趣，科学必须成为他生活的一部分，被他视为乐趣和爱好"，否则"是不能做好研究工作的"②。恩格斯也曾赞扬狄德罗："为了'对真理和正义的热诚'……而献出了整个生命。"③

革命导师马克思为了求得人类解放的真理耗尽了毕生的精力，工作量的巨大与繁重，非常人难以忍受。仅仅写作《资本论》，阅读和亲手作过的摘记、提要的著作就有1000多种，至于报刊文章就更不计其数了。那时没有复印机，也没有秘书，其劳动量是可想而知的。他与

① 转引自王通讯：《学海泛舟》，5页，石家庄：河北人民出版社，1982年。

② ［英］威廉·伊恩·比德莫尔·贝弗里奇：《科学研究的艺术》，陈捷译，156页，北京：科学出版社，1979年。

③ 《马克思恩格斯文集》第4卷，289页，北京：人民出版社，2009年。

恩格斯关于《资本论》的通信就有140封之多，按中译文字数计算，就有近60万字。除了工作量的巨大和繁重以外，马克思还经常遭到政治的迫害。他曾多次被各国政府驱逐出境，被提交法庭，被诬蔑中伤，甚至被抓入狱。另外，经济上的贫困也给马克思以巨大压力。1849年下半年，马克思定居伦敦以后，常常贫困得只能靠典当和拍卖家具来维持生活。“一切最必需的东西都送进了当铺，全家穿得破烂不堪，家里已经十天没有一文钱”[①]。疾病、过度的劳累，导致马克思的肝病常常复发，且又为痈、风湿、头痛、失眠所折磨。在1850到1855年的五年的时间里，马克思夫妇先后失去了三个孩子。所有这一切艰难困苦都没有使马克思屈服。他说：“我必须不惜任何代价走向自己的目标。”[②]

居里夫人在1913年写给外甥女的一封信中也吐露了与马克思相类似的心声。她说：“我也是永远忍耐地向一个极好的目标努力，我知道生命很短促而且很脆弱，知道它不能留下什么，知道别人的看法不同，而且不能保证我的努力自有真理，但是我仍旧如此作。我如此作，无疑地是有使我不得不如此作的原因，正如蚕不得不作茧。”[③]居里夫人所说的不得不如此作的原因，就是科学家的社会责任，这责任就是要为社会贡献科研成果。

居里夫人被人称为“镭的母亲”。这样说，一点也不过誉。从四百吨铀沥青矿物、二百吨化学药品和八百吨水中捕捉一克镭，该有多难？一点一点地分离，一次次地测量，来不得半点马虎与粗心。尤其是在溶液“部分结晶”阶段，棚屋内煤屑飞扬，温度难调，在这样的条件下搞“提纯”谈何容易！然而居里夫人居然做到了！

为了发现镭，她和丈夫顽强地苦战了4年，有一年他们没有看过一场戏、听过一次音乐会，也没有去访问过朋友。在接近成熟的当儿，储蓄用光了。要不要再坚持下去呢？居里一度发生了动摇，耐心的居里夫人是不屈的，正是她的坚持，才避免了功亏一篑，最终揭开了镭的秘密。

王国维在《人间词话》中，曾谈到治学应具有的三种精神，即三

---

① 《马克思恩格斯全集》第28卷，300页，北京：人民出版社，1973年。

② 《马克思恩格斯全集》第29卷，550页，北京：人民出版社，1972年。

③ 转引自王通讯：《学海泛舟》，1页，石家庄：河北人民出版社，1982年。

种境界：一是志存高远，二是刻苦钻研，三是百折不挠地求得真理。他摘引了三首词中的句子来说明。

第一种境界："昨夜西风凋碧树。独上高楼，望尽天涯路。"这是从晏殊的《蝶恋花》中引来的。他借用来是想说明：做学问要站得高，看得远，要有视及千载百家的广阔视野。

第二种境界："衣带渐宽终不悔，为伊消得人憔悴。"这是从柳永的《凤栖梧》中引来的。他借用来是想说明：做学问已经达到了朝思暮想、废寝忘食的地步。

第三种境界："众里寻他千百度；蓦然回首，那人却在灯火阑珊处。"这是引自辛弃疾的《青玉案·元夕》。他借用来想说明：通过艰难的探索历程，终于豁然贯通，求得真理。王国维所生动描绘的关于治学的这三种境界是一个相互联系的整体，也是他作为一代大家的治学精神的生动写照。

（三）提高治学和人生境界

只有心灵的纯洁，才有科学思维的深刻。庄子说："绠短者不可以汲深。"①内在的卑微渺小，又怎能反映出外在事物的宏伟深邃呢？爱因斯坦正是由于对人类命运的深深关注和同情，才有了科学上孜孜以求的动力和百折不回的毅力，才能在科学上做出一般人难以想象的成就。他认为，科学家对人类有不可推卸的责任。他曾说："对人类和其命运的关心肯定始终是一切技术努力的主要兴趣，在你埋头于图表和方程时，永远不要忘记这一点。"②

心灵的纯洁与思维的深刻在本质上是一致的，纵观人类的科学史，那些科学思维特别深刻，有重大创新精神的大科学家、大思想家、创新巨匠，几乎无一例外都具有高尚的人生境界和大公无私的献身精神。

孟子若没有大丈夫的气节，就不可能写出"富贵不能淫，贫贱不能移，威武不能屈"的传诵千古的格言；司马迁若没有"究天人之际，通古今之变，成一家之言"的抱负，就不可能忍辱负重，写出史家绝唱《史记》；范缜倘若没有对无神论的坚定信念，没有追求真理重于求官的高尚人格，就写不出力挫王侯与群儒的《神灭论》；毛泽东若没有

① 《庄子·至乐篇》。

② ［法］瓦朗坦：《爱因斯坦和他的生活》，仲维光译，70页，北京：世界知识出版社，1989年。

对中华民族的深厚感情和对中国革命胜利的坚定信念，就不可能写出《矛盾论》《实践论》等光辉的哲学著作。对学人来说，要提高治学境界，必须提高人生境界。

科学研究只有全身心地投入，才能有所成就，这大概是一个通则。所以，费尔巴哈说，在人只考虑自己的场合，也就没有心情研究科学。巴甫洛夫也说，科学需要全部的生命。因此，可以说，科学是人类进步的事业，只有关心人类进步的人，才能把全部生命投入科学。所以，要提高治学境界，要做到乐在其中，最根本的是要加强思想锻炼，提高人生境界。治学境界，说到底，不过是科学工作者的人生境界在治学领域中的具体形态表现。

人生境界包括科学精神和人格精神两个方面。科学精神包括敢于怀疑一切既定权威的求是态度，对理性的真诚信任和对知识的渴求，对真理的热爱和对一切虚假行为的排斥和憎恶，对公正、普遍和创造原则的严格遵循。所谓人格精神，包括吃苦耐劳的品格、开拓进取的人生态度、庄严的道德感和一丝不苟的自律意识、奉献于社会的使命感和责任感、协作共事和相互激励的团队精神等。

有人把世界上的科学家分为两种：一种是杰出的科学家，一种是伟大的科学家。杰出的科学家凭其杰出成果赢得赞誉，而伟大的科学家首先是杰出的科学家。不仅如此，他必须有伟大的人格、高尚的科学道德，包括爱祖国，爱人民，亲贤爱才，奖掖后进等。而伟大科学家的崇高品质对人类的价值，远远超过他们所做出的杰出成就本身对社会的贡献。

一个人的素质像座冰山，露出水面的、容易被人看到的学历和专业知识，乃只是其中的一部分，而真正决定个人成功的，则是其具有的科学精神和人格精神。其中主要是靠德性和综合素质。

所谓德，就是用自己的劳动造福社会，以高尚的精神塑造人生。美德是人才的灵魂，是人才的立身之本。良好的德性是统帅，是方向盘，是成才的深层动因，是成就事业最宝贵的素质。

老科学家钱学森在这方面是一个光辉榜样。当年他在美国已经有很高的荣誉和地位，被视为重量级人物。新中国成立后，他要求回国。美国国防部长曾这样说过：“无论如何都不要让钱学森回国。他太有价值了，在任何情况下都抵得上3至5个师的兵力。”[①]但是，钱学森毫不犹豫地放弃了这一切，冲破重重阻力，冒着生命危险回到了祖国，为了新中国科学事业的发展，做出了巨大的不可磨灭的贡献。五六十年代“两弹一星”的那批元勋，不要说没有10万年薪，在三两粮票（不是三两粮食）便成了对他们奖励的条件下，将“两弹一星”送上了天，为祖国争得了极大的荣誉。

在这方面，许多青年学者也给我们树立了榜样。我国青年学者于全1988年公派到法国攻读博士学位，就读于法国有名的高等学府——里摩日大学。该校在欧洲享有很高声誉，该校的许多专家教授在世界上非常有影响力。1992年5月11日于全顺利地通过了博士论文答辩，论文获得了5个等级的最佳评语“非常出色”，并被里摩日大学定为博士论文范本。更为重要的是，论文在实践中解决了法国地铁公司、煤气公司、电力公司光纤网络建设中的技术难题，取得了良好的经济效益和社会效益，他也因此受到法国通讯界的关注。毕业后，感情的挽留、优厚的待遇纷纷向他涌来。他毅然回国，作为一位解放军的通讯兵，在科研方面继续奋斗，多次获奖。特别是在他带领下，成功地研制了居世界领先水平的智能无线电通信平台，解决了三军协同通信这一世界性难题，使我军在野战通信技术研究上，第一次走在了西方发达国家的前面。于全的贡献是杰出的，他是当代青年的榜样。

按理说，一流的人才，一流的贡献，应该享有一流的待遇。但是任何社会都难以做到社会财富的增长与分配完全公平，获得社会回报较多的一批人，并不一定是对社会进步贡献最大的一批人。因此，过分宣传、崇拜富有者，可能导致社会文化的偏好和价值观的扭曲，不利于高素质人才的培养及其才能的发挥。

每一个时代总有一批更多地关心国家和人民大众利益的青年先驱，国家和社会要尽量考虑这些先驱的利益，让艰苦创业成为社会的主旋律，让青年人义无反顾地去冲锋陷阵。但青年人如果有从事科学研究的能力，可以通过努力去摘取科学王冠上的珍珠，就绝不能为金钱和种种外在诱惑所左右。聪明的青年人，应该珍惜你的才华，珍惜你的非凡！

---

① 参见《党建热点怎么看》，146—147页，北京：中国方正出版社，2013年。

第三章　学术研究的风范

用心血做学问，用生命写文章。[①]

——许智宏

学术之所以成其为学术，学者之所以成其为学者，……在于学者承担着一般人不一定承担的学术良知、责任和义务。[②]

——杨玉圣

学术研究的境界是通过研究者的多方面的风范获得具体存在，是通过学术成果的表达风格获得现实表现的。

学术研究的风范是指从事学术研究所应具有的品格。或者说，是从事学术研究所应秉持的操守。

今天来谈这个问题是有现实意义的。现在学术研究中的不端行为严重存在，造假事件时有发生。华东师范大学进行的《大学生网络道德状况调查》报告显示：57%的大学生承认在网络上抄袭过论文。针对这种情况，北京大学第一次把学术规范明确写进本科生校规。条例明确规定：本科生抄袭论文，雇枪手写论文或替别人当枪手将被开除。

对学术研究中的不端行为加以认真对待、严肃处理，是十分正确的。不然，就会败坏学术风气，消解学术道德，阻碍科学发展。

另外，学术研究的风范还通过文章的风格表现出来。

文章的风格，也叫"文风"。它是在行文中，字里行间流露出来的一种品格。这种品格，既不是语言材料本身的，也不是所表达的内容的，而是作者的表达品格，是文章表达中所内蕴的精神气质，它支配

① 杨玉圣、张保生主编：《学术规范读本》，697页，开封：河南大学出版社，2004年。

② 杨玉圣、张保生主编：《学术规范读本》，681页，开封：河南大学出版社，2004年。

着文章的表达。

古人讲“文如其人”，不是指文章的所论、所是如其人（其实，在文章作者中，口是心非、言行不一者，不乏其人[①]），而是指文章的风格如其人。或者说，文品反映了作者的人品。因为文风，说到底，是文章作者的表达风格，是作者的人品在文章表达风格上的表现和体现。

可见，学术论文所表达的不仅是专门的学问或知识，而且也是作者的品质与品性的呈现。因此，要树立良好的文风，说到底还是要从做人开始，要强调研究者、为文者的学术自律意识。

学术风范的形成，除了惩戒以外，主要还在于教育、示范、培养。那么，学术研究应该提倡哪些风范呢？这里可以概括为以下四个方面：科学的态度、创新的品格、平易的作风、平等的精神。下面就此来分别加以说明。

一、科学的态度

这是科学研究的首要品格，也是科学研究的底线要求。没有科学的态度也就根本谈不上科学研究。

什么是科学？达尔文说：“科学就是整理事实，从中发现规律，做出结论。”[②]什么是科学精神？早在1916年，中国科学社的创始人任鸿隽就指出，“科学精神者何，求真理是也。”竺可桢先生也曾坦言：“科学精神就是只问是非，不问利害。”[③]概而言之，科学精神或科学态度就是尊重事实，并从中引出带规律性结论的态度。或者说，科学的态

① 这里顺便说一下思想家言行不一的问题。如古罗马斯多葛学派的领袖人物塞涅卡，主张清心寡欲，公开鄙视奢侈生活，但他自己却积累了大量财产，有人估计总价值达古罗马币3亿多塞斯特斯，相当于现今的1200多万美元。对此言行不一，他自己曾辩护说：“有人向我说，我的生活不符合我的学说。在这一点上，当时人们也责备过柏拉图、伊壁鸠鲁、芝诺。这些哲学家所谈的并不是他自己怎样生活，而是应当怎样生活。我是讲美德，而不是讲我自己；我与恶行作斗争，其中也包括我自己的恶行；只要我能够，我就要像应当的那样生活。”（［古罗马］塞涅卡：《面包里的幸福人生》，3页，赵又春、张建军译，西安，陕西师大出版社，2003年。）这其实无可非议，因为一个人的思想跑得总比双脚快得多！但是要纵容自己的恶行，就是一种自欺欺人。中国先秦古书《易传》就已说过“修辞立其诚”，强调诗品与人品的统一是中国美学史的传统思想。“书，如也。如其学，如其才，如其志，总之曰如其人而已”。“诗品出于人品”（刘熙载）。“诗与文如其人”（叶燮）。（叶朗：《中国美学史大纲》，83页，上海：上海人民出版社，1985年。）历史事实已经证明，书未必如其人。

② 徐匡迪：《科学殿堂不容玷污》，《光明日报》，2013·1·14。

③ 韩启德：《我对科学文化与科学精神问题的看法》，《科技导报》，2012（26）。

度就是尊重事实，实事求是。也就是我们通常所说的一是一、二是二，不夸大，不缩小，不抹煞，不生造。周恩来有句名言："只有忠实于事实，才能忠实于真理。"[①]这句话应当广泛宣传，应当成为广大科学工作者的座右铭。

就学术研究来说，保持科学的态度，就是要言而有据，尊重文本。

（一）言而有据

1. 何谓言而有据

所谓言而有据，就是要凭事实讲话，要从材料中引出结论。不能信口开河，主观臆断，泛言空谈。不能只有论点，没有论据。这里有下面几个问题要正确加以对待。

2. 语录引证与事实材料

在论证过程中，语录引证是经常加以使用的一种论证方法，但不能用它来代替事实材料，或事实证明。学术问题的解决，不能靠想当然，不能靠推测，靠的只能是材料。有的人手中没有材料，但又想解决问题，于是引证了几段经典论述，想用经典的词句代替事实材料。这是不行的，这不是科学的态度。经典词句即使有普遍价值，也只能用来作为指导，而不能用来代替对具体学术问题的研究和解决。我们只能从实际出发，而不能从语录出发，即使语录正确也不行。

恩格斯曾批评德国的一些青年作家，指出："对德国的许多青年著作家来说，'唯物主义'这个词大体上只是一个套语，他们把这个套语当作标签贴到各种事物上去，再不作进一步的研究，就是说，他们一把这个标签贴上去，就以为问题已经解决了。但是我们的历史观首先是进行研究工作的指南，并不是按照黑格尔派的方式构造体系的诀窍。"[②]恩格斯的这个批评是应该认真记取的。

3. 大胆假设与细心求证

在科学研究中反对想当然，这是对的，但并不能因此而否定假设的作用。科学的发展，离不开假设。不仅如此，科学的发展往往还是以假设为自己开辟道路的。假设之作为假设，总包含某种想象和幻想的成分。但假设并不是毫无根据的虚构，它总是以某些端倪、迹象为

---

① 转引自王涵、华石等编：《名人名言录》，58页，上海：上海人民出版社，1981年。

② 《马克思恩格斯文集》第10卷，587页，北京：人民出版社，2009年。

依据，并且科学的假设要经过严密的论证和实践的检验，可以被证实（当然也可以被证伪），才成为科学理论的。胡适曾提出要“大胆假设，细心求证”。这一观点遭到了一些人的非议。应该说，这一观点还是对的（当然有局限性。即他体现了各学科研究中共有的“逻辑原则”，却无法体现实验科学中的“实验原则”。所谓实验原则，即自然科学研究不仅可以由实验来“制造”证据，而且结论也可以通过系统的实验来验证）。假设是可以大胆的，但关键是细心求证。所谓细心求证，应该是充分掌握材料，然后细心地推出结论。如果离开了细心求证，一味地大胆假设，那么也就是想当然了。

4.“学术创新”与“持之有故”

学术要创新，不创新就会死水一潭，就没有发展。因此，学术论文的写作，要鼓励标新立异，鼓励提出新观点、新见解。但不能无根据地创新，不能打着创新的旗号，另有所图。这里的区别在于：一切真正的学术创新都应达到“持之有故，言之成理”。用现代人的话说，所谓“有故”，就是有依据（有缘由、有原因）；“成理”则是合乎逻辑、合乎道理。持之有故就是要言而有据，不能随意标新立异，故作惊人之论，去追求所谓轰动效应。

有人把以前若干代人取得的成果，一概否定，以为自己的一孔之见即为高论。有的明知自己的观点立不住，可还要硬着头皮，一味地“对着干”，无根据地作翻案文章，其目的在于，引人注目，吸引眼球，抬高自己的身价。其实，这只会适得其反，是没有好结果的。

有些青年著作者，不能说没有才华，但太急于开辟自己的学术天地，太急于出人头地，太急于自我表现，那么怎么办呢？他们的做法之一，就是上文所批评的，一味地“对着干”。你们说鲁迅如何了得，我偏说鲁迅的坏话；你们说周作人如何不佳，我偏说周作人比鲁迅伟大得多。这种人作文的动机不纯，这样的文章自然遭到学术界的厌恶。

5. 不可弄虚作假

真实是科学的最本质属性。因而其所尊重的事实，必须是真实、可靠的，不是虚构、道听途说的。不能把未经证实的东西作为证据，更不能为了证明某种观点而弄虚作假，修改实验数据，歪曲事实真相，甚至无中生有，捏造某种事实。

在科学发展史上，这一类作假的事例并不少见，这是违背科学道德的，是应该受到谴责的。最近德国马普协会对马普协会医学研究所所长西铂格予以谴责，原因是20多年前西铂格在美国加州大学工作期间，在发表的一篇论文中对所用样品来源进行了伪造。马普协会认定，这是一件严重违反科学道德的行为。西铂格作为一位知名科学家，也不得不诚恳地接受这种谴责。

一切正直的科学家、思想家都应该像爱护自己的眼睛一样，珍惜自己的学术声誉。

事实必须是全面的，不能是片面的。不能抓住一点，不及其余，只见树木，不见森林。在科学研究和论文写作中，造成这种片面采用事实材料的原因，可能有两个方面：一是认识方面的，即事实的展开有一个过程，人的认识因受到多方面的限制，其发展也有一个过程，在这个过程没有完成以前，上述片面性是难免的；二是态度方面的，即对有利于支持自己观点的材料就采用，而对相反的材料，则视而不见，甚至加以抹煞，这是不对的。

就科学研究和学术论文的写作来说，总是在继承前人的基础上有所发展，在学习借鉴中有所创新。因此在吸收、引用前人学术成果的基础上，加以发挥、引申、丰富，这是科学发展的常态。用牛顿的话说，是站在巨人的肩上前进。不然，就是在低层次上重复，甚至还会低于前人已达到的水平。

前人的成果在理论形态上是通过文本来表现的。既有的文本，对后人来说，也是一种事实。因此，尊重事实，也包括尊重文本。尊重文本，是尊重他人的劳动，也是尊重文化的积淀。

（二）尊重文本

1. 引文要注明出处

尊重文本，首先要求在引用时要注明出处。也就是说，用别人的观点或论据，必须加以注明。这除了上文所说的，体现了作者对他人成果的尊重；另外，也便于评阅人和读者了解论文材料及观点或论据的来源，从而进一步加以核实和研究。应该说，这是一个学术的常规。然而在当今的中国，这却成了一个需要加以谈论的问题，这不能不引起人们的思索。引用了人家的东西，为什么不注明出处？这里有三种情况：

一是可能不懂这个规范，做了违规的事。这种情况一旦发生，不要过多指责，只要稍加提醒，改过来就好，而且这也不难。

二是不自觉地侵犯了别人的著作权。在看书、听学术报告过程中，接受了别人的一些观点和见解，后来在写作时，因时间隔得较长，就再也回忆不起来是谁说的，在哪本书里说的，从而以为是自己的。发生这种情况，虽然不是作者有意为之，因而是可以理解的，但也应力求加以避免。

三是明知故犯，把别人的观点和见解直接拿来，或改头换面，用另外的词语包装一下，把它作为自己的观点和见解写入著作中，不加注释，不作任何说明，甚至为了怕人发现，在参考文献目录中，也故意隐去不列，这是十分不对的。有些专家学者为了防止自己的新思想、新观点被人拿去抢先发表，不得不采取一些防范措施，即在讲课和与会报告时，故意“留一手”。这样做，实在是一种无奈，是不得已而为之的。

诚然，也不要疑神疑鬼，草木皆兵。凡研究、凡写作总要借鉴前人，总要把前人的成果作为思想材料，加以揉搓塑抹，只要不是照抄照搬，就不要大惊小怪。另外，有些原理、有些观点已经被人们广泛接受，已成共识或常识，在运用时也就不必加以注明。

2. 尊重文本的原意

尊重文本，还在于在引用时，要尊重文本的原意。如果说注明引文出处，是对文本在形式规定上的尊重，那么尊重文本的原意，可以说，是对文本在实质上的尊重。这里的尊重，不是要引者赞同引文的观点，不是说赞同就是尊重，不赞同就是不尊重，而是说，不要把引文中含有的意思抹煞掉，也不要把引文中没有的意思强加给它。对此，恩格斯曾经说：“一个人如想研究科学问题，首先要在利用著作的时候学会按照作者写的原样去阅读这些著作，首先要在阅读时，不把著作中原来没有的东西塞进去。”[①]

这里所说的尊重文本，与现在流行的解释学所提倡的读者与文本互动，并在这种互动中创作文本、生产文本等并不一致。怎样看待这种不一致呢？应该承认，解释学，从认识论方面，从主体向度重新认

① 《马克思恩格斯全集》第25卷，26页，北京：人民出版社，1974年。

识表意实践活动，它所提出的一些见解是启发意义的。它把解读视为意义生产，认为阅读也是一种创作。这里要区分的是，文本的“原义”与文本的“意义”是两个不同的概念，不可混为一谈。因而不能因强调对解读的主体向度的意义理解，而否定对其客体向度的理解。由此，必然会衍生出一些消极现象：文明的碎片化，主体的随意化，“能指的无限性”和“游戏”说所导致的对生活的脱离，去价值化等。很显然，对“解释”只作主体向度的理解，把其推向极端，必然导致主观主义、虚无主义。坚持对文本的尊重，就是要有效抵制这种关于解释的主观主义、虚无主义倾向。

应该说，尊重文本的原意，这个要求并不很低。这里涉及理解者的理解角度和理解能力等方面的问题，还涉及理解者的态度问题。在这里，态度是最重要的。

这表现在，不要满足于第二手材料，要尽可能查检第一手材料，找到最早的根据。引文不能道听途说，也不能仅凭记忆，要尽可能核查原书。拉法格曾在这方面谈到马克思，说“他从不满足于间接得来的资料，总要找到原著寻根究底，不管这样做有多麻烦”[①]。

不要简单化地望文生训，顾名思义。看古文材料，要多查辞书，弄懂文言。看外国材料，要多了解外国的历史和社会情况，不要按照中国情况，想当然地臆测，以免搞错。不能对文本做实用主义的解释，不能脱离文本的背景，离开文本的上、下文，“断章取义”“断句取义”。前一些年，有一个颇为流行的时髦的哲学观点，即所谓马克思哲学超越了唯物主义和唯心主义，其实这一观点，是借助于对马克思某些论述的曲解而立论的，实际是立不住的。更为恶劣的是，个别人在引用文本时，通过省略，把前后文嫁接起来，从而产生出符合自己需要的所谓新意，或者伪造经典作家的言论，来为自己的错误观点作论证。这些都是不能允许的。

3. 引用要有节制

学术引用应该有个度，不能不加节制地过度引用。这也是学术规范的一个基本要求。一篇一万字左右的论文，如果参考文献太多，大量引用别人的成果，那么还有多少观点和内容是属于你自己的呢？写

---

① ［法］保尔·拉法格等著：《回忆马克思恩格斯》，马集译，11页，北京：人民出版社，1973年。

论文，难免要引用学术文献。但不能从头到尾都是或基本是文献引用。这样让人觉得，这篇文章不是你花工夫辛辛苦苦写出来，而是你把人家的话加以适当组合，编排出来的。你所充当的，只是人家的传声筒，而不是自己研究成果的表达。

剽窃他人成果的事件（包括照抄别人论文的一些段落，照搬别人论文的实验数据、图表，把别人的论文一字不动，换成自己的名字去重新发表，或当作自己的成果去评职称、去争奖项等），时有发生。这是一种学术腐败，是一种耻辱。此等丑事一旦曝光，舆论哗然，剽窃者自然身败名裂。这些人落得如此下场，说到底，都是不老实之故。美国有一位科学家在为某一刊物审稿时，有意贬低来稿水平，造成编委将来稿予以退稿处理。这位审稿人随后利用来稿内容，自己进行了部分实验后，作为自己的论文投稿，并获得发表。事后经原文作者揭发，结果使这位科学家声誉扫地。

倡导科学的态度，就是提倡作者要说老实话，办老实事，做老实人，诚实治学，诚实为文。

二、创新的品格

（一）创新与学术创新

创新，就是在社会实践中有所发现，有所发明，有所前进，有所发展。创新是最宝贵的品格，是一个民族发展的不竭动力。

从科学技术及其应用角度说，创新包括科学创新、技术创新、工程创新。

科学创新，一般说来，就是以科学发现为核心，特别是纯科学的原始性创新突破。它解决“是什么和为什么”的问题。

技术创新，一般认为，以对工艺、技能的发明革新为核心，着重解决“做什么和怎么做”的问题。

工程创新，是以科学技术在实际生活中的应用为核心，一般认为，它是着重解决“做出了什么和有什么应用价值”的问题。

需要指出的是，科学、技术、工程不能限于自然科学技术和工程的理解。科学包括社会科学、人文科学。技术也包括社会科学技术、人文科学技术。工程也包括社会治理工程、人文素质提高工程等。

然而在不同学科，学术研究的创新又有其不同特点。这里通过归纳可以分为三类：一是涉及必然领域，如自然科学和人类学、社会学、经济学、政治学、军事学等都属此类。这些学科创新的目的，是发现外在的规律，或套用康德的说法，人为外在立法。二是涉及自由的领域，或叫“应该如何”的领域，如道德哲学、宗教学等人文学科属此领域。原创性成果更多地来自对心灵规律的把握。这些学科涉及自由领域，关注人的生存的意义与价值，关注应如何致力于为人自身立法。三是介于上述二者的是审美学和艺术学等学科。如果说，第一类学科侧于客体向度，第二类学科侧于主体向度，那么第三类学科则既要观察客体必然，也要关注主体自由，从而把认知和体悟紧密结合起来。

不同学科涉及的领域尽管不同，但学术创新，总是针对当代人，具体而言，是在当代学人的心灵世界或内在精神世界中进行。这对当代学人来说，就是要面向三个世界：一是外在的必然世界，可称之为第一世界；二是内在的精神世界，可称之为第二世界；三是作为以往成果积淀的、观念形态的外在文化世界，可称之为第三世界。

就学术研究来说，所谓创新就是要通过科学探索，提供新知识，提出新观点、新理论，为解决问题指明新思路。

（二）学术创新的言说方式

人的思想创新，既要通过实践不断获得和总结关于外在必然世界的客观信息，又要吸收批判外在文化世界的精神信息，同时也要吸收反思存储在内在精神世界的心灵信息。学术创新，或者说，要树立创新的品格，其在言说方式上，就要提倡说新话，说自己的话，说实话。

1. 说新鲜的话

所谓说新鲜的话，有这样三个方面：

（1）针对新话题，说出新看法。也就是说，要研究新情况，解决新问题，提出新见解。应该说，这是难能可贵的。我们党提出的社会主义初级阶段理论、社会主义改革开放理论、社会主义市场经济理论等，就是针对如何建设中国特色社会主义这个新话题提出的新理论。这些理论说的都是新话，老祖宗没有说过。这些新话被邓小平说出来，振聋发聩，大开国人眼界，也令世人瞩目。

（2）针对老话题，提出新见解。老话题是早就提出的问题，但这个问题没有解答好，或解答得不完善，后人拿来重新解答或继续解答，讲出了新道理。这就不是炒冷饭，也不是简单重复，而是一种前进，一种创新。邓小平对什么叫社会主义，什么叫马克思主义这些老话题做出了新的说明，提出了新的见解，说的也是新话，使人们进一步弄清了社会主义的本质。这个本质就是，要大力发展生产力，消除贫困，消除两极分化，实现共同富裕。

（3）旧话新说，或者叫旧话重提。旧话为什么要新说，因为这里所谓的旧话仍然具有真理性，仍具有价值，因而对今人来说，仍有现实意义。但旧话不能旧说，即不能原封不动地重复说，而应该旧话新说，即说出新意，说出新的价值。有人说，“真理不怕重复”，这样说，固然不错，但如果只是简单重复，真理也就失去了它应有的活力和魅力，失去了与时俱进的品格。因此，如果一味地重复旧话，其内容必然陈旧落后，令人乏味，甚至令人生厌。

如果没有创新，知识只能帮助我们重复过去的道理，描述过去发生的事情。而创造才能使知识活化，为知识赋予灵魂。这样，它才能成为人类过去的经验与未来命运之间的桥梁。也就是说，要通过创新，通过对第二世界中存在的心理障碍、思维定势的变革，通过对各种信息的加工、处理，从而把第一世界和第三世界在实践和心灵创新的基础上联系起来，激活起来。

2. 说自己的话

学术界有关于“照着说”“接着说”之谓。我们在这里主张，不仅要照着说、接着说，而且要提倡“自己说”。

如果只从形式角度讲，这三种“说”，都是自己在说，这是无疑的。但如果不是从形式角度，而是从内容角度来看问题，那么所谓“照着说”，也就是照着别人说，学着别人说。这种说，是以别人为主，我为从；冯友兰先生不愿意照着古人说，而选择“接着说”。所谓“接着说”，是顺着别人往下说，或沿着别人往前说。这种说，是以别人为主，“我”为辅。张立文先生认为，接着说仍有局限，而提出“自己说”。所谓“自己说”，是为着实现自己的目的，研究自己面临的问题，道出自己的见解。

在上述三种“说”中，“我”的状态不同，“照着说”是依傍状态，

“接着说”是半依傍状态，“自己说”是独立自由的状态。犹如小孩学步，开始是在大人手把手的搀扶下，学着走，后来是在大人招呼和指导下，往前走，到最后是迈开双腿自己走。

由此可见，在治学的一定阶段，“照着说”“接着说”是不可避免的，是有意义的，但又有其局限性。因此，还是要提倡从“照着说”“接着说”，进而提升为“自己说”。清人袁枚也曾总结说：“平居有古人而学力方深，落笔无古人而精神始出。”[①]其意思是说，不学习古人，则无学术根底，不超越古人，则无自家精神。也是强调要“自己说”。

强调要自己说，说自己的话，这是因为别人的话，包括中国古人的话、外国人的话，都是服务他们自己的需要，从他们的背景、角度和针对他们的问题所说的话。这些话有许多已经不适合我们今天的时代，不适合当今时代的我们。即使那些具有普遍意义的话，也还需要经过我们的创造性转化，加以具体化，才能获得生活的气息和鲜活的力量，才能现实地为我们所用。也就是说，人们对第一世界信息的选择和透视，对第二世界信息的融合和汇通，都有赖于第三世界的卓越工作。

新知识从来不是演绎出来的，而是创造出来的。实际问题从来不重复，人类经常面对的是从未出现过的难题，唯有创造性地运用知识，才能解决它们。创新是一种智慧，又是一种气质，它令世界充满生机，飘荡诗意。

因此，学术论文要具有创新性，要为当今的中国人所喜闻乐见，就必须反对教条主义，既要反对马克思主义教条主义，也要反对“中学”教条主义和“西学”教条主义。这是因为不管是哪种类型的教条主义，其共同点在于，不是为解决自己的问题而去找理论、找观点、找方法，合者则用，不合者则弃，而是从马克思主义那里，或从中国古人那里，或从西方人那里拿来一套理论原则，作为神圣的东西加以膜拜，作为公式到处套用，作为根本尺度来评价中国现实。以这种依傍的心态做事，必然束缚手脚；用这种依傍的心态为文，也必然束缚思想。

中国古代文化有着强大的注经传统。儒家的开山祖孔子主张“述

① 袁枚：《随园诗话》卷十。

而不作、信而好古”，即只叙述，不创造，或曰“圣经贤传”“我注六经”。因而中国思想史较多地都体现了文化的继承性，并且走向了一个极端，表现了文化的保守主义，即把“六经”神圣化、教条化。于是，士大夫们往往依傍孔子，言必称孔子。20世纪初，梁启超就说过，“以清儒论，颜元几于墨，而必自谓出孔子；戴震全属西洋思想，而必自谓出孔子；康有为之大同，空前创获，而必自谓出孔子。及至孔子之改制，何为必托古？诸子何为皆托古？则亦依傍混淆也已。此病根不除，则思想终无独立自由之望。”[①]20世纪中国的不少知识分子转而崇拜西方学者。毛泽东曾批评一些人言必称希腊。然而从毛泽东说这话到现在，已经过去几十年了，但这种情况不仅依然存在，而且于今为烈，甚至成为一种时髦。这是需要警惕的。

黄宗羲曾经说：“学问之道，以各人自用得着者为真。”[②]意思是说，首先要从自家的真问题出发，在探索这些真问题的解决中获得新的见解。也就是说，要解决自己的问题，说自己的话。

3. 说管用的话

说管用的话，就是要说有针对性的话，要说有实际内容的话，要说解决问题的话。理论是要讲的，但理论一定要联系实际，要为了分析问题、解决问题而讲理论。不能从概念到概念，从理论到理论，空洞无物，不着边际。用毛泽东的话说，如果不是为着解决问题，那么再好的理论也是没有意义的。现在人们在讲“三个代表”，在论“以人为本”，在谈“人的全面发展”，如果只是在概念上兜圈子（弄清概念无疑是必要的），而不联系当代中国实际，不结合我们所面临的种种现实问题的分析和解决，不关心中国人民在中国共产党领导下为改变中国面貌所进行的种种实践活动，那么，上面的所谓的“讲”，所谓的“论”，所谓的“谈”，又有什么用呢？为着解决实际问题而提出的这些理论观点，在一些人的文章中成了言之无物的大话、空话、套话，不仅毫无用处，而且还会引起人民群众的反感，败坏了理论本身的声誉。

总之，说新话，说自己的话，说实话，也就是要作文者贴近时代，贴近生活，贴近人民群众，这样才能使文章清新可人。这样的学术产品，才是人民所需要的。

---

① 转引自杨圣玉、张保生主编：《学术规范读本》，86页，开封：河南大学出版社，2004年。

② 转引自杨圣玉、张保生主编：《学术规范读本》，86页，开封：河南大学出版社，2004年。

三、平易的作风

这里的平易是指学术研究中文章表达的平易，或者说，是文章的语言表达浅显易懂。

（一）文章力求平易

文章为什么要追求平易？因为文章写出来，主要不是为了自我欣赏，而是为了让人看的。一种有价值的认识和思想通过文章表达出来，其目的就是为了使更多的人理解、掌握、传播，和在现实生活中发挥作用。

这里的人，是指文章的读者。就学术论文来说，读者的范围包括同行专家，但不限于同行专家，还包括广大的科学爱好者，以及关心、支持学术研究，想了解某种学术信息以解决实际问题的人。可以预见，随着全社会的文化水平的提高和科学意识的增强，读者的队伍会不断扩大，会有越来越多的人乐于和善于将学术信息用到自己的实际行为中去。在不少地方掀起的学科学用科学的热潮就是一个最好的证明。

由于读者的范围甚广，其水平自然也会有高有低。如何使那些潜在的读者变为现实的读者，如何使那些水平不高的读者也能阅读并理解你的作品，并在这种理解中不断提高阅读能力和理解水平？这里涉及方方面面。比如，买书买报总得有钱，看书看报总得有一点文化知识，至少要认得字；对于个人来说总得有一些学习兴趣，包括某一方面的理论兴趣；对于社会来说，总得形成一种学习的氛围，如此等等。所有这一切都可以归结为学术的社会基础。有没有这个社会基础是大不一样的。所谓建设学习型社会，就是要造就这样一个社会基础。但是这个学术的社会基础的形成，不是一蹴而就的，要做多方面的工作。其中一个重要方面，就是学术要面向大众，要普及和提高社会大众的科学水平。为此，学术论文就要写得平易一些，写得明白易懂一些。

其实，提倡文章要写得平易，也并不是什么新观点，古人不仅有这种认识，而且有的还做得很自觉。朱熹在评述唐宋八大家中的欧阳修和三苏（苏洵、苏轼、苏辙）的文章时就说过：“欧公文章及三苏，好处只是平易说道理。”[1]可见，提倡“平易说道理”并非是某个今人的“专利”，而是我国古代论说文的一大特色。另外，梁启超、胡适、毛泽东、邓小平也都是平易说道理的典范，他们的作品在于启蒙，在于解放思想。因而既要思想深刻，又要为文浅显，才能影响民众，掀起时代波澜。今人为文，该继承和发扬中国文化的这一优良传统。

平易，需要作者有深厚的学养和广博的积累，需要大众化的表达技巧，严谨的治学态度，当然更重要的，是需要一种深切的人文情怀。

（二）心中要有读者

文章追求平易，关键在于作者心中要有读者，要有群众。作者不能自视高人一等，不能只顾自己写，而不管人家懂不懂，能不能懂。不能认为懂不懂是你的事，与我无关。这种态度是不对的。如果你心中没有读者，人家看不懂你的书、你的文章，那么群众心中也就不会有你，这是相互的。

有人认为，我写论文，同行专家能看懂就行，不必考虑同行专家以外的人懂不懂。这种观点也不对，至少是片面的。不能把学术看成“沙龙”里的东西，享受学术成果也不是少数人的特权。虽然学术活动是少数人从事的，学术成果也是出于少数人之手，但任何真正的学术研究，其所关注的总是社会生活中的问题，科研能力和科研成果也是国家综合国力的构成部分之一。提高全民族的科学文化素质，是科学工作者义不容辞的责任，所以，学术成果应该由社会共享。

还有人认为，学术论文的语言有自己的特点，需要抽象、概括、演绎、推理，因而不可能达于平易，不可能要求普通人都能读、都爱读。是的，如果为了适应大众阅读而抹煞学术论文的特点，使学术论文不成其为学术论文，这是不可取的。另外，要求大众都成为学术内行，也是不现实的。但是，学术论文的特定表达方式并不能成为拒斥“平易”的理由，许多作者的学术著作就写得很平易。马克思的《资本论》是经典学术著作，写得也并不难懂。

马克思讲到《资本论》时曾说，该书第一章，特别是分析商品的部分，是最难理解的，但是，他在表述时“已经尽可能地做到通俗易

---

① 朱熹：《朱子语类大全》。

懂”[①]。黑格尔的《美学》，在一般人的眼中如阳春白雪，但也写的比较好懂。因此，恩格斯曾劝一位朋友拿此书作“消遣”。

如果对非马克思主义的作品来说，过分晦涩只是缺点，那么对马克思主义的作品来说，这就不仅是缺点，而且是对马克思主义本身的一种伤害。这是因为，马克思主义要发挥它的教育宣传功能，就应该面对群众，应该通俗，应该如毛泽东所提倡的为老百姓所喜闻乐见，或如邓小平所说的，马克思主义的道理是朴实的，因而应通俗地加以宣传。列宁非常重视马克思主义通俗化，他说：“最高限度的马克思主义=最高限度的通俗化。”[②]

（三）树立平易的文风

提倡和树立平易的文风，在写作过程中，就应该注意写得通俗一些，活泼一些，生动一些，有趣一些，让更多的人看得懂，喜欢看。

有些著作，特别是那些专业性特别强，内容高精尖的著作，读的人不可能多。对这类著作，即使赔钱，出版社也应该出版。但是，也不能一概而论。有的学术著作，学术价值很高，卖得也很火，出版社也乐于一版、再版。同样是学术著作，其效果为什么如此悬殊？其中一个重要原因在于，有无可读性或可读性强不强。

可读性与论著的内容有关。滥竽充数的著作，东拼西凑无实质内容的著作，买回去等于一堆废纸，这样的著作谁还买，谁还会看？另外，可读性主要还与表达方式有关。如果学术著作写得死板、干巴巴、枯燥，八股调很浓，谁还会有兴趣读？如果作者故作高深、故弄玄虚，对读者搞概念轰炸，设文字迷宫，那么读者必然不买你的账。

古人尚且提倡“大道至简”。现代社会由于生活节奏加快，生活方式和思维习惯改变，因而更应当讲究思维的经济原则，提高思维表达、传播和接受的效率。形式上的简单明了，内容上的言简意赅，语言上的通俗明白，应当成为当代学术所提倡的一种新的表达风格。

从文风上看，学术著作要摆脱纯粹的思辨，不要使用连作者自己都不懂的语言。术语要有公开性和可理解性。我是搞哲学研究，写哲学文章的，我认为，哲学有其个性，但这种个性不只属于哲学家个人，

① 《马克思恩格斯文集》第9卷，7页，北京：人民出版社，2009年。
② 转引自《陈先达文集》第4卷，139页，北京：中国人民大学出版社，2006年。

哲学也绝非哲学家个人的独白，它要面向社会、面向大众。因此，哲学文章要尽可能生动些，要讲究文采，要使人爱读，而不能望而生厌。大哲学家康德的思辨能力堪称一流，但他提出哲学应该通俗。他承认自己的著作晦涩难懂，但并不以此为炫耀，相反他认为，这是一个缺点。他在给朋友的信中多次讲到，哲学应通俗。如他在1873年8月7日的一封信中说："缺乏通俗性是人们对我的著作所提出的一个公开的指责。因为事实上任何哲学著作都必须是能够通俗化的，否则，就可能在貌似高深的烟幕下，掩盖着连篇废话。"①在另一封信中他还说，"一段时期以来，在一些闲暇时间我总是考虑各门一般科学中，尤其是哲学中通俗性的基本原理。"②为此，康德进行了不懈的努力。

在我国一些学者中，有这样一种不正确的幼稚的见解：文章愈让人看不懂，说明学问愈高深，愈有水平，愈超过常人。于是，他们不是把心思放在如何通过切实研究当代重大的理论问题和实践问题，来进行卓有成效的理论创新上，而是煞费苦心在文章的语言表达上，以编织晦涩难懂的新名词、新概念、新术语为时尚。

实际上，语言艰生晦涩与学术水平高，完全是两回事。通俗不是浅陋、浅薄，而是以"深入"为前提的"浅出"。按照罗素的说法，柏拉图哲学是西方近代以前最有影响的学说之一，而他的文章并非深奥难懂。他"举的例都是茶碗茶杯那些普通东西，从中引出很深刻的道理"③。我国清初著名戏剧理论家李渔也说："能于浅处见才，方是文章高手。"④

为了使学术论文写得平易，作者有这样三点是必须考虑的：一是想向读者传递什么样的学术信息；二是需要这些信息的读者，在这方面的水平如何；三是为了满足这类读者的需要，应采用什么样的表达方式。只有把这三个问题，特别是第三个问题解决好了，文章才有望达于平易。

---

① ［德］康德：《彼岸天空：康德书信选》，李秋零译，122页，北京：经济日报出版社，2001年。

② ［德］康德：《彼岸天空：康德书信选》，李秋零译，101—102页，北京：经济日报出版社，2001年。

③ 朱光潜：《朱光潜集》，391页，广州：花城出版社，2009年。

④ 李渔：《闲情偶寄·词曲部》。转引自叶朗：《中国美学史古纲》，426页，上海：上海人民出版社，1985年。

四、平等的精神

学术平等是提倡一种认真负责、言之有据、理性平和的学术表达。这里的平等涉及多层关系，其中主要包括这样三个方面：一是作者与读者之间要讲平等，二是论战各方要讲平等，三是与古人外国人之间的学术对话要讲平等。

（一）作者读者讲平等

这里是指作者不能以真理的拥有者自居，不能以学者、权威自居，不能盛气凌人，不能以高高在上的态度和语气讲话，不能认为真理在我手里，向这里顶礼膜拜吧。抱有这种心态的人，其实是很幼稚，甚至是很可笑的。谁也不拥有绝对的真理权，任何真理既有绝对性，又有相对性。相对性就是条件性，不完全性。因此，对任何真理都应依条件变化而需要重新加以审视。对你的见解，读者可以接受，也可以不接受，以至提出批评，这是他们的权利，也是谁也不能剥夺的。而且，你的见解是否正确，说到底，还是要由实践来检验。

因此，作者为文，应该谦虚谨慎，笔重如山，应该意识到自己的责任，把最好的成果贡献给社会。应该把自己放在与读者平等的位置上，写作论文不过是把自己的研究成果贡献出来，让广大读者来评判与共享。

现在学术界，有些人从事学术研究，在“凸显学术性”的旗帜下，变得越来越学院化、贵族化，这是很不妥当的。突出学术性这没有错。但如果把这里的学术性理解为脱离实践，脱离民众，在小圈子里自我封闭、自说自话、自我欣赏或相互欣赏，这就不对了。

（二）论战各方讲平等

学术争论以求得真理为目的。因此，论战各方都有批评和反批评的权利。就其中一方对另一方来说，要坚持说理原则，不能乱打棍子，乱扣帽子，搞无限上纲上线。语言犀利深刻，但不可尖刻伤人。学术观点互异，但不搞人身攻击。因为这不仅与理性探索无关，且是治学为文之大忌。班彪讥讽司马迁“受宫刑”，是不按《公羊传》思想写史的因果报应，是古代人身攻击之一例。今之学界也不乏其例，本来是不同观点的讨论，可一方却攻击另一方“弱智”“愚蠢”，“怎么总是干出这等蠢事”等。这种现象的存在，也是学术界的耻辱。另外，在学术争论中，不能把学术问题说成政治问题，也不要把政治理论上的是非混同于政治行为上的得失，更不要把学术问题转换成争论者的道德操守问题、法律问题。学术争论体现学术自由，不构成名誉侵权；学术评价的高低，也与名誉侵权无关；学术纠纷有别于行政纠纷、民事纠纷，司法介入应当谨慎。学术问题只能通过学术手段来解决，至于争论者道德上的缺点是与学术争论无关的问题。那种所谓“揭老底”，以至“人身攻击”，企图在人格上把一个人搞臭，以达到在学术争论中取胜的目的，不仅是不可取的，而且这种做法本身就是缺乏道德的表现。中国古人说，不能“因人废言”，这是很有道理的。

学术讨论要提倡一种互相尊重、相互宽容的精神。胡适先生曾说，宽容是一切自由的根本，没有宽容，就没有自由。他还说，人类的习惯是喜同恶异的，不喜欢和自己不同的信仰、思想、行为，这就是不容忍的根源。这些都是非常深刻的道理。当然毫无原则地宽容和容忍，那也是不应该的。但我们应该承认，在现实生活中，宽容精神总是比不宽容更为难得。

另外，还有一种情况，需要引起注意，即争论双方明明是针对特定的问题而秉持不同的见解，可是不同见解的双方，其实并没有真正交锋，而是只谈自己的观点，并不涉及对方观点的得失评价。或者说，自说自话。这样做或许是出于礼貌，不想让对方难堪，在这种意义上，似有可取之处。然而，学术争论是对事不对人，对理不对人。因而这种做法对促进学术发展并不是好事。

（三）中外古今学术对话讲平等

这里是说，学术上的中外对话、古今对话与评判，必须从具体的时间、地点、条件出发，放到具体的历史环境中进行具体分析。任何学术观点都是一定历史条件下的产物，是作者对其所处的那个社会的反映。特别是那些曾经对一个民族发生过巨大影响的观点和见解，尽管在今人看来，可能有这样或那样的局限和错误，但它的存在总有其历史必然性和历史合理性，并且或多或少总会包含对今人有价值的东西。依傍和迷信古代思想权威不对，依傍和迷信外国思想权威也不对，但也不能走到另一个极端——蔑视一切思想权威，把他们踏在脚下。有些人落笔为文，到处重起炉灶，希望一切推倒重来，一切从我做起，这实在没有什么好处。苛待前人，反叛传统，不断颠倒时论，不断“拨乱反正”，这样折腾来折腾去，图个热闹而已。这种热闹，或者说闹腾，对学术进步毫无意义。

当前，中国学术界的主要问题是在话语权方面自我矮化所造成的不平等。这里表现为两个方面。一是在西方话语面前，处于自我失语的境地。一些论者食洋不化，往往望文生义、生搬硬套，唯西是从，形成中国学术土地上的“话语租界”。二是有些论者简单地搬弄古人的学术话语，从典籍中寻章摘句，挑出一些最美好的词藻，加以理想化，套用于当今的现实，在“寻根”“复兴传统”“保卫精神家园”的口号下，在古人面前，自我矮化，丧失了理性批判力和学术创新力。这两种矮化是另一类的不平等。

以上所论的平等精神，说到底，就是真理面前人人平等的原则，在文章表述中的根本要求和具体体现，也就是平等待人、唯理是从。一切以真理为依归，只服从真理，不服从别的东西，真理在谁的手里，就服从谁。为了追求真理，在文中要善于摆事实、讲道理。要旗帜鲜明，当仁不让，勇于坚持正确的意见；要虚怀若谷，择善而从，随时改正错误的意见。马克思说：“精神的普遍谦逊就是理性，即思想的普遍独立性，这种独立性按照事物本质的要求去对待各种事物。”[①]理性的要求就是从实际出发，让思想如实地反映客观实际。因此，摆事实、讲道理，或者说，坚持说理原则，是贯彻平等精神的一种本质体现。如果不说理，不以理服人，而是以势压人，把自己的观点强加于人，那么也就根本谈不上平等。

① 《马克思恩格斯全集》第1卷，8页，北京：人民出版社，1956年。

第四章　学术研究的途径

读书的功夫在储知蓄理，扩大眼界，改变气质。读的范围越广，知识愈丰富审辨愈精当胸襟也愈恢阔。[①]

——朱光潜

凡是真正作学问的人，都主张三勤，即眼勤、脑勤、手勤，也就是勤于读书，勤于思考，勤于写作。[②]

——朱星

学术研究的境界所要解决的是为什么治学的问题，学术研究的途径是要解决如何治学，即治学的方法和手段的问题。此二者是密切联系，不可分割的。缺乏崇高的治学境界，也就缺乏治学的恒久动力，缺乏根本信念的支持，这个研究是搞不下去的。但有了比较高的治学境界，如果不懂得如何治学，那也不成。有些青年有一个正确的指导思想，懂得自己所从事的研究工作的意义，因而治学的积极性很高，但由于没有掌握有效的手段，结果事倍功半，这个教训也是应该认真汲取的。

从某种意义上说，对学习的有效方法和手段的掌握，比学习的刻苦精神和取得一些成果更重要。在现实生活中，有些人学习十分刻苦，但取得的成果平平；也有一些人虽然取得了一些成果，但由于没有真正掌握方法，因而这些成果的取得，往往带有偶然性，或者叫"碰巧"成功，但这些人终究做不出大学问。比如有人零零星星发几篇文章可以，但发大量的系统的成果却不行；有人发几篇论文可以，但写出一本有学术价值的专著就不行，什么原因呢？原因是多方面的。但没有

① 转引自霍焕民、徐秋英：《说明文写作技巧》，61页，北京：中国青年出版社，1994年。

② 转引自乔默、江溶编：《治学方法谈》，81页，北京：中国青年出版社，1983年。

掌握学术研究的途径可能是其重要的原因之一。关于学术研究的途径，这里主要谈以下三点：勤于读书，精其选；勤于思考，求其通；勤于动笔，达其能。或曰治学“三勤”。

一、博采与精攻互补

（一）博学与精攻的统一

治学要取得成就，涉及方方面面的问题。根据许多成功者的经验，广泛涉猎，以博取胜，是其要诀之一。

从知识结构上说，就是要形成知识的“T”型结构，即在钻研一门科学的同时，还必须了解与这门学科相近、相邻学科的知识。博学与精攻是对立统一、相辅相成的。古人说：“博见为馈贫之粮，贯一为拯乱之药。”[①]外国也有句发人深省的谚语：“聪明人接触各种知识，但他以精通一门来认识世界。”“博”离开了“精”，就会转化为一种要不得的东西——“杂”；“精”离开了“博”，也会转化为另一种要不得的东西——“陋”。因此，博学与精攻要统一。

对此，胡适曾用这样一个比喻来加以说明。他说，埃及的金字塔高480英尺，底边各边长764英尺，塔的最高度可以比喻为最精深的专门学问，塔底的面积代表博大的范围。这个比喻是很贴切的，治学犹如营造金字塔，要能广大，才能高。

知识的“杂”与丰富不同。所谓“杂”，即什么都懂一点，其间没有联系。或者说，杂的知识是互不相联的、杂陈的各种知识，没有一以贯之的东西，没有获得综合的知识。古有“杂家”之说。《汉书·艺文志》论“杂家”云：“杂家者流，盖出于议官，兼儒墨，合名法，知国体之有此，见王治之无贯，此其所长也。及荡者为之，则漫羡而无所归心。”这段话是说，杂家作为一个流派，主要来自谏议官员，懂得儒墨名法等学说，也了解国家的现状和历史的变迁，这是他们的优长。但他的主张摇摆不定，对许多东西感兴趣，却不对某一事物专心致志。

这种“杂”，对做学问的人来说是一种大忌。五四时期，有一个名

① 转引自李昂：《读书方法探寻》，36页，北京：长征出版社，1983年。

震四海的人物傅斯年，山东人，绰号是“孔子后第一人”。“五四”当日火烧赵家楼，傅斯年是带头者之一。北大毕业后傅斯年于1919年冬先到英国，后到德国，然后又到法国，其目的是“尽览西学”，不定专业，叫“整体治西学”。对此，胡适（傅斯年为胡适大弟子）认为，傅斯年在欧洲六年“漫无纪律”。鲁迅先生也说：“傅所学名目甚多，而一无所成。”傅斯年回国后，在中山大学、北京大学、中央博物馆、中央研究院担任重要职务，后到台湾任台湾大学校长，1950年去世。

五四时期还有一个人物叫刘半农，他原本没有读过大学，从常州中学毕业后，做过一些杂事。1912年，20岁的刘半农到上海“做文化人”，参加新剧团，又演又编，发表小说，又弄翻译，无所不译，尤多侦探小说，1917年在《新青年》上发表《我之文学观》，率先支持文学革命。同年他被蔡元培邀请到北大做国文教员，1918年被送到英国学习，补上大学教育。他在学问上力求精专，务求深解。到伦敦大学语言学系就读，他原想语言学、文学兼攻，后来发现不可能，于是就专攻语言学。继而他又发现语言学领域有历史语言、现代语言，还有语义学、语音学，于是后来又侧重语音学。继而又退一步，专攻实验语音学。他自称自己的留学策略是“退避三舍”，即专攻一门，不能野心太大。

与“杂”相对立的另一个极端是“陋”。“陋”即少，学识浮浅，孤陋寡闻。“陋”不同于“专”。“专”与“博”是相辅相成的，而“陋”就是只知一点，不及其他。庄子说：“天下大乱，贤圣不明，道德不一，天下多得一察焉以自好，譬如耳目鼻口，皆有所明，不能相通，犹百家众技，皆有所长，时有所用。虽然，不该不遍，一曲之士也。”①在庄子看来，诸子百家都是“得一察焉以自好”的“一曲之士”。为了克服这种“蔽于一曲”的片面性，就必须像人脸上的五官一样互相配合，不可偏废。为了克服“陋”，也就要使知识丰富起来。

古今中外许多著名学者都提倡要博览群书。孔子就曾提出要“多闻”“多见”“多识”。北宋的王安石曾总结自己研究学问的经验：“读经而已，而不足知经。故某自百家诸子之书，至于《说难》、《素问》、《木草》诸小说，无所不读，农夫女工，无所不问。然后于经而能知其

① 《庄子·天下篇》。

大体而无疑。”①

读经、知经如此，读马克思主义，也应如此。一个人如果只读马克思主义的书，别的什么书也不读，别的什么知识也没有，那么他就不可能成为马克思主义者，而只会成为马克思主义书呆子，或马克思主义的吹牛家。列宁说：“学习共产主义只限于了解共产主义著作、书本或小册子里的东西，那我们就很容易造就出一些共产主义的书呆子或吹牛家，而这往往会使我们受到损害。”②中国共产党历史上的王明就是这样的人。因此列宁说：“只有用人类创造的全部知识财富来丰富自己的头脑，才能成为共产主义者。”③

以上所引，都是就对某一知识的学习和理解的意义而言的。也就是说，只有涉猎广泛，有广阔的知识背景，才能加深对所学知识的理解和掌握。这一认识当然是十分正确的。但是仅仅认识到这一点，又是不够的。因为人们不仅要学习知识，而且要创造知识，而要创造知识就更需要博学，以获得广阔的知识背景，特别是在科学发展呈现大分化、大综合特点的今天更是如此。

19世纪法国大数学家彭加勒在文学院修完他的学业后，凭借着渊博的文史知识，其后涉足于抽象的数学王国而大放异彩。

美国科学家维纳原来是一个数学家，后来他转入工程学、生物学等领域的研究。他运用数学的头脑和眼光，研究电气通讯和各种自动机器的运行过程以及生命现象，终于在1848年创立了一门新的学科——控制论。

1963年诺贝尔医学与生物学奖得主之一，英国生物学家A. F. 赫胥黎是一位文学硕士，他出于对神经兴奋和传导现象的兴趣而转入生理学研究，取得了对神经细胞活动规律认识的重大成果。

1965年诺贝尔生理学奖得主之一，法国科学家雅各步27岁获得医学博士，34岁又获得理学博士，而他所从事的学科专业研究则是生物化学、分子生物学。

据说，爱因斯坦在上大学的时候，过于偏重物理学，对数学不大感兴趣，常常让同学帮他记数学笔记以应付老师。没料到，到了要攻

① 转引自李昂：《读书方法探寻》，33页，北京：长征出版社，1983年。

② 《列宁选集》第4卷，345页，北京：人民出版社，1972年。

③ 《列宁选集》第4卷，348页，北京：人民出版社，1972年。

占“广义相对论”这个碉堡时，他所缺的正是黎曼几何那个武器。爱因斯坦不得不下功夫补学了7年数学，才取得了创立“广义相对论”这一物理学上的辉煌成就。

我国地质学家李四光破天荒地把地学和力学联系起来，进行观察、实验，为我国社会主义建设做出了杰出的贡献。总结自己的成功经验，李四光认为，研究地质科学也同研究其他科学一样，应该开阔眼界，利用各种知识去开辟道路。

有人对1901—2000年的100年中诺贝尔自然科学奖的获奖者的情况进行统计并列表如下：

诺贝尔自然科学奖

时间段（年）	获奖人数	交叉学科人数	交叉学科人数占获奖人数的比率（%）
1901—1925	74	22	29.73
1926—1950	88	37	42.05
1951—1975	143	56	39.16
1976—2000	161	79	49.07
1901—2000	466	196	41.63

从表中的数据可以看出，仅就自然科学而言，从诺贝尔奖设立到现在，具有知识交叉背景的获奖者大约占总人数的三分之一至二分之一。从总体上看，在20世纪中，作为科学界精英的诺贝尔奖得主，具有交叉学科背景的人数不断增加，知识背景中学科交叉人数的比例呈现稳步上升的态势。

又据美国对1300多名科学家的五年跟踪调查发现，有成就的科学家很少是仅仅精通一门专业的“专才”，而绝大多数是“博学取胜”。在科学研究日趋综合化的今天，单学科的“纵深性”“专才”与能驾驭多学科横向联系的“博才”相比，后者取得重大突破的几率越来越大。

那么，为什么只有博才能取胜呢？这是因为科研成就的取得要有广博的知识背景。

自然科学的发明创造是这样，哲学社会科学的发现创新也有类似情况。

哲学发展史证明，凡是在哲学史上开宗立派、卓有建树的大哲学家，无一不是在哲学与具体科学的结合和融通中进行创造性的探索。以黑格尔为例，一般认为，他是一位较为纯粹的哲学家，其逻辑学、自然哲学和精神哲学是纯粹的形而上学。其实不然，自然哲学和精神哲学实质上是应用哲学。按黑格尔的说法，是“应用逻辑学”。黑格尔在大量研究东西方的历史，包括经济、政治、文化以及其他具体科学成果的基础上，才完成了他的精神现象学、法哲学、历史哲学、艺术哲学、宗教哲学以及自然哲学等“应用逻辑学”的论证和建构。至于他的逻辑学也是以抽象逻辑的形式表现出来的人类认识史。黑格尔在具体地研究了全部哲学史的发展之后，才从无数纷繁杂陈的概念和范畴中遴选出具有最大普遍性的“纯概念”，然后再按照人类认识的内在规律，把它建构成与人类认识论和辩证论相一致的宏伟的逻辑体系。

在德国古典哲学终结之后，马克思能够超越黑格尔，建立起新的世界观理论体系，即“新唯物主义”，也是因为他能够从神秘的思辨中摆脱出来，深入地研究经济学和历史哲学，并借助它们去解剖市民社会，考察人类历史，才获得了唯物史观这个伟大发现，从而实现了人类认识史的伟大变革。

（二）须有广博知识支撑

科研必须有广博知识的支撑。这是因为：

1. 广博的知识背景利于形成对科学的广泛兴趣

兴趣是主体力求认识某种事物或爱好某种活动的倾向。从事科学研究，必须对你所研究的专业或课题有兴趣。有兴趣，才能激发工作热情。著名的美籍华裔物理学家丁肇中教授说：“任何科学研究，最重要的是要看对于自己从事的工作有没有兴趣……比如搞物理试验，因为我有兴趣，我可以两天两夜，甚至三天三夜呆在实验室里，守在仪器旁。我急切地希望发现我所要探索的东西。”①

有兴趣，在科学研究中，才能随着从最初层次的有趣，发展到进一步层次的乐趣，再升华到更高层次的志趣。在这种提升过程中，促使科学家在掌握和丰富知识的同时，培养全面细致的观察力，提高敏

① 转引自刘典平、于云才：《人的发展与学习》，231—232页，北京：新华出版社，1995年。

锐而灵活的思考力，发展丰富的想象力。推动他们在科学研究活动中，孜孜不倦地探索，去做出创造性的贡献。

许多有成就的科学家在少年时代大都有广泛的兴趣。达尔文在其自传中说，就他记得的他在学校时期的性格来说，其中对他后来发生影响的就是，他有了强烈的多样的兴趣，沉溺于自己感觉有兴趣的东西，深刻了解任何复杂的问题和事物。俄国杰出的园艺学家米丘林，从小就喜欢在园子里掘土、栽培、播种、摘果和选种，经过六十年连续研究，培育了三百多个果树新果种。

又比如，德国化学家李比希，1803年生于一个药剂师的家庭。李比希因为从小帮助父亲制造颜料、染料、化学品，爱上了化学实验。有一次，父亲要试制一种新药，让李比希到图书馆去查阅资料。李比希第一次进入书的海洋，被它深深吸引住了。他翻阅一本化学书，才知道原来化学是一门如此丰富的科学。从此，他终身爱上了化学。有一次，他把实验器材带到学校，上课时突然一声爆炸，老师勃然大怒，把他从学校开除了。他只好到父亲的朋友皮尔斯先生的药房里去当学徒，但他仍然不放弃化学实验。有一次实验爆炸把老板的房顶给掀掉了，皮尔斯不敢再雇佣这个小学徒了，直到李比希17岁考上波恩大学，后来转到巴黎，才逐步步入化学的殿堂。小时候激发的兴趣使李比希在化学上取得了许多重大成就。他还被世人誉为农业化学的开山鼻祖。兴趣广泛的人，眼界比较宽广，较容易从多方面得到启发，有利于融会贯通。

兴趣是在生活、实践中逐渐形成和发展起来的。就青少年来说，要接触和观察多方面的事物，获得较广博的知识。1985年诺贝尔化学奖获得者杰罗姆·卡尔谈到自己对科学的迷恋：可能开始于一次对科学博物馆的参观，那时他大约七八岁，是他的妈妈领他去的，同时在当地图书馆里阅读到一些大众科学读物也迅速地激起他对科学的兴趣。

2. 广博的知识背景是孕育原创性成果的重要条件

许多事实说明，拘泥于一隅，花过多的时间钻研一个狭窄的领域，一味地在一个封闭的系统里学习、钻研，容易使人思维陷入闭塞。世界上一切事物都是相互联系的，反映客观事物规律的任何一门科学都不是孤立的。俗话说，“隔行如隔山，隔行不隔理”。所谓“隔行如隔山”是说世界上每个行当都有自己的学问，都有特殊性。所谓“隔行不隔理”是说每个行当相对于别的行当，都有相同、相通、相似之处，有共同之理。对于不同的学问，人们可以“举一反三”“触类旁通”，不同学科的研究方法可以互相“借用”“渗透”，并从整体上去把握知识之间的纵向联系，充分发挥知识间的相互启发、相互促进的作用，从而感悟和洞察研究对象的奥秘。

2500年前，西周太史史伯提出“和实生物，同则不继”。“和”是指多样性的统一，“和实生物”意指不同事物按一定方式掺和，可产生新的事物，可以长久发展。相同的事物聚在一起则不能长期发展下去。自然界的千变万化，多姿多彩，生物的多样性，形成生态链，互相补充、和谐相得，使大自然生存繁衍了几十亿年，至今生气勃勃。

学科交叉，形成一种类似生物学中的“杂交优势”，往往成为科学的新增长点，在这里有可能产生重大的科学突破，使科学发生革命性的变化。交叉科学就是综合性的跨学科的产物，因而有利于解决人类面临的重大、复杂的科学问题、社会问题、全球性问题，

目前，宇宙粒子学、生物物理化学、太空科学、科学伦理学等交叉学科的数量已达到2000多门。

具有典型意义的是，诺贝尔生理医学奖获得者中具有不同学科背景的人，大多将化学的反应原理、物理的实验方法等，直接或间接地移植和运用到生物学的研究中，这就使得具备高深的化学功底和精湛的物理实验技能，成为最终获得诺贝尔生物医学奖不可或缺的基础。

3. 合理的知识结构可以提高科学家的科研能力

这里包括科研中的想象能力和创造能力，有了这种能力，会使科学家在科学研究中获得灵感和直觉。

科学创造需要想象力。康德说，想象力是一种创造性的认识功能，它有本领，能从真正的自然界所呈供的素材里创造出另一种相像的自然界。爱因斯坦也说：“想象力比知识更重要，因为知识是有限的，而想象力概括着世界上的一切，推动着进步，并且是知识进化的源泉。严格地说，想象力是科学研究中的实在因素。”[①]

那么，想象力、创造力与博学的关系如何呢？关于这一点，贝弗

① 转引自王通讯：《学海泛舟》，98页，石家庄：河北人民出版社，1982年。

里奇说："在其他条件相同的情况下，我们知识的宝藏越丰富，产生重要设想的可能就越大。此外，如果具有有关学科或者甚至边缘学科的广博知识，那么独创的见解就更可能产生。"[①]他还引用泰勒博士的话说："具有丰富知识和经验的人，比只有一种知识和经验的人更容易产生新的联想和独到的见解。"[②]"成功的科学家往往是兴趣广泛的人。他们的独创精神可能来自他们的博学"[③]，这就是说，孤陋寡闻，一知半解，是谈不上科学的研究和创造的。

知识广博对科研的意义，一是了解别人已经取得了哪些研究成果，可以避免做无效劳动；二是可以取人之长，补己之短，站在前人的肩上继续前进。《天体运行论》的作者哥白尼，在1496—1506年留学意大利，到过罗马、维也纳等许多地方，几乎读完了这些地方所收藏的数学和天文学方面的书籍。《本草纲目》的作者李时珍，在35岁以前就几乎读遍了前人关于医术方面的书。达尔文的进化论就是在吸收布丰、林耐、拉马克的科研成果的基础之上创立的。无数事实说明，只有博学、多闻，才能成功。

以上所言，对个人来讲，是真理，对一个民族来讲，也是真理。哪个民族重视教育，重视读书，就能有利于充分继承先辈的文化成果，从而更善于生活，更善于创新。民族或国家的阅读是由个人阅读构成的。联合国教科文组织的调查显示，拥有13亿人口的中国，扣除教科书，平均每人每年读书1本都不到，实在堪忧。相比较，法国每人每年读书11本。全世界每年阅读书籍排名第一的是犹太人，平均每人一年64本书。[④]犹太人有1300多万人，仅占世界总人口的0.22%，而迄今其所获得的诺贝尔奖却占全世界获此奖总数的20%。其中，获物理学奖占到45%。法国迄今获32个诺贝尔奖。获诺贝尔奖的原因很多，读书多，可能是其中一个原因。

---

① ［英］威廉·伊恩·比德莫尔·贝弗里奇：《科学研究的艺术》，陈捷译，58页，北京：科学出版社，1979年。

② ［英］威廉·伊恩·比德莫尔·贝弗里奇：《科学研究的艺术》，陈捷译，58页，北京：科学出版社，1979年。

③ ［英］威廉·伊恩·比德莫尔·贝弗里奇：《科学研究的艺术》，陈捷译，4页，北京：科学出版社，1979年。

④ 张永谊：《读书者的心境》，《群言》，2013（12）。

（三）不断完善自己的知识结构

随着科学的发展，学科分化不可避免，教育的专业化，学人的专家化，也不可避免。但问题都有两面。这种分化造成了某些专家知识面非常狭窄，他们除了具有自己从事的专业知识以外，对本学科其他方面的知识几乎一无所知，更不用说其他学科的知识了。如果研究者连自己所在的一般学科的普通知识和重要知识都不能基本掌握，那么也就很难谈得上有多大建树，当然也就更谈不上造就大师级的人物。

我国学生以至科学工作者目前的主要缺点就在于，“太”专而不博。有的学生偏科现象严重，重理轻文，重理之中又重数学而轻理化。有的学生重文轻理，弄得连自然科学的常识都缺乏。这样搞下去正是钻了牛角尖，眼界越来越窄，哪能谈得上有什么创造？有的学生不重视外语学习，殊不知掌握一门外语，就可以比不懂外语的人扩大了一倍的视野。因此，有条件的人，应该多学一两门外语。现代科学发展一体化的趋势日益彰显，要求文科须学理，理科须学文，否则就不能算打好基础。这也是杨振宁、李政道等华裔科学家归国时一再呼吁的。

上述缺陷的存在，除了有学生和科学工作者的个人原因以外，主要的是与以往我国高等教育中专业分工太细、太窄有关。为了克服这一缺陷，我国开始坚持“宽基础、宽专业”的方针。几年来，教育部已把专业数从500多个减少到250个不到，并准备缩减到100个不到，以适应当今科技教育发展的大趋势。专业分工太细，在狭窄的胡同里，怎么能培养出创新的人才？像芝加哥学院、麻省理工学院，虽然只是一个学院，但是进这些名校的学生则像进入了一个繁花似锦的大观园，自由自在地去主修一些课程。文理相通，不同学科交叉。据报上介绍，仅美国麻省理工学院的研究中国中心，就可以开出一百多门中国课，任学生自由选择。

总之，各门科学都是对世界的不同局部或不同层次的反映，因而它们之间是相互联系的。研究者不断完善自己的知识结构，把握这种联系，对于激发兴趣、开阔视野、活跃思维、启迪智慧，无疑将起到重大作用。

反之，不能通就不能专，不能博就不能约。先博学而后守约，这是治好任何学问所必守的程序。

二、读书与思考结合

治学要有所成就，离不开勤于动眼、动脑和动手，即要多学、深思和勤于动笔。这里的动笔，一是指做读书笔记，二是指学术论著写作。在本章里，重点谈的是勤于做读书笔记。就上述三者的关系来说，是“学为基础，思为主导，用为目的”。

（一）学为基础

人类精神文明的成果，在很大程度上，是以书籍的形式保存的。但是以书籍为载体的这些文明成果是死的，不是活的，要使它由死变活，唯一的途径是要有人去读它，去享用这些文明成果，用以提高人的素养，提高人的能力。因此，读书的过程是以往文明得以继承、弘扬的过程，同时也是读者加入人类精神文明的传统中，把自己变成一个有作为的文明人的过程。历史上许多有作为的人，包括一些伟大人物往往都是一辈子爱读书的人。

史传宋太祖每天读《太平御览》等书两卷，漏了一天则以后追补。他说：“开卷有益，朕不以为劳也。”这便是“开卷有益”一语的由来。《太平御览》采集群书1600余种，分为55门，历代典籍尽萃。于是，宋太祖日理万机之暇日览两卷，当然可以说是开卷有益。这里包括两点：一是勤奋读书，二是所读是好书。

伟人毛泽东也一生爱书、藏书，嗜书如命，总共读过10多万册书，对中国的文化典籍真正做到了烂熟于心，许多满腹诗书的专家学者也不得不为之惊叹。直到生命垂危，逝世前几分钟，他还在叫人念书。作为饱学之士，好读多思促成他建立了经天纬地的业绩。

读书不仅是成就功业的基础，也是做学问的基础。所谓“学为基础”，所说的就是，多读书是做学问的基础。这里指的多读书，不是指读小说，而是指学术专著和学术论文。事实上，平时很少有人喜欢去啃学术论文。有人曾在某校中文系三年级170名学生中作问卷调查，结果自认“认真读过10篇以上学术论文”的仅占0.4%，“偶尔翻翻”“很难终阅全篇”的占72%，还有0.7%的学生自认“从未读过”。

这些数字很值得深思。作为中文系三年级学生，读的学术论文却如此之少，而能认真读进去的又更少，这怎么能熟悉学术论文这种文体呢，又怎么知道怎样做学问呢？难怪有74%的学生自认对学术论文“不太了解”。不少学生反映，他们是在学术论文为何物还不清楚的情况下写作学术论文的，犹如瞎子摸象，乱写一气，因而写得很苦，也自知写得很差，于是越写越害怕。

所以，你要从事学术研究，要写学术论文，你就要熟悉学术论文，就得自觉地多看学术论文和学术专著。巴金曾用自己的切身体会说：“读多了，读熟了……也就慢慢地体会到它们的好处，也就慢慢地摸到文章的调子。”①朱光潜先生曾经很自豪地说：“我写说理文很容易，这不能不归功于幼年的读书。”②

但就读书而言，读什么书有讲究，也就是说要有选择，不能什么书都读，也不能随便抓到一本书就读。古人认为不同的书有不同的读法，即有“目治之书，口治之书，必治之书，手治之书”等。

所谓“目治之书”，只要浏览一通就可以，也就是简单翻翻。有些书有些警句就不能一目十行，而是要反复诵读，这叫“口治之书”。

读书，为什么要眼到，还要口到，即朗读呢？多年潜心研究鲁迅的专家钱理群先生说：“鲁迅的作品不能只是默看，非得朗读不可。”为什么呢？他说：“靠读来进入情境，靠读来捕捉感觉，产生感悟，在朗读中感受其韵味、气势。”③其实，每个人在读书时都会有这样的体验。面对精美的文字会不由自主地朗读起来。通过朗读，加深印象，以至随口背诵；通过朗读，加深理解，循声入理；通过朗读，临其情境，触发联想，并于声情并茂的表达中，体会文字背后的韵味与妙义，从而获得一种高雅的审美情趣。

有些书有些警句不仅要背，而且要反复思考、体味，这类书叫“必治之书”。也就是古人讲的，不仅要口到，而且要“心”到，即不仅要入口，而且要入脑，要铭记在头脑中。有的书在一些重要的地方，怕心记不准确，或记不长久，还得写下来，这叫“手治之书”。

目治之书，一般是没有多大参考价值的书。口治之书、必治之书

① 胡伟、邹秋珍：《演讲与人才》，84页，北京：清华大学出版社，2009年。

② 转引自陈妙云：《学术论文写作》，5页，广州：广东人民出版社，1998年。

③ 转引自鲁景超：《随风潜入夜，润物细无声——朗读与情操的陶冶》，《新华文摘》，2010（7）。

和手治之书，就是有启迪可供参考的书，比如，讲述基本原理的书，以及经典著作等。

现在我们所称谓的“经典著作”，都是经过时间考验流传下来的，记载着人类文化的精华的书。其特点：一是传世之作，二是精华之作。传世之作是说一代又一代的人都要读，而且还要读下去，具有某种永恒性。精华之作是作者倾其一生的心血之作，对人生对社会具有普遍的启迪作用，因而具有极大的价值性。

曹雪芹一生只写了一部《红楼梦》，徐宏祖的《徐霞客游记》前后花费34年才完成，北宋建筑学家李诫的《营造法式》也花费30年功夫才完成，司马迁的《史记》花费19年，刘义庆的《世说新语》花费11年，司马光的《资治通鉴》花费19年，李时珍的《本草纲目》花费27年。亚当·斯密的《国富论》花了10年，马克思的《资本论》花费了40年。以上这些经典著作都是作者的呕心沥血之作。

由于这些经典著作是从作者的生命深处潜心雕琢出来的，是心血精华之凝聚，因而时间无法消磨它的光辉。真正的经典永远具有活力，永远开掘不尽。一部《论语》，不过1.6万余字，可几千年来，被人们反复研究，关于它的研究著作可以说汗牛充栋，到现在约有3000余种著作，而且新的著作还在源源不断诞生。一部《共产党宣言》2.8万字，在世界上广泛传播，被翻译成200多种文字，不仅成为全世界共产党人和一切进步人士的必读著作，而且进校园、进课堂，成为包括美国在内的许多国家大学生的必读书。

经典著作含金量高，语言精练、文字优美，信息可靠可信、不虚妄、不夸饰，往往是一个学科的源或者流，是里程碑式的著作，是任何一个研究者绕不开的著作，具有极大的震撼力、感召力、吸引力。因此，有人把读经典，视为“聆听最伟大心灵的言说”，是“灵魂的壮游”“心灵的探险”。

每门学科都有属于本学科的经典著作。研究某个学科，就要把功夫花在阅读经典著作上。读这个学科的经典，对这个学科来说，是基本的训练。其他的书，读得多一点少一点无关大局，但如果经典东西不读，缺席了，就会影响基本的理解和判断，就没有根基，是所谓的“丢了西瓜捡了芝麻”。对经典的书，不仅要通读，而且要精读、深钻、吃透。即透到烂熟于心，熟到如数家珍。原因很简单，一个学科，基本东西都是有限的和大体稳定的。如果对这些东西没有读，或者没有读熟、读透，那么就不可能做到“入门须正”，更不用说登堂入室了。

中国人有熟读经典的传统，过去的人讲究“背书”。“背书”不是读书的唯一方法，背得滚瓜烂熟的书，不一定就理解了，故黑格尔有“熟知”并非“真知”之谈。我国近代从引进新的学习方法之后，那些光会背书的老学究，被嘲笑为“冬烘先生”（是指人迂腐）。大概在我们老师一代人中，背大量书的就很少了，我们这一代更缺少这一方面的训练，从总体上讲，应是一个进步。不过，我们也要注意不要把其中好的方面丢掉。对重要的经典，就是要重复读，要读熟。只要每遍都是认真读的，久而久之，就能熟能生巧，增进知识。在我国最早提出读书要温习，并运用此法尝到增进知识的甜头和乐趣的，恐怕要算孔夫子。他说：“学而时习之，不亦说乎。”[①]宋代著名学者朱熹在致友人的书中也总结说：“……反复熟读，时时温习，是要法耳。”[②]

杨振宁先生在一次讲演中告诉听众，他在中学阶段利用一个暑假背诵了《孟子》，有些内容当时不懂，但随着年龄的增长、阅历的加深，慢慢地都懂得了。杨先生特别指出，中国传统教育的一个好处就是，在年轻的时候叫你背诵一些东西，储存起来，用一辈子的时间来慢慢体会。

另外，讲述基本原理的教科书，也要认真读。当然是指质量上乘的教科书。有人可能认为，基本原理懂了就算了，还能怎么样，不就是基本原理吗？是的，基本原理是一门科学的最基础的理论观点，但是这不能成为可以被轻视的理由，恰恰相反，必须重视它，要花工夫认真加以理解。金开诚先生说：“真正的学习创造，首先在吃透基本原理、运用基本原理上。”[③]在学术界许多重大理论问题的争论中，最后往往都涉及在基本原理理解上的分歧，分歧的最后解决，即认识的统一，也往往取决于在基本原理的理解上取得了某种一致。

从做学问的角度说，除了专业经典书和专业原理书以外，还要读解决专业问题的书。即围绕一个课题、一个项目、一个学术专题去读书。这个专业问题也就是你在一段时间里研究的中心。围绕这个中心

---

① 《论语·学而》。

② 转引自李昂：《读书方法探寻》，65页，北京：长征出版社，1983年。

③ 转引自乔默、江溶编：《治学方法谈》，3页，北京：中国青年出版社，1983年。

去读书，目的在于搜集资料，了解这个专业问题的研究历史、研究现状，所取得的成就和不足，从而找到自己研究的着手处，确立自己研究的意义和方向，把握可利用的思想资源，以便开始自己的研究。

还有一点要指出的。如今坐下来全神贯注地一连阅读几个小时的成年人越来越少。他们也阅读，但只在电子阅读设备上阅读。这种阅读有人称之为随机阅读，即随时看上几分钟，还有人称之为浅阅读，即偶尔瞥上几眼。这种阅读不那么投入，不容易浸润其中。它与一本书摆在眼前，长时间地细致慢品，其收获是浅阅读所无法比拟的。因此，还是应该提倡慢读、深读。

另外，在网上获取学术资料比较方便、快捷，这是其优长，但其严谨性、客观性和可信度要大打折扣。在虚拟空间中，匿名的知识主体，往往责任心缺乏，很多网上发布的东西根本不可信。因此，读书，特别是专业性的阅读和积累，依然具有不可替代的重要价值。

总之，选择有价值的书认真阅读，是治学的基础。为了选好书，可多留心报刊上的书评，也应多向老师和有专长的人请教。

（二）思为主导

在解决了读什么书的问题以后，接下来的问题是如何读？书要读进去，要加以理解，要做到开卷有益，就必须把读书和思考结合起来，把多学与深思结合起来，以思为主导。

假如一个学生天天读书，投入的精力很多，读什么记什么，这是不是最好的阅读之道呢？这样读书，也是一种读书法，古人叫做“记诵之学”。用功读书，无疑比不读书、不记诵要好。但这样读书不能成为一种学问，不算是上乘的读书法，因为这样得来的知识是死的。书是写书的专家、学者记载下来的关于自然、社会和人生的知识，是书的作者对现实生活感应的记录，是写书人的观念和情感的表达。因而对读书人自己来说，这些知识还是第二手的、间接的，要理解和把握书中正确的东西，摒弃书中错误的东西，就要经过思考，把书本知识与人类的实践经验相比较，特别是结合当代实践所提供的新鲜经验来审视书本上的东西，这样才能分辨，才能吸收，才能增加自信心。

为了把学习和思考结合起来，这就要求读书不要读得太快，不能狼吞虎咽，要有节奏，要给思考留下余地。恰如古人所说，读书一忌快，二忌多，三忌腻。只要“能不间断则一日所读虽不多，日积月累，自然充足，若刻刻欲速，则刻刻做潦草功夫，此终身不能成功之道也”[①]。宋朝有个读书人叫陈正之，恨不得一天读遍天下书，一跃而成为学问家。他拿到一本书匆匆忙忙就浏览完了，但书的内容是什么，说不出子丑寅卯，几乎一无所得。他常常悲叹自己多年苦学，难有所成。一天，他遇见大学者朱熹，便向前请教。朱熹答道：“你以后读书，每次只读五十字，一连读上二三百遍。”[②]从此，他照朱熹的读法，每次读书，反复思考，前面的读懂、记住、掌握，然后才往下读。果然读过的书，都变成了自己的知识，他逐渐成为真正有学问的人了。朱熹曾对他的弟子感慨地说，读书要读得精透，不能略看几眼，便认为懂了，“不然，则虽广求博取，日诵五车，亦奚益于学哉”[③]。

英国政论家约翰·罗斯金，把读与思比喻为采金矿和炼真金的过程，这是很有启发的。他说：“你梦寐以求的黄金就是作者在书中所表达的那种深刻的思想和他那渊博的知识。他书中的词语就是含金的矿石，你只有将它们打碎并加以熔炼，才有可能化石为金……而你的熔炉就是你那善于思索的大脑。”[④]

把学习和思考结合起来，除了上文所说的，能深刻掌握书本上的知识，把作者的知识变为自己的知识以外，更为重要的是通过思考，能去蔽和开悟，能发现和创新。即如一句谚语所说的：“知疑灵犀通，善思出睿智。”

孔子说：“学而不思则罔”[⑤]，“罔”就是蒙蔽。其意思是说，光读书，不思考，脑袋瓜就会不开窍。只有把学习和思考结合起来，即不仅读书中的表面文字，而且要善于质疑，多问几个为什么，力求弄清来龙去脉，并举一反三，古人把这叫做“开悟”。只有达到“开悟”的境界，才能在学术上有所发现和创新。

法国著名作家巴尔扎克说：“打开一切科学的钥匙都毫无异议地是问号，我们大部分的伟大发现都应归功于如何？而生活的智慧大概就

① 陆清献公：《示子弟贴》。
② 董惠君：《学海拾零》，27页，广州：广东人民出版社，1982年。
③ 转引自李昂：《读书方法探寻》，30页，北京：长征出版社，1983年。
④ 转引自李昂：《读书方法探寻》，40页，北京：长征出版社，1983年。
⑤ 《论语·为政》。

在于逢事都问个为什么？”[①]读书就是要敢于提出问题来研究。不要迷信书本，不要迷信权威，要有批判力。古人云：“尽信书则不如无书。”[②]搞科研时，读书常常是挑毛病，指出书中的错误，指出书中的片面和不足，这样通过思考，往往可以引出新的理论和方法。爱因斯坦说，学习知识要善于思考，思考再思考，他就是靠这个学习方法成为科学家的。

有的人也读书，甚至读过许多书，可就是提不出自己的看法，这种人只是把脑袋当作知识的储藏库，而不是思想的加工厂。这样的人虽然懂得不少，甚至被誉为“活字典”，但搞科研就不行。法国哲学家拉·梅特里曾讽刺那些死读书的人，他说：“有多少迂腐的学究，辛辛苦苦了四五十年，被偏见的重荷压得弯腰驼背，……看起来什么都学过了，却单单没有学会思想。”[③]

现在这个问题的存在，已不仅表现为一种个人缺陷，而且还表现为一种时代病症。当今有一个说法叫“信息爆炸”，是指信息喷涌膨胀，因而使人们目不暇接。暂且不管这些信息是不是垃圾，人们淹没在浩瀚的信息中，即使有心也没有时间去思考，更不用说加工提炼。这就像一个农夫种了太多的麦子，他所有的时间都在忙于收割，而没有时间去把麦子加工成面粉一样。那么这样一来，麦子收割得再多，又有什么意义呢？因此，在互联网时代，学会正确阅读，给思考留下足够空间，是必须要注意的一个重要问题。

（三）思之要点

所谓学会思考，大概可以包括以下几个方面：

1. 辨是非，明得失

即书中所论，哪些是经过长期检验的事实、定理、定律或理论、观点，哪些是未经证实的传说、成见、信仰和迷信。对于前者主要是虚心学习，弄清道理，不要硬着头皮去对着干。例如，科学已证明不可能发明永动机，那就不要去白费气力了。后者则不然，它们往往是前人硬塞在我们头脑里的一堆成见或捏造。例如，“地球中心说”“物

---

① 转引自李昂：《读书方法探寻》，46页，北京：长征出版社，1983年。

② 《孟子·尽心上》。

③ ［法］拉·梅特里：《人是机器》，顾寿观译，9—10页，北京：商务印书馆，1959年。

种不变论”“资本主义永恒论”等。许多科学大师都非常注意做这种辨是非、明得失的工作，牢牢抓住一些基本而又模糊不清的概念加以分析、批判，终于获得重大的突破。

2. 弄清来龙去脉

从积极意义上说，要研究正确的结论是怎样获得的，有哪些事实或理论根据？在证明中有哪些方法和技巧值得学习？能把它用到别的问题上去吗？我能不能从新的角度和运用新的方法去加以证明？从消极意义上说，要研究错误结论是怎样得出的，它失败的地方在哪里，为什么会在这个地方失败，从中应吸取怎样的教训？为此，就需要通过追问，来知晓来龙去脉，来探得事情真相。

3. 力求补充丰富

对那些基本正确的结论，也可能有论据不充分，论证不严密，以至片面之处，也就是说有缺陷，有漏洞，这就需要研究怎样去补充，去丰富。如果时间、地点、条件变了，某个结论还能正确吗？要不要作一些修改，应该怎样去修改？

4. 举一反三，着力解决问题

某些概念、结论、定理、规律之间，不同学科的理论之间，有没有本质联系，内容方面有没有类似之处？现在有一个亟待解决的问题，能不能以这些理论为指导，从中找到解决问题的启示？

前文已说，“学为基础，思为主导”，这里再加上一句，“做为关键”。所谓“做”，就是有所学，有所思，必然有所得，有所得就必须动笔记下来。做学问，不思考不行，但只是思考，懒于动笔也不行，必须坚持动脑与动手并重。

三、动脑与动手并重

（一）读书笔记的意义

古今中外，绝大多数从事治学的人都有记笔记、写札记之类的习惯。他们不仅自己乐此不疲，还往往告诫别人也要这么做。

马克思1873年11月10日，在波恩大学读书时给他父亲的信中说，他读法律方面、艺术方面的著作，特别是哲学著作，如费希特、康德，最后转向黑格尔，并说自己“养成了对我读过的一切书作摘录的习惯”[①]。从早年的《关于壁鸠鲁哲学的笔记》《克罗茨纳赫笔记》《巴黎笔记》《伦敦笔记》，以及到晚年的《人类学笔记》《历史学笔记》，不难发现，这种记笔记的习惯，马克思保留终身。笔记中既有大量摘录，又有批注。摘录是记下前人的思想和问题，批注是马克思寻求的回答。

著名学者梁启超说：“若问读书方法，我想向诸君上一条陈，什么办法呢？是抄书或笔记。……这种工作笨是笨极了，苦是苦极了，但真正做学问的人，总离不了这条路。”[②]胡适先生说：“没有动手不勤快而能读书的，没有手不到而能成学者的。”[③]著名学者何满子说，读书做笔记，尤其是精读书做笔记，虽然是笨功夫，但以他的体会，对致用是极为有益的。顾颉刚曾说，几十年来，每天坚持写五千字，哪怕是抄录五千字也好。每天五千字，这可不是一个小数目，而且坚持几十年，这实在不易。意志薄弱者谈都不要谈。许多学者都有这种记笔记的功夫。

那么，读书做笔记，到底益在何处呢？概而言之，有如下几个方面：

1. 帮助记忆，提高记忆值

有这样一个俗语：“好记性不如烂笔头。”说记笔记可以备忘，起一种“备忘录”之类的作用。所谓“烂笔头”，也无非是为了突出记笔记、写札记之类活动具有帮助记忆的显著作用，为什么说好记性不如烂笔头呢？

第一，笔记可以补记忆之遗漏。

人的记忆力是有限的，记忆可以遗漏。心理学家宣称：美国国会图书馆是世界上最大的图书馆之一，藏书近两千万册。我们大脑的信息储量可以容下三四个美国国会图书馆。因此，一个人活到老，学到老，也只占用了自己大脑信息储量的一丁点儿。果真如此的话，还要靠记笔记、作札记之类的苦力活来帮助记忆，这实在是对大脑的公然侮辱了！可惜的是，那足以令人自豪的“假说”尚待旷日持久的验证，在理论上说说未为不可，或者将来也可使理论变成事实。但是到目前

---

① 《马克思恩格斯全集》第40卷，14页，北京：人民出版社，1982年。

② 转引自李昂：《读书方法探寻》，194页，北京：长征出版社，1983年。

③ 胡适：《读书》，《北大人》，52页，2005年冬季号。

为止，人们在现实生活中却未能见到这样的人。恰恰相反，人们倒是不乏这样的经验：生活犹如飞鸟，稍纵即逝，而记忆力是靠不住的，它往往保存了一些没有用的东西，却遗漏了许多重要的东西。再好的记性总是好得有限，因而不应该拒绝“烂笔头”从旁助一臂之力。

第二，笔记可以救记忆之遗忘。

记忆在人脑中不是凝固不变的。原先记忆的深刻，由于时间的流逝而变得模模糊糊，或者由原来的模模糊糊而变得淡忘。这都是自然而然地发生的，并非记忆者存心要它如此。生活中的大量细节被遗忘，比预料的快得多，这是不以人的意志为转移的事实。据说，契诃夫去世不到十年，他的朋友中已经有人记不清他的眼睛是什么颜色，并因此而发生争论。因此，“烂笔头”可以弥补记忆之遗忘。人们搞研究，写文章，经常会碰到这种情况，脑中模模糊糊记得某位名人讲过一段话，而这段话对自己论证某个问题正有用，可就是记不起来在哪本书里讲的，原话怎么说的。这个时候，如果有原书或有笔记，查查就可以解决了。

第三，笔记可提高记忆之强度。

也就是说，笔记可提高记忆值。“记忆值”取决于注意的强度。我们的感官和大脑在有无要把见闻记录下来的“压力”的两种条件下，工作的效率是不同的。有着要用笔记下感知印象的压力，感知和大脑会表现得格外认真、细致和敏捷；否则往往会表现得懈怠和迟钝。也就是说，动手可以促进动眼动脑，加强记忆，从而有利于提高有意记忆的记忆值。有的学者说：自一经手抄，当时意既专注，可使过目不忘，较之泛泛浏览迥乎不同。

2. 训练思维，积无穷妙绪

记笔记有利于使头脑中模糊、杂乱的思想获得整理而达于清晰，从而有利于训练和提高思维的清晰性、条理性。

另外，记忆有利于联想能力的训练。大脑不仅是记忆的仓库，而且要把记忆的材料加以联结。联结是大脑进行创造性劳动的重要条件和前提。而记笔记、写札记之类的文字活动，一般说来并非孤立、静止地“照抄”感知对象，总是与联想、思维活动结伴而行。所以“烂笔头”有利于联想能力的训练，有时会使思维活跃起来，还能迸发出新的思维火花。这就是人们通常所说的灵感。

灵感是人们在认识活动中，因思想高度集中，情绪高涨而突然表现出来的创造能力和产生的思想成果。灵感来得突然，逝在瞬息。因此，对于灵感，必须即时捕捉。为此，就要随时随身带着笔和纸。所以，清代学者章学诚说："札记之功，必不可少；如不札记，则无穷妙绪，皆如雨珠落大海矣。"[①]这形象的比喻告诉我们，如果读书不记笔记，那么因读书而激发的智慧珠滴就会不能保留，而落入人们思维的茫茫大海，瞬间便无影无踪。

著名学者许征帆也说："许多大学问家都很重视写读书笔记，把它作为品评前人思想成果，磨炼自己的聪明才智，抒发自己的心得创见的理想场所。"[②]贝弗里奇说："人们都有这样的体会：新想法常常瞬息即逝，必须努力集中注意，牢记在心，方能捕获。一个普通使用的好方法，是养成随身携带纸笔的习惯，记下闪过脑际的有独到之见的念头。"[③]药物学教授洛伊一天夜里醒来，想到一个极好的设想，他拿过纸和笔，简单地记了下来，第二天醒来却怎么也看不清自己做的笔记。夜间，他又一次醒来，再次得到了那个设想，他高兴极了，仔细地记录下来才去睡觉，起床后，他走进实验室，以生物学历史上少有的利落、简单、肯定的实验，证明了神经搏动的化学媒介的作用。生理学家坎农说：当我准备演讲的时候，我就先写一个粗略的提纲，在这以后的几夜里，我常常会骤然醒来，涌入脑海的是与提纲有关的鲜明的例子、恰当的词句和新鲜的思想，我把纸墨放在手边，便于捕捉这些倏忽即逝的思想，以免被淡忘。

有些人以为，今天我们已进入互联网时代，何必再下此等功夫呢？此言差矣！学者的积累不是互联网可以取代的。网上可以查找资料，但资料的查找是为求证一个问题，或为论证一种观点而服务的。问题从哪儿来，观点从哪儿来？只能通过做读书笔记而进行学术思考，对资料进行深度加工，以至激发的创新性思维。

与这一点相联系，记笔记、写札记等文字活动，在写作准备阶段具有极为重要的意义。

---

① 章学诚：《文史通义》第333卷。

② 转引自李昂：《读书方法探寻》，195页，北京：长征出版社，1983年。

③ ［英］威廉·伊恩·比德莫尔·贝弗里奇：《科学研究的艺术》，陈捷译，82页，北京：科学出版社，1983年。

3. 笔记是科研的必要准备和积累

尤其是写作鸿篇巨制，非如此则难以保证材料的真实性、准确性和充实性，难以保证科研的创新性。《科学发现纵横谈》一书的作者，南开大学数学系教授王梓坤在该书中说："读书应做有心人，要善于平时逐渐搜集对日后有用的资料，把它们写成笔记。……零件既备，大器何难！一旦需要时，就可以把它们组织起来，使之成为有价值的著作。"①

大家熟知，革命导师马克思不仅是勤于思考的大师，而且也是勤于动笔的高手。马克思一生中所做的读书笔记可谓多矣。仅在马克思个人所拥有的两千多册藏书中，写有他批注的就约有四万张书页。这些批注连同他的数以百本计的读书笔记，忠实地记录了马克思的研究踪迹，包括他的阅读内容，研究计划、思想困惑、心得体会、理论发现等。马克思青年时代，从1842年起，他就陆续写下了大量笔记。如果把读书笔记看作科研的量的准备，那么作文就是质的飞跃。马克思在上述笔记的基础上，结合自己的哲学和经济学研究成果，写作了《黑格尔法哲学批判》《1844年经济学哲学手稿》《神圣家族》《德意志意识形态》《哲学的贫困》等一系列在马克思主义创立过程中具有里程碑意义的著作。马克思为了写《资本论》，作了大量的笔记、摘录，写的笔记本至少有一百多本。

列宁虽然记忆力过人，但也很重视做笔记，一生写了大量的札记、笔记、摘要，其巨著《哲学笔记》成了名著。她的夫人娜·康·克鲁普斯卡娅回忆说：伊里奇凡是看过的书都要写详细的读书笔记。用他自己的话说，把作者的一些重要观点记在本子上，或者把书中的一些最重要的地方摘记下来。

毛泽东素有写笔记的习惯。"不动笔墨不看书"，这本来是徐特立主张的学习方法，这个方法在毛泽东那里得到了很好的运用发展。几十年来，毛泽东每读一本书、一篇文章，都要在重要的地方画上各种读书符号，在书眉和空白地方写下许多文字批语。由于有些著作他是反复读，读了很多篇，因而这些符号细密连绵，批语多次增加，其认真态度令人感动。他早年在仅有10万字的《伦理学原理》一书上，就

① 转引自乔默、江溶编：《治学方法谈》，181页，北京：中国青年出版社，1983年。

写了12000字的批语。[①]他在延安时期和新中国成立初期，读几本哲学书时写下了不少的批语和符号，从中也可见一斑。其中，他在《辩证法唯物论教程》这本书的第3版上的批语最多，有12000字左右，这本书中最长的一条批语有1200字左右。毛泽东正是通过这些批语不断深化了自己的认识，这些认识的进一步丰富和发展又成了后来的论文。这一点，我们从他1937年写的《辩证法唯物论讲授提纲》（《实践论》、《矛盾论》是这本书的两节）与他在几本哲学书籍上的批语之间的联系，就可以看清楚。

研究中外科学家、思想家成功的经验，可以看出笔记对于他们取得成就具有重大的价值。法拉第是著名的英国物理学家和化学家。他原先是个印刷工人，通过自学，写了大量的笔记。因其笔记的出色，先后被英国皇家学会会员丹斯和科学家戴维所赏识，在他们的帮助下，法拉第踏进了科学的大门，在许多方面做出了重大贡献。特别是1851年，他发现了电磁感应现象，从而确立了电磁感应基本定律，使人类进入电力时代。我国热物理学家吴仲华攻读了一本本热力学、气体动力学、应用数学等方面的书，作了大量笔记，又经过刻苦钻研，终于成为三元流动理论的创始人。

那么如何做读书笔记呢？

（二）读书笔记的要点

写读书笔记，就是把所读书中有参考价值的东西摘下来，并记下自己的所思所得。做读书笔记有低级、高级两种形式。所谓低级形式可以概括为一个字，那就是“摘”，即记下有关的基本观点和基本逻辑。所谓高级形式，就是把“摘”与“议”相结合。这种“议”，就是对“摘抄”的东西发表议论，发表见解。即评是非之处，议得失之理。这里包括对所抄内容的提要和归纳，或对所摘内容的观点的臧否、疑问和讨论，或联系实际而写下的心得体会，或对所摘观点的运用发挥。

如何做读书笔记，各人的做法不完全相同，就我自己的体会来说，要注意以下几个方面。

① 参见《毛泽东早期文稿》，116—275页，长沙：湖南出版社，1990年。

1. 笔记方式的选择

做笔记可以用笔记本或活页纸，也可以用卡片。卡片积累到一定数量后，即可参照图书馆的卡片存放方法，根据自己的问题，分类装入卡片箱中，在需要时，即可分类提取，用后再归还原类。这样，可以终生受用不尽。卡片积累得比较完备，把某一问题的卡片排比出来，就会很快地形成自己的观点。因此，这是一种便于科学研究的好方法。但一张卡片的容量有限，有时一个问题的有关论述要摘抄多张卡片，这样也就是显得有些琐碎。

用活页纸，积累到一定数量后，也应该分类装订成册。但活页纸容易破损，容易丢失，不利装订。

至于用笔记本做笔记，最好是选择硬皮封面的笔记本，这样的本子不易破损，便于长期保存。另外，纸页的线条行距以较宽为宜，这样可以把字写得大一些，不致拥挤，这样有利于日后的翻阅、查找。

2. 应该分门别类

这个问题对于用活页纸和卡片记笔记来说比较容易解决，而用笔记本来记笔记，就要准备几个笔记本以记载不同内容。这里可以是指不同的专题，也可以是指不同的领域。比如，哲学笔记、经济学笔记、社会学笔记等。分门别类，眉目清楚，用时一翻就能找到。不然，如同衣服料子乱堆在一起，一旦要做衣服，就像老太太翻箱子一样，只记得有这么一块料子，但不知放在哪里，结果翻来覆去，费了九牛二虎之力，才找着或者还找不着。为了便于查找，记笔记除了要分门别类以外，对所摘抄的某段内容还要拟出和标上一个醒目的标题。一个笔记本记完以后，还应该在这个本子中预先留下空白的前几页上，按照所记内容的顺序列出一个目录。

3. 不要贪图简便

抄录资料要完备，出处要详明。比如，就书籍而言，所抄摘之书的作者、书名、出版社、出版年月、页码等应一应写全。如果是译作，不仅要记下作者，还要记下译者。另外，对所录资料，删节部分要加记号。还要记下藏书者书号，因为如工作调动，则可免日后需要查核原文时而不知书藏何处之虞，书号随手记下，并不费事，但可免日后翻查之劳。

4. 留下评议空间

一张笔记纸，不妨在其1/3处左右对折一下。该纸的2/3部分用于抄录，1/3部分用于书写对抄录内容的随感。应该说，除了专门为积累知识而作的摘录以外，读书笔记的内容主要应该是你的科学思想的最初表述。也就是说，最重要的不是记书上有的东西，而是记书上没有的东西，即记下你对书中观点的意见，赞成或反对，发挥或批判，或者读书时使你联想而形成的独到的见解。另外，把原始材料与自己的随感在空间上严格划分开来，也为了免于日后的混淆。

5. 笔记要复习

记下的笔记，每隔一段时间要拿出来复习一次。就我来说，大体上是一年复习一次。有人会说，自己记下的笔记为什么还要复习呢？这是因为，其一，自己记的笔记，由于时过境迁，容易遗忘，因而要通过复习来加强记忆。其二，翻看过去写下的笔记，复习旧知识有助于学习新知识。其三，随着知识的增多，业务水平的提高，再翻阅过去的笔记，对过去不懂和理解不深的问题可以加以补充提高，并产生新的体会和思想。因此，笔记做下了，并非就是任务的完成。记笔记，如果只起“唤起记忆”的仓库的作用是不大的，要紧的是要温习、分析、比较这些资料，通过加工提炼，从中有所创获。

6. 把笔记中的思维成果写成论文或著作

著名历史学家吴晗曾谈到读书、摘录和写作的关系。他说，读书是学习，摘录是整理，写作是创造，只有把这三步紧密结合起来，才能不断提高，不断熟练，不断攀登事业的高峰。这是说得很对的。俗话说：“看而不记一阵风，记而不用一场空。”这是说，看书不做笔记如眼前飘过一阵风，等于没有看；记了不用，又等于没有记，落个竹篮打水一场空。因而可以说，读到的知识可能暂时属于你的，记下来的知识可能长期属于你的，运用起来的知识才会真正变成你的。特别是学术领域的工作，知识的运用主要表现为写作。就这个过程而言，笔记中的创造性思想成果，可以先写成片断，由片断而成整篇，再由多篇到专著。恩格斯研究自然辩证法，写了10篇大致完成的论文以及170多篇札记和片断。这是为完成《自然辩证法》一书所作的准备。

（三）要勤于笔记作文

在社会上，有不少人喜欢读书，但不愿做读书笔记。除了因为做读书笔记比较烦、比较琐碎以外，还有一个认识上的问题。即认为，做读书笔记会影响读书的速度和数量，不能快读书、多读书。这一认识不能说错。做读书笔记费时费力，确实会影响读书的数量和速度，这是客观存在的。但是如果从辩证的角度看，不做笔记、多读书、快读书，实际上真正掌握的，属于自己的知识则很少，犹如骑着一匹快马在沙漠中奔驰，留下来的仅仅是浅浅的蹄印，用不了多久，蹄印就会消失。而做笔记，尽管读的书不如前者多，不如前者快，但真正属于自己的知识却相对比较多。因此，我奉劝那些勤于读书而懒于做笔记的朋友，应该正确认识二者的辩证关系，并在行动中加以贯彻。

有一些人勤于读书，懒于作文。除了因为作文劳动强度大，是一件很苦的事情以外，他们还有一些借口。例如，书读多了，自然就会写文章，并以杜甫的名句“读书破万卷，下笔如有神”为证。殊不知，杜甫的原意并非叫人读破万卷书，才去作诗。他本人7岁就开始作诗。往往是一边读书，一边增加生活阅历，并同时也在不停地写诗，到最后“读书破万卷”了，生活经历丰富了，作诗的形象思维也经长期创作的训练而高度熟练了，于是才能做到“下笔如有神”。假如杜甫不从小作诗，必须要等到读书破万卷之后才开始动笔，那事实上就会因为他只锻炼记忆力而成为“知识的冷藏库”，那富有创造性的形象思维却因久不锻炼而陷于萎缩，于是再也写不出诗来了，哪里还会下笔如有神呢?

有一位先生还以《红楼梦》第十七回“大观园试才题对额，贾宝玉机敏动诸宾”为例，来说明勤于动手的重要。这一回中写贾政这个“老学士”，面对园中美景几次想要题点什么，却始终说不出一匾一对，文思枯竭之状灼然可见；贾宝玉这个没有读多少书，被贾政讥为“从一知充十用”的孩子，却才华横溢，一个人题了全部的匾对。他们父子俩之所以会有如此鲜明的对比，主要的还是因为贾政久不写作，而贾宝玉则常在练习写作。在这个意义上说，“一知充十用”并没有什么不好，而是应该大力提倡的。

这个故事告诉我们，读书要注意运用。毛泽东曾经说，读书是学习，运用是更重要的学习。书是否读懂了，是否读通了，拿什么来检验呢，就看能否把学到的知识运用来解决一些实际问题，并在运用中加深对原有知识的理解和创新。

曾有人说，读书是认识的积累，思索是智慧的增长，创作是二者的检验和实现。这就是说，写作既是读书、思考的结果，又反过来对二者起着推动和组织作用。著名美学家朱光潜说："他自己有个习惯：学到点什么，马上就想拿来贩卖。这种边买边卖的办法，也不是完全没有益处。为着写，学习就得认真些。要就所学习的问题，多费些心思来把原书吃透，整理自己的思想和斟酌表达的方式。我发现这也是一个很好的学习方式和思想训练。"①

另外，从根本上说，读书是为了运用，不然就失去了学习的真正目的。如同掘井是为了获得泉水，播种是为了收获一样。如果书读得很多，笔记也做得很多，却不把读书的所得、笔记的所获写成论著，那就失去了意义。孟子说："譬若掘井，掘井九仞，而不及泉，犹为弃井也。"②这是劳而无功。英国有个叫亚克敦的，传说他是世界上私人藏书和读书最多的人，却没有创作出东西来。有人形容他是"荒凉的沙漠"，意指书籍的水分和营养倒进去便无影无踪，不曾给人们贡献一点绿色，这是徒劳无益的。

撰写学术论文，对初学写作者来说，还有一个勇气和信心不足的问题。这与他们存在着一个不正确的认识有关。他们往往认为写论文必须有广博的知识作基础，而自己还太年轻，读的书还太少，因而没法写论文，特别是没法写出像样的论文来。因此，往往想等知识基础打雄厚了再写论文。

如何看待这一观点呢？

首先，应该肯定，读的书很少，知识贫乏是无法写论文，或写出像样的论文来的。所谓像样的论文，主要是指提出新见解的论文。其次，也不能把这一点绝对化。写作论文的知识基础是相对的，不是绝对的。而且基础也可以在论文写作的过程中逐渐加宽加厚，两者有相互促进的作用。另外，要把有关的书读完才写论文，也是不切实际的想法。书是读不完的，应该读一点，用一点。三四年级的大学生，已

① 转引自李昂：《读书方法探寻》，210、211页，北京：长征出版社，1983年。
② 转引自李昂：《读书方法探寻》，31页，北京：长征出版社，1983年。

经读了一些基础课，已经有了一定的知识，现在要在这个基础上，针对科研题目特定范围的需要再加深加宽，再读一点有关的书，再搜集一些材料，是能够提出和解决一些专业问题，并写出论文或写出像样的论文来的。

在中外历史上，读书并不多的年轻人，做出了科研成绩的并不少见。著名的杜勃罗留波夫（1836—1861）只活了25岁，他的《黑暗王国中的一线光明》等论文是不朽的文艺评论，至今仍值得文艺评论工作者好好学习。车尔尼雪夫斯基（1828—1889）的名著《生活与美学》（1855年初版），是他在27岁时出版的学位论文。这篇论文对唯物主义美学做出了科学的贡献，是一篇在全世界美学研究史上具有里程碑意义的著作。马克思29岁、恩格斯27岁合作写出了《共产党宣言》，爱因斯坦26岁发表狭义相对论，海森伯24岁建立量子力学。

由此可见，年轻人读的书即使不很多，但只要肯钻研、方法对，完全可以写出好论文，比读书读得多而不善钻研的人有成就。

总之，树立信心，勇于去干，多学、多思、多动笔，这是治学的根本途径。一切大学问家，你在看他的结果时，似乎高不可攀，可当你回过头来看他的起点时，就会发现原来是同样的渺小。路是人走出来的，学问是人做出来的。治学无奥秘，贵在坚持，贵在积累。只要这样做了，必能有所提高，有所成就。

第五章　学术论文的内涵、特点及分类

论也者，弥纶群言，而研精一理者也。[①]

——刘勰

要写作和写好学术论文，首先必须了解学术论文为何物，它与一般的文章、一般议论文的区别何在，它有哪些特点及哪些基本类型等。下面就此分三个问题来谈。

一、学术论文的内涵

（一）文章的文体形态

1. 文章与写作

学术论文是一种写作成果。

何谓“写作”？最简单的理解就是通过记写活动来制作文字产品。这里的记写可以用笔，也可以用电脑或其他工具。很显然，写作离不开写，即离不开运用文字（这里指书面语言，也包括符号），但写作又不等同于写。因为“写”可以是随意地乱写一气，而写作的“写”是一种讲究文字运用的规范性、技巧性，即合乎语法、合乎逻辑，讲究修辞的制作，是对相对完整意思的表达。

另外，写作也不等同于写文章。文章是写作的一种成果、一种文字产品。除此以外，作为写作成果的还有标语、口号、题词、对联之类的文字产品。当然，写作的主要任务是文章的制作。因此，在这个意义上说，写作是写而成文（章），或者说，写作是文章的制作。

① 刘勰：《文心雕龙·论说》。

正是在上述意义上，陈望道先生在《作文法讲义》中指出："用文字传达意思的制作，就是文章。"唐弢先生在《文章修养》中也指出："人类大概都有表现的欲望，用文字的技巧来实现这种表现的，这就是文章了。"

什么是文章？对此，学界已有基本的共识。即文章可分广义和狭义两类。广义的文章，指所有行诸文字，载于典册的作品。早期的文章，就是泛指一切文字著作。东汉以后，文章指称以诗赋为主要文体、以骈文为主要语体的各类文辞篇章。唐宋以后，随着古文的兴起，散体古文占据文坛的中心地位。这时文章偏重指称以古文为主体，以散体为主要语体而兼及骈文、辞赋等作品。而到了近代，随着各种文体分类学的独立与发展，广义的文章愈来愈被狭义理解的文章所代替。狭义的文章不含诗词曲，也不含专著，而指单篇文章。本书所论的文章就是在狭义的意义上使用的。①

文章的制作过程如何呢？写作是人脑对客观外界认知的基础上所展开的思维活动，伴随着思维活动所进行的语言活动，以及当思维活动形成阶段性成果时，用书面语言进行的记录、表述和转化的活动。简言之，写作是人脑的思维和思维向书面语言的转化。

由此看来，写作是一个动态的递变渐进过程。这个过程包括两个层次的转化。一是由物到意的转化，即由客观事物通过认知、评价向作者的认识、观念和情感的转化；二是从意到文的转化，即作者的观念、情感向文字表达的转化。前一个转化所遵循的是能动反映论原则，后一个转化所遵循的是辩证表现论的原则。由事物到认识，再由认识到表现这是写作过程所必须完成的双重转化。

第一次转化是形成文章的内容，第二次转化是使文章的内容获得相应的文字形态表现。

双重转化概括了写作活动的基本过程，揭示了写作的深层原理。这种双重转化的规律，是古今中外的写作者在漫长的写作实践中总结出来的，是他们智慧和心得的结晶。我国古代作家陆机在其著作《文赋》中所言的"恒患意不称物，文不逮意"与刘勰在《文心雕龙·物色》中所总结的"情以物迁，辞以情发"等，都已意识到了写作过程

① 参见祝尚书：《关于文章学研究的几点思考》，《新华文摘》，2013（6）。

要经过“物——意——文”的双重转换。在国外，明确提出这一双重转化观点的是俄国心理学家科瓦廖夫教授。他在《文学创作心理学》一书中写道：“创作过程不是别的，而是双重变换过程，就是：第一，把外部刺激的能量变换成知觉的显示或者现实的形象；第二，把形象变换成作为形象客体化、物质化的体现的文字描写。”这里讲的虽然是文学创作，由于历史的局限，在该用“信息”概念的地方误用了“能量”概念，但它揭示了一切写作活动的规律，这是难能可贵的。

2. 文体是文章的表现形态

文章的文字形态表现，或文章的样式就是文体。或者也可以说，文章的文体，即文章的文字表现形态，简称文章的体裁。

文章体裁与其内容的关系如何呢？这里包含两个方面：一方面文章的内容决定文章的体裁；另一方面，文章的体裁表达文章的内容。或者说，文章的体裁对文章内容的表达具有制约作用，对读者接受和理解文章内容，领悟其思想感情具有影响作用。

文章写作过程中，作者根据不同的目的、不同内容，而选择不同的表达方式。因此，文章体裁的划分多以性质、反映对象、表达方式等为标准。其中的表达方式是判定文章体裁的重要标志。

古往今来，文章不计其数，但表达方式大体有五种：叙述、议论、描写、抒情、说明等。

第一，叙述。

叙述是通过文字表现事物的性质、功能、状态和发展变化过程，让人了解事情的经过。

茅盾的散文《香市》（《茅盾文集》第九卷）所运用的表现手法就是叙述：

> “清明”过后，我们镇上照例所谓“香市”，首尾大约半个月。赶“香市”的群众，主要是农民。“香市”的地点在神庙。从前农村还是“桃源”的时候，这“香市”就是农村的“狂欢节”。因为从“清明”到“谷雨”这二十天内，风暖日丽，正是“行乐”的时令，并且又是“蚕忙”的前夜，所以到“香市”来的农民一半是祈福赐福，一半也是预酬蚕节的辛苦劳作。所谓“借佛游春”是也。

一般消息类的文章，比如动态新闻；综合消息，即综合反映带有全局性的情况、动向、成就和问题的消息报道；经典消息，又称典型报道；述评消息或“记者述评”“新闻述评”“新闻发言人述评”，一般采用的手法都是叙述。如西班牙《国家报》网站2015年2月7日报道：

欧洲正在通过外交途径绝望地寻求避免乌克兰公开爆发战争的办法。虽然没有具体的和平计划，但德国总理默克尔和法国总统奥朗德6日依然前往克里姆林宫，试图说服普京在乌克兰后退一步。这是欧洲为了避免美国向乌克兰政府提供武器所做的最后的外交努力。美国的决定被欧洲视作冲突升级的标志。

在经过5个小时的会谈后，默克尔和奥朗德带着周日与普京和乌克兰总统波罗申科进行进一步四方电话会谈的承诺离开。克里姆林宫的发言人指出，三位领导人围绕一项和平计划进行会谈，这项计划的核心基础是去年达成的明斯克协议，会谈是“有建设性和实质内容的”。但是，三位领导人冷冰冰地坐大厅里举行会谈，在摄影师前也没有握手。

这段文字虽不长，但把事情的时间、地点、人物活动，以及前因后果叙述得十分完整清楚。

第二，描写。

描写，是指用文字摹写人物、景物，让人获得生动的形象。例如：效耘在《在澡堂里》这篇文章中有这样一段描写：

“哎哟，好烫！”

一条嫩腿伸进水里，又慌忙缩了回去。水池腾腾冒蒸气，一个出水口汩汩流着热水，一个出水口汩汩流着凉水。试水的人站着干瞪眼，怕烫，不敢下池子。

“让我来！”后面有人拨开试水的人，噗通跳进水池。热水烫得他吸溜了一下。他将毛巾撑开，身体沉下去，在水里兜着搅着。热水轻，浮在上面；凉水重，沉在下面。经他一翻腾，上下对流，凉热很快就匀和了。于是他向上招呼："下来吧，现在正好。"

试水的人哆嗦着身上的肉，吃力而小心翼翼地试了试水：果然正好！便缓缓地将整个身子滑进了水池。

哎呀，真舒服！

这一段文字把澡堂里试水人的胆怯和后面那人的勇敢，描绘得活灵活现，历历在目。

又比如，《县委书记的榜样——焦裕禄》一文开头写道：

展现在焦裕禄面前的兰考大地，是一幅多么严重的灾荒的景象啊！横贯全境的两条黄河故道，是一眼看不到边的黄沙，片片内涝的洼窝地，结得青色的冰凌；白茫茫的盐碱地上，枯草在寒风中抖动。

这段文字把兰考县"三害"肆虐的恶劣的自然环境描写得令人心碎。

第三，抒情。

抒情是表达主观情感，让人受到感染。下面这段解说词就是抒情式的。

小时候，我心里想当兵，做梦梦见的也是兵，可是折腾来折腾去，成了一名交通警。当时心想，这也行。头戴大盖儿帽，身穿马裤呢，武装带一系，岗台上一站，指挥棒一挥，整个儿一个交响乐指挥，不过，可比那乐队指挥气派多了。

这段文字把想当兵，结果当了交通警"我"的心态的转变、情感的升华，既生动又形象地表现了出来。

又比如，刘剑桦在《野水之湄》的前两段是这样写的：

在溪流的那头，有石凿的水磨正悠悠吟唱一支长满苍苔的谣曲，心便生出一些野，想跟着唱一遭，做一回古人。但一开口，却莫名蹦出了一串笑，在山野的怀里溅起散漫的回声，很久都不消去。对岸几个牧牛孩子竟然就拾得几枚，又顺手往远山一扔，远山也笑了起来。

而天空一下子净蓝了，阳光也变得极其灿烂。再看周围那山，那树，那田地里的作物，亦是一片异样的水灵、生动。

这一段文字通过抒情把自己置身山野的情怀和山野因人而灵动的画面展示了出来。

第四，说明。

说明是介绍人物和事物，解说事理，让人获得新知识的一种表达方式。例如李信茂的《神奇的激光》一文中关于激光有这样一段说明：

1960年，世界上出现了一种人工制造的奇妙的光——激光。这是一门新的科学知识。激光究竟是什么？它有多大本事，许多少年朋友还不太知道。

激光是一种最亮的光，它比太阳光亮一百亿倍以上。这个数有多大呢，咱们来算一算：太阳的表面温度大约是六千度，比它大一百亿倍，就要在六千，后面加上十个“0”，也就是六十万亿度。太阳与激光相比，好比是一盏小电灯，激光好比是正午的太阳。

激光是一种最纯的光。平时我们看到的阳光是白色的，可是用一只三棱镜对着阳光，却能看见一条五光十色的彩带。原来阳光的颜色并不纯，是由红、橙、黄、绿、青、蓝、紫七种颜色组成的，而激光只是一种颜色，特别纯。

这段文字通俗易懂地说明了激光的特点，深入浅出地传播了关于激光的知识。

又例如，某位大学生的求职信有关于自我情况的一段说明：

××商业集团公司人力部：

本人赵××，女，23周岁，中共党员，毕业于××大学文学院文秘专业，在校曾担任学生会副主席。现住本市××

小区。

作为一名文秘专业的毕业生，我热爱这个专业，在大学四年较为系统地学习了文秘理论知识，具有较为深厚的理论素养。在校期间，我通过了英语六级和计算机二级考试。在市委宣传部近一年的实习中，我获得了丰富的实践经验，提高了写作能力和交际能力，我曾撰写多篇报道在报刊发表，并在全市机关职工读书演讲比赛中获奖，这为我在新的岗位建功立业打下基础。

这一段文字说明了作者的专业特点和特长，有针对性地介绍了自己的工作经验，条理清晰，语言朴实。

第五，议论。

议论是论证事物本质、规律，让人明白道理的一种表达方式。下面的这篇短论运用的就是这种表达方式。

“评忧”促“评优”

在第三届山东潍坊市果品评优会上，组织者把“评优会”开成了“评忧会”；与会专家、学者各抒己见，对参评果品提出建设性意见，使到会的各果树站站长找到自己产品的不足而获益匪浅。该市这种改“评优会”为“评忧会”的做法，很值得借鉴。

“评优”与“评忧”，虽一字之差，但结果有时大不一样。通过“评优”，人们看到的都是好的方面，谈的都是成功的经验，评到者往往有终于“到站”的感觉。“评忧”则不然，它是分析出现失败或失误的原因，找差距、寻不足，以期向更高的目标迈进。

在现实生活中许多人对“评优”趋之若鹜，不惜花费大量人力和财力。因为一旦评到优，不但产品身价百倍，而且企业可以“一俊遮百丑”。但是任何一个单位、一件产品，在拥有优点的同时，也必然存在一些缺点。如果我们也能用自律的精神来评一评“忧”，多分析一下还存在哪些缺点和不足，以“忧”促优，那么“忧”者变优，“优”便会更优。

这段议论文字告诉人们以“忧”促优的道理，讲得是很深刻、辩证的。

3. 文体分类

上面分别介绍了五种表达方式。在一篇文章中，可能运用的不仅是一种表达方式，而往往是多种表达方式的交叉运用，但其中总有一种表达方式是占主导地位的。由此，也就形成了相对稳定的文体分类。

到底如何进行体裁分类，由于人们的角度不同，加之文体本身，也随着社会的发展而产生相当明显的裂变，迄今为止，这一课题仍在探讨之中。特别是20世纪二三十年代以来，杂文以及若干新闻文体的出现和蓬勃发展，更把这一研究推向了一个新的阶段。

我们在这里参考了黄建成主编的《写作学教程》中的分类法，即把体裁分为六类：一是新闻性文体，包括消息、通讯；二是评议性文体，包括短论、杂文、评论、学术论文等；三是解说性文体，包括解说词、说明书、科普说明文等；四是审美性文体，包括诗歌（含词）、散文、小说、剧本（含曲艺）、报告文学等；五是应用性文体，包括书信、事务文书、演讲稿等；六是教研性文体，包括教案、教研稿件等。

评议性文体，可简称为评议文、论辩文、议论文，也可简称为论文。

（二）论文及学术论文

什么样的文章称为论文呢？

从上面的划分中，我们可以看出，所谓论文，它是一种文章的基本类型的总称。就字面意义而言，似乎可以说，议论形诸文字，即称论文。前文所引刘勰语：“论也者，弥纶群言，而研精一理者也。”其意思是说，论是什么呢？就是综合各种意见，研究和深刻地表述一种观点。这种表述通过文章来表现，就是论文。作为议论文所指议论，不是无宗旨的瞎说一气，而是一种证明自己观点正确的议论、论辩。

关于论文的宗旨，即“旨趣”，陈望道先生在他的《作文法讲义》中曾作过如下的阐述：

论辩文的旨趣，在乎——使人信从作者的判断。人类思想不尽相同：同是一事，有人以为是，有人或以为非；同是一景，有人以为美，也有人以为丑。在这是非、美丑、善恶等等的纷纭之中，我们自己决不能没有一个判断，也不能没有在纷纭中确立自己判断的欲求。既有这欲求，就不能没有列举证据、条陈是非曲直使人信从的努力。这列举证据、条陈是非曲直使人信从的努力，就是论辩文。

陈望道先生在这里点明了论文的三个要素：作者的判断叫论点；为了使人信从作者的判断，就必须论证；而为了进行论证就必须列举证据。因此，可以说，凡是提出论点，运用论据进行论证的文体都是论文。

由于不同的论文所针对的对象，即论题、发表议论的方式、篇幅的长短等不同，因此论文又可分为不同的类型。大体说来，可以分为短论、杂文、评论、学术论文四种。

1. 短论

短论是议论文的一种，是指侧重于从政治、思想方面对社会生活中的某一现象和问题进行评论的短篇文章。其最大的特点是一事一议。如《半月谈》的“文化广角”“谈天说地”等专栏中发表的，江城子的《无道德的道德谴责》、陈方的《名校莫为名所累》、王永丽的《飞来飞去“短信息”》，齐鹏的《青少年的文化偶像该是谁?》等文章就属此类。下面所引述的杨婷婷的《“价值听证会”为谁听》就是一篇写得不错的短论。

最近，北京世界文化遗产景点票价上涨在舆论间炒得沸沸扬扬。涨幅太大，是民众反对声四起的主要原因。

根据调整方案，部分景点票价上调幅度超过一倍。如果故宫门票价格淡季由每张40元调整为80元、旺季由每张60元调整为100元。而据北京市统计局资料显示，2003年北京市400多万农民工实际月工资平均只有499元，调整后的六个景点门票价格加起来是460元，相当于农民工一个月的工资。这样的涨幅莫说对农民工、城市贫困户，即使对一般的老百姓，也是一笔不小的开支。

一种意见很有代表性：涨价可以，但要给消费者一个适当的理由，适度微调可以，但调整幅度不宜太高。简而言之，涨不是问题，涨幅才是问题。事实上，如果这次涨幅是“适度微调”，申请单位又提出合理的理由——弥补保护资金缺口，限制超负荷的参观客流以保护文化遗产，相信老百姓会理解的。

问题在于，政府有关部门虽然启动了价格听证会决策程序，但其程序本身的合理性颇值得质疑。事实表明，在政府公共决策过程中，局部利益优先、长官意志优先的思路和倾向依然存在，没有真正重视程序的民主。从北京发改委此次的票价调整听证会可见一斑。其一，听证会仅有当地代表。众所周知，参观拟调票价的6大景点的大部分为外地游客，调整门票价格，不听取外地游客的意见，就等于没有听取主要利益相关人的声音。其二，听证会上也没有反映代表中低收入的北京市民的意见。由于没有外地游客和北京市民中低收入阶层的声音，听证会反映的意见不全面、不充分，没体现普通群众的利益。在利群群体已趋于多元化的今天，一些部门或地方做决策时无视弱势群体的利益的做法，值得检讨。

政府必须慎重对待公共决策，吸纳多元化利益主体的诉求，保证公众的知情权、参与权、决策权和监督权。尤其要考虑农民工、城市贫困群体的利益。如果倾斜一方，必然无法正确把握决策的科学性和公正性。

这篇短论，小中见大，题明旨显，精悍活泼，行文真切。

2. 杂文

杂文是文艺性的社会论文，包括各种杂感、随笔。就其内容的社会性而论可以归入议论文，就其表现方式的文艺性而论也有归入散文的（议论性散文）。它的主要特点也在于此，即在发表议论时侧重文艺性，即用现实生活的事实和历史事实，以及寓言、故事、诗歌等形象化材料来为说理服务。比如公孙度的《赞“出”》写的是鼓励青年人要勇于“出乎其类，拔乎其萃”，全文抓“出”字作文章。这个“出”

字本是一种抽象的意思，可是作者却把它写得很形象，很生动，也即具有文艺性。

> ……那末，遇见厚土，可以使劲顶出来。并且正是这种板结得很硬的土层，倒是有利于养深根，育壮苗，抽芽发叶，使幼枝长成亭亭华盖……青年朋友们，下定决心，排除万难，破土而出吧！把自己变成巨人吧！我们听见春笋破土的嚓嚓声了，我们听见雏鸡破壳的剥啄声了，我们听见新战士上阵的隆隆脚步声了。

这一段议论，情理交融，声情并茂，不仅能晓之以理，而且能鼓之以劲。

3. 评论

评论的种类很多，按其内容分可分为：时事评论，即关于国内外重大时事的评论；思想评论，是针对当前的思想动态、某一思想倾向，或某个带有普遍性的思想问题所做的评论；文艺评述，是对一部文学作品，或戏剧作品，或一次演出活动所进行的评价。按其作者分类可有：社论（代表本报和本刊就当前政治、经济、文化、外交等各个领域的中心问题发表意见，起带头、定向、引导的作用）；编辑部文章（代表编辑部就某一具体问题进行较为系统的、深入的、带有理论性的专门评述）；评论员文章（以本刊、本报评论员或特约评论员的身份发言，其性质与编辑部文章相同）；记者评述（记者以个人身份对采访现场的问题所发表的评论，有较强的现实感和具体针对性）；编者按和编后记（编者对一篇报道或文章所做的提示和引申，明确表示自己肯定和否定的具体倾向性，有意识地影响读者）；读者评论（读者对所读报道或文章的意见、见解）和各种署名评论等。

下面是一位旅游者的评论文章——《一个省的诚意》：

> 最近，我去海南旅游了一趟，有一件事给我留下了深刻印象。
>
> 导游小红，二十多岁，皮肤白皙，在海南强烈的日光下，能够保持如此肤色，实属难得。

小红一上车就说："感谢你们来海南旅游，你们在海南的消费，就是对海南经济的贡献，我代表海南800万人民感谢你们。"说完，她深深地鞠了一躬，我看不出来半点矫情。

这是我在其他旅游区没有见过的，让人感到作为一个游客如何被尊重。

小红特别提到海南经济建设，如何走过弯路而迎来经济发展的春天。

行程结束时小红说："感谢你们来海南旅游，你们在海南的每一项消费，都是对海南经济的贡献，我再次代表海南800万人民感谢你们，欢迎你们再次来海南旅游。"

我又一次感动，一个地方的东西是否好玩好吃好看，固然重要，真诚的态度同样不可缺少。一个导游也许可以代表一个行业，一个导游也许就可以代表一个省的诚意。

这个评论，述议组织恰到好处，有内容、有深度。

总之，评论主要是针对政治、思想、生活或工作中的重大事情，对带有普遍性和时代性的问题展开议论。评论的作者主要是报刊记者、社会工作者或关注社会生活的思想者，读者是社会大众。所以，评论要写得大众化，深入浅出，以便起到更普遍的教育宣传作用。

这里谈谈学术论文与思想评论，学术论文与书评的区别。

第一，学术论文与思想评论的区别。

学术论文与思想评论，都是以议论为表达方式写成的文章。在外延上，他们都归属于议论文的范畴。但在内涵上，它们又有着明显的区别。

一是从论题上看，学术论文以科学领域中专业性问题为研究对象，论题具有明显的专业性和学术性，而思想评论则主要针对政治、思想、生活和工作中带有普遍性和时代性的问题展开议论。比如《论邪教产生的社会根源》就是学术论文，而《法轮功残害生命》就是思想评论。《论如何加强廉政建设》就是论文题目，《干部要廉洁自律》就是思想评论。

二是从作者与读者方面看，学术论文的作者具有系统的专业修养，读者主要是同行专家。而是评论的作者主要是报刊记者、思想工作者，或关注生活的思想者，读者是社会大众。

比如同样是反腐败的论文，如果一篇是从理论上说明权力与腐败，权力与掌权者内在素质的关系，那么这篇文章就是学术论文。如果不是这样，而是针对这种社会现象，从行动上提出遏制腐败的具体做法，比如如何建立制约机制，如何肃贪保廉，如何进行综合治理等，这样写出的论文就不是学术论文，而是思想评论。

第二，学术论文与书评的区别。

从研究对象看，书评是对一本书或一部作品进行评述，做出评价。述评一般是书评者引用该作品或该书的内容来说明评价的依据。一是介绍作品有关内容，二是发表评论者的意见。前者是“叙”，后者是“议”。叙是议的基础，议是叙的开掘。

甘清远有一篇《诙谐风趣、情味具足——余光中散文〈我的四个假想敌〉赏析》的评论中有这样一段文字：

> ……余光中最杰出的艺术本领之一是善于想象，且是创造性的想象。这种想象，能比直接描写更神妙地揭示作者对女儿的厚爱之情。别人看见女儿长大，充其量不过是用‘女大十八变’去形容，而余光中不同，他认为女儿长大，是‘昔日的童话之门砰地一关，再也回不去了’。在他看来女儿最可爱的是十岁以前，因为她那时天真、纯情，就像童话中的公主那样惹人喜欢。为了使稚龄的女儿永远完美，作者竟异想天开‘用急冻术把她久藏’，但马上来了一个否定，‘这恐怕是违法的，而且她的男友迟早会骑着骏马或摩托车，把她吻醒’，……那个‘假想敌’，竟能把冷冻多年的女孩‘吻醒’，一个‘吻’字道尽了爱情的力量和伟大。这当然是罗曼蒂克的幻想，可正是依靠这一幻想，使读者看见平常看不见的年轻人的情爱之美……[①]

评论者引述、分析了《我的四个假想敌》中有关“急冻术”的内容，并在此基础上得出结论：余光中善于进行创造性的想象。

① 甘清远：《诙谐风趣、情味具足》，《名作欣赏》，1997（4）。

4. 学术论文

学术论文是论文的一种。所谓学术论文，国家标准局在1987年5月颁发的《科学技术报告、学位论文和学术论文的编写格式》文件中做出了这样的定义：“学术论文是某一学术课题在实验性、理论性或观测性上具有新的科学研究成果或创新见解和知识的科学记录；或是某种已知原理应用于实际中取得新进展的科学总结，用以提供学术会议上宣读、交流或讨论；或在学术刊物上发表；或作其他用途的书面文件。”

也就是说，学术论文是对科学领域中的问题进行探讨、研究，发表科学研究成果的文章。

对于这一定义，可以从下面三个互相联系的方面去理解：

第一，学术论文是专门探讨科学领域中的问题。这里的科学是在学科意义上使用的，也就是说，学术论文是专门探讨各学科领域中的问题。因而有政治学论文（简称政治论文），经济学论文（简称经济论文），以及哲学论文、自然科学论文、思维科学论文等划分。

第二，学术论文是以科学研究成果为依据的。科学研究就是创造知识、修改知识、整理知识以及开拓知识新用途的探索工作。论文的写作本身就是对已有知识的整理、完善、运用和创新的过程。

第三，学术论文是科学研究的成果。它是以文章为载体，以议论为形式，对科学研究成果所进行的高度理论化的概括和总结，具有一定的学术水平和学术价值，对于促进学术交流，推动科学发展和社会进步有着十分重要的作用。

学术论文不同于一般的文章，也不同于其他类型的议论文，如短论、杂文、评论等，有自己明显的特点。

二、学术论文的特点

（一）学术性

学术论文，顾名思义就是具有学术性的论文，没有学术性，就不是学术论文。因此，学术性是学术论文的主要特点。

1. 何谓学术论文的学术性

所谓学术是指专门的、系统的学问。

学术论文的学术性，就是指问题的提出，特别是问题的解决是依赖专门的、系统的知识来实现的。

如何具体理解这里所说的学术性呢？

我们日常把上学读书看作“学习”，把阅读看作“学习”，把做练习看作“学习”，把请教别人也看作“学习”。然而，如果有人一本正经地问：“学习是什么？”你将如何回答？如果你按照日常生活经验做出如上的一些回答。这些回答虽然都与学习沾边，但你能说这些回答都严密、准确、科学、全面吗？学者们会认为，以上这些回答缺乏学术性。所谓缺乏学术性，是指以上回答只是日常生活的经验性回答，而不是上升到理论高度的本质性回答。专家们在关于什么是学习的研究中提出了如下一些问题：

第一，学习者，除了人以外，还包括不包括动物？有人做过实验，认为动物也具有学习行为。实验者把刚生下来的小猫分成三群，每群21只，但饲养方式不同。第一群和老鼠一起饲养，第二群单独饲养，第三群和母猫一起饲养。这个试验的结果是，第三群中有18只猫都变得喜好抓老鼠，第二群中变得喜好抓老鼠的不超过4只，而第一群中只有3只，所谓能抓老鼠的这3只猫，能杀死老鼠的一只也没有。也就是说，从这一事实看，抓老鼠这一行为，的确也是从母猫的行为学习的结果。

第二，学习主要看什么，是过程，还是结果？比如，上学、读书、听课都是过程。如果离开了结果，这个过程就没有意义。拿读书来说，如果是“小和尚念经，有嘴无心”，那么就不能叫学习。只有当读书由不识字到识字，由读得不流畅到读得流畅传情，并从中受到教益和心灵的陶冶，这时的读书才是学习。因此，专家们认为，学习本身主要看结果，即通过学习“引起能力、倾向和行为的变化”。

第三，能否说，能力、倾向和行为的变化都是学习的结果？专家们认为不能。因为引起上述变化的原因有两种：一是自然成熟所引起的变化，比如，男女小孩随着身体的发育，性成熟引起的能力、倾向、行为的变化，就不是学习得来的；二是后天经验所引起的变化，这种变化才可能与学习行为有关。

第四，后天经验引起的能力、倾向和行为的变化都是学习造成的结果吗？也不是。比如由于环境变化或过度疲劳或服用某种药物所引起的人的上述变化，就与学习无关。而且引起人的上述变化的这些因素一旦消除，人的上述变化也会消除。因此，以上这些由后天经验所引起的人的变化都是相对短暂的，而学习这种后天经验所引起的变化则是相对持久的。

那么，什么是学习？综合智育心理学家、行为心理学家和认知心理学家的见解，可以把学习定义为：生命体与环境相互作用中，由后天经验所引起的能力、倾向以及行为的相对稳定的变化。

这个关于学习的定义，是运用专门的、系统的知识来确立的，这就体现了学术性。

2. 学术论文学术性的具体表现

学术性在学术论文中的具体表现有以下三个方面：

第一，选题具有很强的专业性。

学术论文是以科学领域中某一专业性问题为研究对象。学术论文的作者通常以自己所从事的专业发展进程中的问题为研究对象。比如，人吃饭才能活着，这是一种日常生活的经验。这个经验性命题可以在营养学家那里转化为一个或一些专业性问题，比如，为什么人吃饭才能活着？人怎样吃才有营养？小孩、成人、老人的营养需要一样吗？早、中、晚三餐吃的东西各有没有什么特殊要求？等等。这些问题都是专业性很强的问题，都涉及人体生理学、烹调学、营养学等多方面的专业知识。

第二，内容具有很强的专业性。

学术论文的作者运用自己掌握的、系统的专业知识去论证和解决专业性很强的问题，这就体现了内容的学术性。比如，如果有人针对现实生活中迷信盛行这一现象写了《迷信害死人》这样一篇文章，并列举了古今中外的大量的事实去加以说明，那么，这篇文章就是一种思想评论，并不需要多少专业知识。如果，另有人针对这个问题写《迷信的起源和现代影响》这样的文章，运用历史学、心理学、哲学史等方面的知识来说明为什么远古时代就产生了迷信，说明现代迷信与古代迷信的区别，并说明科学发达的今天，为什么还有一些人信从迷信。这篇文章的内容就具有很强的专业性。

第三，语言表达专业术语化。

学术论文是作者运用专业术语和专业性图表符号来表达学术论文的内容。学术论文的语言特征，把学术论文与科学普及读物明显地区别开来。

（二）科学性

1. 何谓学术论文的科学性

科学从其形成来说，是在社会实践基础上探索客观世界的活动；从其内容来说，它是对客观现实及其规律的正确反映；从其表现形态来说，它是通过概念、判断、假说和推理等逻辑思维形式表现出来的知识体系，是形成理论体系的各种知识的总称。

学术论文的科学性是指学术论文的作者在科学的世界观和方法论的指导下，直接运用有关的专业知识、原理，科学地剖析客观对象的现状、历史、因果关系等，从而揭示事物的本质及其发展规律，并以具有普遍意义的科学结论和理论形态表现出来。

2. 学术论文科学性的具体表现

科学性体现于学术论文的各个方面，包括结论的科学性、证明材料的可靠性以及论证的逻辑性。

第一，结论的科学性。它是指结论中包含了不以人的意志为转移的客观内容。或者说，结论中提供了关于对象的真实面貌和规律的知识，因而经得起实践检验，经得起推敲和逻辑检验。

第二，论证材料的可靠性。结论的科学性首先要依赖于论证材料的可靠性。这里的可靠性表现在两个方面：一是量上，论据要充分。孤证是不可靠的，有充分的论据，结论才会比较可靠；二是质上，论据要真实。这里包括数字要准确、事实要确凿、实验可重复。

第三，论述的逻辑性。是指反驳和论证都必须进行合乎逻辑的理论说明。王力先生说："撰写论文，第一也是最重要的一点，就是要运用逻辑思维，如果没有科学头脑，就写不出科学论文。所谓科学头脑，也就是逻辑的头脑。"①运用逻辑思维就要求概念清晰，判断准确，推理要合乎逻辑规则。

① 王力、朱光潜等：《怎样写学术论文》，5页，北京：北京大学出版社，1981年。

为了说明什么是逻辑性，这里举一个说话不合逻辑的例子。一个人到某菜市场去买咸菜，到一个摊位面前，他尝了一根咸菜，说你这咸菜是臭的。卖菜人不高兴了。他回敬说，你的嘴臭，你这个人臭，不仅你臭，而且你的父母也臭。只有臭的父母，才能生出你这样臭的儿子。实际上，这个摊主的话，前后相连的任何两句都是没有逻辑联系的。因而他不是在说理，而是在骂人。

（三）创新性

各种文章的写作，都很重视创新性，学术论文尤其如此。因为科学研究的意义就在于对新知识的探求，如果科学研究只是继承，没有创新，就不是真正的科学研究。这里也借用法国作家巴尔扎克一段名言：第一个用花形容女人的是天才，第二个仍这样说的，是庸才，第三个再这样说的，就是蠢材。科学研究最忌步人后尘，因循别人的成果。科学家贝尔纳说，科学远远不仅是许多已知的事实、定律和理论的汇总，而是许多新事实、新定律和新理论的连续不断的发现。

学术创新的本质是思想自由。不能设想满脑子条条框框，紧箍咒时时念、处处念，或迷信古人，或迷信洋人，会有思想的火花闪烁，会有学术创新的发生。思想自由是人的特有的精神能力，是人之为人的精神本质特征。西方一位哲人说过，“思想形成人的伟大”，“我们全部的尊严就在于思想”。每一项科学成果，都是人类思想自由结出的硕果，又都是人类文明新发展的一粒种子。

学术论文的创新性主要表现在选择的课题新，研究的方法新，展开的角度新，取得的成果新。具体说来有以下几个方面。

1. 填补了学术空白

这里是指，你所研究的课题，是前人没有研究过的，而你在这个方面的研究中做出了成就，提出了自己的理论观点和见解。如马克思的《资本论》对资本主义社会运行规律的研究，李四光的“新华夏构造体系”理论的提出，竺可桢的科学论文《中国近五千年来气候变迁的初步研究》，第一次揭示了中国历史上气候变迁的情况和规律，这些都是填补了学术上的空白之作，具有极高的学术价值。

2. 推翻了前人谬见

这里是说，你所研究的课题，虽然不是新的，是前人已经研究过的，而且形成了定论的，但前人的观点不正确。你发现了这种不正确，推翻前人的定论，并提出自己新的见解，这是难能可贵的，这是科学研究创新性的重要表现之一。近代科学家伽利略推翻了亚里士多德的物体下落学说，中国清代医生王清任推翻了古代的“心之官则思”的谬见，李四光否定了中国大陆无石油的所谓权威定论，邓小平纠正了社会主义不能搞市场经济的错误观点，等等，都表现了创新性的理论勇气。当然，有的学术论文虽然没有树立新的学说，但它匡正了某种迷误，指出了某种偏颇，打破了某种迷信，校正了某种通说之误，这类只破未立的论文，同样具有创新价值。

3. 完善和发展了前人成果

前人的观点可能说得不清楚，可能说得不全面，可能说得不到位，也可能因时代的变化发展而表现出历史的局限性，如此等等，如果在上述任何一个方面做出了理论贡献，也是创新性的表现。比如，毛泽东在《关于正确处理人民内部矛盾的问题》一文中，提出了社会基本矛盾的理论，就是对马克思主义关于生产力与生产关系、经济基础与上层建筑等两对矛盾思想的概括和新的表述，是一个理论上的发展。邓小平的中国特色社会主义理论，既继承了马克思、列宁、毛泽东的社会主义学说，又结合世界各国的社会主义实践，立足中国国情，创造性地发展了这个理论。

4. 对前人成果做出了创造性综合

在某一学术问题上，各家各派众说纷纭，然而皆有所长，皆有所短，既有察于一点的深刻，又有蔽于一曲的片面。创造性的综合，就在于把各种观点整理出来，指明其长短得失，达到会通、融合。波粒二象性理论是融合粒子说和波动说基础上提出来的。社会主义市场经济理论是会通了市场调节理论和社会主义制度调节理论的基础上提出来的。有的论文可能没有在综合基础上提出新的见解，但仅就把前人的见解加以系统整理而言，也是有价值的。

5. 在众说纷纭中提出独立见解

科学研究中，开展学术争鸣是不可避免的。参加学术争鸣，切忌人云亦云。应该对别人提出的观点及其根据加以认真的思考，并积极参与争鸣，大胆地提出自己的独立见解和立论根据。这种独立见解的内容可能正确，也可能不那么正确，甚至可能是错误的。但是独立见解的提出本身对于活跃思维、产生科学创见又是有意义的。从这个意义上说，这也是创造性的一种表现。英国著名的政治家和政论家博克说：“一个人只要肯深入到事物表面以下去探索，哪怕他自己也许看得不对，却为旁人扫清了道路，甚至能使他的错误也终于为真理的事业服务。”①

我们应积极追求学术论文的创造性，为科学发展做出自己的贡献。但必须意识到，一篇学术论文的创造性是比较有限的，相对的。如果把学术论文的创造性看得过重，以致窒息了自己开展学术研究的勇气，那么这也是没有必要的。至于大学生的学术论文更不宜用过高的标准来要求。大学生的学术论文，只要能够对前人的研究成果、所做出的结论进行实事求是地补充和修订，或是加以辩护或否定，而且有理有据，能够自圆其说，都应予以肯定。只要观点正确，材料上有新的发现，论证上有新的发展，选题上有新的角度，或在认识上比前人有新的提高，就应该受到称赞。

另外，对不同学科的创新应区别对待。在自然科学领域，创新往往表现为原始性创新。即某个原理的第一次发现，这是不能重复的。谁第一次发现了，这个原理就以这个人的名字命名。比如“阿基米德原理”“牛顿力学原理”“达尔文进化论”“爱因斯坦相对论”等。可在技术领域不同于自然科学领域，在引进中改进，在模仿中修补，在集成中综合，都是创新。而在哲学社会科学领域情况就更不相同。不能用原创性要求哲学社会科学。哲学社会科学的许多原理，从萌芽、胚胎的意义上说，那是源远流长。后人的工作是不断丰富、完善和在运用中，解决新的问题，提供新的解决方案，赋予基本原理以时代的、民族的特性，这些都是哲学社会科学领域的创新。理论与实际的很好结合，就是创新。

三、学术论文的分类

根据研究领域的不同、写作目的不同，和科研层次的不同，可以对学术论文做如下分类。

① 转引自朱光潜：《西方美学史》上卷，249页，北京：人民文学出版社，1979年。

（一）所属学科分类

按所属学科分类，学术论文可以分为自然科学论文、社会科学论文、思维科学论文、数学论文等。

自然科学论文是指表达自然科学和技术科学研究成果的学术论文。自然科学包括理、工、农、医、林等学科。

哲学社会科学论文是指表达哲学社会科学领域研究成果的学术论文。其研究领域包括哲学、政治学、法学、历史学、经济学、教育学、美学、伦理学、文艺学、宗教学、军事科学、管理科学等。

思维科学论文是指表达思维科学领域研究成果的学术论文。思维科学包括心理学、逻辑学、语言学等。

数学论文是指表达数学领域研究成果的学术论文。数学既不是自然科学，也不是社会科学和思维科学。但这些科学都离不开数学。

（二）写作目的分类

按写作目的不同，可分为交流性论文和考核性论文。

交流性论文是指在学术刊物上发表或在学术会议上宣读的学术论文，其写作目的在于进行学术交流。

考核性论文，是指高等学校中，作为学生业务水平和科研能力检测依据的论文，包括学年论文、毕业论文、学位论文等。

学年论文通常在大学三年级撰写。大学三年级学生通过两年多的基础课学习，已经掌握了一定的专业知识，在老师的具体指导下，可以尝试性地运用自己已有的专业知识去分析和解决学术问题，了解学术论文写作的全过程，取得撰写论文的经验，初步掌握写作论文的方法。学年论文提出和解决的问题，可以小一点，涉及问题的面不宜过宽，论述的问题也不求过深，但却又是本学科中比较重要的。自己应该在前人已有知识的基础上提出一点新的看法。学年论文的字数一般要求在5000字左右。论文写成后一般不进行论文答辩，由指导老师审核，写出评语，评定成绩。

大学本科生的毕业论文，“它的题目应该比学年论文大一点，深一点。”所论述的问题应该是本学科中，带有基本性质的某个重要问题的某一重要侧面，或某一当前疑难的焦点；解决了这一点，有重要的理论意义或实际意义。“通过毕业论文的写作，可以看得出它反映作者能否运用大学三四年间所学得的基础知识来分析和解决本学科内某一基本问题的学术水平和能力。所以，写得比较好的大学毕业论文，达到了学士的水平就可以取得国家授予的学士学位。”大学毕业论文是大学生在“选题指南”中挑题目来做。

“申请硕士学位的学术论文，其学术水平，应该更高，应该能反映出所掌握的某一专业知识的深广度，对某专业的基本问题和重要疑难有独立的新见解，对这个专业的学术水平的提高有推动作用。”硕士学位论文是硕士生通过与指导老师协商，拟题目来做。在做的过程中，“更多地要求作者独立思考。”

申请博士学位的学术论文，其学术含量应该更为厚重，内容更为新颖，提供的学术信息应该更为丰富，“应该能反映出在某一学科有关的领域有深邃广博的知识，并能运用这些知识对某学科提供创造性的见解，对此学科的发展有重要的推动作用，或对此学科水平的提高有重要的突破。”博士学位论文是博士生在老师指导下自己找题目来做。“这种论文，是在作者有了相当渊博的知识和熟练的研究能力后独立撰写的。”①

学士学位论文的字数要求在1万字左右，硕士学位论文的字数通常在3万字左右，博士学位论文的篇幅一般在5万字以上。

不同研究工作的差别，除了字数的要求不同以外，主要差别在课题的选择上。具体说来就是：老师给大学生做的课题，或经老师确认的课题，老师知道答案，学生根据老师教的方法去求解，通过求解对大学生进行科学研究的训练，使其懂得如何开展科学研究。如果学生答对了，找到答案了，就毕业。老师给硕士研究生的课题，或经老师确认的课题，老师只是认为这个课题有价值，他并不知道答案。硕士研究生按导师指导的方向，求得一个结果，经导师和他的同事或同行专家评议，认为正确，硕士研究生就能获得学位。博士研究生做研究工作，就必须自己找课题，找方法，找答案。如果成功了，也就意味着，他成为了有经验的研究工作者。

总之，以上四种论文在涉及知识的广度、论述的深度、内容的丰

① 王力、朱光潜等：《怎样写学术论文》，12、13页，北京：北京大学出版社，1981年。

度，即学术的含量上都呈现出由低到高的要求。然而不管哪种层次的学位论文，都应该尽可能在前人已有知识的基础上，提出一些新的看法。

（三）科研层次分类

按科学研究的层次分，有创造性研究论文和整理性研究论文两类。

创造性研究论文，是指通过自己的刻苦钻研和努力探索，提出对某一问题的独立见解，并把它加以证明和解决的学术论文。

整理性研究论文，是指综合前人的科研成果，经过科学的梳理、归纳，系统地介绍对某问题的种种见解和论述，阐明其同异之处，分析其得失之理，廓清分歧的关键所在，以明人耳目的学术论文。

这两种论文的性质不同，但又是相互联系的。整理性研究论文是研究工作的基础性成果，创造性研究论文是研究工作的提高性成果。没有基础，就不会有提高；同样，没有提高，基础的意义也不会彰显。也就是说，这两种性质的论文都是科学研究所需要的。

第六章　学术论文的选题

有真正研究才能的学生要选一个合适的题目是不困难的。假如他在学习的过程中不曾注意到知识的空白或不一致的地方，或是没有形成自己的想法，那么作为一个研究工作者他是前途不大的。①

——［英］威廉·伊恩·比德莫尔·贝弗里奇

课题选择的本身，恐怕也很能检验出自己的学识、思维、判断能力。②

——程千帆

选题即选定研究的课题，更具体地说，就是解决“研究什么”的问题，从而明确研究的具体所指和范围。

研究课题的选择是十分重要的，也是较为困难的一件事。如何才能选择一个有价值的适合自己研究的课题，这里涉及方方面面的问题。为此，这里就选题的意义、原则、途径和思维方法作如下说明。

一、选题的意义

这里所指的，是选好题的意义。

研究课题的选择对学术研究和论文写作来说，有如下几个方面的意义。

---

① ［英］威廉·伊恩·比德莫尔·贝弗里奇：《科学研究的艺术》，陈捷译，9页，北京：科学出版社，1983年。

② 程千帆、巩本栋：《学术论文写作贵在创新》，《文艺理论研究》，1996（2）。

（一）选题是科学研究的起点

撰写论文的过程也就是进行科研活动的过程，它具有很强的目标指向性。课题不选定，科研工作就无从开始。选题是科研活动的起点，是科研活动的问题指向。科研活动就是提出问题和在理论上解决问题。如果连问题都提不出来，也就谈不上解决问题了。因此，选择一个合适的课题，将为随后研究工作的顺利进行奠定良好的基础。

（二）选题影响研究成果价值

科研成果的价值取决于三个方面：第一，理论深度，即是否讲到点子上，是否抓住了要害，是否论证有力；第二，社会效果；第三，理论界的反响和认同。其中最重要的是社会效果，而科研活动的社会效果在很大程度上取决于选题。选题如果游离于关乎人类命运、民族前途以及社会实践的重点、难点、热点问题之外，那么其研究成果就很难获得满意的社会效果。相反，在科学研究中有些问题的提出和理论上的解决，往往可以启发、影响一代人或几代人，提高人们的理性自觉，引导人们为争取美好的前程而奋斗。比如，“人类的可持续发展”问题、“发展中的公平与效率”问题、“两个文明一起抓”、“社会主义核心价值观建设”等问题的提出，并予以科学说明，都是有极大的社会价值的。

（三）选题关系论文写作成败

选题是开展学术论文写作的关键一步。课题选得好，就可能做出科研成果，甚至快出成果；如果选题不好，将会导致中途夭折或研究成果甚微。

首先，所选的课题是真问题，不是假问题。

真问题是客观存在的问题。对真问题加以研究，并从理论上加以解决，这叫有的放矢，如此才能写出好文章。反之，如果是假问题，是纯主观设想的问题或虚构的问题，如杞人忧天那样的问题，针对这样所谓的问题，去说明如何防止天掉下来，那么自然是没有什么好结果的。

其次，解决问题的时代条件如何。

如果要解决的问题是一个真问题，但解决问题的条件不具备，选这样的课题来做，来写文章，那么也必然会无功而返。反之，问题是真问题，又具备了解决问题的时代条件，选这样的课题来做，就是选对了，选好了。

有人说，“题好一半文”，把选好题视为学术论文成功的一半，可见选题好对论文的成功，关系重大。凡有成就的科学技术专家之所以能获得卓越的成就，首要的因素就在于选题好。不然，就难以出成果，或根本出不了成果。大物理学家牛顿在力学、数学、光学、热力学和天文学等方面都做出了杰出的贡献，但当他在选定神学为研究对象，力图去揭示所谓第一推动力的动因这样一个假问题的30年中，则毫无建树。爱因斯坦也曾耗费了后半生近30年的心血来对“统一场论”进行研究，也因时代条件不具备，所以他的这一课题，直到他逝世前也未能得出有物理意义的结果，这位伟大的科学家不得不望题兴叹。

（四）选题标志科研能力高低

确定课题，作为开展学术研究和论文写作的第一步，是一件难事。

第一次写学术论文的人，都会不同程度地感觉选题难。选题难是客观存在的。科学学创立者贝尔纳说，课题的形成和选择，无论作为经济技术要求，抑或作为科学本身的要求，都是研究工作中最复杂的一个阶段。一般说来，提出问题比解决问题更困难。要在浩如烟海的学术领域中选择一个有意义又适合自己操作的课题怎能不难？所以说，选题本身就是一种科研、一种学问、一种艺术。选题实际上是具有特定学识和心理状态的人，对时代和现实中待解命题的一种认识和感悟。在一定意义上可以说，好的著作都是时势造成的，而不是作者刻意做出的。因为它补了社会之缺，纠了生活之偏。作者怎样才能发现这种“缺”和“偏”呢？除了一定的学术环境以外，主要是靠自身的修养，使他能够认识历史，感悟时代，走进现实，发现问题。

1995年，有人送来两篇文章，请我审阅。一篇文章的题目是《留守儿忧思录》，是讲父母外出打工，把孩子留在农村，其在成长中存在着一系列问题有待解决。第二篇的题目是《学校教育必须坚持“五有原则”》，即有理想、有道德、有文化、有纪律、有体魄。我看了文章以后，感到这两位作者很接地气，很有眼力，很能抓住问题。后来这两篇文章都发表了，产生了良好的社会影响。

总之，是否能够正确选择研究课题，有着极为重要的意义。它关系到研究工作的难易、成果的大小、学术地位的高低，关系到论文价值的大小，关系到研究的成败，所以必须慎重对待。

如何才能选好课题呢？这里涉及一些必须遵守的基本原则。

二、选题的原则

（一）选好课题的三大原则

要选好题必须坚持三大原则：一是价值性原则，解决值得做的问题；二是新颖性原则，解决有兴趣做的问题；三是可实现原则，解决能够做的问题。

1. 价值性原则

所谓价值性原则，是指课题本身的研究有意义。这里的意义有两个方面：一是理论意义，二是实际应用意义。前者是指课题的提出和解决具有理论的创新性，能把人类认识推向前进。后者是指课题本身是社会生活中急需解决的，有利于补社会之缺、纠社会之偏，促进物质文明、政治文明、精神文明、社会文明和生态文明建设，与人民群众的生活密切相关。选准这类课题，解决了需要解决的问题，就会产生巨大的经济效益和社会效益，给国家和人民做出重大贡献，其价值是显而易见的。

这里需要指明的是，有些课题的社会价值是眼睛看得见的。比如，一项关键技术的突破，一项生物栽培技术的发明，一项经济研究成果被政府决策层采纳，等等。而有些人文科学的课题，其价值是用眼睛不容易看到的，因为这些课题对个人、对社会的作用都是潜移默化的。对个人来说其作用是观念、气质层面的，对社会来说其作用是文化风气层面的。因此，这类课题的价值虽然不能凭眼睛看见，但并不能由此而否认其价值，甚至有重大价值。这就是所谓的“无用之大用”。这里的大用，就是关乎世道人心的根本之用。

为满足时代和社会需要而研究学术，而选择课题，这不是那些所谓“清高者”或自称“体制外学者”的人，所认为的不光彩。相反，甚至可以说，这样做更值得人们尊重。这是因为心系现实，总比回到

“象牙塔”、面向故纸堆，严格说来，需要更多的勇气和更多的良知，也需要更多方面的知识和更多的才情。可以说，没有对人类命运的忧虑，没有对无产阶级解放事业的追求，他很可能就没有机缘和胆识看到问题的核心所在。

就论文的选题的社会价值来说，在当前，可以表现为三个方面。

第一，有利于增促社会进步，减缩社会代价。

增促社会进步，就是促进社会事业的协调发展、可持续发展以及社会成员的全面发展；减缩社会代价，就是研究如何把社会代价减少到最低限度、缩小到最小范围。我国正处在由传统社会向现代社会快速转型的过程中，社会优化与社会问题并生、社会进步和社会代价共存。改革开放30多年来，以经济转型为基础引发的社会巨大变化，不管是利益格局、社会关系的变化，还是价值观念、生活方式、文化模式、社会管理机制、社会承受能力等的变化，都表明：一方面，上述各个领域都得到了不同程度的优化；另一方面，也出现了一些问题，甚至比较严重的问题。30多年改革开放的成就举世瞩目，全球公认。与此同时，我们也付出了种种代价。特别是进入中等收入阶段，我国进入了发展的战略机遇期，也进入了干扰的多发期。在此过程中，我们都要面向社会现实，居安思危，提高拒腐防变和抵御风险的能力，正确处理各种关系，增促社会进步，减缩社会代价，增强社会凝聚力。

第二，有利于维护国家利益。

为什么要强调维护国家利益？这是因为：其一，我国是在复杂的国际环境中进行社会主义现代化建设的。西方敌对势力对我国实施西化、分化的战略图谋从来没有改变。其二，意识形态领域的斗争归根到底是为了实现国家利益。相应地，国家安全本质上就是国家利益的安全。维护我国国家利益安全，最根本的，要坚持“四个自信”。即中国特色社会主义的道路自信、理论自信、制度自信和文化自信。只有坚持“四个自信”，我国才能立于不败之地。

第三，关注困难群体，促进社会公平。

社会代价往往主要是由困难群体来承担的。因而他们是最先也最强烈地感受到改革的代价。“增促社会进步，减缩社会代价”的深层理念，不仅指出社会代价是不可避免的，而且认为社会代价往往是由大多数困难群众来承担的。要把代价减少到最低限度，缩小到最小范围，从社会群体的角度来看，首先就要研究如何减轻对困难群体所带来的利益损害。强势群体与困难群体只有双赢，才能共同维护社会稳定。帮助困难群体减轻来自经济、社会和心理的巨大压力，就必须研究他们的问题，了解他们的困难，反映他们的诉求，研究对困难群体进行社会支持所必须采取的措施，提供相应的政策建议，供决策部门参考，从而建立更加有效的社会支持系统，制定更加符合实际的社会政策，为困难群体提供实实在在的制度性的保障而努力。

2. 新颖性原则

选题价值是与选题的新颖性相联系的。我们虽不能说，新颖性的选题一定有价值，但可以说，有价值的选题一定具有新颖性。

所谓新颖性原则，是指选题要有新意、有特色，有一定的先进性。选题的新颖性是相对于选题的陈旧或一般而言的。有些人写的论文，观点正确，论证也有力，但由于选题不新鲜，也就没有多大价值。

所谓选题不新颖，一是缺乏必要性。指这类题目人家早已写过文章，早已形成定论，甚至其研究成果已经写入了相关的教科书，把这类题目拣起来再炒一遍，也就没有必要，没有意义。因此选题一定要体现现代内涵。比如，论生产力就要论现代生产力，论知识社会的生产力，论全球化时代的生产力。又比如，论正确处理人民内部矛盾，毛泽东早在1956年就论过，而且论得很精彩，你要超过毛泽东，你就得论正确处理我国现阶段的人民内部矛盾，论正确处理市场经济条件下的人民内部矛盾。再比如，论孔子的教育思想，这一类文章已经很多，但如果论孔子教育思想的当代启示，那么就可能具有新颖性。

二是丧失时效性。指这类课题，随着情势的变化，人们关注重心的转移，已经失去了时效性，变成了人们所比喻的陈芝麻、烂谷子，变成了令人生厌的东西。选这类课题来做，必然是吃力不讨好，劳而无功。比如，美国早已从伊拉克撤军，如果有人选《2003年美伊战争中美军迅速推进的原因分析》这样的题目，也就失去了时效。

选择新颖性的论题，从研究主体来说，才能激发自己的研究兴趣和攻关的决心，才便于发表自己的真知灼见、独到的见解和展示自己的才华，才能写出令人耳目一新的学术论文。选题有了先进性，才能写出无愧于学术界最先进水平的论文，一旦出成果，就是新的突破，就有独到的价值。

3. 可实现原则

有的课题可能较有价值，也可能比较新颖。但如果无论经过怎样的努力，也难以攻下这个课题，那么这样的课题，对于研究者来说，自然是不适合、不可取的。也就是说，在坚持选题的价值性原则和新颖性原则的同时，还必须坚持选题的可实现原则。

所谓可实现原则，就是在研究者力所能及的范围内，经过努力，能够实现对课题的理论解决和理论表达，即能写出有价值的学术论文。

这里涉及主客观两个方面的条件。

从客观条件来说，选题须考虑诸如参考资料、研究时间、实验设备、研究经费等方面保障的可能性。如果这些客观条件具备，研究工作就能顺利展开，反之，条件得不到保障，研究工作必然会遇到许多困难，即使选题很好，也难以完成。

从主观条件来说，选题要根据个人的学术水平、业务专长和兴趣所在。如果是多人参加的课题，项目负责人还要具备一定的组织能力、协调能力等。

（二）坚持可实现原则之要

如何才能做到可实现呢？这里主要有以下几点，是必须注意的。

1. 在自己的专业范围内选题

科学研究在一定意义上说，就是运用已有知识去解决问题，从而创造新知识的过程。而知识是分门别类的，也就是说，是按专业分类的。与此相联系，一定专业的知识只能用于解决与本专业有关的学术问题，而不能用于解决与本专业不相干的学术问题。因此，应该在自己所学专业的范围内选题，这样就能为研究的顺利进行提供必要的基础知识。不然，就会因为缺乏应有的知识基础而无从开展研究，要不就必须从头开始，对相关的基础知识加以补课。但是，那样做，必然要耗费时日，事倍功半，得不偿失。

至于撰写学位论文和职称论文，就一定要在本专业范围内选题。因为学位论文和职称论文都是作为依据来评价论文作者对本门学科的基础理论、专业知识和基本技能掌握和运用的程度。因此论文作者为申请学位或职称所提供的论文必须是专业学术论文。假如在非本专业选题，就无法判断你的专业水平，也就无法授予相应学科的学位或职称。另外，就学位论文的写作来说，非本专业选题，导师也难以具体指导。根据目前国内情况，跨系指导和评定学位论文是件很困难的事，你没有必要给自己增添麻烦。

当然，在交叉领域内选题也不是不可以，而且在交叉学科领域内选题，往往真的能写出有分量、有价值的论文，这在当今学术界已经是不争的事实。因此对那些涉及面广、综合性强的课题还是应该鼓励跨学科、跨专业的协作攻关。但需要指出的，对于初学论文写作者来说，还是等你的科研技能较为成熟、知识积累较为广博以后，再去参加这类交叉领域内的课题研究，可能较为适宜。

2. 选题要难易适度

这里的难易是从两个角度说的，一是课题本身的难易程度，二是相对于研究者来说的难易程度。

从课题本身来说，愈大的题目愈难，愈抽象的题目愈难，愈宽泛的题目愈难。试比较这样几个题目，“论中西文化”“论中西哲学”“论孔子哲学与苏格拉底哲学”。以上三个题目，一个比一个小，一个比一个具体，一个比一个窄，相对而言，写作难度也是一个较一个小些。难的题目所谓难，一般而言，是指研究这样的题目，知识基础要特别雄厚、扎实，抽象概括能力要特别强，不然就攻不下这样的课题。

从研究者来说，某一课题在一般人的眼中可能比较难，而对他来说却可能不难；相反，某一课题对他来讲可能比较难，而对另一个人来说却可能并不难。之所以会发生这种情况，说到底是因为每个人的知识结构、专业水平、研究能力不一样。

因此，这里所说的难易适度，主要不是相对于课题本身的难易程度，而是某一课题相对于研究者而言的难易程度。

对研究者来说，选题过易，无须花多大精力就能轻松完成，这样做不仅难以充分发挥自己应有的水平和潜能，而且也没有多大收益和意义。因此，过易的选题不可取。

对研究者来说，选题过难，以至花了很大精力，仍然一筹莫展，久之，丧失信心，半途而废，平添了另一种损失。因此，过难的选题也不可取。

所以，选题最好是在自己力所能及的范围内，使自己的能力和水平能得到充分的展示和提高。如果符合了这一要求，这就叫难易适度。

打个比方来说，课题好比桃子，难易适度就是经过努力，跳一跳，出一身汗，可以摘到的桃子。那种伸手可摘的桃子，得到了也不可贵；跳死了也摘不到的桃子，再努力也只能是徒劳。只有跳几下可以摘到的桃子，才是自己的奋斗目标。选这样的课题来做，既可以锻炼自己，增长本领，又能鼓舞自己。

一般说来，选题宜小不宜大，要从微观入手，从大处着眼，要"小题大做"。大学本科生写作毕业论文，往往主要是他们写作规范性学术论文的初次尝试，是他们在学术研究道路上的学步，因此，最好从个案、微观入手，选择比较小的题目。这是由他们的知识水平、专业基础及学术经验所决定的，同时也与现在本科生投入毕业论文写作的时间较少较短相联系的。

3. 选题要兼顾兴趣

兴趣是人们对客观事物的选择态度，从科学研究的角度说，它是人们积极探究某种事物的心理倾向。

科学研究与论文写作过程中，兴趣发挥着重要作用。这种作用至少表现在以下几个方面。

首先，选择有兴趣的课题进行研究，可以使科学研究获得认识方面的某些前提条件。这是因为兴趣所在，是人的关注所在。也就是说，有兴趣的东西总是人们较不陌生的东西，总是人们了解得比较多的东西。因此，选择这一方面的课题进行研究，在有关理论动态的了解上，有关信息材料的掌握上，就会方便些，顺手些，从而成功的可能性就会大一些。

其次，选择有兴趣的课题进行研究，可以使科学研究获得某种精神动力。这是因为兴趣所在，是人的爱之所在，情之所在。为了追求爱的满足，情的满足，人们往往不怕困难，坚持不懈，往往勇气倍增，迎接挑战，往往不计名利，无怨无悔。因此，选择有兴趣的课题进行研究，可以使研究充满迷人魅力和奋斗激情。

最后，选择有兴趣的课题进行研究，可以激发科学研究的创造性灵感。这是因为兴趣所在，是人的兴奋所在。精神兴奋，才能使思维活跃，以至日有所思，夜有所想，才下眉头，又上心来，从而才能激发创作的冲动和灵感。

当然，兴趣是可以培养的。有的课题，对某个研究者来说，一开始可能并无兴趣，但随着研究的深入和阶段性成果的形成，可以逐渐产生兴趣。有的课题，对某个研究者来说，一开始可能很有兴趣，但随着研究的开展，难度的加大，使研究者越来越失去信心，失去兴趣，这是值得注意的。如果一个课题，对研究者来说，实在提不起兴趣，那么就必须考虑改换选题。

需要补充的是，兼顾兴趣不等于只顾兴趣。如果不顾其他选题原则，一味强调兴趣，那是不恰当的。

以上谈的是学术论文写作的选题原则，坚持这些原则对选好题是十分重要的。但要选好题除了要坚持这些原则以外，还必须了解和掌握选题的途径。

三、选题的途径

怎样选题呢？不同层次、不同级别的科研，选题的途径有所不同。大体说来，有以下几种找题目的途径。

（一）参考《选题指南》

高校的本科生在做毕业论文以前，为了方便学生选题，所在系往往分专业编有《选题指南》，即把本专业可以开展学术研究的问题罗列出来，引发学生选题的思路。

这种《选题指南》一般由任课老师根据所教课程中遇到的重点、难点、热点和现实实践中提出来的问题拟出，由系里加以综合而成。这种《选题指南》为学员选题创造了条件，提供了帮助。但是要从《选题指南》中挑出适合自己的题目，还须根据上述的基本原则，翻阅有关信息资料，经过自己的一番思索之后，才能有把握做好这件事。

另外，《选题指南》通常来说，只是拟定了选题的范围，或只是指明了一定的研究方向，目的是为了开阔选题者的思路，提供一个选择的目标。因此在选择时，《选题指南》中的题目往往不能原封不动地照搬，而应根据自己的主客观情况，对选题作进一步的限定和变动。

（二）任务指定选题

这里是指学员作为参加者，参与由某个专家负责主持的课题组，大家分工协作，各自承担部分研究工作。学员作为参加者对研究课题无选择权，至多只对自己所承担的部分有某种选择权。因为这种选择总是以服从总体的安排为前提的。这种选题虽属被动选题，但它有任务压力，有专家带领，成果出路明朗，对自己锻炼大，成长快。如果遇到这种机会，最好不要太强调个人兴趣，不要轻言放弃。因为对普通学员来说，要获得这样的机会，是十分难得的。因此，应该抓住机会，大胆地给自己压担子。一般来说，导师不会轻易地把部分研究任务交给一个自己不摸底的人。也就是说，导师把任务交给你，这本身就是对你的科研能力的一种信任。你要考虑的只是，如何在指定时间内完成你所承担的任务。

（三）自己独立定题

就选题而言，这是难度最大的一种途径，也是最有意义的一种选题途径。因为这种选题方式独立性强、自由度高，能比较充分地体现研究者的学术个性和特长。因此，科研人员自己选题，往往最容易做出成果。下面就这种选题途径谈以下几点看法。

1. 从读书和听课中发现问题

在读书或听课中，对某个问题发生兴趣，或是认为问题重要，值得进一步加以研究，或是还不太清楚，想把它进一步弄明白，或受到启发而产生的新的问题，都可以作为研究对象。尤其在读书过程中，要随时注意发现问题，经常积累资料，这是找论文题目的可靠途径。对此王力先生曾经说：对于高校学生来说，“提出问题就是解决问题的头一步。你连问题都提不出来，怎么谈得上解决呢？首先要注意到，还有哪些问题没有解决，前人有什么说法，哪一家的说法合理些。我们要善于发现问题，提出问题。有些人念很多书，什么问题也没有，那就不好了，等于白念了。”①

2. 从他人论文中发现问题

报刊上发表的论文是作者脑力劳动的成果，应该认真学习。从中可以知道，人家在研究什么问题，想想还有什么问题值得研究，有的问题虽然人家研究了，但研究得是否深入，是否有进一步研究的必要，

① 王力、朱光潜等：《怎样写学术论文》，4页，北京：北京大学出版社，1981年。

其中还有哪些不足和错误之处，需要加以完善和纠正。这种例子很多，学术界的一些争鸣性的论文，不少就是这样写出来的。张世英教授在《谈谈哲学史的研究和论文写作》一文中曾经这样说："选题过程中，当然要大量翻阅资料，东翻翻西翻翻，左想想右想想，题目的中心内容也就酝酿得差不多了。"[①]这的确是有益的经验之谈。

3. 从社会需要和现实生活中找问题

社会需要和现实生活常常向我们提出问题，要求解答。比如，中国是一个人口大国，如何使沉重的人口负担转变成人力资源优势？中国的现代化建设需要一个和平的国际环境和良好的周边环境，如何才能获得我们所期望的这样一种建设环境，我们应该怎样正确对待美国的单极主义与世界的多极化的关系？中国在融入经济全球化的过程中，会面临哪些挑战和机遇，如何才能抓住机遇，并胜利地应对挑战？市场经济是通过市场配置资源的经济，但市场调节具有自发性、盲目性，市场本身有"错误"，比如不能靠市场调节解决垄断，解决社会公平等问题，如何使社会主义社会既有效率，又体现公平？如何解决东中西部之间发展的不平衡及城乡之间发展的不平衡？如何在学习和借鉴外来文化的同时，弘扬和发展中华优秀文化？如此等等。对这些问题的研究和解决，不仅会有重要的学术价值，而且对促进中国特色社会主义现代化建设也是有重大的实践意义的。

（四）申报基金项目

中国从第六个五年计划开始，由国家计委、国家科委、国家哲学社会科学规划办等，陆续推出了一系列的国家级科技计划，作为这些计划实施的具体落实措施，各部门、各地方政府、各单位也根据本部门、本行业、本地区、本单位制定了相应的科技发展计划。围绕计划，从中央到地方、到单位，都设立了各种基金。在国家层面上设立的基金主要有国家自然科学基金、国家哲学社会科学基金和高等学校博士点学科专项科研基金等三类。除了国家层面的基金以外，还有面向行业或部门的基金及其各种专项计划基金；面向本地区的、面向本单位的以及由民间社团和私人资助的科研基金，如霍英东基金、王宽诚基

① 王力、朱光潜等：《怎样写学术论文》，60页，北京：北京大学出版社，1981年。

金等。

与各级基金相配套的是各层次科研项目的设立。这样也就有国家级项目、省部级项目、高校内部项目等。

项目申报人定期按规定自由申报项目，通过专家评审，获得通过和立项，配以相应的经费。各种层次的项目，申报的具体要求有所不同，但一般说来，要把握以下几点。

1. 了解项目性质

不同层次的项目，类型不同，同一类型的项目，侧重点不同。只有了解其性质，才能做好申报工作。

2. 了解项目的选题范围和资助对象

如资助领域的限制、对申报单位性质的限制、对资助人职称、学位、年龄、前期成果、资助基金的使用，以及参与者等条件限制。

3. 了解项目的资助方式和资助强度

资助的方式大体有三种：一是政府全额拨款；二是拨款、贷款和单位自筹或个人自筹相结合；三是以贷款为主，加以贴息。不同项目，资助强度不同。项目申报时，提出的经费预算要力求与其得到的资助强度相同。过高了，造成浪费，过低了，项目无法完成。

4. 了解项目申报的时间和程序

有的计划项目有固定的申报时间和申报程序，以及申报接收单位，以便能合理安排进度，在规定时间内，履行相关申报程序，向接受单位申报。

总之，了解和把握各类计划项目的特点，不失时机地掌握相关信息，就可能提高申报项目的成功率。

科学研究除了这里所讲的计划研究这种类型以外，还有一种类型叫自由研究。这两种研究的区别在于：计划研究是有计划或按计划的研究。这里的计划研究是各级政府、民间组织、企事业单位计划，有明确的任务和指标要求，提供经费和条件的研究。自由研究是指科技人员结合自己的爱好、兴趣，自由选题，自筹经费开展的研究。不过这两种研究都有个自主选题的问题，不同的只是计划研究是在计划范围内的自主选题，自由研究是在爱好和兴趣基础上的自主选题。因而无论是自由研究还是计划研究，都要提倡和发扬选题的自主性，都要掌握选题的方法。

四、选题的方法

如何选好题还涉及运用正确的思维方法。就这个问题，下面谈谈选题中四种思维方法的运用。

（一）古今中外法

我们搞学术研究，作为中国人，作为当今的中国人，无疑要立足于当今的中国。但毛泽东说过，今天的中国是历史的中国的一个发展，研究当今中国的问题，离不开历史的研究。另外，要认识和解决中国的问题又离不开对外国经验教训的借鉴。因此，对于同一个问题，可以进行现实研究，也可以进行历史研究，还可以把现实研究与历史研究结合起来；可以从对外国此类问题的研究中引出经验教训，也可以进行中外比较研究。这种从不同角度或多个角度所进行的研究，都是有意义的。

因此，对于同一个问题，可能别人已经写过文章，或者不少人写过文章，这都不要紧。你不妨运用古今中外法来分析一下，是否还遗漏或缺少了某种角度，认真想一想，能不能从一个与别人不同的角度来加以研究，从而确定自己的论题。如果确实找到了这样的角度，应该说，这种论题的价值性、新颖性是毋庸置疑的。

比如，在注重提高效率的同时，如何解决公平的问题，有不少论者写过文章，发表了自己的见解。我校有一位老师在研究了这些文章以后发现，这些论文都是立足于中国的实际来谈公平的，还缺少中外比较的研究。于是这位老师从这样一个角度来展开自己的研究，并撰写了《世界各国现代化进程中的公平问题》一文，指出公平与效率关系问题的处理是一项重大的政策选择，世界各国在此问题上有过各种各样的经验教训。英国、巴西、印度等国由于一度忽视公平问题，而使现代化进程遭受挫折。所不同的是，英国是第一个现代化国家，庞大的殖民体系缓解了两极分化的消极后果。巴西、印度则没有这样的好运。德国、日本、亚洲四小龙比较重视社会公平问题，这从而有力地促进了其现代化建设事业的成功。这篇文章发表以后产生了很好的社会影响。

（二）求异思维法

任何同类事物既有相同之处，也有相异之处；任何事物在其发展的各个阶段中既有本质的共性，又有各个阶段的个性。研究任何问题都要注意研究对象的特殊性、个性。具体情况具体分析是马克思主义的活的灵魂。选题也要贯彻这个原则，在具体思维中就要运用求异思维法。也就是说，要着眼于对象的特殊性、个性来确定题目。不然文章的论题就会流于一般，就会陈旧，即缺少具体内容。

比如，生产力研究，不少论者发表了许多研究成果。如果有人还停留于一般的研究，或停留于一国范围内的生产力研究，或停留于以往科技基础上的生产力研究，那么这样的研究也就没有多少新意。如果运用求异思维法，研究经济全球化背景下，或现代科学技术背景下，生产力的新的特点、发展规律，那么这样来确定题目，就会别有洞天。

又比如，当代资本主义已经不同于以往的资本主义，新军事变革条件下的现代战争已不同于以往的战争，新科技革命条件下的社会实践已不同于以往的实践，如此等等。运用求异思维法，抓住其特点来确定论题，来加以研究，也一定会取得好的效果。

总之，运用求异思维方法选题，就能加强选题的针对性和提高选题的现实感。这样的选题如果别人还没有研究过，其价值性和新颖性也是无疑的。

（三）逆向思维法

这种思维方法是就某种既有的观点和思维路向而言的。通过对这种观点和思维路向的反思，即倒过来想一想，其相反的观点和思维路向，能否成立，能否行得通。大家熟知的太阳中心说就是哥白尼在科学探索过程中，对地球中心说的逆向思维的成果。达尔文的进化论就是达尔文在长期科学研究的基础上，对物种不变论进行逆向反思所得出的结论。

几年前，曾有人在一篇文章中说，西方的现代化是内生型的，中国的现代化是外促型的；西方的现代化是积极主动的，中国的现代化是消极被动的。有一位论者看到这篇文章以后，来了一个逆向思维，经过研究，他认为中国的现代化不是纯粹外促型的，新中国成立以来，已经逐步实现了从外促型到内生型的转化；中国的现代化也不是纯粹消极被动的，中国近代以来，经过几代人前赴后继的努力，经过共产党人长期的艰难探索，我们找到了一条中国特色社会主义建设道路，已经从消极被动转化为积极主动。这篇文章发表以后，被《新华文摘》全文转载，产生了良好的影响。

采用逆向思维方法选题，这种题目一旦确定，其鲜明度、价值性是显而易见的。这种选题做出来，可以开出奇异的科研成果之花。当然，提倡逆向思维法，并不是主张无根据地去一味标新立异，去一味地“对着干”，这是不行的。

（四）系统思维法

每个研究者研究的不少问题，往往不是自己第一个提出来的，也不是自己第一个加以研究的，也就是说，别人或前人已经写过这一方面的文章，或者说，发表了若干观点互异的文章。这些文章之所以观点各异，甚至互相对立，一个重要原因是各持一端，走向了片面。用庄子的话说是“得一察焉以自好”，只察见一个片面便自以为如何的了不得，所以是“一曲之士”[①]。为了克服“蔽于一曲”的片面性，选题时不妨用系统思维法，在已知的片面真理的基础上，提出一个新的主导性原则。根据这个主导性原则，把既成的各种观点中有用的东西剥离出来，作为一个个环节，加以联系、贯穿，以达于会通，达于具体的统一。

运用系统思维法确定选题，这样的选题不仅有价值，而且操作性比较强，科研成果比较易于实现。

总之，科研课题无穷无尽，可大可小，有难有易，只要遵循科学的选题原则，运用恰当的思维方法，总可以找到适合自己做的题目的。

① 《庄子·天下篇》。

第七章　学术资料的搜集与运用

科学就是整理事实，以便从中得出普遍的规律或结论。[①]

——［英］达尔文

没有资料研究工作则寸步难行。[②]

——［美］史密斯

任何文章都要讲究言而有物。所谓言而有物，就是不作空论，不说虚言，语言表达了客观事物、事理。为此，就要在写作前搜集相关资料。资料或材料是为着某种写作目的，从生活和文献中搜集、摄取，以及写入文章之中的一系列事实或论据。

进行科学研究和学术论文写作，必须花费大量精力，尽可能全面地搜集资料和正确运用资料。

一、搜集资料的意义

关于资料的搜集，马克思曾经说："研究必须充分地占有材料。"[③]恩格斯在谈到唯物主义的发展时，也曾指出："即使只是在一个单独的历史实例上发展唯物主义的观点，也是一项要求多年冷静钻研的科学工作，因为很明显，在这里只说空话是无济于事的，只有靠大量的、批判地审查过的、充分地掌握了的历史资料，才能解决这样的任务。"[④]

① 转引自李鸥：《经济论文写作旨要》，55页，天津：天津大学出版社，2000年。

② 转引自［英］威廉·伊恩·比德莫尔·贝弗里奇：《科学研究的艺术》，陈捷译，9页，北京：科学出版社，1979年。

③ 《马克思恩格斯文集》第5卷，21页，北京：人民出版社，2009年。

④ 《马克思恩格斯全集》第13卷，527页，北京：人民出版社，1962年。

王力先生在谈到论文写作时也说："一个小小的题目，我们就要占有很多的材料，往往是几十万字，要做几千几万张卡片。"他还说："你别看写出来文章只有一万字，几千字，收集的材料却是几十万字。这叫做充分占有材料，材料越多越好。材料不够就写不出好文章。"[①]历史学家范文澜曾有一副中堂对："板凳要坐十年冷，文章不写一字空。"这里是说，宁坐十年冷板凳而聚备材料，也不写一个虚字，不说一句空话。可见，没有材料，不硬写，也不写自己不懂的东西，这是一个有社会责任感的作者必须恪守的信条。

由此可见，材料对于科学研究和论文写作来说，是十分重要的。这种重要性可以从以下几个方面来加以说明。

（一）选题的前提

关于选题的重要性，上文已经说过了。但如何才能选好题呢？这里就涉及资料的掌握，如果通过资料搜集，你发现你要研究的问题，已是别人早已解决了的问题，甚至别人比自己谈得还要精彩。对于这样的课题，也就没有必要研究了。因此，在定题以前，必须先进行一些调查研究工作，查一查文献资料，看前人在这方面已经研究到什么程度，还有哪些问题需要继续研究。这样才能避免做无效劳动。另外，选题除了要考虑是否有其研究的必要以外，还要考虑是否有进行研究的可能。可能性的依据之一，就是材料准备怎么样，能不能找到研究所需要的材料。

（二）研究的基础

没有材料就谈不上研究。从认识论的角度说，科学研究就是在一般原理的指导下，对占有的材料进行加工制作，从这些材料中引出其固有的而不是臆造的规律性的认识。也就是说，要从这些材料中引出正确的结论。

由此可见，材料是研究的基础，搜集材料是研究工作的首要环节。没有材料就是搞"无米之炊"，没有制作对象就不可能有什么加工制作，没有被反映者就不能有任何反映，没有材料就"引"不出任何观

① 王力、朱光潜等：《怎样写学术论文》，4页，北京：北京大学出版社，1981年。

点。所以，我们说，材料是研究的基础，是形成观点的基础。因此，思维科学专家指出，理论创造是把资料信息按新形态组合产生新事物的过程，创造是通过对储存的资料做出选择和判别，产生新的有价值的东西。

（三）创作的动力

从事写作的人都有这样的体会，搜集材料的过程，同时也是接受材料刺激的过程。所收集的材料越多、越丰富，越有利于视野和思路的开拓和展开，越容易增强信心，产生创作激情和触发写作欲望。

另外，更为重要的是，无意中收集到的例外材料，或称“不速之客”，如能顺藤摸瓜，寻其原委，或可别开一面，展一新的天地。达尔文的儿子曾这样描述达尔文：“很多人在遇到表面上微不足道又与当前的研究并没有关系的事情时，几乎不自觉地，以一种未经考虑的解释将它忽略过去”，“他（指达尔文——引者注）却是有一种捕捉例外情况的特殊天性”[①]。这是达尔文发现生物进化论，完成伟大著作《生物起源》的重要原因之一。德国物理学家伦琴在研究阴极射线管的放电现象时，看到了异常情况，通过研究发现了X射线。类似的情况在科学发展史上不胜枚举。

（四）观点的支柱

如果从认识论的角度说，从“材料”到“观点”是认识的抽象过程，是观点的形成过程；那么，从表现论的角度说，这只是完成了并不重要的一半的工作，更重要的一半还在于，把形成的观点表现出来。所谓表现也就是要求化抽象为具体。即用一些准确、典型、生动的材料，去有力地说明观点、陈述观点、支持观点。你要想把你得到的认识、你的观点让读者也能认同、理解和接受下来，使它能够“树”起来，立得稳、站得住，让人们心悦诚服，非有一些结结实实的材料作为“支柱”不可。不然，人们凭什么相信你的观点，凭什么证明你的观点正确。所凭的不是雄辩，而是事实，雄辩只有以事实为载体、为依托、为凭借，才能不致虚空。陈善说，“不使事难于立意”，意思是

---

① 转引自霍焕民、徐秋英：《说明文写作技巧》，44、45页，北京：中国青年出版社，1994年。

说，不凭借事实，观点就难于立得住。朱熹说："作文须是靠实，……不可架空纤巧。大要七分实，只二三分文。"①这里的"实"就是材料。章学诚说："夫立言之要在于有物。"②是否言之有物，主要就是取决于"材料"是否充实。

由此可见，论题的确定、观点的形成和论证都受益于翔实的材料。而科学家的科研实力和水平也首先在于，对材料占有的充分和典型。因此，能搜集到最新鲜、最生动、最富有特色材料的人，科学研究才最有成功的希望。

有人初步统计过，一个科研人员在科研项目上，用于搜集、整理资料所花的时间，往往占到全部科研时间的一半以上。

那么，如何才能搜集到翔实的材料呢？这里须按一定的步骤来进行。

二、搜集材料的步骤

搜集资料大致可分为三个步骤。

（一）定向

当今，资料浩繁，如果漫无边际或毫无方向地去搜集，不仅会浪费大量精力和时间，而且也难以得到研究课题所需要的资料。因此，搜集资料的第一个步骤是确定搜集的方向。

这里的方向是指围绕课题，去设立从哪些方面去搜集资料。从宏观角度来说，可以分为纵和横两个方向。

所谓纵向，即把握论题有关资料的时间顺序，也就是时间上的上溯和下移。

所谓横向，即把握论题有关资料的空间的左右文。

比如，要研究中国现代的人口问题，从纵向来说，就必须搜集中国古代的人口资料、中国近代的人口资料、新中国建立以来的人口资料。从横向上来说，就必须搜集世界上别国（比如美国、俄罗斯、日本、印度）的人口资料，当代中国各地区、各民族的人口资料，与当

① 转引自刘锡庆、齐大卫：《写作述要》，22页，北京：红旗出版社，1984年。

② 章学诚：《文史通义·文理》。

代中国人口状况相关的资料等。

在横向资料的搜集上，要注意中外两种资料。研究有关外国的课题，不用说，要大量阅读外文资料，很难设想，不懂ABC的人能胜任这样的课题。即便研究中国问题，若不参阅外国研究资料，那也是一种缺憾，因为外国人看问题的视角和方法往往与中国人不同。

确定了搜集资料的方向，才不致淹没在一大堆与课题无关的材料中，白白浪费时间和精力。

另外，搜集资料的方向宜定得宽一些，要体现搜集资料尽可能充分、全面的原则。

如果从论题与材料的关系来说，材料的所谓充分、全面，必须体现在三类材料的占有上。

第一是核心材料，即直接研究对象的材料；第二是辅助材料，即别人论述的有关自己课题的材料；第三是背景材料，即有关课题的背景资料。

比如，研究某个哲学家的哲学思想，首先要尽可能多地阅读这位哲学家的哲学著作，以及这位哲学家谈自己的哲学著作的言论和文章，即搜集核心材料。其次，要搜集和阅读其他人对这位哲学家的哲学思想的研究成果，尤其是那些权威性的研究成果。这是辅助材料。最后，还要搜集和阅读这位哲学家除哲学著作以外的其他著作，这位哲学家所处时代的社会环境、科学发展状况、哲学思潮等，以及他的生平、成长道路等材料，并且在时间上尽可能上溯下移，以便准确把握他所处的时代。这些都是背景材料。

核心材料是以后进行议论的主要的根本的依据，这是毋庸置疑的。但作为参考材料的辅助材料和背景材料也是不可缺少的。它们不仅是撰写论文的细节材料的来源，而且辅助材料在立论时具有不可低估的借鉴作用和启发作用。背景材料则能把所论对象放在广阔的历史画面上加以考察，从而使立意更加准确可靠，更加真实、丰满，尤其能有助于充分揭示他所具有的时代精神气质以及个人的心理图像。

搜集材料要做到充分和全面，不过，这也是相对的。核心材料无疑要尽量掌握，辅助材料和背景材料也要去尽量搜集。但是就这些外围材料而言，外围还有外围，而我们从事某一专题研究的精力总是有限的，如果贪多求全，想毫无遗漏地搜集所有的材料，这是不可能实现的，也是没有必要的。因为并不是每一件材料都是同等重要的。因此，在搜集材料的过程中，只要抓住了一些最重要的、关系密切的、有典型意义的材料就可以了。

（二）择式

这里所说的择式，是指选择资料搜集的方式。

不同的选题，搜集资料的方式不同。例如，自然科学领域的研究课题，其资料主要通过观察、调查、实验等方式获得；而社会科学领域的研究资料，则主要通过文献检索的方式获得。

常用的搜集资料的方式有：

1. 调查

调查就是根据研究课题的要求，运用科学的方法，有计划、有组织地向社会搜集资料的过程。

（1）调查的分类。

从不同角度可对调查做如下分类：

一是按被调查对象的范围分，调查可分为全面调查与非全面调查。全面调查就是被调查对象中的所有单位一个不漏地全部进行调查，目的就是取得全面、系统、完整地反映总量的资料（如人口普查、工业普查）；非全面调查是对被调查对象中的一部分单位进行调查（如抽样调查、典型调查）。

二是按调查登记的时间是否连续分，调查可分为经常性调查与一次性调查。经常性调查就是对事物发展变化的结果连续不断地进行登记，以获取累计的指标数值。而一次性调查就是对事物在某一时点上的状况进行登记，以获取该时点上的指标数值。

三是按调查的组织方式不同，调查可分为统计报表制度和专业调查。统计报表制度是按照国家的统一要求和规定（报送时间、报送程序、报送项目等）自下而上提供统计资料的一种报告制度。它是国家定期获取全社会的国民经济和社会发展情况的基本方法。专门调查是为了了解与研究社会的某一方面的情况，而特别组织的调查活动。

专门调查又分为普遍调查、重点调查、典型调查、抽样调查等。

普遍调查又简称普查，是专门组织的用来调查属于某一时点上或一定时间内社会某一方面情况的一次性的全面调查。

重点调查是在被调查对象中选择一部分重点单位进行的一种非全面调查。这些重点单位虽然数目不多，但其某一数量标志的标志值之和却占总体标志总量的绝大比重。采用重点调查的方式只在于掌握事物的基本情况。

典型调查是一种非全面调查。它是根据研究的目的和要求，在对被调查对象分析的基础上，有意识地选择若干具有代表性的典型作调查单位，以期从认识个别的特殊事物开始，然后逐步地扩大到认识一般的事物，即认识诸种事物的共同本质，或者进一步补充、丰富和发展已经取得的一般认识。典型调查的关键是选“典”。典型选择得当与否，直接影响调查资料的质量。

抽样调查是一种非全面调查，是从群体中抽出部分可代表群体者，加以深入研究，再用此部分结果来说明群体的方式。例如，工厂质检员抽取若干成品进行质量检验，以便于了解、推介该批产品。

（2）调查的方法。

调查的方法有多种，其中主要有访问法、问卷法、电话法等。

一是访问法。它是按一定的调查目的，依据调查提纲，由访谈调查员与调查课题相关的调查者进行访谈，以获得资料的一种方法。如果被访者是多位，一般是通过座谈会的形式进行调查，如果被访者是一位，可通过个别访问的形式进行。无论是座谈还是个访，调查员都必须抱谦虚请教的态度。访谈时，注意提问和漫谈的有机结合，这样既不脱离主题，以免随意漫谈，流于海阔天空，又能形成轻松的氛围，而不使被调查者感到紧张、拘束。

二是问卷法。问卷是一种为了统计或者调查而设计的问题表格，是收集资料的一种技术手段。问卷调查方法是运用问卷这种搜集资料的工具，向被调查者了解社会事实和测量其行为状况的有效方法。

其中的关键在于设计问卷。设计高质量的问卷，等于问卷调查成功了一半。而要设计高质量的问卷，首先要考虑的是提多少问题，提哪些问题。

选择问题应注意三个原则：一是精，二是实，三是易。

所谓“精”，就是问题应该少而精，不能多而滥。这样，回答问题花费的时间少，从而被访者就比较愿意配合，问卷回收率也就会高；就研究者来说，汇总分析的工作量也不大，从而也能保障调查的时效性。

所谓“实”，就是问题要具体实在，不能抽象、空洞，使回答者无所适从，无从下笔，以至产生厌烦情绪，汇总时也难以得出令人信服的结论。

所谓“易”，就是问题提得通俗易懂，让回答者容易理解、容易回答，而不能让回答者不知所云，不得要领，如读天书。

三是电话法。该方法是运用电话这一工具，按照问卷的项目直接询问被访者以获得资料的一种方法。这种方法可以在广大的区域内进行，调查对象不必居住在一个地方，速度比其他调查方法快捷，调查过程受外界干扰较小，费用低廉。而且电话调查是一种间接调查方法，被调查者心理压力小，更愿意如实回答调查者的提问，因而使调查成功效率高。须注意的是，通过电话调查，不可一次通话太久，时间受到一定限制。因此，电话调查的内容一定要精练，询问的问题不能过杂过多。

2. 观察

观察法是研究者依照一定的调查目的、要求以及观察提纲，凭借自己的眼睛、耳朵和其他身体器官进行感知和记录处于自然状态下（指人们不加以控制的情况下）的有关事实的一种研究方法。它是搜集第一手资料或验证间接资料的一种最基本的方法。

（1）观察法的分类。

从观察主体与观察客体的关系来说，观察方法可以分为三类：非参与观察法、准参与观察法、完全参与观察法。

一是非参与观察法。它是观察主体不干预或不参与观察客体的运动或活动，完全处于旁观者角度的一种观察方法。这种方法是在被观察者（指人作为观察客体）完全不觉察的情况下，只是看和听，然后记录所看到和听到的情况。

二是准参与观察法。它是观察者参与被观察群体或组织的活动，观察者在不隐瞒自己身份的情况下，进行观察调查的一种方法。观察者是作为观察者的身份和被观察团体一起生活，但其不是被观察团体的一员，因而可以酌情不参与被观察者的某些活动，保持超然的状态。

三是完全参与观察法。它是观察者参加被观察的群体或组织并成为其中成员，而被观察者不知其真面目的观察法。例如，美国社会学家奥斯波南以“罪犯”身份进监狱，与犯人生活在一起。这不仅使他对犯人生活有亲身体验，而且犯人把他看成自己的同伙，对他无所顾忌，从而使他真正了解犯人的心理与行为状况，在这之后，他写了《在监狱内》一书。

（2）运用观察法的原则。

无论按哪种观察法进行观察，都要遵循如下原则。

一是计划性原则。进行观察，在实施前要制订好观察实施的计划、方案。包括观察的目的、观察的地点、时间安排、人员的分工与培训、组织与领导、财物筹集与使用，同时也要把工作制度、成果处理等列入方案之中。这是保障观察成效要坚持的一项前提性原则。

二是客观性原则。在观察中，观察者的心态必须是客观的、冷静的，不从个人主观好恶出发，不把个人感情寄予被观察物上。例如，气象工作者为作气象预报，说明天气情况，就需要对气温、气压、湿度、风速、降雨量等进行观察，根据所得资料，作科学的分析，以得出准确的结论。观察者不应以个人感情代替科学观察。例如，不能因观察者厌恶暴风雨天气而无视或修改暴风雨来临的有关观察数据。

三是严谨性原则。这是坚持客观性原则所必然要求的。为了减少误差，全面准确地搜集资料，观察者要具有认真负责的工作态度。要全神贯注，深入细致，不能浮在表面上。要注意观察的多侧面、多角度，对观察对象的存在条件、构成的各个部分、各种表现形态，它们在时间上的演替、空间上的分布以及与其他事物之间的联系等，作全面的观察和了解。要注意捕捉细节。瑞典植物学家林耐说过："自然界的伟大最清楚地显示在他微小的细节上。"①只有细致入微的观察，才能抓住被观察者的特征，从而才可能有所发现。

四是精确性原则。这里的精确是指观察的严谨性要在记录上获得确切的反映。尤其是对有关数据，更不可掉以轻心。例如，19世纪80年代，英国科学家瑞利为了精确测定惰性气体氮的密度。用从空气中取得的氮和从氨中提取的氮加以比较，发现从空气中取得的氮的密度为1.2572克／公升，从氨中提取的密度为1.2560克／公升，二者相差0.0012克。瑞利不放过这千分之一的差异，进一步精心观察，仔细分析，终于发现了一种新元素：氩。很明显，如果不是在观察中作确切记录，如果不对这千分之一的差异打上问号，不作进一步观察，新元素氩

① 转引自霍焕民、徐秋英：《说明文写作技巧》，49页，北京：中国青年出版社，1994年。

就不会被发现。

五是持续性原则。观察的过程是了解事物性质、状态，探索事物发展规律的过程。为了这一过程的完整性，就必须坚持观察的持续性。比如，为了说明某种动物的生活习性，就不仅要在白天而且要在夜里进行观察，不仅要观察其独居，还要观察其与同类动物共处的状况，不仅要观察其日常状况，而且要观察其发情期的状况。这样才能获得比较完整的资料。气象学家竺可桢为系统掌握北京地区的气温资料，每天早上一起床，就用他那钢笔式的温度计测量北京地区气温，认真做好记录，几十年如一日，从未间断。这种坚持不懈的精神，值得后人学习。

3. 实验

观察和实验都是对世界奥秘的认识活动，都是为了获得认识事物规律的事实材料，但二者又有区别。观察是对观察对象在自然状况下进行的，而实验方法是人为地去干预、控制研究对象，在实验中取得观察时不易得到的材料。

实验是研究者利用专门的仪器和设备，对研究对象进行积极的干预，尽可能排除外界次要的、偶然因素的干扰，突出主要因素，使需要认识的某种属性或因果关系以纯粹的形态呈现出来，以便进行观察和研究，从而获得经验事实的一种搜集资料的方式。

例如，人们对“基本粒子”的研究，一种是用观察的方法，即观察来自宇宙空间的高能粒子流，但是这只能等待来自空间的“不速之客”，只能“靠天吃饭”。另一种是实验方法，即用高能加速器把带电粒子如电子、质子加速到很高速度，然后有意识地让它和要研究的物质相碰撞，碰撞的结果产生大量的粒子和新现象，人们可以更加能动地去揭示其微观结构的奥秘。

科学实验的种类很多。根据实验的目的，可分为定性实验、定量实验、析因实验、对照实验、模拟实验等。

（1）定性实验。

它是要求通过实验对研究对象的性质做出回答，一般不涉及量的关系。如化学中的定性分析实验，就是用实验去鉴定物质中含有哪些元素、离子等。

（2）定量实验。

它是用以测量某对象的数值，判定数量间的关系，确定某些因素中的经验公式、定律等的实验。比如，为了判定某种药物的用药量和药效之间的关系所进行的实验就是定量实验。

（3）析因实验。

它是由已知结果去寻找未知原因或借实验程序以发现因果关系的一种方法。比如，20世纪初，法国细菌学家尼科尔注意到城里流行斑疹伤寒时，病人入院彻底洗了澡并换掉了带虱的衣服，这种病在医院里便停止传播。这是何故呢？通过实验尼科尔找到了原因：体虱是传播斑疹伤寒的媒介。

（4）对照实验。

它是将研究对象作为“试验”组，另外设置一个“对照”组，以此作为比较的对象和标准，然后通过某种实验步骤，即对实验结果进行比较来揭示研究对象的某种性质或某种原因的实验方法。比如，为了测定某种药物对某种病菌的杀灭作用，把带有这种病菌的白鼠分为甲乙两组，甲组服用这种药物，乙组不服用这种药物，并对其结果进行比较，以得出某种结论。

（5）模拟实验。

它是根据研究对象的本质特征，人为地建立或选择一种与之相似的模型，通过这种模型，以获得实验结果；或仿造一个适合对象所需的自然环境进行实验，以获得实验结果的一种实验方法。

不管进行何种实验，都要遵循一个基本原则，那就是任何实验的结果都必须被他人重复验证，这样才会得到公认。这不仅是实验技巧问题，更是科学态度问题。

4. 文献检索

文献是过去发生的社会事实记录，因有历史价值或现实价值而保留下来。从知识形式分，有文字文献（包括公开出版的各种书籍、报纸、杂志、公布或未公布的国家法律条文、政策文件、会议纪要、备忘录、日志、大事记等文书档案，以及私人日记、笔记、信件、自传、供词等）、数据文献（包括各种总体与分类的统计年鉴、统计汇编等）、图像文献（包括绘画、雕塑、图片、影视片等）、有声文献（包括唱片、录音带等）。

文献检索又称文献资料的查找，是指在储放文献资料的库房里找到自己所需要的文献资料的操作过程和方式途径。为此，就要掌握查找的方法。

（1）熟悉图书分类、检索方法。

现在通用的《中国图书馆图书分类法》，把图书资料划分为5个基本部类：“马克思主义、列宁主义、毛泽东思想”“哲学”“社会科学”“自然科学”“综合性图书”。

在基本部类的基础上又分为22个大类，每个大类以一个大写的英语字母作为代表，如“F”为经济，“K”为历史、地理等。

大类属一级类目，在一级类目下，根据图书的属性又划分为若干个二级类目。在二级类目的基础上又划分为若干三级类目及再下一位的四级类目。

在每一四级类目中收有许多书目，可以从这些书目中检索到需要的图书。

除了这种分类目录，还有按笔画排列的书名目录、按作者姓名笔画排列的著者目录。上述三种目录各有特点，相互补充。查一本书，若知道书名或作者姓名，则可根据笔画按书名目录或著者目录查找；若知道书的类属可按分类目录查找。总之，可以根据不同情况，选取不同排序目录，查找一本书。

（2）要善于使用工具书。

工具书是专门用于查找包括字、词、句、公式、数据、书名、事件等有关资料在内的各类书籍。论文写作主要使用的工具书有字典、词典、书目、索引、文摘、年鉴、类书等。

学会使用工具书，就能迅速地找到你所需要的参考资料。例如，你想知道马克思恩格斯和列宁关于“无产阶级专政”有哪些论述，查一查《马克思恩格斯全集主题索引》《列宁全集主题索引》就可得到解决；如果你碰到一些较冷僻的生字、生词，不会读音，不知其意，只要翻一翻《新华字典》《中华大字典》《辞海》《辞源》即能迅速得到解决；你要了解某个历史人物的生平、籍贯及生卒年月，查阅《中国人名大字典》《中国文学家大辞典》《历代人物年里碑传综表》《中国古今地名大辞典》即可求得答案；你要研究某个朝代的经济史料或地震资料，翻阅《十通索引》即可找到所需要的资料；你要查找某句古诗、文的出处，就可翻检《佩文韵府》《骈字类编》《十三经索引》；你想知道某个时期全国学术界的动态，开展哪些问题的讨论，有哪些不同的意见，有哪些研究成果，翻一翻《全国主要报刊资料索引》就可得到线索；你要查找关于鲁迅的研究资料，就可查《鲁迅研究资料编目》和有关鲁迅研究资料索引；你要了解我国在清乾隆以前有多少书，这些书的内容是什么，就可查阅《四库全书总目提要》。由此可见，学会使用工具书是获取资料的重要途径之一。

工具书的种类很多，各有各的用途。因此，我们首先要熟悉工具书的类别和用途，它是提供什么材料的，从而做到碰到什么问题，就能查阅什么工具书，就可节省时间和精力。

另外，要掌握工具书的查检方法。一般工具书的查检方法主要有音序、部首、笔画、笔顺、四角号码、类别等六种。

查找资料的途径，可手工检索，有条件的也可以采用计算机检索。目前我国已在许多城市建立了计算机检索系统，几分钟就可以扫描几万、几十万甚至几百万篇文献资料目录，具有检索速度快、效率高、内容新、范围广、数量大的优越性。

（三）整理

在阅读和调查中所获得的资料是零散无序的，只有经过整理才能使之系统化、条理化，得到满足研究和论文写作所需要的素材。实际上资料整理的过程也就是对所搜集的资料消化理解的过程。资料整理的科学与否，对资料能否在研究中发挥作用有直接的影响。

资料的整理包含如下三个具体步骤：

1. 资料的审核

对原始资料进行审查核实，主要是检查资料是否齐全，项目有无遗漏。对所填项目，可通过逻辑检查、计算检查等方法核实其可靠性。对第二手资料的审核，主要是对其真伪、质量进行核查。

郭沫若说："无论做何种研究，材料的鉴别是必要的基础阶段。材料不够固然大成问题，而材料的真伪或时代性如未规定清楚，那比缺乏材料还要更加危险。因为材料缺乏，顶多得不出结论而已，而材料不正确便会得出错误的结论。这样的结论比没有更要有害。"[①]任何学问的第一道关口就是客观。客观是科学研究的第一要件。

① 转引自宋志明：《论文本与中国古代哲学的沿革》，《江汉论坛》，2014（7）。

2. 资料的分类

资料的分类就是根据研究的任务和特点，按某种标准将所搜集到的资料各归其类，也就是把内容相同的资料排在一起，并把不同类型的资料按照说明论点的层次顺序逐一加以编号。

资料的分类是通向任何学问的第二道关口。没有完整的和明确的分类，任何资料都会变成杂碎。

3. 资料的归纳

按照资料价值的有无和大小进行筛选，从资料中提炼出思想。提炼材料的基本方法之一，就是把材料互相联系起来作比较，同中求异，异中求同，由表及里，去伪存真。

资料的归纳是通向学问的第三道关口。若不依学问结构进行深入比较归纳，则其内在联系不张，本质和规律不显，就成为无法抓准的一片虚浮，就易为时尚话语和情绪所羁绊。

三、资料的正确运用

搜集资料的目的是为了运用资料来表现论点，说明论点。如何才能运用得正确呢？在这里，第一步工作是对搜集来的材料加以选择。

（一）资料的正确选择

如何正确选择资料，有以下几点是应该注意的。

1. 要选用有针对性的资料

这里的针对性是指材料的运用必须与说明的论点有关，并且能有力地表现和论证观点。也就是说，资料的运用不能无的放矢，那些对说明问题无用的资料或用处不大的资料必须坚决舍去。资料不足，固然会导致论证无力，但资料堆积过多，淹没了观点，或资料与观点不对号，同样会削弱论证的力量。有一些资料单独看可能很吸引人，但如果硬塞进文章，反而会使文章累赘、拖沓，这样就不可取。

初学写作者在资料的取舍上容易产生不忍割爱的毛病。其实，有所得，必有失。比如，一块衣料，寸寸珍惜，舍不得剪裁，也就缝制不成合身的衣服。而为了成衣，就必须裁去不需要的部分。对于论文写作来说，资料选用的标准只有一个，那就是能否鲜明、集中地表现论文的主题。只有坚持这一标准，才能毅然决然地下手剪裁。

2. 要选用真实可靠的资料

真实可靠的资料就是符合客观实际情况，能够反映事物本质和主流的资料。资料真实可靠，从资料中引出的观点才可靠，才科学，凭借虚假的资料，必然导致错误的结论。文革时期，搞评法批儒，说秦以前是分封制，秦以后，秦始皇废分封建立郡县。对此，《史记·秦始皇本纪》中有记载，然而这是作为宫廷里的一项决议来讲的，这项决议并没有得到切实的执行，许多材料证明，秦以后“分封制”没有废，并且两汉是分封制最发展的时期。因此，如果在研究中轻率地对待秦“废封建立郡县”，认为秦以后没有分封了，没有封国的问题了，这个结论就错了。

因此，为了保证资料的真实可靠，就必须对搜集来的资料，特别是对那些重要的、关键的资料进行反复研究。第一，要核实它的真伪，看它的真实性如何。第二，要研究这个资料的意义是什么，要研究资料与资料之间的相互关系。不能人为地剪裁某些事实，去服务于对某种观点的说明，不能牵强附会，凭主观的想象，添加资料中不存在的东西。不能从某些资料中引出片面之词，而对相反的资料视而不见。

3. 要选用典型性的资料

所谓典型性的资料，就是那些能够深刻反映事物本质，具有广泛“代表性”和巨大“说服力”的事实或论据。美国“虐囚”丑闻被揭露以后，凌德权写了《强权与人权》一文①，文中运用了两个方面的材料，一是2001年“9·11”恐怖事件发生几小时之后，美国总统布什在白宫发表的全国电视讲话的摘录：“这种邪恶是人性中最恶毒的”，“我们无法相信这些画面。我们心中充满了极度的悲痛和无言的、无法妥协的愤怒……”。二是“虐囚门”事件发生以后，美国最高行政当局、最高军事当局以及国会关于此事件的辩解开脱的材料，说什么“只是少数人的犯罪行为”，“并不代表美军的总体形象”。这两个典型材料的运用，把美国政府在人权问题上一贯搞双重标准的面目揭露无遗。

4. 要选用新颖性的资料

资料的新颖性，就是材料新鲜、活泼、生动、有趣，具有时代特

① 凌德权：《强权与人权》，《半月谈》，2004（10）。

色。所谓新，有这样几种情况：

（1）是指最新的信息。社会生活、社会实践总是不断发展变化的，只要注意搜寻，就一定会找到带着晨露的新材料，这里包括最新的事实、最新的数据、最新的发现、最新的理论等。

（2）是指别人没有或很少使用的材料。有些事实材料虽然很典型，但由于别人用得太多，如果再拣来写进文章，就会雷同，也显得陈旧，不能引起读者的兴味。陆游诗云："文章最忌百家衣"。拼凑人家用烂了的老材料，一向是作者的禁忌。这就如同大人教育小孩要诚实，老讲"狼来了"的故事一样，会使小孩厌烦，甚至反感。

（3）巧用老材料。即对老材料改变角度写出新意来。例如毛泽东在《将革命进行到底》这篇文章中，引用了《伊索寓言》中《农夫与蛇》的故事，把这个故事与当时（1948年）中国革命的形势联系起来，狠狠嘲讽了那些"外国和中国的毒蛇们"高喊"和平"以求"恢复"往日威风的痴心妄想，义正辞严地宣称：中国人民"听见了并且记住了这个劳动者的遗嘱"，"决不怜惜蛇一样的恶人"。毛泽东运用这一"外国"的、"历史"的材料，别具一格，有力地烘托和突出了全文的主题。

5. 要选用权威性的资料

在众多近似的资料中，应该选取最有权威性的资料来进行论证，这样才能提高可信度，论证才有力量。

就数字材料来说，国家统计局、联合国有关部门、世界银行所提供的数字资料，国内外权威机构和有影响的、严肃的大型报纸杂志所提供和报道的数字资料，科学实验所验证的数字资料，都应视为有权威的资料。

就理论资料来说，科学的公理和原理，乃至于民谚、俗语，一般都是经过实践检验的；另外，被世人公认的国内外著名哲学家、思想家、科学家、政治家的科学论断、论述等，都应被视为有权威的资料。引用权威性的理论资料，可以产生以一当十的效果。

6. 个案材料与综合材料的统一

比如，有人论证"科学技术是第一生产力"这样一个命题，分别引用了某项或某几项现代科学技术如何促进生产力发展的材料，这是个案材料的运用。同时又引用现代科学技术对现代生产力发展和经济增长方面所做出的总体贡献，比如，西方发达国家在20世纪50—60年代，科技进步的因素在国民生产总值增长中所占的比重已上升为50%，80年代则高达60%—80%，这就是综合材料的运用。在这两种材料的运用中，如果只有个案材料，没有综合材料，不能给人总体的说明；反之，只有综合材料，没有个案材料，也会使人对综合材料的理解不能达于生动、具体。因此，必须坚持个案材料和综合材料在运用中的统一。

（二）资料的合理运用

资料的合理运用，就学术论文写作来说，有这样三点要注意的：一是灵活运用，二是详略得当，三是资料与观点的有机统一。

1. 资料要灵活运用

即为了说明观点，可以不考虑资料的时间顺序、空间顺序，那些相近、相似、相关、相应或在某一点上有相通之处的材料，都可以灵活运用。不论古今中外的资料，用得恰当，用得活脱，就行。

2. 资料要详略得当

这里的详略是指资料的叙述或材料的展开程度要适当。有人把“详写”比喻为绘画中的“工笔”细描，“略写”比喻为绘画中的“粗笔”勾勒。有详有略，详略得当，文章的内容就显得匀称自然，充足饱满。

一般说来，掌握材料详略的原则是：重要的材料宜详，次要的材料宜略；具体的材料宜详，概括的材料宜略；“新”的材料宜详，“旧”的材料宜略；人所难言者宜详，人所易知者宜略。

引用原始资料，不要长篇照抄，变成“资料汇编”，应用自己的话概括原文。非引用原文不可的，要选择典型的话，也不应大段抄录。

引用一个人的资料不宜过多。比如，研究西方哲学的，不能在一段文字中，用“黑格尔说”“黑格尔还说”“黑格尔进一步说”而加以多次引用。特别是一些常识性的道理无需引用名人名言，而使事情复杂化，这样做毫无意义，徒增文字。比如，康德说，“人是要吃饭的”，就没有必要引用。

3. 资料与观点要有机统一

即在资料运用过程中，不仅要求资料服务于观点的说明，资料要与观点相一致，如上文所说的要有针对性，而且要借助对资料的分析来论证观点，来说明资料与观点的内在关联，从而使观点与资料成为统一的有机联系的整体。

第八章　学术论文的立意、提纲和编写格式

意犹帅也，无帅之兵，谓之乌合。[①]

——王夫之

或问："文章有体乎?"曰："无。"又问："无体乎?"曰："有。""然则果何如?"曰："定体则无，大体须有。"[②]

——王虚若

文章要靠布局才能达到高度的雄伟。[③]

——朗吉罗斯

选题确定以后，经过搜集、整理材料，在对材料进行思考，即进行加工制作的基础上，要形成论点。在形成论点以后，进一步的工作是要研究如何有步骤、有层次地展开论点和说明论点，即如何表述的问题。表述的总体要求是：言而有物、言而有序、言而有文。而要做到言而有物，就必须治学有得；要做到言而有序，就必须符合逻辑；要做到言而有文，就必须讲究修辞。而这三个方面的要求，都要借助学术论文的立意、提纲、编写格式得以实现和体现。这里先来谈谈论文立意。

一、立意要点

这里来谈四点：一是立意的涵义，即说明什么是立意，什么是学

① 王夫之：《夕堂永日绪论内外篇》。
② 转引自李鸥：《经济论文写作旨要》，132页，天津：天津大学出版社，2000年。
③ 转引自朱光潜：《西方美术史》上卷，111页，北京：人民文学出版社，1979年。

术论文的立意；二是立意的意义，即说明为什么写文章要先立意；三是讲立意的要求，即说明如何去正确立意，这其中有什么讲究；四是如何才能做到正确立意。这里先谈第一点。

（一）立意的涵义

1. 何谓立意

“立”，就是“确立”的意思。“意”，就是“旨意”，这里是指一篇文章的宗旨、大意。所谓“立意”，通俗地说，就是确立文章的宗旨、大意。

如何理解这个涵义呢？这里要注意两点：

一是这里的主旨是文章的主旨、大意，不是文中某一段、某一部分的大意，即不是段落大意，也不是文章部分的大意。也就是说，不能以文章的局部的意思代替整篇文章的主旨。有人会说，这有什么深奥的。是的，这在理论上并不深奥，但在对具体作品的分析上，可就不那么简单了。

比如，唐代诗人白居易写了一首著名的诗篇叫《长恨歌》。关于诗的主旨是什么，近1200年来可以说众说纷纭，见仁见智。归纳起来，大体有三种观点：一是玉殒香消说。该说认为，这首诗的主旨是写杨贵妃的美丽被摧残，因而令人长痛，即长恨。杨贵妃岂止美丽，简直倾国倾城：“回眸一笑百媚生，六宫粉黛无颜色”。二是情爱思念说。该说认为，唐杨爱情，被人断送，阴阳相隔，天上人间，此痛绵绵。有诗为证：“天长地久有时尽，此恨绵绵无尽期”。三是荒唐误国说。该说认为，唐玄宗荒唐误国，引人长痛：“春宵苦短日升高，从此君王不早朝”。对《长恨歌》主旨的理解，之所以会产生分歧，从思维方式角度说，就是以诗中某两句的意思来代替全篇的意思。全篇的主旨是什么呢？我认为，这个主旨就是：君王的个人悲剧引发为国家悲剧，引人长痛。

二是这里讲的是文章的主旨，指贯穿全文的基本的、中心的意思，不是那些非基本的、次要的意思。这就告诉我们，不能把文章中那些非基本的次要的意义加以拔高，误认为是文章的主旨。

这个道理在理论上也并不难理解，但一篇作品可能有多方面、多层次的意思，因而要把握它的主旨也不是一件轻松的事。比如，马克思恩格斯写作《共产党宣言》，其主旨是什么？哲学家、政治学家、经济学家就有不同的看法，但往往都是一个侧面。现在多数人的观点是：《共产党宣言》的主旨就是科学揭示了资本主义必然灭亡、社会主义必然胜利的规律，指明了无产阶级是这个历史使命的担当者。

对读者来说，对文章的主旨有一个事后正确理解和把握的问题，而对于作者来说，有一个事前弄清楚的问题。即你写这篇文章，向读者主要要表达"什么"。这个"什么"的内容，就是主旨。

当然，这里讲的是一般文章的主旨。

这个主旨在记叙文里通常被称之为"中心思想"，在文学艺术作品里被习惯地称之为"主题"，在论说文里被指称为"基本观点"。这些指谓尽管表述不同，但精神实质相通，因而它们常常又可被置换使用。

就学术论文来说，立意就是确立学术论文的基本论点或主题思想。

从研究过程来说，确立论点是整个研究的结果、终点；而从学术论文的写作过程来说，即从学术观点的表达过程来说，它又是整篇论文写作的起点。

为了进一步理解立意的涵义，这里还有以下几点需要说明的。

2. 立意与论题不同

论题是从论证客体角度讲的，而立意是从论证主体角度讲的。论题是指要论证的问题是什么，它是一般地概括反映文章内容的性质或基本范围，具有客观性。而立意则是标明论者在所论的问题上持有什么样的一种见解，它是观念形态的东西，是作者的一种思想认识，在表达上是一种理性判断。同一论题对不同的论者来说，立意可能不同。因此，立意具有一定的主观性。从学术研究来说，选题是重要的，立意则更为重要。

3. 立意与聚材不同

聚材是搜集材料。材料是研究者思想加工的对象，而立意则是对这些素材进行思想加工的过程和产物。没有聚材，固然谈不上加工，但没有经过立意这一理性思考的过程，材料也就不成其为思想材料，也显示不出思想价值、理论价值。这就如同猪肉不加工就没有食用价值一样。由此可见，就学术研究来说，资料的搜集是重要的，而立意则更为重要。

4. 立意与文章“内容”不同

从表现者和被表现者的关系来说，立意是被表现者，是要通过内容来获得表现的；内容是表现者，它要服从和服务于被表现者，即通过内容，来表达某种看法和主张。由此可见，内容是重要的，其所表现的观点更重要。

那么，立意在文章中的重要意义如何呢?

（二）立意的意义

这个意思可以用两个词来表达，一是“灵魂”，二是“统帅”。“灵魂”偏重于强调精神统摄，“统帅”则偏重于强调组织指挥。具体说来：

1. 基本观点是学术论文的“灵魂”

“灵魂”是一个比喻的说法。这里是说，学术论文的基本观点，相对于学术论文来说，就好比灵魂相对于人来说一样重要。灵魂是什么，按照唯物主义的观点，灵魂就是通过中枢神经对人的身体和活动起支配作用的意识和精神。没有灵魂的动物不是人，没有灵魂的人是植物人，不是正常人。

一篇学术论文，不是材料的拼凑，不是各部分的简单加和，也不是词藻的堆砌，而是有“灵魂”的东西，这个“灵魂”就是学术论文的基本观点。古人所谓“意者，一身之主也”[①]，说的正是此意。事实上，对一篇学术论文来说，其质量的高低，价值的大小，作用的强弱，影响的好坏，思想意义强不强，指导作用大不大等等，起决定作用的东西，不是材料、结构、语言、修辞等任何一个方面。因为所有这一些，都是为基本观点所制约，为基本观点的确立服务的，是受这个“灵魂”统摄的。离开了它，文章就会黯然失神，成为没有活力的死物；有了它，文章才会神采流动，才会有生命力。

2. 基本观点是学术论文的“统帅”

这里的“统帅”也是一个比喻的说法。在中国历史上，明清之际的思想家王夫之，就是这样比喻的：意犹帅也，无帅之兵，谓之乌合。

在写文章以前，必先有一个明确的主题或基本观点，然后才可以

① 黄子肃：《诗法》。

根据主题的需要来选择和组织材料，来规划文章结构，来拟定标题，来遣词造句等。

文章中所用材料，好比军队中的士兵，文章的主题好比军队中的统帅，没有统帅的队伍，只能叫“乌合之众”，而乌合之众是没有战斗力的。

文章的结构布局，好比作战部队的行军布阵，而行军布阵要听将军的号令，即“兵随将转”。不然，各人擅自行动，必然乱作一团。

遣词造句是为了表达思想。这样，言辞文采才能有所皈依，而不致流散杂乱。对此，唐代诗人杜牧曾指出：“苟意不先立，止以文采依，绕前捧后，是言愈多而理愈乱。”①其意思是说，若不先立意，只在那里搬弄词句，雕琢文采，“绕前捧后”，一味堆砌，那么，说得越多，道理越乱。

总之，动笔前先立意，这是任何文体的写作都应该坚持的一个基本原则，学术论文的写作也不例外。立意是文章的灵魂，有了这个灵魂，文章才能成为有生命力的血肉之躯；有了这个统帅，文章才能摆开富有战斗力的兵戎阵势。

（三）立意的要求

立意的要求有这样几点：

1. 明确性

这是立意的基本要求。即持有什么样的论点必须鲜明。主张什么，反对什么，肯定什么，否定什么，必须明确。比如，毛泽东的《人的正确思想是从哪里来的?》一文，立意就很明确，即人的正确思想不是从天上掉下来的，也不是自己头脑中固有的，而只能从社会实践中来。又比如，在关于抗日战争前途的问题上，毛泽东当年（1938年5月）曾写了《论持久战》一文，认为中国抗战的前途，既不是亡国，也不是速胜，而是经过持久战，最后胜利是中国的。这个立意也很明确。

如果立意不明确，朦朦胧胧，模糊不清，那么文章就会不知所云。以其昏昏，使人昭昭，是根本不可能的。另外，立意的明确，还表现为主题的集中、单一，而不是模棱两可，甚至二意并出，如果是那样，

① 杜牧：《答庄充书》。

必然“意多乱文”，使人“混淆不清”。古人说：“宾可多，主无二，文之道也。”这是很对的。

2. 正确性

立意很明确，但明确的立意并不一定正确。因此，好的立意除了具有明确性以外，根本的还在于要具有正确性。立意正确，这是写作学术论文的一个起码的基本的要求。如果基本观点不正确，是错误的观点，有害的观点，那么整篇文章也就立不住了。

有人说，“历史”是最严格的“法官”，“时间”是最公正的证人。这句话是很对的。历史上有些文章，比如文革时期，在极“左”思潮支配下和其后在资产阶级“自由化”思潮影响下所发表的有些文章，曾经产生过某种轰动效应，以至一时间达到了左右视听的程度，然而曾几何时，终被淘汰、舍弃而湮没无闻。其中观点错误是其主要原因。所以，立意的正确性是非讲究不可的。

3. 深刻性

立意很明确，也很正确，但明确和正确的立意不一定深刻。因此，好的立意除了具有明确性、正确性以外，还必须具有深刻性。所谓深刻，就是不停留于事物现象的表面，而是揭示出事物的本质联系。

周一良先生曾经谈到他自己在这一方面的体会。他说，他在研究魏晋南北朝的历史时发现，梁武帝对其所取代的齐王朝宗室不但不杀，还加以笼络任用，而作为齐王朝的开国君主萧道成取代宋时和作为宋王朝的开国君主刘裕取代晋时，对旧王朝的宗室都曾大肆杀戮，原因何在呢？周先生发现了他们在年龄上的差距，梁武帝代齐时仅38岁，正当年富力强，不忧天下不稳，所以敢于采取宽容态度；而萧道成代宋时53岁，刘裕代晋时已65岁，他们都害怕自己不久于人世，深恐嗣子不能维持新王朝的统治，故而对旧王朝势力采取剪除的方针。周一良先生并未轻易满足这个初步思考的结果，他与祝总赋先生在进一步的研究中找到了更本质的解释。即年龄因素所起的作用不可否认，但不是其主要原因，更主要的原因，是新旧王朝统治阶级力量的对比。刘裕即位时，虽已把异己分子消灭殆尽，但司马氏还是有些影响的人物，所以刘裕必须对司马氏加以剪除，杜绝可能产生的后患。萧道成本人威望不高，篡位以前基础不牢靠，不马上杀死宋顺帝并打击刘家宗室，怕维持不住。萧衍不杀前朝宗室还加以任用，是因为萧齐王朝年代短促，萧道成的嫡系子孙又多已被齐明帝消灭掉，所以萧衍才敢于宽大为怀。

周一良先生所讲的这一事例生动地说明，只有经过不断的思考，多问几个为什么，才能揭示事物的本质，从而达于立意的深刻性。

4. 新颖性

所谓立意的新颖性，是指基本观点不能跟人雷同，不能踩着别人的脚印走，要言人之所未言。中国最早的“文论”名著《文赋》（陆机）就说过：“虽抒轴于予怀，怵他人之我先。”意思是说，即使是出自自己的匠心，也最怕他人说在自己的前面。

学术论文立意的新颖性和上文所说的深刻性相联系。“深”必然“新”，你“入木三分”“剔肤见骨”，自然能使人耳目一新。另外，与内容的现实性强不强也密不可分。也就是说，立意反映了时代的内涵和现实的需要，自然也就十分醒目。最后，立意的新颖性还与角度新鲜有关系。这里的角度包括立意的立脚点、方位等。选择了一个新鲜的特殊的角度，立意的个性特征也就鲜明地表现出来了。

（四）如何正确立意

如何才能满足立意的这些要求，而达于正确立意呢？应该说，这绝非唾手可得，而是一个艰难提炼的过程。这里有以下几点是应该把握的。

1. 从丰富的材料中提取精华

主旨存在于哪里，主旨存在于原始材料中，存在于原始材料的共同性、重复性中。而要发现原始材料中的共同性、重复性，就必须占有丰富而翔实的材料。这里的意思有两点。一是材料要体现对象的多样性。材料多样了，才可以通过比较发现其共同性。二是材料要体现过程的连贯性。有了连贯的材料，才可以通过比较发现其重复性。

2. 要掌握科学的方法

从原始材料中发现共同性、重复性，并进而从共同性入手揭示事物的一般本质，从事物的重复性入手揭示事物的一般规律，从而形成正确的结论，这是一个复杂的思维过程，需要在正确的世界观指导下，采用科学的思维方法，即比较、分析、归纳、综合、概括等方法，对全部材料熔炼、加工，方能得其精髓。

3. 注意揭示事物的本质属性

一个事物有多方面的属性，其中有本质属性，也有受本质属性制约和统摄的非本质属性。本质属性是一个事物区别于另一事物的根本的方面，从而决定了该事物是“这一个”，而非“那一个”。因此关于某一事物的根本理论判定，必须抓住其根本属性，而不能泛泛而论，泛泛而论的立论，就没有针对性，同时也不会有新颖性。

如何才能揭示事物的本质属性呢？这里可采用如下方法：

一是由表及里法。所谓由表及里，即透过事物的表面现象，揭示事物内部错综复杂的矛盾，进而分析主要矛盾、次要矛盾，矛盾的主要方面和次要方面。一般说，主要矛盾，特别是主要矛盾的主要方面决定事物的本质。

比如，毛泽东在《中国社会各阶级的分析》一文中，分析了当时中国社会存在的多种矛盾，认为中华民族和帝国主义的矛盾、中国人民和封建主义的矛盾是中国所面临的两大矛盾。这两大矛盾决定了中国社会的性质、中国革命的任务、中国革命的依靠力量。这样就抓住了中国革命的深层本质特征。

二是由点而面法。一般而言，事物的根本特征并非单一的，而是由多方面构成的，即通过多方面构成了事物的总体特征。总体特征是不可能以整体的面貌一下子呈现给人们的，而是要经过一个由点到面，由部分到整体的具体化过程。

三是由果溯因法。任何结果都是由原因引起的，引起一定结果的原因有偶然原因、必然原因，必然原因往往是根源于本质属性的原因，由此通过追溯可以揭示事物的本质属性。

4. 从新的角度得出结论

要提炼有新意的主旨，必须站在新的角度。对于同一个问题，由于人们的角度不一样，其结论或形成的观点也就不一样。这就需要打破常规去思考，必须从各种观点的结合点、交叉点上去思考。其中许多观点都有片面的真理，但其中每一种观点在总体上又都有错误。要想既保留各种观点的真理性，又克服其片面性，就必须从综合的角度，用系统的观点看待事物，看待各种观点，把这些观点中的合理性因素加以更高层次的整合概括，从而形成较为全面的新颖性的观点或主旨。

5. 苦想攻关，一朝突破

材料的积累，科学方法的掌握，要抓住本质属性，要从新的角度得出结论等，应该说，这些对形成文章主旨都很重要。但是这些要实现和发挥作用，离不开一个根本环节，即苦想攻关。什么是苦想，即对弄不明白、想不通、想不透的问题，不是一般的想想，一般的思考，而是集中思绪，沉进去，朝思暮想，白天想，晚上想，才下眉头，又上心来。这是一种极为艰苦的高强度的脑力劳动，是一个“思想积累”的过程。通过苦想，寻找“触发点”，从而引出“契机”。打个比喻来说，通过苦想所实现的“思想积累”，好像聚拢在一起的干柴，遇到一点火星，就能熊熊燃烧。这颗火星，就是“触发点”，就是燃烧的火源或曰“契机”，是“山重水复”到“柳暗花明”的转折，是由朦胧到开朗的豁然。这样一来，作者头脑中原来模糊的想法清晰了，原来缺少联系的各部分材料被一根红线贯穿了起来。这个红线就是全文的主旨。

有些初学论文写作者，看到别人写出一篇篇立意深刻而又新颖的学术论文，很是羡慕，总以为别人天赋高，写得很容易，自己不行，因而写得很艰难。其实这是错觉，是表面地看问题。无论是文章的新手，还是文章的高手，在起步时都不轻松，都很艰难，打个不恰当的比喻：谁一开始都是丑小鸭。只不过，有的丑小鸭怕出丑，于是不敢再写下去，几十年以后，还是丑小鸭；有的丑小鸭不怕出丑，大胆写作，不断改善自己，终于成为写作高手，成为写作上的美天鹅。不过就是写作高手，在构思一篇新的学术论文的主旨时，也还得苦想攻关，这样才能一朝突破。这是作者在头脑中凝练文章主旨的一般规律。无论是文章新手，还是文章高手，都是绕不过去，都要老老实实遵循的。

可见，提炼主旨并非易事，这是辛苦的脑力劳动的结果。王安石曾说：“看似寻常却奇崛，成如容易却艰辛。”不苦想攻关，没有“思想积累”，坐等“一朝突破”的机缘，是等不到的。

二、提纲建构

如果说立意使文章有了“灵魂”，材料使文章有了“血肉”，那么，提纲建构或曰谋篇布局则是解决文章的“骨架”问题，从而使文章找到表现其基本观点的完整、严谨的结构形式。

所谓结构指文章各部分按一定的组合关系联结而成的序列。结构主要包括两方面内容：一是文章各部分的先后顺序，二是文章各部分之间的内在联系。

文章各部分的先后顺序关系到文章的总体布局与如何开头、如何展开、如何结尾等问题，而文章各部分之间的内在联系则涉及文章的完整性、条理性以及层次与组合方式等问题。

提纲就是作者对文章结构的一种规划。有些初学论文写作者不太愿意写提纲，喜欢直接写初稿，这是不值得提倡和效法的。就学术论文写作来说，在动手写作前，拟好提纲是十分必要的。凡有导师指导的论文，都必须提交论文提纲，经导师审定后，才准动笔成文，这已经是论文指导的一种必然要求、一种固定程序。

（一）论文提纲的意义

这里所指的提纲的意义，是说拟定一个好提纲的意义。这个意义有以下几个方面：

1. 有利于更好地阐明论点

学术论文的本质在于阐明论文的基本观点。但观点的表达要依据详尽的材料和有力的论证。无论作为论证支点的材料，还是作为阐明观点的论证，都需要言而有序。“有序”，从宏观上说，就是论文的结构布局问题。中心明确、脉络清晰是对结构的基本要求，是拟定论文提纲的一条基本原则。有了提纲，才能有层次、有步骤、有说服力地表达观点。因为论证只有一环套一环，层层推进，才能形成相互间有机联系的整体。

2. 有利于避免写作中的重大失误

提纲是作者对论文的总设计，是论文写作的一幅蓝图。从它的内容来说，是作者思路外化形态的一种表现；从它的功能来说，是对作者写作活动的一种规范，一种理性自觉。它是使写作达于成功的一个前提。有了合适的提纲就可以避免结构紊乱、层次错位、详略不当，材料与观点不合、跑题，甚至下笔千言却不知所云等情况的发生。

一般说来，无论是初学写作者还是学界高手，其写作的论文总是要修改的，有时修改一遍还不行。就修改的性质来说，可能有两种：

一是小修小改，二是大修大改。这两种情况的存在，如果把论题和基本观点方面存在的问题排除在外，那么主要就跟论文提纲的拟定有关。如果拟定了一个合适的提纲，依纲成文后，纵然需要修改，但因为大的框架无误，因而这种修改也只是局部的、枝节方面的改动、润色。而如果没有拟定好提纲就勉强成文，那么很可能会因基本骨架不对，而要进行大的修改，即伤筋动骨的改动，甚至要全部返工。这样一来，不仅是时间和精力的浪费，而且在精神上也是一种沉重打击。因此，无论如何要避免这种情况的发生。

3. 有利于文脉贯通

学术论文是长篇大论，不可能一气呵成。因此，学术论文的写作难度比较大，写作时间比较长，这就需要借助提纲来提醒自己，来连接思路，来保证文脉贯通。经常从事写作的人都有这样的体会，由于全身心地投入前一部分的写作，或写作中途去从事一段时间其他方面的工作，导致注意重心的转移，因而对下一部分如何写，原先的思考早已淡忘，头脑中甚至是一片空白，这时候就必须借助预先拟定好的提纲来给自己提供线索，唤醒记忆，畅通思路。因此，有了论文写作提纲，作者依纲逐段写作，相对集中精力于一段，把一段段写好，而又能文脉贯通地构成全文。

4. 有利于增强文章的可读性

提纲所表现的是文章的结构形式或结构样式。犹如一座建筑物，其样式必须符合美的规律，就文章的结构布局而言，也应如此。一个经过精心组织的提纲，能够使层次与重点一目了然，各种材料获得巧妙组合，各部分能够统筹兼顾，逻辑推进做到顺理成章，段落过渡达于严丝缝合。这样，就为实现内容和形式的统一打下了坚实的基础，从而给读者以整体感、条理感和匀称感，满足了读者对美的欣赏要求，也就提高了文章的可读性。

提纲的拟定是一项困难而复杂的工作。要做好这项工作，必须注意遵循有关的原则。

（二）提纲拟定的原则

1. 在根本依据上，要服从基本观点表达的需要

文章结构形态的形成，其根本的依据是文章的主旨，即基本观点。

怎样开头、结尾，怎样划分层次、段落，怎样过渡、照应，怎样选材、剪裁，以及以怎样的线索、脉络组合材料，这诸多问题都要根据主旨的需要加以审慎考虑，精心筹划。比如，某一部分，单从此局部看，有些观点和例子可能是精彩的，但从全局看，即从表现基本观点的要求看，它插不进去，用不上，也只能割爱。

有位大学生写了一篇题为《发展农村教育，繁荣农村经济》的文章。这篇文章的基本观点是通过发展农村教育，才能从根本上促进农村经济的发展。为了服从对这个主题说明的需要，该文提纲分为四个部分：

一、发展农村经济是新农村建设的基础

二、提高农民素质是发展农村经济的关键

三、发展农村教育是提高农民素质的根本

四、我国现阶段农村教育的现状和出路

这个提纲着眼于新农村建设，层层推进，揭示了新农村建设、农村经济发展、农民素质提高与农村教育发展的内在逻辑关系。这一思路很好地服务于文章基本观点的说明。

2. 在总体构思上，要体现提出问题、分析问题和解决问题的基本脉络

论说文总是针对问题发表议论，总是阐明关于某一问题的基本思想。因此，提出问题就是作者在文章中立起的“靶子”，是文章议论的对象，是文章展开议论的基本前提。问题提出以后，就要分析问题。要分析问题的种种表现，揭示问题的实质性特点，对所提出的问题要回答“为什么”是这样，而不是那样，要从不同角度用逻辑思维的方式对问题做出周密的解释，使读者明了和理解作者的观点。分析问题的目的在于解决问题，解决问题就是在理论上回答“怎么办”，即提供解决问题的理念、思路和办法。

有一位大学生写了一篇题为《我国的环境问题及其解决》的文章，就是按照提出问题、分析问题和解决问题的基本脉络来设置提纲。该文的提纲分四大部分。这四大部分的标题是：

一、我国的环境问题
二、我国环境问题的特点
三、我国环境问题的成因
四、解决我国环境问题的对策

另有一位大学生的《论中国弱势群体和社会稳定》的文章，其提纲设置也体现了提出问题、分析问题和解决问题的基本脉络。这篇文章的提纲也有四大部分，其标题是：

一、中国弱势群体的基本状况
二、中国弱势群体的形成原因
三、关注弱势群体的极端重要性
四、缓解弱势群体问题的思路和对策

这两篇文章的布局安排是层层推进，是合理的，符合逻辑的。

一篇论文在分析问题的过程中，在对问题形成原因的论述中，实际已经为问题的解决奠定了理论基础，提供了逻辑支撑。在文章结构中，如何解决问题的意见，既可以将其穿插在分析问题之中加以说明，而不一定占一个独立的部分；也可以单设一个独立部分，就解决问题的方法、步骤、措施进行详尽的阐述。

3. 在具体布局上，要体现内在的严密逻辑联系

这里的具体布局，是指以总论点为中心，搭起以分论点为支撑的框架结构。其中，涉及分论点，即文章层次如何划分，也就是设置哪些层次与层次安排的顺序等问题。

作者应该按照提出问题的方向，找出这个问题本身应有的若干方面或环节，这些方面或环节表现在论文结构上就是层次。作者必须清楚地分析出这些层次之间在内容上是并列的，还是从属的关系；分清各分论点与总论点之间在内容上的亲疏远近关系、里外关系、先后关系、轻重关系等。在这些关系搞清楚的基础上，就可以按照某种逻辑线索，建构层次结构，从而有次序、有步骤地表达中心思想。

需要指明的是，以上这些关系都是从内容角度讲的，比如远近关系是指分论点与总论点在内容上的直接联系还是间接联系，而不是单纯的空间顺序；同样先后关系是指内容上的派生与被派生的关系，而不是单纯的时间顺序。

所谓按照某种逻辑线索，比如说，你可以按照分论点与总论点的远近关系顺序为线索，既可以从远到近，也可以从近到远展开逻辑说明，也可以按照分论点与总论点的轻重关系顺序，或由轻到重，或由重到轻展开逻辑说明。至于说，某篇论文到底以什么为逻辑线索建构层次结构，这里主要取决于研究对象本身的特点和规律，因为逻辑线索所体现的作者思路的条理性，不过是研究对象的规律性在作者思想表达中的再现。

另外，也不妨沿着和顺着读者的思路来设置提纲。即设想读者在看到文章题目后，他会先想了解什么，后想了解什么。这个顺序也就是读者的思路。按照这个思路来拟定提纲，也不失为一个好的办法。比如有这样一个题目：《论现代中国人的现代化》。看到这个标题后，读者会想什么呢？估计他想了解：什么是现代，什么是现代化，什么是人的现代化，现代中国人的状况如何，中国人为什么要实现现代化，中国人怎样实现现代化等一连串的问题。这些问题的连串就是读者的思路。按照这个思路可以拟定如下提纲。就其大的部分来说：一、何谓现代、现代性与现代化，二、现代化与人的现代化，三、当代中国人的素质状况，四、如何实现中国人的现代化。

4. 在形式表现上，要体现结构的完整性

一篇论文是由各个局部通过合理的布局，组合而成的完美统一的整体。

首先，若干必备部分要完整。如总论与分论、交代与照应、起与承、承与转等，不能使其中任何一个部分缺少，不然就会使整体结构松动。

其次，各部分在文章中应有合适的量的比例，如主与次、疏与密、首与尾等。主要部分在量上无疑应该大于次要部分。

最后，每个部分如果用小标题来加以指称的话，那么，在语气风格上要一致，且与整个文章的风格内容相协调。

总之，要全面考虑文章各个部分的匀称饱满，各个环节的协调完美，才能体现其结构的完整性。

（三）提纲建构的步骤

文章的提纲建构，是作者在文章构思活动中一项复杂而困难的工作。犹如盖房子，要构建的是整个大厦总体的立体结构，而不是一房一厅，更不是一窗一柱。不少作家甚至认为提纲建构，其难度超过其他创作环节。对此，冈察洛夫说：“单是一个结构，即大厦的构造，就足以耗尽作者的全部智力活动……总而言之——像喝干海水一样困难。”[①]这样说，似乎有些夸张，但毋庸置疑，提纲建构，特别是一个好的提纲建构是有相当难度的。其原因在于，它必须符合文字表达规律和学术论文的文体要求，既能充分、准确地表达文章的主旨、内容，又能适应读者的需要，一看便激起读者的阅读欲望，使其不由自主地按照作者的布局读完全篇，领略题旨；既能正确反映对象的内在联系和本质，又能体现美的规律，使之符合写作文体和阅读主体的审美需求。

提纲到底如何建构呢？

这里有三步：

一是凝思。就是根据拟定的文章题目和文章主旨，竭尽全力去思考，在这个题目下，或围绕这个主旨，要表达哪些内容，这里采用的是散发性思维，不妨胡思乱想，要把与主旨联系的直接的内容、间接的内容、重要的内容、次要的内容，尽量想到，尽量想全。

二是记录。就是边想边记，想一点，记一点，胡乱想，也胡乱记，尽量想全、记全。

三是归纳。归纳就是把记录下来的星星点点，凌乱的想法、思绪进行梳理，评其主次，考其先后，加以条理化，进行逻辑的排列、组合，列成提纲，使贯穿和统摄上述排列、组合的思路视觉化。

朱光潜说：“在定了题目之后，我取一张纸条摆在面前，抱着那题目四面八方的想。想时全凭心理学家所谓‘自由联想’，不拘大小，不问次第，想得一点意思，就用三五个字的小标题写在纸上，如此一直想下去，一直记下去，到当时所想到的意思都记下来为止。这种寻思的工作做完了，我于是把杂乱无章的小标题看一眼，仔细加一番衡量，

① 转引自霍焕民、徐秋英：《说明文写作技巧》，82页，北京：中国青年出版社，1994年。

把无关紧要、不须说的各点一齐丢开，把应该说的选择出来。”[①]

这里所叙述的，大体就是提纲拟定的过程。

能否拟出一份妥善可行的论文提纲，除了要遵循上述四个方面的原则以外，在实际操作中，还应虚心听取老师和同学的意见，注意对提纲加以修改完善。甚至可以说，这种修改一直伴随着整个写作过程。也就是说，在具体写作过程中，如果感到某些方面的结构安排不适合，仍可对其加以调整。

（四）论文提纲的内容

一份论文提纲酝酿成熟，应反映下面四个方面的内容：一是标题，二是中心论点和分论点，三是层次段落，四是各分论点所用的材料。

请看一份内容齐备的规范的论文提纲：

马克思“世界历史”理论与我国现代化建设

王　静

（论文写作提纲）

前言：简要阐述论题研究的意义和价值

一、马克思“世界历史”理论对现代化历史走向的深刻揭示

（一）“世界历史”概念的历史唯物主义阐释

1. 维科关于人类社会历史的“世界性”思想

2. 黑格尔唯心主义的“世界历史”思想

3. 马克思历史唯物主义的“世界历史”思想

（二）“世界历史”理论蕴涵的现代化本质规定

1. 马克思“世界历史”理论揭示了世界各国现代化走向的历史必然性

2. 马克思“世界历史”理论明确了现代化手段的一般规定性

3. 马克思“世界历史”理论凸现了现代化进程的整体性

二、马克思“世界历史”理论对东方社会现代化道路的

① 转引自霍焕民、徐秋英：《说明文写作技巧》，90页，北京：中国青年出版社，1994年。

探索

（一）马克思从“世界历史”理论到东方社会发展理论的拓展

（二）在世界历史进程中探索东方社会现代化发展的模式

1. 马克思对殖民地国家印度未来发展的分析

2. 马克思对俄国跨越卡夫丁峡谷的设想

（三）马克思的东方社会发展理论对落后国家现代化发展的“特别”启示

1. 吸收资本主义的一切肯定性成果

2. 现代化道路的特色模式创新

3. 生产力发展阶段的不可跨越性

三、马克思“世界历史”理论在中国社会主义现代化建设中的坚持和发展

（一）中国特色社会主义现代化理论对马克思“世界历史”理论的新发展

（二）对外开放战略是马克思“世界历史”理论的逻辑结论在当代中国的实践延伸

（三）社会主义市场经济思想填补了马克思“世界历史”理论留下的空白

（四）科教兴国战略深化了马克思关于“历史转变为世界历史”的动力思想

（五）“四项基本原则”的思想完善了马克思关于“社会主义”和“现代化”历史融合的理论

这是一份酝酿成熟的论文提纲。

这份提纲已明确拟定了全文的大标题和各部分的小标题。全文前后一致均采用论点句作标题的方式。三条小标题句式工整，判断明确，简明具体，一目了然。

这份提纲的中心论点和分论点已明确拟出，并已推敲成论点句式。

这份提纲已明确拟定了全文的段落层次，除前言以外，全文分三个层次，每个层次还包含若干小层次，眉目清楚，条理清晰。

这份提纲已明确各分论点运用的论据。

这份提纲内容齐备，纲举目张，是一份好的提纲范例。

（五）论文提纲的形式

论文提纲的书写形式有两种。

1. 单句式提纲

单句式提纲，即以简单短句将提纲内容概括出来，一行一行按逻辑顺序排列以显示全文的层次结构。如前面王静的论文提纲就是单句式提纲。

这种提纲的优点在于层次清楚，一目了然，易拟易记。缺点是概括过于扼要，其所包含的具体内容只能自己了解，别人不一定明白，时间长了，自己也可能会遗忘，以致模糊不清。

2. 摘要式提纲

提要式提纲，即用简约的语言将每个层次以至每个段落的大体内容概括出来。这种形式的提纲比较具体，反映的内容比较丰富、细致。但是拟这种提纲相对单句式提纲要费时费力。对全文布局不如单句式提纲清晰。

下面是一份摘要式提纲：

经济全球化与中国现代化

丁亚非

（论文写作提纲）

绪论分两段写。

第一段提出经济全球化是当今世界发展的重大趋势之一。面对这一趋势，世界上的人们持有三种不同态度：一是积极推动，二是坚决反对，三是主动应对。

第二段说明中国是经济全球化的主动应对者。因为经济全球化不可抗拒，经济全球化对广大发展中国家来说，既是机遇也是挑战，只有积极应对才能分享经济全球化带来的好处，才能化解必然会遭遇到的种种风险，促进中国现代化事业不断取得新的胜利。

本论分三个部分，用一、二、三序码标示。

第一部分论述经济全球化及其为什么不可抗拒。分两个分论点论述。

其一，什么是经济全球化。经济全球化是资本主义占主导地位的生产力在全球范围内的发展。经济全球化具有两重性质：第一，作为人类社会化生产力发展的产物，它具有进步性，它的发展有利于在全球范围内进行资源配置，有利于促进人类社会生产力的发展；第二，经济全球化同资本主义生产方式的全球扩张相互联系、相互促进。它是西方殖民主义、新殖民主义向全球扩张的一种手段和表现。因此，经济全球化不能人为地加以拒斥，只能因势加以利用。

其二，经济全球化的历史必然。经济全球化的必然趋势根源于生产的社会化、国际化以及与这种发展相适应的世界市场的形成和发展。在此后的历史发展中所形成的一些新因素又进一步促进和加强了经济全球化的必然趋势。这些新的历史因素主要是现代科技革命的兴起、跨国公司的发展、区域经济集团的形成，以及全球性问题的产生等。

第二部分论述经济全球化给后发国家现代化带来的机遇和挑战。（略）

第三部分论述中国在现代化进程中对经济全球化的理性回应。（略）

结论。（略）

这份摘要式论文提纲全文约2000余字，限于篇幅，以上只引录了绪论和第一部分，目的是展示这种摘要式提纲的写法，提供这一方面的范例。该文25000字，其缩写本登载于《哲学研究》2002年第1期上。

三、编写格式

论文提纲是全文的框架。这个框架的设计，应该符合国家制定的编写格式要求以及现行通用的论文编写格式要求。

（一）国家标准的论文编写格式

为了统一学位论文和学术论文的撰写和编辑的格式，便于信息系统的收集、存储、处理、加工、检索、利用、交流、传播，中华人民共和国1987年制定了国家标准《科学技术报告、学位论文和学术论文的编写格式》。

这个编写格式，对制订本标准的目的、学位和学术论文的定义、编写要求、编写格式，以及该格式规定的四大部分，即前置部分、主体部分、附录部分、结尾部分，每部分的每项内容均作了具体而明确的规定。

现将其中的“编写格式”引录如下：

前置部分
- 封面、封二(学术论文不必要)
- 题名页
- 序或前言
- 摘要
- 前置部分　　关键词
- 插图和附表清单(必要时)
- 符号、标志、缩略语、首字母编写、单位、术语、名词等注释表(必要时)

- 主体部分
  - 引言 −1
  - 正文 −2
    - 2.1
    - 2.2
    - 2.3
      - 2.3.1
      - 2.3.2
        - 2.3.2.1
        - 2.3.2.2
      - ……
    - 图1(或图2.1)
    - 图2
    - 表1(或表2.1)
    - 表2
  - 结论
  - 致谢
  - 参考文献表

- 附录部分（必要时）
  - 附录*A*
  - 附录*B*
    - *B*.1
      - *B*.1.1
      - *B*.1.2 −*B*.1.2.1
    - *B*.2
    - ……
    - 图*B*1
    - 表*B*1
  - 结论
  - 致谢
  - 参考文献表

- 结尾部分（必要时）
  - 可供参考的文献题录
  - 索引
  - 封三、封底

（二）学界通用的论文编写格式

目前，不少杂志发表的学术论文，学校要求的学位论文还没有完全实行国家标准论文编写格式，而是在继续使用通用论文编写格式。

这种通用论文格式为：

1. 标题
2. 作者
3. 目录（必要时）
4. 摘要
5. 关键词
6. 绪论
7. 本论
8. 结尾
9. 注释
10. 主要参考文献
11. 附录（必要时）
12. 后记（必要时）

下面是一篇按通用论文格式写成的学术论文。原文发表于《安徽大学学报》2003年第6期。

关于价值、人的价值的几个问题

陶富源

（安徽师范大学经济法政学院　安徽　芜湖　241000）

摘要　价值是客体满足主体需要的有用性。价值主体是人，价值存在于价值主体与价值客体的关系之中。价值具有属人性和客观性两重属性。人的价值是人对人的意义，人作为客体的价值说到底是人作为主体的价值的自我创造、自我服务、自我实现，是主体人的社会历史发展的标志。

关键词　价值　人的价值　价值主体　价值客体

中图分类号：B018　文献标识码：A　文章编号：1001-5019（2003）06-0052-06

一、价值是客体满足主体需要的有用性

价值是什么？迄今为止，哲学界尚未形成统一的认识。分歧之一，何者能充当价值主体。对此，目前学术界有以下三种观点：一是认为，任何物都可以充当价值主体。也就是说，不仅人，不仅一切生命体，而且一切无生命体都可以充当价值主体。比如，风吹云散，雨过山青，在这里，风对云就有价值，云充当了价值主体；同样，雨对山就有价值，山充当了价值主体。二是认为，一切生物都可以充当价值主体。一切生物都有需要，满足需要的就有价值。比如，水对植物有价值，氧气对动物有价值。在这里，植物、动物就充当了价值主体。三是认为，价值主体是人，包括人类的个体和群体。

怎样看待这样三种观点呢?

那种认为无生物也可以充当价值主体的观点是没有根据的。诚然，无生物之间也存在着普遍的相互作用，这种相互作用，就一物引起另一物的关系而言，是纯粹自在的物理的或化学的联系。这种联系的双方只有因果之别，而无主次之分。对引起了某种结果的非生命物质而言，无所谓价值，无所谓好与坏、善与恶等等。谁能说清楚风吹云散，对云而言有什么价值，谁也说不清楚。这不是人的无能，而是无生命物质根本就不能作为价值主体而存在。也就是说，提出这个问题本身就是错误的。

那种认为生物体可以充当价值主体的观点，似乎有某种可取之处，但细加分析，也是不能成立的。一切生物体都有自己的需要，当然也就相应有满足需要的对象。有的论者把需要对象满足需要者的关系理解为价值关系，因而需要者就是价值主体。比如牛吃草，牛就是价值主体。这个推论是牵强的。因为在牛吃草的这种关系中，只是萌生了主次之别，而无主客之分。所谓主次之别，是指作为需要者的生物体在觅取需要对象的过程中具有一定程度的趋向性、选择性，相对而言，需要对象则处于被觅取、被猎获、被消费的被动地位。但是生物体的这种趋向性和选择性，是以生物体对需要对象的绝对依赖为前提、为根据的。因此，作为需要者的生物体与需要对象的关系，在总体上还是本能的、自发的，适应环境（包括需要对象在内）的关系。也就是说，在这种关系中，生物体还不是创造和支配需要对象的主体，需要对象也不是被创造、被支配意义上的客体。需要对象与生物体之间的关系仍然是一种纯自然关系。

第三种观点是可取的、正确的。即价值主体只能是进行社会实践的人。人作为能动的社会存在物，其本质特征就在于能进行有目的的社会实践活动，从适应环境发展到能动地改造环境。在人和人类社会诞生以前，整个宇宙是一片混沌，自然只是一种自在的存在，无所谓主体与客体之分。而只有到了人与人类社会诞生以后，有了人的实践活动，才有了人从现实世界中作为主体的提升，也才有了作为人的活动对象的客体。这时也才有了主客体的分化。

在实践基础上，主体人和客体对象之间形成了互相联系的三重关系，即改造关系、认识关系和价值关系。在这三重关系中，首先的基本的关系是改造关系。主体在能动地改造客体的活动中，一方面客体以自己的本质和规律规定和制约着主体的活动，并引起主体的反映；另一方面，主体根据自身对客体的反映，以符合自身需要的形式，占有客体，使客体服从自己的利益和目的。于是便在这样一种改造关系中，产生了认识关系和价值关系。改造关系、认识关系、价值关系相互依存、相互包含，存在于人与自然、人与社会、人与人的关系之中，形成了一种对立统一的关系体系。人类生活的进程表明，价值关系的发展与改造关系、认识关系的发展是同步进行的。就价值关系与改造关系来说，价值关系始终存在于实践改造活动之中，价值的选择，目标的确立，主体对这种目标的追求，对结果的评价，一步步推动着实践的发展和认识的升华，并构成了实践的内在灵魂。倘若价值关系不确立，那么特定的实践改造关系和具体的认识关系也无法确定。另外，就价值关系与认识关系来说，认识过程中始终存在着认知性因素和评价性因素。前者由客体自身的性质所规定，后者由客体自身的性质中那些与主体的需要相契合的方面所规定。价值便是通过选择性程序使二者相统一的“中介”。从认知性因素分析，它属于主体对客体对象的本质联系的反映，这种反映也不能脱离明确的或潜在的价值目标的影响。因此，认识过程中的不同阶段都存在着与该阶段相适应的价值关系。总之，人们为了创造价值而认识世界和改造世界。另外，人们只有在实践中科学地认识世界，才能有效地改造世界，也才能实现人类的利益。因此，人作为价值主体，不仅指人是价值的享用者、消费者，而且还指人是价值关系的主动建构者，是价值的创造者、实现者。由此看来，价值主体只能是人，而不可能是人以外的物或其他生命体。正如马克思所说："当物按人的方式同人发生关系时，我才能在实践上按人的方式同物发生关系。"[①]价值关系本质上是实践中形成的客体的属性与主体人需要的契合或统一的关系。

分歧之二，价值存在于何处。在这个问题上存在着以下三种观点：

第一种观点认为，价值存在于事物本身，是事物本身固有的属性，完全不取决于人是否需要、追求、享受和消费。由于把价值看成是独立自存的客观性质，因而这种观点被认为是客观主义的。这种价值客观主义通常具有价值绝对主义的倾向，认为世界上存在着某种终极价值，事物所具有的价值是这种终极价值的体现。

第二种观点认为，价值取决于人，是人的需要和欲望所指向的对象，是主体赋予客体的一种属性。在这种观点看来，事物本身不具有价值，某物之所以有价值只在于它为人所追求、享受和消费，在于主体对它的肯定性"态度"。瓦托夫斯基说，相对不同的评价者，价值是不同的，甚至相反，因此"除了实际的评价过程以外，并不存在任何独特的价值领域"[②]。价值的来源和根据只在于人的需要。这种观点被认为是主观主义的。需要指出的是，这种观点并不认为主观需求就是价值，而是认为主观需求所指向的东西才具有价值。

第三种观点认为，价值存在于主体与客体的关系之中，是主体与客体之间的需要与满足的关系。也就是说，价值既不是主体的单纯设定，也不是客体的某种固有属性，它既不

① 《马克思恩格斯全集》第1卷，124页，北京：人民出版社，1974年。

② ［美］瓦托夫斯基：《科学思想的概念基础——科学哲学导论》，范岱年等译，576页，北京：求实出版社，1982年。

单纯来源于主体，也不单纯来源于客体，而是来源于主客体的价值关系中，即来源于客体的属性或功能等与主体需要的一致性关系之中。离开构成价值关系的两极（主体、客体）中的任何一极，都形成不了价值关系，都不会有价值。

以上三种观点，坚持第一种观点的人已经不多了。因为它无法说明同一价值客体为什么对不同的价值主体会有不同的价值。由此看来，价值是不能脱离价值主体而存在的。坚持第二种观点的人还有相当一部分，但是它无法说明客体何以可能对主体有价值，何以能对主体有这样而非那样的价值。比如，人可以选择某种野菜充饥，而不能选择某种野草充饥。由此看来，价值也是不能脱离价值客体而存在的。

绝大多数论者坚持第三种观点，这种观点我们也是赞同的。但需要指出的是，在坚持这种观点的论者中，有一种相当广泛的见解，即认为价值不是一种属性，而是一种关系。其实这一见解并不正确。我们认为价值是一种关系，但同时价值也是价值客体的一种属性，当然这种属性不是事物的本体属性，不是固有的，而是在主客体价值关系中，主体“赋予”的，或者说新形成的客体属性。比如，牛的机体具有脂肪、蛋白质等本体属性，这种属性是牛所固有的。正因为它有这种本体属性，所以它才被人食用；而当这一属性同人的食用需要发生关系时，本体属性通过满足人的食用就派生出了价值属性，即这里所指的食用价值。同样，在食用过程中，牛肉作为食品以其色、香、味俱全，被人品味、欣赏，也就相应获得了审美价值。

由上可见，价值作为客体对主体的有用性，也就是客体的固有属性、结构对主体的需要或满足主体需要的过程中所产生的积极意义。客体对主体具有积极肯定的意义，那么，客体对主体就有价值。相反，一种事物的存在、固有属性、结构不能满足一定主体的需要，对主体不具有积极的肯定的作用，或具有负作用，这种事物对一定主体就无价值或只有负价值。一事物对主体有用性程度高，满足主体的需要多、范围大，这种事物的价值就大；反之，它满足主体的需要少，其价值就小。

价值作为主体与客体之间的一种效用关系，那么它就必然具有属人性和客观性两重属性。

价值的属人性是指价值对主体的归属性。具体说来有三点：第一，价值是主体的能动创造。从根本上说，人不是依靠自然物的现成形式直接满足自己的需要，而是通过实践活动创造出自己所需要的物质生活和精神生活用品、生活环境。人的需要是社会性需要，是通过实践活动不断产生和实现的，并随着社会实践的发展而日益增长的。因此，主体和客体之间的价值关系不是自然的、现成的关系，而是主体在实践中确立的同客体的一种创造性关系。人们发现客体潜在具有的价值，发现获得客体价值的方法，直到改造客体，实现价值目标，都贯穿着主体的创造性活动。第二，价值是以主体现实需要为尺度的。价值虽然要以某物的本体属性为客观物质基础，要体现在具有某种属性、结构的物质身上，但某物是否有价值，不是以某物的属性、结构为尺度，而是以作为主体的人的现实需要为尺度的。主体的现实需要是衡量客体是否有价值以及价值大小的客观尺度。与此相联系，第三，价值具有因主体而异的相对性和时效性。这表现在同一客体对不同主体具有不同的价值，因为不同主体的需要不同，所以同一客体对不同主体而言的价值不同。另外，同一客体对处于不同情况下的同一主体，价值也会不同。因为随着主体需要的变化，同一客体对同一主体的价值也会发生性质或程度的变化。这表现出价值的时效性。

价值除了具有属人性以外，还具有客观性。价值的客观性是指价值内容所具有的客体规定性。这种规定性表现在如下三个方面。第一，客体是价值产生的客观前提。客体的属性及其功能本身并不直接就是价值。因为离开主体和主体特定需要的独立存在的事物及其属性，只是单纯的本体属性，对人而言只是一种非价值形态的存在物，一件衣服不被穿，就不会形成保暖或遮阳等使用价值，它还会在自然状态下损坏。但是一件衣服之所以能被用来穿，可又不能被用来吃，这又是以衣服本身的性质和功能为前提的。第二，客体是形成价值稳定性和绝对性的客观基础。同一个客体对不同的主体而言有不同的价值，对处于不同状况下的同一主体也会有不同的价值，这里都体现了价值的变动性和相对性，但是变动性中含有稳定性，相对性中含有绝对性。比如煤炭具有可燃性的属性，张三可以利用这种属性来取暖，李四可以利用这种属性来烧饭，王五可以利用这种属性给蔬菜大棚提高温度，以防冻害等等。相对于不同的主体，这些都是对煤炭可燃性的利用。这里就表现了价值的稳定性和绝对性。换句话说，如果没有煤炭的可燃性，那么上述以不同形式实现的使用价值就成为不可能的事。第三，客体的多样性、客体属性和功能的丰富性，以及它们发展的无限性是形成价值多样性、丰富性和发展无限性的可能性根据。不同的客体有不同的属性和功能，同一客体也有多方面的属性和功能，客体在人类实践中不断被创造，这就为人们日益多方面、多层次的利用提供了可能，从而也才能在这种利用中，形成价值的多样性、丰富性和发展的无限性。

总之，价值具有属人性，又具有客体性。此二者统一于人的实践活动。实践既是把主体需要、能力和客体属性、功能相联系的桥梁，也是价值形成的现实基础。

二、人的价值及其二重性

所谓人的价值，乃是价值的一般含义运用于人的一种引申和转移，因而它是以价值的一般含义为逻辑根据的。就是说，既然价值是表示客体对主体的有用性，那么，当我们把人作为客体，就必然产生客体的人对作为某种主体的人有什么积极意义的问题，也即人的价值问题。

有的论者不赞成这种关于人的价值的理解。在他们看来，按照这样的理解，人的意义就是人作为客体对他人、社会和自身的效用性，而这样一来，人就由主体性变成了客体性，由目的性变成为手段性、工具性，也就是把人降格为物。而马克思是反对把人手段化、工具化的。在这些论者看来，如果把人视为客体，而从其对他人、社会和自身意义的角度来理解人的价值，恰恰是人作为“物性”、“东西性”向人所显示的价值，而不是作为有人格尊严的主体人所显示的人的价值。

怎样看待这一观点呢？我们认为：

第一，在物质实践基础上形成的人与物之间的主客体价值关系中，人始终是主体，物始终是客体。所以马克思反对古典经济学家贬低生产中劳动者的主体作用的观点，认为人不只是他们眼中的劳动力，如同水力、蒸气力、马力一样，都是增加财富的手段。因此，马克思责备“国民经济学把工人只当作劳动的动物，当作仅仅有最必要的肉体需要的牲畜”[①]。与之相反，马克思认为，人不是一般的自然力，“而是一个主体，这种主体不是以纯粹自然的，自然形成的形式出现在生产过程中，而是作为支配一切自然力的那种活动出现在生产过程中。”[②]即作为能动因素和发展因素出现在生产过程中的，人是价值主体，人是价值的创造者。所以，在马克思看来，在人与物的关系中，在生产劳动中，作为劳动者的人是主体，生产资料是客体，二者的地位是不容改变的。

马克思不仅反对在人与物的关系中，把人贬低为物，贬低为工具的观点，而且也反对在人与人的关系中，把绝大多数人仅仅作为客体，作为手段，而少数人作为纯粹的主体、作为目的的不合理制度安排。马克思指出，在资本主义生产关系中，工人只是资本家剥削的对象，是为资本家创造剩余价值的工具。因此，工人在生产中丧失了主体性，被手段化、工具化。“他（指工人——引者注）的活动属于别人，这种活动是他自身的丧失。”[③]“劳动为富人生产了奇迹般的东西，但是为工人生产了赤贫。劳动生产了宫殿，但是给工人生产了棚舍。”“劳动生产了美，但使工人变成畸形。”[④]这里，马克思用生动形象的语言，鲜明地描述了工人和资本家的阶级

---

① 《马克思恩格斯全集》第42卷，57页，北京：人民出版社，1979年。
② 《马克思恩格斯全集》第46卷（下册），113页，北京：人民出版社，1980年。
③ ［德］马克思：《1844年经济学哲学手稿》，55页，北京：人民出版社，2000年。
④ ［德］马克思：《1844年经济学哲学手稿》，54页，北京：人民出版社，2000年。

对立，揭示了资本主义私有制的不合理之处，这也是社会主义取代资本主义的现实根据之所在。但是能否由此认为，在人与人的关系中，人只能是主体，不能是客体，具体地说，不能互为主客体或自为主客体呢？不能。

第二，在物质生产实践基础上形成的人与人的主客体关系中，人既是互为主客体，又是自为主客体的。马克思说，人的本质在其现实性上是一切社会关系的总和。人的生存和发展，离不开与他人与社会的关系。作为主体的个人的生存需要，必须有他人、社会提供的最低限度的生活资料，以解决吃、喝、住、穿等问题；作为主体个人的发展的需要，必须有他人、社会提供足够的物质生活和精神生活资料。这就是说，个人的需要和满足都是由作为价值客体的他人和社会提供的。因此，没有作为价值客体的他人和社会，就不可能有作为价值主体的个人的存在。但是，作为社会的个人，又不同于一般的物，人能够制造工具，能够劳动，即能够创造物质财富和精神财富。个人所创造的物质财富和精神财富，一部分供自己享用。在这种自我创造并供自我享用的关系中，个人是自为主客体。即作为价值提供者的自我是进行价值享用的自我的客体，而进行价值享用的自我是作为价值提供者的自我的主体。个人所创造的物质财富和精神财富除了供自己享用外，主要是奉献给他人、社会，以满足他人和社会的需要。在这种场合，作为社会的个人，又是提供价值的客体，他人和社会又成了享用价值的主体。由此可见，人既是自为价值主客体，同时人们之间又是互为价值主客体的。

不难看出，在人与人的关系中，人只能作为价值主体，不能作为客体的观点是不能成立的。而且这种观点也难以和实用主义以及利己主义价值观划清界限。因为这类价值观，都把价值视为纯主体范畴，在人与人的价值关系中，也就必然把自我视为唯一主体，把他人和社会视为自我价值实现的手段。这是很不妥当的观点。

当然，我们在承认价值一般含义对理解人的价值的意义以外，还必须指出的是，对人的价值的理解又不能仅仅限于这种一般层次的理解。因为人作为客体的价值相对于一般客体的价值，有其特殊性。

第三，人作为客体的价值在归根到底的意义上，仍然是主体人的价值。只有坚持人的价值的主体性，才能把人作为客体的价值与一般客体的价值区别开来，从而科学地说明人的价值的本质。

人作为客体的价值与一般客体的价值具有某种共同的本质。客体的价值就在于它满足主体需要的属性。当客体能够满足主体的某种需要时，这一客体就具有某种价值；反之，则无价值。人作为一种客体，人的价值同样在于它满足主体需要的价值。在这一点上，它与一般客体价值是相同的。但是，人作为客体的价值与一般客体的价值又具有根本不同的性质：一般客体的价值在于能否满足在它之外的主体的价值，评价它的尺度不是客体本身，而是客体之外的主体需要，具有“为他性”；而人作为客体的价值却在于它满足人自身的需要，评价它的尺度是人本身，即是否有利于提高和增进人自身的主体性，而不在于某种外在的存在物。在这个意义上说，人作为客体的价值是相对于主体人自身而言的价值，人的价值具有自为性。这是其一。

其二，人作为价值客体，是因为人是劳动主体。一般客体的价值是由物之外的人创造的，是人的劳动的产物；而人的价值是人自己创造的，人是一切价值的创造者、主体。人的价值就是人的劳动创造，是创造价值的价值，是一切价值中最有价值的价值，是最高的价值。正如毛泽东所说，“世间一切事物中，人是第一个可宝贵的。”因为“只要有了人，什么人间奇迹也可以造出来”[①]。因此，人作为客体的价值说到底是人作为主体能动创造的价值，是人作为主体的价值实现。

其三，人作为客体的价值说到底表现为提高和增进自身的主体性的价值。一般客体的价值表现在提供和增进客体以外的人的主体性的价值，人作为客体的价值则表现为提高和

① 《毛泽东选集》第4卷，1512页，北京：人民出版社，1991年。

增进人自身的主体性价值。这里包括互相联系的几个方面的内容，一是个人对自身主体性提高的意义。凡是能体现和促进个人自身主体性的思想和行动，就是有价值的，反之，就是无价值的；二是个人对他人和社会的主体性提高的意义，即他能否满足、在多大程度上满足别人和社会增强其主体性的需要；三是社会对自身主体性提高的意义，凡是能体现和促进社会自身主体性的社会活动和社会意识，都是有意义的，反之，就是无意义的；四是社会对个人主体性提高的意义，即社会能否满足、在多大程度上满足个人增强其主体性的需要。

其四，人的价值在本质上是一种社会关系，具有人之为人的社会历史的性质，这是人的价值区别于物的价值的又一特点。物的价值也是历史地变化的，但物的价值只是人的社会关系的一种体现，不直接具有社会历史的性质。经济学意义上商品价值之所以是一种社会关系，并不是商品作为物本身有什么神秘的性质，而是人的生产关系的物化；它之所以能反过来决定人的关系，是因为它本身是一般人类劳动的凝结。从哲学意义上说，商品价值不过是人的价值通过物的价值表现出来，是物的外壳下掩盖着的一种人的关系。而人的价值则不同，它本身就直接是一种社会关系。它存在于与其他社会关系的相互联系、相互作用中。而一切社会关系都是随着人的实践活动变化发展而变化发展的。因此，人的价值不是永恒不变的抽象存在，而是一种社会的存在、历史的存在。即处于不同社会形态中的人的价值不同，处于不同历史发展阶段中的人的价值也不同。包括人的需要、人的活动能力、人的价值追求、人的价值实现的外部条件和实现方式都有其特殊性。因此，在规定人的价值时，必须坚持人的价值的社会历史性原则。

总之，作为客体的物的价值只有一重性，即仅仅具有对人而言的有用性、手段性；而作为客体的人的价值有二重性，即除了有对人而言的有用性、手段性这一重性以外，还具有另一重性，即主体性。人作为客体的价值说到底是人作为主体的价值的自我创造、自我服务、自我实现，是主体人的社会历史发展的标志。

第九章　学术论文的标题与开篇

起句当如爆竹，骤响易彻……①

——谢榛

在确立了学术论文的主旨，拟定了写作提纲和明确了论文编写格式的基础上，也就可以进入直接的写作过程了。

任何文章的写作总是要冠以一个标题。文章的标题是一篇文章有机的、重要的组成部分。拟定标题是写作过程的第一步工作。

另外，文章总有一个开头，它起着为全篇定调、开路的作用。因此，对于文章的开头，也决不可马虎从事。

文章的摘要和关键词，一般说来，是文章大体完成以后，在对文章内容加以概括、提炼，对基本要领加以分析、比较的基础上拟出来的，但作为论文的格式要求，它们又是置于文章全篇的前面的。

另外，标题的下面是署名，然后是目录，接下来是摘要和关键词。因此，在本章中，我们把文章的标题、署名、目录、摘要、关键词，以及开篇放在一起来加以说明。

一、学术论文的标题

标题是文章的题目，又称文题，是标举文章名称的。

有些初学写作者对标题往往不够重视，不下功夫，写完文章就随便加上一个标题，结果出现了使标题与文章不相适合的情况。

对文章标题的拟定，为什么会有人抱有这种无所谓和不在乎的态度呢？我以为，其中一个重要原因是不了解标题对于文章的意义。

---

① 谢榛：《四溟诗话》。

（一）标题的意义

标题是文章的标识，是文章的自我介绍，自我宣传，用现代语言来说，是文章作者向读者的一种自我推销。因此，标题的意义至少可以从作者和读者这样两个角度来加以说明。

首先，从作者的角度说，文章的标题反映文章的内容，反映作者的立场、观点和对事物认识的深度。在这个意义上说，文章的标题，就像父母给自己的孩子起名字一样，给自己苦心研究得来的成果命名。因此，文章的标题好不好，恰当与否，关系着文章内容或基本观点能否得到凝练和正确的表达。

其次，从读者的角度说，文章的标题影响读者的阅读欲望，从而影响其宣传效果。文章发表出来，总是希望别人看的，而且总希望有比较多的人看。而一般的读者每天都很忙，他能挤出时间来读杂志已属不易。那么他们在阅读杂志的心理状态如何呢？这里大体有两类：一是求知，二是好奇。求知，即他们要从标题上去发现，自己感兴趣的或十分需要的知识。一旦发现，他就会翻到该文章，看下去。好奇，即一切最新的、最怪的、最神秘的、最难解的事，他们都想知道。

我们针对读者这样一种心理状态去拟定标题，常常会收到意想不到的效果。中华书局曾经发了一部书稿名叫《张集馨日记》，征订数甚少，不能开印。后来责任编辑改了一下书名，叫《道咸宦海见闻录》，重新征订。书还是那本书，订数居然达到了几万，不久得以重印。

这个事实说明，好的标题对于吸引读者阅读文章和帮助读者理解文章有很大的作用。人们看报纸杂志，通常首先是浏览标题，然后再决定是否看某篇文章。而这种决定的做出与文章标题是否具有吸引力关系极大。俗话说，“眼睛是心灵的窗户。”对于一篇文章来说，标题就是它的眼睛。好标题确实具有像眼睛那样的传精神、显色彩、见格调的作用，能使人一见而“喜”，一见而“奇”，顿生欲读之感。

总之，文章的标题是应该讲究和认真对待的。

（二）标题的类型

文章的标题是各式各样的，可以从不同角度去加以分类。就学术论文而言，可以从以下角度去进行分类：

1. 从内容角度分类

①直接标明论题。比如，毛泽东的“矛盾论”“实践论”“关于正确处理人民内部矛盾的问题”，再如“论新农村建设”“论网络对当代大学生成才的影响”等都是这类标题。

②直接标明中心思想、点明作者观点。如邓小平的“科学技术是第一生产力”，“改革是中国的第二次革命”，《光明日报》特约评论员的文章“实践是检验真理的唯一标准”等。

2. 从句式角度分类

①疑问式。比如，“中国红色政权为什么能够存在?”“人的正确思想是从哪里来的?”“‘友谊’，还是侵略?”“居民储蓄存款持续增长说明了什么?”等。

②祈使式。比如，“社会主义必须摆脱贫困”“必须进行调查研究”等。

③限定式。比如，“论我国现阶段的人民内部矛盾”。

④并列式。比如，“地理环境与人类社会”“青年马克思与费尔巴哈”等。

⑤动宾式。比如，“整顿党的作风”“反对自由主义”等。

3. 从表现手法角度分类

①有的标题偏重于科学概括。如“中国只能走社会主义道路”“市场和计划都是发展生产力的手段”等。

②有的标题偏重于形象表现。如“星星之火，可以燎原”“别了，司徒雷登”“排除干扰，继续前进”等。

4. 从构成角度分类

标题既可以是单一标题，也可以在正标题之下加副标题。

采用这种正副标题的结构，一般有三种情况：

一是对正标题的范围和背景进一步加以说明，因而副标题往往比正标题更具体。如“从多样理解走向系统整合——对我国哲学界关于马克思主义哲学总体规定性讨论的述评”。

二是争鸣性文章，副标题说明对某人某作品或观点的反驳或商榷。如“论经济杠杆与经济计划的关系——兼与吴世泉同志商榷”。

三是一篇文章有一主一副两个方面的论题，正标题标明主论题，副标题标明副论题。如“契约理论：历史与现实的反思——兼论全球化时代的契约文明”。

（三）确定标题的原则

确定标题的原则有三：

1. 确切

确切，是指题目与文章内容相符合。也就是说，标题应该如实地、有分寸地体现文章的主题或概括文章的内容，通过标题把文章的主题或文章的基本观点、主要内容、宣传意图准确地告诉读者。

对于初学写作者来说，在标题的确切性上存在的主要问题是，相对于文章内容，题目失当。这主要表现在以下几个方面：

（1）题目过大。

即所定的题目容量超过了某种规格的论文所要求的篇幅和丰度。就好比一个小孩子戴了一顶成人的帽子。例如“论中西文化的异同”“论农村文化建设”“宏观调控理论研究”“毛泽东与中国革命和建设”等题目，其涉及的问题过多，过于复杂，绝非是一两篇文章所能论述清楚的。像这样的题目，完全可以写一本书，要想在一篇文章中把这样大而复杂的问题说清楚，是难以做到的。如果硬要这样去做，其结果只会停留于一般的泛泛议论，使文章写得既不深入，也不透彻。因此，对于这样的大题目，要么加以更换，要么添加一个副标题，加以限制。

（2）题目过小。

即所定的题目限定在某一十分具体的问题上，容量过小，使论文无法展开，不能达到某种规格的论文所要求的篇幅和丰度。一般说来，学年论文、学士论文、硕士论文、博士论文，其篇幅要求是依次增大的，其丰度要求是依次提高的。因此，在题目的大小上，也有一个因篇幅要求增大和丰度要求提高而与之相一致的问题。

比如，对某一地名的考证，对某篇古文中某一字的解释，对某一企业中某一事件的反思，等等，可以写成几百字，甚至千把字的论文。但这样的题目作任何一种层次的学位论文，题目就显得小了，就难以写出有分量的论文来。思维的空间受到很大限制，文章也就很难做到充实有力。如果硬要凑字数，以求达到篇幅要求，那么也就难免会出现生拉硬扯、牵强附会的毛病。

什么样大小的题目比较适合，一般要考虑到这样几个方面的因素：其一是论文的篇幅要求，其二是论文的层次水平要求，其三是论文涉及的范围，其四是论文完成的时间长短。如果论文的篇幅要求长，层次水平要求高，涉及的范围广，写作的时间多，题目可以大一些；反之，则小一些。当然，这不是绝对的。

（3）题目过泛。

从题目中看不出其针对性所在。比如，“论超越”“论希望”“论宇宙体系”“论公正”等，这些题目都比较泛，都无法标明要指谓的内容，即空泛而不知所指。一般来说，泛泛地谈公正，既谈不出深度，也谈不出效果。因为不公正总是具体的，因而公正也总是具体的，至少有经济公正、政治公正、社会公正等，不针对这些具体领域的问题而谈论公正，只能是一种虚空中的舞蹈。

（4）名实不符。

即文章的题目与文章的内容不相吻合。文的标题是否吸引人，这很重要，但不能靠一个花哨的标题去掩盖贫乏的内容。正如一个人收拾得衣冠楚楚，西装革履，颇为中看，但一张口粗话连篇，不堪入耳，只能徒增笑料。一篇文章能否吸引人，主要还是取决于内容。中国古诗中常常塑造这样的形象：“缟（白色）衣綦（青黑色）中，聊乐我员”，“静女其姝，俟我於城隅”，都是因为女孩子的内在美即美好心灵，惹得小伙子日夜思念。我们在拟标题时，一定要记住名实相符的原则。

（5）表述不准确。

即标题的文字表述不切合文章的内容。比如，有一位大学本科生的毕业论文的题目是“邓小平思想的哲学探讨”。但文章的绪言是这样写的：“作为邓小平理论的主要创始人邓小平同志，他个人的思想也极其丰富，许多人只看到了他的经济思想，而忽视了他的哲学思想。其实，他的哲学思想也十分丰富，他的许多政策中都体现了哲学思想。本文就试图分析一下他的哲学思想的主要内容。”很显然，这位学员的意思是要探讨邓小平的哲学思想，并非站在哲学的高度去探讨整个邓小平思想。因此，题目要达于准确，就应改为“邓小平哲学思想的探索”。

2. 简练

简练，是指标题不可太长，要言简意赅。用恩格斯的话说，标题“愈简单，愈不费解，便愈好”[①]。“简”，本来是中国古代从战国到魏晋时期的书写材料，是削制成的狭长竹片或木片。由于这种书写材料制作困难，因而就要求作者尽量争取用较少的文字，容纳进较多的意思，而且要写得明确。“练”（亦作湅），是指把丝麻或布帛煮得柔软洁白，也正是取这个意思，才有简练、简洁之谓。引申来说，简练也就是用高度概括的、凝练的语言来表达一个完整的意思。冗长、拖沓、累赘都是简练的大敌。

论文标题的字数，没有明确的规定，也没有办法明确规定，但一般说来，以几个字到十几个字为宜，最好不要超过二十个字（有副标题则另当别论）。如果题目太长，不仅读起来拗口，而且会造成意思纷乱和理解上的困难，文章的中心在标题中自然也难以突出。

例如，“论资本市场、税收制度、劳动力市场、知识产权制度和技术产业机制对风险投资的影响”，“邓小平理论的形成、发展和内容及其在新世纪对中国现代化建设的指导作用”，“马克思主义哲学在与中国新民主主义革命实践的结合中得到光辉运用和重大发展”等。这类题目，语言啰嗦、冗长，必须加以简化、浓缩。上述三个题目可以修改为“对风险投资影响因素的分析”，“邓小平理论与新世纪中国现代化建设”，“马克思主义哲学在中国革命中的重大发展”。

为什么有的作者不能拟定出一个简洁的题目呢？原因主要有两点，一是作者的文字概括能力比较弱，当然，这有一个逐步提高的过程；二是有的作者不懂得文章标题只是文章的眼睛，只起着画龙点睛的作用，不需要把文章中的所有观点或所有内容都在标题中标明，只要抓住基本观点或中心内容或最重要之点即可。

另外，为了简洁，标题中应尽量避免出现逗号、分号、句号或空格等。

当然，强调文章的标题要简练，也不是说文字越短越好。比如，这样一个题目：“关于精神建设的思考”，这个标题很简练，但它把“文明”两个字“简”掉了。“精神文明建设”简成了“精神建设”，这

---

① 转引自复旦大学中文系、上海师大中文系《写作漫话》编写组：《写作漫话》，32页，上海：上海人民出版社，1975年。

就令人费解了。这样也就失去了简练的意义。简练，应当以语意的正确、表达的准确为前提。

3. 醒目

醒目，也就是要引人注目。为此，标题要选得巧妙、响亮而有韵味，给人新鲜感、生动感、从而具有吸引力。比如余衡泰先生发表了一篇谈天体的起源和演变的文章，他没有用“关于天体的起源和演变”，或“论天体的起源和演变”等这些比较一般化的标题，而是用了“天体的来龙去脉”这个标题。这个标题通俗、亲切、新鲜、活泼，很吸引人。这篇文章的子标题也很精彩，如“我们是在地上，还是在天上？”“是地动，还是天动？”“恒星从来不恒”“万物生长靠太阳”等，[①]看了叫人喜欢，使人要读下去。又比如，有位学员曾以“青年如何选择自己的人生道路”为题写了一篇文章，这个题目就比较一般，后来经老师指点，把标题改为“青年人生的十字路口”，这个标题就很形象、生动、醒目。毛泽东是写文章的行家里手，他十分注重论文标题的设置，注重标题的新颖、别致。比如“中国的红色政权为什么能够存在？”“‘友谊’，还是侵略？”“论持久战”等标题都能激起读者浓厚的阅读兴趣，收到引人入胜的效果。

（四）标题的选择与凝练

要确立一个好的标题，要经过选择、修改、凝练等。选择，就是从几个标题中按上述标准，选定一个确切、简练、醒目的标题。修改，是指原先选择的标题按理想的标准来衡量，可能还存在某些方面的差距，因而需要通过修改来达到或趋近这些标准。修改的过程，也是凝练的过程。凝练就是用简练的语言概括提升思想内容的过程。

以下6组，每组两个标题，它们分别是修改、凝练前后的标题，不妨作一比较。

第1组

“坚持马克思主义普遍真理与中国具体实际相结合的光辉典范”（这个标题太长）

① 参见余衡泰：《天体的来龙去脉》，《自然辩证法杂志》，1973（1）。

“马克思主义中国化的光辉典范”

第2组

“陈独秀五次被捕述评”（过于平淡）

“五次历难，愈挫愈奋——评杰出人物陈独秀”

第3组

“邓小平‘一国两制’构想对马克思主义哲学的贡献”（不准确）

“邓小平‘一国两制’构想的哲学启示”

第4组

“在改革中维护和加强权威——邓小平对恩格斯权威理论的继承和发展”（文字太多）

“从恩格斯到邓小平的权威论”

第5组

“毛泽东青年时代的思想品德对当代青年的教育和启示”（文字太多）

“从青年毛泽东到当代青年”

第6组

“资本主义的现在、过去和未来”（平淡）

“资本主义的来龙去脉”

通过上述每一组上下两个标题的比较不难发现，好标题的确立是要下一番选择、修改和凝练的功夫的。

另外，标题的选定，也可以多向朋友、同学、师长请教，多听取他们的意见。

总之，写文章应该讲究标题的艺术。一个好的标题是作者的智慧和艺术匠心的体现。如果读者看到文章标题，就能产生欲罢不能之感，应该说，这样的标题就是具有吸引力的。

二、署名、目录、摘要与关键词

从学术论文的构成项目来说，在标题下面，在正文前面，首先是署名，然后是目录，接下来是摘要和关键词。这几项中，主要的是摘要和关键词。

（一）署名

在标题的下方或右下方写上论文作者的姓名。

两个字的姓名，中间空一格。

署名是著作权和文责自负的标志。

署名可以用真实姓名，也可以用笔名。如果是合作撰写论文，应该按贡献大小排序列署。有时还需将作者的单位和职称或职务注明，以便读者了解和联系。

（二）目录

篇幅较长或章节较多的论文一般应编制目录。把各章各节的编号、标题及在正文中开头的页码排列成表。其中的页码，要等论文全部写成，在论文稿纸的特定位置统一编定后，再把它填入目录的页码栏中去。

目录中的最小层次应一致。不能有的章列到节，而有的章列至节以下。如果目录层次列至节，所有的章都列至节，如果目录列至节以下的目，则所有的章都要列到目。至于目以下更小的层次就不必列入。

一般不超过两万字或不以著作形式出现的论文，可不编制目录。

（三）摘要

如果说，标题的要求是画龙点睛，那么摘要的要求则是提纲挈领。

摘要是对论文的基本内容、主要论点和采用的研究方法所进行的简要概括和说明。

编写论文摘要的目的是使读者在阅读正文前，先对论文的基本内容、主要观点有所了解，给读者以提示和引导。论文的读者一般首先阅读论文摘要，然后决定是否阅读论文本身。因此，作者必须像写作正文那样，很好地提炼推敲，写出明白易懂的论文摘要来。

有一些作者写的摘要，往往不太符合要求。他们似乎也不重视摘要的写作，觉得摘要对于论文可有可无，有它不多，无它不少。还认为，摘要不过是期刊对公开发表论文所提出的附带要求而已。这些作者之所以如此，主要还是尚未认识到一份好摘要对于论文传播所起的重要作用，因而也就不去精心筹划每份摘要的写作。这种认识是不对的。

摘要中一般不出现人称代词作主语。比如，不出现“我认为”“我们主张”这样的文字，只作客观的介绍。也不出现一、二、三等序号，也不分段。

另外，关于研究的背景、必要性和研究目的也不要写进论文摘要。研究成果即得出的结论，对于你所进行的工作来说是最重要的。因此，可以抓住要点概括地进行阐述。

比如，有一篇《论哲学理论的论争》的文章，其摘要是这样写的：

> 哲学是在争论中求得发展的。哲学争论大体有三个层次：一是不同哲学基本派别之间的争论，二是不同哲学理论体系之间的争论，三是同一哲学理论体系内部的争论。这三个层次的争论相互联系、相互交织、相互作用，绘成了哲学史生动的、丰富的、多彩的画卷，给哲学的存在和发展提供了内在根据和直接动力。①

这篇文章的摘要，就写得比较规范、比较概括，凸现了文章的主要内容。

又比如，有一篇《论思维方式》的文章，其摘要是这样写的：

> 思维方式是主体的知识、观念和方法有机构成的反映客体的相对稳定的样式。它具有主体性、手段性、社会历史性等特点，人类的思维方式是多种多样的，可以从不同的角度加以分类。②

① 陶富源：《论哲学理论的论争》，《赣南师范学院学报》，1999（2）。
② 陶富源：《论思维方式》，《淮南工业学院学报》，1999（1）。

这篇文章的摘要也写得比较精炼、概括。

我曾经审阅一篇论文——《论黑格尔的“反思”范畴》。文章的内容写得很丰厚，但“摘要”不能用。这篇文章的摘要是这样写的：

> 黑格尔是辩证法的大师，但黑格尔的辩证法是唯心的辩证法。他的‘反思’范畴，体现了他的辩证法的思想，研究黑格尔的‘反思’范畴，对我们是有启发意义。

这个摘要写得不好，是指它讲了一些不必要的话。那么应该怎样写呢？我根据该文的内容，后改写如下：

> “反思”是黑格尔认识辩证法的一个重要范畴。其涵义有三：一是对感性经验的再认识，这是理性的反思；二是对科学理性的再认识，这叫哲学的反思；三是对知性的哲学理性的再认识，这叫哲学的辩证反思。这三种反思构成了人类认识不断递进的过程，只有上升到哲学辩证反思的高度，才是最有价值的、最高形态的反思。黑格尔对“反思”的上述三个层次的理解，对我们坚持辩证思维是有启发意义的。

这个改写过的摘要，比较好地概括了文章的基本内容，因而是可取的。

要根据文章的内容来决定摘要的长短，摘要一般以200字左右为宜，总的要求是能概括全文要点，突出中心论点，切忌繁杂冗长和单纯抄列纲目。

论文除了要写中文摘要以外，还要写外文摘要。外文摘要现在大都搞得比较马虎，这里有外文水平的问题，但主要是重视不够。写外文摘要时，最好不要由中文摘要直接翻译，因为中文与外文的写作习惯是不同的，直译往往效果较差。应当摆脱中文的束缚，直接用外文写作，篇幅也可稍长一些。

（四）关键词

顾名思义，关键词是指标示和展开文章基本观点和出现频率较高的词。

关键词要选择3个（含3个）以上，一般不得超过6个。

关键词是词，不是短句，更不是句子。有的初学写作者，把短句写进关键词一栏中，这是不妥的。比如有一篇《论社会主义精神文明建设》的文章，把“建设社会主义精神文明”这一动宾结构的短句选作关键词，这就不妥。还有一篇《论毛泽东的调查研究理论》的文章，把“理论联系实际”选作关键词，也不适当。

人名一般不作为关键词。有一篇题为《邓小平对马克思主义真理观的丰富和发展》的文章，把“邓小平”列为关键词，这不适合。

另外，关键词不仅是词，而且是“关键词”。不能把那些无关紧要和不能体现文章特色的词列入。

选作关键词的词之间，是并列关系，作为关键词的每个词在词意中都应具有相对独立的指谓，不能把在词意上相同、相近和具有包含关系的词并列为关键词。比如，不宜把“中国实际”“中国国情”并列作为关键词，同样也不宜把“人类活动”“人类实践”并列作为关键词；不宜把“文明”“精神文明”“社会主义精神文明”并列作为关键词，同样也不宜把“社会实践”“生产劳动”并列作为关键词。

一篇论文的关键词，是文章结构中顶级层次的概念，而不是任何子层次的概念。比如上文提到的《论哲学理论的论争》一文只选了三个关键词：哲学史、哲学论争、哲学发展，而没有把唯物主义、唯心主义、辩证法、形而上学等概念列入，就是因为前三个概念是这个文章结构顶层的概念，而后四个概念是次一个层次的概念。

又比如上文提到的《论思维方式》一文，只把思维主体、思维客体、思维方式等列为关键词，而没有把知识、观念、方法列为关键词，也是因为后三个概念与前三个概念相比，要次一个层次。

三、学术论文的开篇

论文的正文部分，一般包括绪论、本论、结论等三个大的层次。

这里，先来谈谈绪论。

绪论即文章的开头，也叫开篇，用一段或几段文字来表达。绪论二字通常不在文中出现。

从绪论的功能来说有二：一是引出论证或引起论争，尽快引导读者进入论文的中心论题；二是定出论述及表述风格的基调，以统领全文。

从绪论的内容来说，大致包括这样一些方面：

第一，说明研究本课题的目的和意义；第二，提出本课题要解决的问题，必要时简述一下他人或前人对此问题的研究状况，介绍本人将有哪些补充、纠正或发展；第三，提示本文探讨的范围及文章的大体结构；第四，介绍本文论证的方法。

当然，以上几个方面并非每篇论文的绪论都必须陈述，应视文章的长短及本论的内容加以具体操作，可以写作其中的某一项或某几项内容。

文章开头，这在八股文中叫“破题”。如何开头并不是一件容易的事情，俗话说“文章开头难”。

文章如何开头，没有统一的固定的写法，要根据文章的内容创造性地去探索适当的表达形式，就学术论文的写作来说，常用的有以下几种开头方式。

（一）内容概括式

这种形式开宗明义，提出中心论点，并围绕中心论点对文章的基本内容概括地加以说明。这是较为常见也较为稳妥的一种开头方式。这样的开头，直接表明作者的观点，也为读者阅读全文提供了简单明了的提示。

比如，有一篇《试论刘少奇对反“左”倾错误的贡献》的论文，就是以这种方式开头的：

> 刘少奇同志在我党与“左”倾错误的斗争中做出了重要贡献。新民主主义革命时期，“左”倾错误曾经是中国革命遭受严重挫败的主要原因，因此，有效地克服“左”倾错误，使中国革命沿着正确的方向前进，就成为全党的一项重要而艰巨的任务。刘少奇在党内曾经指出：大革命后期，武汉等地的工会中的过激言行是“左”的表现，这个错误帮助了反革命，同时还对此后危害严重的王明“左”倾错误进行了深

刻的批判。他不仅在实际工作中对“左”倾错误进行了抵制和斗争，而且还写了大量的文章和书信，从理论上批判“左”倾机会主义者在中国革命性质、统一战线等革命基本问题上的“左”的错误。所有这些，都是我们党宝贵的经验总结和精神财富，都是毛泽东思想的重要组成部分。

这个开头直截了当地提出了中心论点：“刘少奇同志在我党与‘左’倾错误的斗争中做出了重要贡献”。接着从大革命时期反对“左”的过激言行，土地革命时期反对王明为代表的“左”倾错误，以及从理论上批判“左”倾错误等三个方面来概括地加以说明。这样的开头，使文章的基本内容一目了然。

又比如，有一篇《社会关系形成中主体向度的契约方式》的论文，也是以这种方式开头的。

社会关系的形成要从客体向度、主体向度及其统一去加以说明。从主体向度来说，强制、契约、情感是社会关系形成的三种方式。其中，契约是近现代社会关系形成的主导方式。在历史上，契约经历了示意契约、口头契约、文字契约等三个发展阶段。文字契约是契约发展的典型形态。社会契约论是以经济契约为基础形成的政治理论，它具有历史局限性，但也有重要价值，值得加以借鉴。当代中国要大力培育契约精神并发挥契约的社会作用。

这个开头一层进一层地概括说明了文章的基本内容，即社会关系形成既要从客体向度来说明，也要从主体向度来说明；强制、契约、情感是形成社会关系的主体向度的三种方式；契约是近代社会关系形成的主体向度的主要方式，因为是主要方式，因而有了关于这种主导方式的政治理论——社会契约论；这个理论有历史局限性，也有重要价值，所以社会主义要加以批判继承，要大力培育中国的契约精神。

内容概括式的开头，如果有不足的话，那就是太直露，不易引人入胜。

（二）意义说明式

这种形式交代研究的意义或研究的缘由，从而说明所论问题的必要性或重要性，以及写作的动机或目的。

文章的这种开头是从一个制高点提出问题，说明利害，能引发读者思考，加强注意力。

用意义说明式开头，也有多种不同写法。

第一，从对阶级、民族或社会的利害关系的分析，导出自己研究的课题及其重要性。

比如，毛泽东的《中国社会各阶级的分析》就是这样开头的：

> 谁是我们的敌人？谁是我们的朋友？这个问题是革命的首要问题。中国过去一切革命斗争成效甚少，其基本原因是因为不能团结真正的朋友，以攻击真正的敌人……我们要分辨真正的敌友，不可不将中国社会各阶级的经济地位及其对于革命的态度，作一个大概的分析。①

第二，从当前公众关注的热点问题谈起，引出本课题与相关热点问题的关系，显示所论问题的重要性，并表明自己的观点。

比如有一篇《克服腐败现象的几点思考》的文章，就是这样开头的：

> 腐败现象，是当前党内外群众议论的一个热点，也是党风和廉政建设必须解决的一个重点。我们要坚定不移地贯彻落实邓小平同志提出的“在整个改革开放过程中都要反对腐败。对干部和共产党员来说，廉政建设要作为大事来抓”的思想。腐败现象是个顽症，但并非不治之症，是完全可以遏制的。②

第三，以经典作家的论述或名人箴言、民间谚语等引起所论述的问题，并显示其重要性。

---

① 《毛泽东选集》第1卷，3页，北京：人民出版社，1991年。

② 常延廷：《克服腐败现象的几点思考》，《求是》，1992（14）。

比如有一篇《康德的崇高理论》的论文是这样开头的：

> 康德说："有两种伟大的事物，我们越是经常、越是执著地思考它们，我们的心中就越是充满永远新鲜、有增无已的赞叹和敬畏——我们头上的灿烂星空，我们心中的道德法则！"的确，这两样东西是那么崇高，但又那么疏离。如果它们之间缺少了一座以供来往的桥梁，它们就将为那深深的鸿沟永久地隔离。正如康德所说："自然概念的领域在前一种立法下（本文作者按：指知性的立法，后者指理性的立法），自由概念的领域在后一种立法之下的一切相互影响，由于有巨大的鸿沟分开，那超感性的东西和诸现象完全割断了。自由概念对于自然理论认识不规定任何物；同样自然概念对于自由的实践规律丝毫无所规定：在这范围内，不可能从一个领域到另一领域搭起一座桥梁。"但现实的人生却不能没有这座桥梁："判断力以其自然的合目的性的概念在自然诸概念和自由诸概念之间提供媒介的概念，它使纯粹理论的过渡到纯粹实践的，从按照前者的规律性过渡到按照后者的最后目的成为可能。"这个桥梁的建筑者——判断力，是一种将特殊归摄到一般之中的思维机能。它可以分为审美判断力与目的论判断力两种。"前者我们了解为通过愉快或不快的情感来判定形式的合目的性（也被称为主观的合目的性）的机能，后者是通过悟性和理性来判定自然的实在的（客观的）合目的性的机能。"康德将这种快与不快的感情也分成两种：其一为美；其二即崇高，从而对于崇高的分析与对于美的分析一道构成了康德美学的核心部分。崇高在康德美学里几乎有着与美同等重要的地位。①

第四，以数字表格或事例等实证性资料开头，谈及所反映的问题的重要，并引出自己的观点。

例如，有一篇《论股市的投机性及其调控方法》的论文，就是这

① 王为民：《康德的崇高理论》，《扬州大学学报》，2000（3）。

样开头的：

> 十年前，中国股市尚在孕育之中，投资与投机的论争便开始了。随着股市的诞生、发展，这种论争愈演愈烈。当沪指滑至330点，三分之二的股票跌破发行价，理论界一些人仍称“中国股市尚不具备投资价值”，“还须清除投资泡沫”；当股指调头攀升，股市稍有转机时，又开始惊呼股市投机性过强，股价严重扭曲。众多股票投资者困惑了：何谓投资，何谓投机？买股票称投资，卖股票就算投机？饱受熊市套牢之苦叫投资，浅尝牛市获得之乐就是投机？为了促进股市这一高层次资本市场健康稳定发展，保护投资积极性，很有必要对股市的投机性进行认真辨析。[①]

以上四种并没有穷尽意义说明式的所有写法。比如，以具有寓意的故事或事件引出所论问题的意义，也是一种写法。只是这种写法并不常见，因而在这里也就不详加说明了。

意义说明式有它的优长，这在前文已经说过了。但这种开头，一定要以后文作强有力的支持，不然就会虎头蛇尾，只能给人一种虚张声势之感。

（三）文题解释式

阐释文章标题中概念的含义，通过这种阐述对文章的标题进行说明，导出本课题的研究目的、方向及自己的观点。

比如有一篇题为《勇于向权威挑战》的论文，其开头所运用的就是文题解释式。该文开头说：

> 这里说的权威是指杰出的科学家和企业家，也指跨国企业的名牌产品，……我们应尊重权威并虚心学习，但是绝不能迷信权威，而且要有挑战权威的勇气和信心。[②]

① 李鸥：《论股市的投机性及其调控方法》，《兰州商学院学报》，1995（2）。
② 王选：《勇于向权威挑战》，《北京大学校报》，2003·5·25。

又比如，有一篇《哲学的文化定位》的文章，也是以这种方式开头的：

> 哲学属于观念形态的文化。什么是文化，有广义和狭义两种理解。广义理解的文化是指人类所创造的一切，认为整个人类社会也就是文化。狭义理解的文化是指同经济、政治并列的第三种社会现象，是实践的意识积淀，即通常所说的精神文化。我们这里所说的文化是狭义理解的文化。所谓哲学的文化定位，是从哲学的产生、性质和作用，来看哲学在文化中所处的地位。①

文章这样开头，顺应了读者的阅读思路，给读者以自然、平实之感。

（四）敌论设置式

这里“敌论”中的“敌”不是政治意义的敌人，而是学术意义上的对手。所谓敌论设置式，即介绍论争对手的观点及其影响，从而导出自己看法的一种表达方式。

比如有一篇《论职权占有者主体性内质的建构与嬗变——腐败现象主体性根源之考察》的论文，其开头就是敌论设置式。文章是这样开头的：

> 腐败现象为何滋生蔓延？有人认为，根源在权力具有腐蚀性，现行体制是腐败滋生之源。我们认为，腐败现象产生的根源，关键不在于外而在于内，在于拥有职权的个体主体性内质出了问题。惟其从内探源，我们才可能解释清楚为何同处于改革开放时期的领导干部，有的清正廉明、一心为公，有的索贿受贿、利欲熏心。②

---

① 陶富源：《论哲学的文化定位》，《安徽师范大学学报》，1997（1）。

② 昌家立：《论职权占有者主体性内质的建构与嬗变——腐败现象主体性根源之考察》，《学术论坛》，1994（4）。

有一篇《东亚经济奇迹不过是一种“神话”吗?》也是以这种方式开头的：

> 美国斯坦福大学克鲁格曼教授1994年底在《外交季刊》发表了东亚经济“奇迹”只不过是一种“神话”的观点，至今在国际社会仍争论不休。根据他的研究，东亚经济的高速增长主要是靠不断扩大有形资本（如固定资产、劳动力、自然资源）的“投入”，而不是靠“无形资本”（如技术）的提高赢得，照此下去将很快走到“尽头”，高速增长难以持续多久，这种增长方式实际上是只“纸老虎”。除文中某些带有狭隘民族主义的词句外，克鲁格曼的观点也失于片面，过于武断。然而，他所提出的这个增长方式问题，不能说不是值得我们深沉思考、认真对待的一个重大问题。①

敌论设置式，这种形式的开头，明确提出论争对手的观点，摆开擂台，制造悬念，能引人入胜。

以上所论，只是就论文开头的主要形式而言的，另外就这种分类本身来说也是相对的。但不管采用哪种方式开头，都要坚持两条要求：一是切题，二是别致。

所谓切题，是指开头必须与文章主题或主要内容有密切关系，不要偏离，更不要游离于主题之外。具体说来，这里包含两层意思：一是开头便揭示主题，或尽快接触主题，不要兜圈子，不要让一些无谓的文字挡住甚至扰乱读者的视线。二是虽不直接表明主题，但实际与主题血肉相联，与总体密切结合，是全文不可分割的一部分，而不是可有可无的帽子。

所谓别致，就是不落俗套，尽可能做到新颖生动，富有吸引力。

马克思恩格斯合著的《共产党宣言》的开头，可以说是这一方面的典范。现抄录如下：

> 一个幽灵，共产主义的幽灵，在欧洲游荡。为了对这个

---

① 黄范章：《东亚经济奇迹不过是一种神话吗?》，《安徽师范大学学报》，1997（1）。

幽灵进行神圣的围剿，旧欧洲的一切势力，教皇和沙皇、梅特涅和基佐、法国的激进党人和德国的警察，都联合起来了。

有哪一个反对党不被它的当政的敌人骂为共产党呢？又有哪一个反对党不拿共产主义这个罪名去回敬更进步的反对党人和自己的反动敌人呢？

从这一事实中可以得出两个结论：

共产主义已经被欧洲一切势力公认为一种势力；

现在是共产党人向全世界公开说明自己的观点、自己的目的、自己的意图并且拿党自己的宣言来反驳关于共产主义幽灵的神话的时候了。

为了这个目的，各国共产党人集会于伦敦，拟定了如下的宣言，用英文、法文、德文、意大利文、弗拉芒文和丹麦文公布于世。①

《共产党宣言》的一开头，用了“幽灵”这个隐喻，同时，采用特殊的恰当的句式，在补充陈述中点出共产主义来。而把它放在《共产党宣言》的开头，片言居要。然后又把这个隐喻延伸开来，称为“游荡”着的幽灵，“围剿”的对象。这些极为形象的语词反映了欧洲反动势力对共产主义的恐惧心理，也描述了共产主义已成为一种举足轻重很难控制的力量，在欧洲已经到处游荡着了，由此导出写作《共产党宣言》的目的。这个开头气势恢宏，语言生动，非同凡响。

由此可见，文章的开头要做到别致，要不落俗套，最重要的一点在于，作者要从事物的某些特点着眼，从自己的独立感受着手；其次，是善于启发读者的想象，让读者自己去想见其情状，进入其境界，这样才能使读者与作者形成共鸣。

文章开头的写作，确是要花些功夫的，但这也没有什么神秘。只要我们在写作时，能从主题的要求和论题的特点出发，在“胸有全局”的基础上，从自己感受最深处入手考虑，是不难写出合适的开头的。

① 《马克思恩格斯文集》第2卷，30页，北京：人民出版社，2009年。

第十章　学术论文的本论与结论

驱万涂于同归，贞（正）百虑于一致；使众理虽繁，而无倒置之乖；群言虽多，而无棼丝之乱。[①]

——刘勰

……结句当如撞钟，清音有余。[②]

——谢榛

学术论文开篇以后，接下来是本论。本论以下是结论。就一篇学术论文来说，绪论、本论、结论是一个有机联系的整体。如果说，开篇好比一出长剧的序幕，那么，本论就是正剧本身，结论则是长剧的结尾或收尾。

本论又称正论。作者的研究成果和创造性见解主要是通过本论来反映的。论点的证明、论据的陈述、论证过程的展开，都要在本论中展示出来。

论点，也叫论断。是作者对论述的问题提出的主张、看法和表示的态度。它解决“证明什么”的问题。论点是议论的核心，是议论的起因和目的，没有论点就没有理论，没有科学。在学术论文中，中心论点只有一个，对中心论点起支撑作用的分论点从属于中心论点。

论据，是用来阐释或论证观点的根据，是作者确立观点的理由。它是议论的基础。在议论中，它解决的是“用什么证明”的问题。论点要靠论据来证明。一个论点只有被充分证明了的时候，才能被认为是正确的，才能具有说服力。当然，论据本身的真实性必须是已被证明过的。

---

① 刘勰：《文心雕龙·附会》。

② 谢榛：《四溟诗话》。

论证，是运用论据来阐释或证明观点的过程和方法。论证要通过剖析事理，显示出论据与论点之间的内在联系，使论点得到确立，成为确定无疑的结论，它解决的是“怎样证明”的问题。论证是论述的过程，主要是按照一定的逻辑联系，把论点和论据组织起来，从而证明观点是正确的。

本论部分主要是围绕中心论点，从各个方面或不同角度建立若干分论点来展开论证，从而充分证明中心论点的正确性。

围绕中心论点这个主轴线展开的分论点，有它的层次联系的外在表现形式，即本论的格式和其内在的联系形式。另外，要把论点和论据有机地联系起来，就要遵循论述的条理性和逻辑性，还要采用各种方法具体说明论点和论据的内在联系，使观点和材料得以统一。

下面先就本论的格式、内在联系形式、内在联系的条理性、逻辑性和本论的论证方法及其写作要点，说明如下。

一、本论格式和内在联系形式

（一）本论的格式

1. 本论的四种表现形式

本论的格式是本论中层次的视觉形式表现。这种形式表现有四种：

（1）全文分段，浑然成篇；

（2）用小标题显示层次；

（3）用空行显示层次；

（4）用一、（一）、1、（1）四级序码，标示层次段落的编排。

这四种形式中，第1种对短篇论文来说，适用性比较大，而就长篇论文来说，如大学本科生毕业论文，以及硕士或博士学位论文就不太适用。而且论文篇幅愈长，这种不适性还会愈加突出。

2. 用小标题显示层次的优点

在第2、3、4种形式中，如能用小标题显示层次，可优先考虑。如难以用小标题来显示层次，可用四级序码标示层次。用空行显示层次，一般的学术论文用得比较少。

之所以要优先考虑用小标题显示层次这种形式，因为这种形式的层次显示，能扼要说明分论点，使文章层次清晰、结构分明，能使读者一目了然。也就是说，只看这些小标题，就能大致了解论文的结构。通观文章的一页或几页，只需浏览一下小标题，就能了解这一页或几页写的是什么，从而给读者一种整体感。

3. 使用小标题的要点

至于如何使用小标题，有以下几点是需要注意的。

（1）不要过于零碎。用小标题把文章内容分成若干部分能减轻读者阅读的疲劳，但也不能分得过于零碎，那样就适得其反，显得繁琐，也会使读者丧失阅读的积极性。

（2）要醒目贴切。小标题要概括说明本部分的内容，与内容吻合，又要使人眼睛一亮。

（3）字数和行文风格一致。这里是指每个小标题与其他小标题在字数上要相当，风格上要一致。

（4）要体现文章的层次结构。也就是说，小标题要在整体构思中确定，小标题的编制要从总体上体现文章的结构层次。

本论的格式是本论的内在联系形式的外在表现，本论的内在联系形式是本论格式的内在根据。

（二）本论的内在联系形式

本论的内在联系形式有三种表现形态：

1. 横式

即围绕中心论点，从几个不同方面较为全面地展开论述。这种形式也叫并列式。

比如，毛泽东的《关于纠正党内错误思想》（一九二九年十二月），从逻辑联系的角度说，就是并列式。其文从8个方面（关于单纯军事观点、极端民主化、非组织观点、绝对平均主义、主观主义、个人主义、流寇思想、盲动主义残余），并分别就每个方面的表现、根据和危害进行了论述，说明了纠正党的错误思想的必要性、重要性和纠正党内错误思想的对策、途径。而每一节的论述程度则是轻重相当，角度一致，条分缕析，并列得整然有序，让人读后印象清晰，毫无模糊之感。

又比如，有一篇论马克思主义中国化的论文，就是从其本质内涵、客观依据、历史进程、理论成果、基本经验、当代启示等多个方面展开其内容的。这里所采用的也是并列式。

2. 纵式

即围绕中心论点，一层进一层地展开论述，这种形式也叫层进式，是按照提出问题、分析问题、解决问题的步骤，层层深入地对问题加以论证，逻辑性十分强。

比如，毛泽东的《改造我们的学习》（一九四一年五月）就是属于这种层进式论证结构的文章。其文先开门见山地提出问题，把全党的学习方法和学习制度改造一下；接着回顾肯定了党成立20年来在理论与实践相联系方面所取得的成绩；然后指出党内目前在学风上存在的问题并分析了它的危害，说明了改造我们学习的必要性；最后提出了解决问题的三个办法。

又比如，有一篇论当代中国困难群体的文章，就是从中国困难群体的内涵分析，中国困难群体的分类和生活现状，中国困难群体产生的原因（经济贫困——能力贫困——权利贫困），中国困难群体的能力提供，中国困难群体的权利保障等连贯地加以展开。这里采用的也是层进式。

这样，论述层层深入，层层推进，且前后呼应，结构十分严谨。

3. 纵横结合式

即纵式和横式互相结合、互相渗透地使用。这里有两种表现形态：

一是分论点对总论点的论证采用纵式，而每个分论点自身的论证则采取横式（当然，也可以采取纵式）。

二是分论点对总论点的论证采用横式，而每个分论点自身的论证则采用纵式（当然，也可以采取横式）。

可见，这里的纵横结合式是从文章的两个层次，即文章的宏观层次和每个层次内在的微观层次结合的意义上说的，而不是就同一层次而言的。也就是说，在分论点与总论点的关系层次上，只能是纵式，或只能是横式，不然就会造成混乱。一些篇幅较长，内容较为复杂的论文多采用纵横结合式的结构。

本论的内在联系形式，无论采用何种表现形态，都要体现条理性和逻辑性。

（三）本论的条理性和逻辑性

1. 条理性

条理性，就是该说什么就说什么，轮到说什么就说什么，不提前，不错后，顺理成章。从文章结构的角度说，条理性就是层次编排的有序性。就横式这种表现形态而言，并列的分论点围绕中心论点展开，有一个先后顺序的问题；就纵式这种表现形态而言，也有一个哪个层次是基础层次应该优先，哪一个层次是派生层次（或再生层次、引申层次、提高层次）要靠后的问题，这里就体现了层次展开的条理性的要求。

学术论文在层次展开上的条理性，说到底，是要反映和符合事物本身的顺序律。所谓顺序律就是事物本身的层次结构规律和发展过程的阶段性规律。例如，经济、政治、文化是一种顺序，过去、现在、未来也是一种顺序，可能性、条件性、现实性是另一种意义上的顺序，从轻到重或从重到轻是一种顺序，从大到小或从小到大也是一种顺序，从普遍到特殊再到个别是一种顺序，反过来也是一种顺序。在论述过程中，各部分的展开，如果反映或符合了事物本身的顺序律，那么也就在行文中体现了条理性。

如《党是社会主义民主的组织者》一文，其中各个层次的展开，就体现了从普遍到特殊，再到个别的顺序。

该文的中心论点：党是社会主义民主的组织者。

其分论点包括：

（1）民主是一种国家制度，任何民主都离不开一定的组织领导；

（2）只有在共产党的领导下，社会主义民主才能顺利地协调发展；

（3）三中全会以来的实践证明，党是社会主义民主的组织者、推动者。

这里论述的顺序是，先是论民主与组织者的关系，接着论社会主义民主与作为其组织者的共产党的关系，最后从实践角度说明三中全会以来，中国社会主义民主与中国共产党的关系，有条理地全面论证了中心论点的正确。

本论内在联系形式的展开除了要体现条理性以外，还要体现逻辑性。

2. 逻辑性

就论述过程中条理性与逻辑性的关系来说，二者是密不可分的。没有脱离逻辑性的单纯的条理性，也没有脱离条理性而孤立存在的逻辑性。从客观逻辑的角度说，客观逻辑也就是上文所说的顺序律，条理性是对客观逻辑的主观反映和体现；从主观逻辑的角度说，论述的逻辑性是以条理性即层次安排得当为前提，而论述的条理性又要遵循论述的逻辑性才能得以实现。我们这里所说的本论内在联系形式的条理性和逻辑性就是在主观逻辑的意义上讲的。即按照逻辑规则一环扣一环地，从一个层次中引出另一个层次，从一个层次过渡到另一个层次。

初学写作者，甚至有些发表过一些论文的作者，不懂得文章各部分之间逻辑联系的重要性，不能自觉地用适当的语言去揭示和说明各部分之间的逻辑联系。这样一来，他们文章的各部分不是作为有机整体的部分，而是孤立地摆放在那里。

俄国有这样一个传说，一只老鸦的主人被两个妖魔杀害，其尸体被分割成几大块扔在四处。老鸦为了救活他，就把其所有尸块叼在一处，按原来所处的方位加以拼装，但主人并未活过来。老鸦又从妖魔那里偷来生命之水，并喷洒到主人的尸块上时，其各部分才有机地结合起来，主人才有了生气。

就文章的逻辑性来说，它就是文章的生命之水。获得了生命之水的文章，才是一个鲜活的有机整体，才可能不是几大块的机械拼凑。

有了逻辑性，文章在表现风格上就会如行云流水，或者如一辆汽车上了高速公路，十分顺畅。

为了使中心论点和分论点、论点和论据有机地联系起来，使论据有力地证明论点，在论证时还必须灵活地掌握和运用论证方法。

二、本论的论证方法

本论所采用的论证方法是多种多样的，主要有例证法、引证法、对比法、类比法、反证法、归谬法等六种。

（一）例证法

1. 例证法的含义

例证法是运用事实作论据来论证或阐释观点，即运用事例、统计数字、实验结果、图表照片等作论据来证明观点的一种论证方法。类似于逻辑推理中的归纳推理，即从个别（论据）到一般（观点）的逻辑推理。具体地说，它是通过对一些个别事例的分析和研究，归纳出它们的共同属性，综合它们的共同本质和规律，从而得出带普遍性的结论。

2. 运用例证法的要点

运用例证法要注意以下几点：

（1）切忌孤证。

即只抓住个别事实，以偏概全地论证。关于这一点，列宁曾经有精彩的分析。他说："每一个别情况都有其具体的历史环境。如果从事实的整体上，从它们的联系中去掌握事实，那么，事实不仅是'顽强的东西'，而且是绝对确凿的证据。如果不是从整体上、不是从联系中去掌握事实，如果事实是零碎的和随意挑出来的，那么它们就只能是一种儿戏，或者连儿戏也不如。"①这里所说的从事实的全部总和，从事实的联系去掌握事实，就是说作为论据的事实，不能是孤立的个别事例，不是孤证，而是上文所说的个案材料与综合材料相统一的事实，是与其他事实相比较中具有代表性、典型性的事实。这样的事实才是胜于雄辩的东西，才是可靠的东西。

不过话说回来，孤证用于证实不行，但用于证伪可以。比如，有这样一个命题：天鹅都是白的。作为一个普遍性命题，要是有一个反例，那么它就被证伪了。结果还真是在澳大利亚发现了一种黑色的天鹅。

（2）要有据有论。

陈述观点，只有理论分析，没有事实作为依据，固然不行。这叫有论无据，空口说白话不能令人信服。但为了论证一个观点，只摆事实，不讲道理，也不行，这叫有据无论。事实只能表明现象，只能证

---

① 《列宁全集》第28卷，364页，北京：人民出版社，1990年。

明“是这样”，理论才能揭示本质，才能说明“为什么是这样”。也就是，“讲道理”，没有事实依据，容易流于空泛；“摆事实”，没有道理贯穿，则往往显得杂碎。

常听人说“拿证据来”。这样说是对的，说明证据重要。但有了证据也并非万事大吉。这是因为证据只是论证的必要条件，而不是充分条件。证实只能是在有限边界范围内的问题上才能发挥作用，问题一旦超出这一范围，就不是实证方法所能解决，而非援引一定的学理来说明不可。

毛泽东在《一切反动派都是纸老虎》一文中，运用例证法加以论证，不仅摆事实，而且讲道理，论证就十分有力。文中说：

> 一切反动派都是纸老虎。看起来，反动派的样子是可怕的，但是实际上并没有什么了不起的力量。从长远的观点看问题，真正强大的力量不是属于反动派的，而是属于人民。在一九一七年俄国二月革命以前，俄国国内究竟哪方面拥有真正的力量呢？从表面上看，当时的沙皇是有力量的；但是二月革命一阵风，就把沙皇吹走了。归根结蒂，俄国的力量是在工农兵苏维埃这方面，沙皇不过是一只纸老虎。希特勒不是曾经被人们看作很有力量的吗？但是历史证明了他是一只纸老虎。墨索里尼也是如此，日本帝国主义也是如此。

毛泽东在这里列举了一些事实。这是运用实证方法进行论证。但是这些事实只能说明沙皇、希特勒、墨索里尼、日本帝国主义是纸老虎，而不能证明一切反动派都是纸老虎。因而毛泽东在列举了这些事实以后，又进一步从理论上指明：

> 这些反动派总有一天要失败，我们总有一天要胜利。这原因不是别的，就在反动派代表反动，而我们代表进步。[①]

由此可见，有论点，有论据，还要有用这些论据来说明论点的论

① 《毛泽东选集》第4卷，1195页，北京：人民出版社，1991年。

证，才能写出有据有论的有说服力的文章。论证能否丝丝入扣，合情合理，是衡量作者理论水平的重要标志。

（二）引证法

1. 引证法的含义

引证法是引用理论论据来论证或阐释观点，即运用已被实践证明了的科学原理、定义、定律、尽人皆知的常理以及名人名言作论据，来证明或推理的论证方法。它类似于逻辑推理中的演绎推理。

2. 引证法的表现形式

引证法在逻辑思维过程中的运用，有下面这样几种形式。

（1）直接证明。

即引文内容与说明的问题之间具有直接同一性。引文能起到直接证明的作用。如有一篇谈"科学技术是第一生产力"的文章，指明这里的科学不仅指自然科学，而且还包括与生产有关的其他一切科学。为了证明这一点，该文中引用了马克思的一段话直接加以证明。马克思说："随着大工业的发展，现实财富的创造……取决于一般的科学水平和技术进步，或者说取决于科学在生产上的应用。（这种科学，特别是自然科学以及和它有关的其他一切科学的发展……）。"①文章在引用了这段话以后，得出结论说："可见，科学在生产上的运用，主要是指自然科学，同时也包括与生产有关的其他一切科学。从现在的观点看，这里应包括与生产有关的社会科学、数学、思维科学、管理科学、工程科学、环境科学等。"

（2）诠释证明。

即引文内在地包含有与说明的问题之间的间接同一性，引文需要通过诠释才能达到证明的目的。如有一篇论哲学为人提供安身立命之本的文章，在引证了《易传·系辞下》中关于"安身"和《孟子》中关于"立命"的有关论述，作为其词源学上的根据，接着对"安身""立命"进行了诠释："安身即安定生活，没有忧虑"，"立命即主动地掌握自己的命运"。"所谓为人提供安身立命之本，也就是为人们安定生活、掌握自己的命运提供根本原则。"②

---

① 《马克思恩格斯全集》第46卷（下册），217页，北京：人民出版社，1980年。

② 陶富源：《终极关怀论》，12页，合肥：安徽大学出版社，2004年。

(3) 归纳证明。

即引用多位名人的名言，归纳推理出论点的可信性。

下面这段引证共引用了四位名人的论述。

哲学是关于宇宙人生统一的理论，对此，不少哲学家都曾有所论述。

韦伯说，哲学是对宇宙人生的“普遍性解释”。冯友兰先生说：“我所说的哲学，就是对于人生的有系统的反思的思想。”又说：“宇宙论的产生，是因为宇宙是人生的背景，是人生戏剧演出的舞台”，因此，他说：“无论我们是否思人生，是否谈人生，我们都是在人生之中。也无论我们是否思宇宙，是否谈宇宙，我们都是宇宙的一部分。”张岱年先生说：“哲学是天人之学，即关于宇宙人生基本问题的探讨。关于宇宙人生的基本问题，都具有最广泛的普遍性。”周辅成先生也说：“西方有人曾比喻古代哲学是一个大家庭，包括多种学科。譬如一群子女，后来一一长大了，都出嫁了或长大独立成家了（即各学科独立了），只剩老两口，一是宇宙论，一是人生观（包括道德论）。但不能再分，再分便不能成家，也不能独立生存。这说明哲学是以自然哲学与人生哲学为根本。最后这两部分，一点也不能分离。“离婚”就是死路一条。

中外学者的以上这些论述都是很有见地的，可以说，都抓住了哲学之为哲学的根本。①

(4) 演绎证明。

即引文作为大前提，由此论证出小前提，最后推出结论。

下面这段论述就是演绎推理思维形式的运用：

邓小平同志在党的十一届二中全会上指出：“思想战线上的战士，都应当是人类灵魂的工程师。作为灵魂工程师，应当高举马克思主义的，社会主义的旗帜，用自己的文章、作品、

① 陶富源：《形上智慧论——哲学的当代沉思》，13、14页，南京：南京大学出版社，1999年。

教学、讲演、表演，教育和引导人民正确地对待历史，认识现实，坚信社会主义和党的领导，鼓舞人民奋发努力，积极向上，真正做到有理想、有道德、有文化、守纪律，为伟大壮丽的社会主义现代化建设事业而英勇奋斗。”教师，作为人类灵魂的工程师，就理应像邓小平所说的那样，既教书又育人。①

（5）引申推理。

即以引文作基础，在引文基础上，推论出更深刻的道理来。

下面是这种思维形式的运用：

不仅物质利益可以引发人们的行为动机，政治的和文化的利益也可以引发人们的行为动机。亚当·斯密在200多年前就认识到，人的行为动机并不都是经济的，还有身份、受人尊敬、尊重、道德完善、品格锻造等等方面的动机。恩格斯说得更生动，“无论历史的结局如何，人们总是通过每一个人追求他自己的、自觉预期的目的来创造他们的历史，……因此，问题也在于，这许多单个的人所预期的是什么。愿望是由激情或思虑来决定的。而直接决定激情或思虑的杠杆是各式各样的。有的可能是外界的事物，有的可能是精神方面的动机，如功名心、‘对真理和正义的热忱’、个人的憎恶，或者甚至是各种纯粹个人的怪想。”既然人的利益是多方面的，而且它们都可以引发人的行为动机，因此，对于社会主义事业的发展来说，就必须兼顾劳动者多方面的需要，坚持综合利益原则，全方位地调动劳动者的积极性。②

写好引证，除了要明确引文与论点的逻辑关系，注意发挥好引文对论点的证明作用以外，如何写好引文也是应该重视的。

3. 引文的写法

引文常用的写法有三种：

（1）直接引文写法。

---

① 李平：《论教书育人》，《教育报》，1981·4·23。

② 陶富源：《主体活力的利益激励》，《安徽师范大学学报》，2004（3）。

在论证过程中直接引用，或是用独立段并上下空行以展示引文。上文所列事例大体都是这种直接引文的写法。

（2）串联引文写法。

作者用一些衔接的语言把间断的引文串联成句或段。有时引文过长，只有其中的一些语句与论点有关，采用串联引用写法，便可使引文简洁。

如下面的一段论述采用的就是串联引文的写法。

> 以孔孟为代表的儒家对人的终极关怀既根植于现实的人生，又具有理想主义色彩。从《论语》的记载来看，孔子曾以崇拜的心情赞美天之伟大，“巍巍乎！唯天为大”，但并不贵天小人，而把人与天地放在同等地位，孔子贵人轻马的故事广为人知。他重视人的人格力量和道德作用。他以“闻道”为人生的一大要事，认为“朝闻道，夕死可矣”，表现了一种“士志于道”的精神。这种道是什么呢？在孔子看来就是“仁”，以“仁”为安身立命之道。仁既是一种人格塑造，“诚心、正义、修身”，君子人格，“志士仁人，无求生以害仁，有杀身以成仁”；又是一种政治理想，“齐家、治国、平天下”，“天下归仁”。①

（3）间接引文写法。

即论文作者用自己的语言间接表达引文大意。这种写法虽用得不如直接引文多，但也有人这样做。

如下面这段论述就是采用的这种写法。

> 马克思在《1844年经济哲学手稿》中对人的活动中的社会联系、社会关系的认识进一步走向具体化。他把社会关系分为：表现在共同活动中人与人之间的直接联系，以及通过物所表现的人与人之间的间接联系。无论是共同活动还是个人活动都是在社会关系中进行的，因而“个人是社会存在物”。②

① 陶富源：《形上智慧论——哲学的当代沉思》，18页，南京：南京大学出版社，1999年。

② 陶富源：《终极关怀论》，126页，合肥：安徽大学出版社，2004年。

这是作者用自己的语言来转述《马克思恩格斯全集》第42卷第122页中的有关论述。

4. 运用引证法的要点

运用引证法要坚持以下原则。

（1）公开化原则。

被引用文献应该是公开发表的文献，未经公开发表的文件应慎重引用。

（2）原始性原则。

被引用的文献应是作者亲自阅读并在论著中直接引用的原始性文献，而不是通过中介文献转述的文献内容。

（3）必要性原则。

被引用的文献应该是与论文中的方法、结论和讨论的内容密切相关，必须参照和引用的不可缺少的文献。

（4）准确性原则。

引文的运用一定要核查无误，不要引错。一般说来，不核对原文，就难免要出错。古籍资料的版本，尽可能用善本（凡书籍精加校勘，错误较少者称为善本）或新的标点本；经典著作，有新版本的就尽量不要用老版本。

不要断章取义，一定要联系上下文，联系文章背景、用语习惯，要准确理解引文原意。

（5）适当性原则。

引用不宜过长、过多，那样会削弱作者的主体地位。

（6）可考证原则。

这里是指网络文章不具有可考证性，反对引用网络上的文献。

（7）新颖性原则。

主要是指所引文献应该新颖。

（8）代表性原则。

是指同类文献要择优引用。这里的“优”是指代表性。这样才能提高论证的权威性，从而收到令人信服的效果。

（9）标准化原则。

指学术引用必须采用标准化的著录格式。

（三）对比法

对比法是通过事物之间的比较来论证或阐释观点。对比能突出事物的本质，给人以鲜明的印象和有益的启示。

对比有两种形式：一是横比，二是纵比。

1. 横比

即将两个对立面事物进行横向比较，揭示两者间的不同来论证观点。

比如，下面这段论述就运用了横向比较的论证方法。

> 中国传统文化的整体主义特征是“重整体轻个人”，实际上，只是承认贵族统治者和家族尊长者个人，而不承认摆脱和反抗宗法人伦整体的大多数个人和由这些个人组成的新的社会。与之相反，近代以来西方文化传统的个人主义特征是“重个人轻整体”，确切地说，是在承认以财富为标准、以个人私有为本位的商品关系及其契约联合的社会机体和在其中由彼此斗争所形成的发财致富的少数个人，不承认超出这一标准的人的全部关系的个人。这两种传统都在历史上起过重大的进步作用，但都扭曲了人类的群体与个体的关系，即既扭曲了人的群体性，也扭曲了人的个体性，并且随着它们的历史作用的实现，其弊端也日益突出，成为人类进一步发展的障碍。①

这段论述通过比较分析，能有力地说明整体主义和个人主义价值取向的片面性和缺陷。

2. 纵比

即将同一事物的前后进行比较，揭示前后之间的纵向差异以论证观点。

比如，下面这段论述就运用了纵向比较的论证方法。

① 陶富源：《终极关怀论》，68—69页，合肥：安徽大学出版社，2004年。

> 在旧中国，中国人民在三座大山的压迫下，毫无人权可言。1840年以后的110年间，英、法、日、美、俄等帝国主义列强先后对中国发动过大小数百次侵略战争，屠杀了数以千万计的中华儿女，强迫中国签订了近千个不平等条约，掠去战争赔款和其他款项1000亿两白银。据统计，仅日本全面侵华战争期间，就杀害了3500万中国人民。由于帝国主义的入侵，封建的中国逐渐沦为半殖民地半封建的、贫穷落后的国家。……经过28年的艰苦卓绝的斗争，中国人民终于取得了新民主主义革命的胜利，建立了中华人民共和国，为社会主义在中国建立和发展开辟了广阔的道路，为中国社会主义人权事业的发展开辟了光明的前景。50多年来，中国的人权事业取得了巨大的进步，中国的人权状况发生了根本性的变化。①

这段论述，通过新中国建立前后中国人权状况的比较，说明社会主义极大地促进了中国人权事业的发展。

运用对比法，要注意比较的双方应该是性质截然不同的事物或道理，才能形成强烈的反差，通过对比去说明观点。

（四）类比法

类比法是根据已知事物的某种特点，证明类似的另一种事物也会有某种特点的论证方法，类似于逻辑推理中的类比推理。其论证过程是根据两种相类似的事物在较多属性上相同，以此（已知）推断彼（未知）也可能相同。如地质学家李四光发现我国东北松辽平原的地质结构同中亚细亚的地质构造极为相似，由此推论出松辽平原也可能蕴藏大量石油。事实也证明的确如此，我国按照此理论，后来发现和建成了大庆油田。

类比法富于启发性，它深入浅出，能起到触类旁通的作用，使读者易于领悟抽象的道理，可使文章写得简洁生动。毛泽东在《将革命进行到底》（一九四八年十二月）一文中，针对在中国人民解放军的胜

① 陶富源：《终极关怀论》，300—301页，合肥：安徽大学出版社，2004年。

利进军面前，中国人民的凶残的敌人忽然竭力装出无害而可怜的样子，文中运用了农夫和蛇的故事，进行类比论证，认为不能同情蛇一样的恶人，不能使他们赢得养好创伤的机会，然后在一个早上猛扑过来，将革命扼杀，使全国回到黑暗世界。这个类比论证十分有力，使人猛醒。

运用类比法要注意：必须是同类事物进行类比；所比的类似点，必须属于事物的本质属性。比如上文的例子，毒蛇害人，恶人也害人，因此，可怜毒蛇会被蛇咬，同情恶人也会被恶人所害。

类比与比喻不同，比喻的双方是完全不同的事物，两者之间没有本质的内在联系，仅仅在某一点上有相似之处。比如把必须抓住主要矛盾比喻为牵牛要牵牛鼻子，把调查研究比喻为十月怀胎，把通过调查研究使问题获得解决比喻为一朝分娩，等等。而类比的双方则是同类事物，两者具有本质上的相同点。

（五）反证法

这是从相反方面建立新的论点来进行论证，属间接证明。在立论和驳论中都可以运用反证法，只是情况不同。

第一，在立论中，是通过证明与己方观点相反观点的错误，来证明自己观点的正确。下面一段论述就是这样的：

> 在西方还有人曾发明一种所谓“伴侣式”的结合，或所谓“试婚”。这种主张提议，容许青年男女作暂时的结合，等到生下第一个孩子时，才转变为永久的联系。这种主张也是不可取的。它让青年男女在生孩子前的一个相当长的时间里处于对未来的不可捉摸之中。不难想象，具有极为敏感神经的男女青年在这种不安的待定之中，又会生出多少怀疑、猜忌，又会引发多少冲突、事变。处于这种紧张和防范中的人们又怎么可能享受或充分享受爱情的欢乐？因此，只有通过婚姻的缔结，才能给爱情以一种踏实；才能实现爱情的动人与肃穆、热烈与祥和的统一；才能在悠悠岁月的婚姻生活中，使婚前的浪漫式爱情通过婚后的继续追求，而逐渐深化成熟

为今生今世命运与共的亲情式爱情。①

第二，在驳论中，通过证明与对方观点相反观点的正确，来证明对方观点的错误。如在《“友谊”，还是侵略?》一文中，毛泽东就是运用反证手法来批驳艾奇逊关于“美国一直加深对中国友谊”的观点，列举了大量历史事实来证明，美国对中国的所作所为是侵略，而不是友谊。从而得出结论说：“艾奇逊当面撒谎，将侵略写成了‘友谊’。”②

运用反证法，要注意在议论中必须有个完全对立的观点，否则就无法从反面论证。

（六）归谬法

归谬法，又称引申法，就是先假定对方的论点能够成立，然后加以引申，结果得出一个荒谬的结论，从而证明对方的观点是错误的。它在反驳中经常使用，是一种间接反驳论点的方法。

下面这段论述采用了归谬法的论证方法。

> 有一种观点把人的自然性、社会性等客观属性看作人的主体性。这种观点是不能令人赞同的。因为主体性不等于人性，它只是作为主体人的根本共性，而不是人的其他共性。仅就自然性和社会性而言，不仅主体有，而且作为客体的人也有；不仅作为现实主体的人有，而且作为非现实主体，即可能主体或潜在主体的人也有。比如，谁也不能否认游手好闲者具有自然性、社会性。因此，用自然性、社会性并不能把主体与客体、现实主体与非现实主体区别开来。主体性之不同于人性是因为它们是相对于不同的关系而言的。人性是人在与外界的关系中所形成的区别于动物的那些性质；主体性则是人作为主体，在与客体的关系中所显现的区别于客体的那些性质。所以主体性与人性是不能等同的。③

① 陶富源：《终极关怀论》，387页，合肥：安徽大学出版社，2004年。

② 《毛泽东选集》第4卷，1505页，北京：人民出版社，1991年。

③ 陶富源：《终极关怀论》，317、318页，合肥：安徽大学出版社，2004年。

归谬法的特点是欲擒故纵，对一些似是而非的论点的批驳，有时比正面论证更为有力。

下面这段论述也采用了归谬法的论证方法。

在价值论上，人类以自己为中心应该是不容置疑的。现在有这样一种观点，认为人类与自然界的生物应该平等相处，各种生物与人自己一样有自己的生存权利，不然就是违背了生态道德。那么请问生态道德论者，你们吃鱼吗？吃肉吗？吃菜吗？回答显然是肯定的。因此，这里的关键并不在于人类要以自身为中心（这是必然的），而不要陷入人类中心主义，不要一味地对自然进行征服、索取，以至破坏。要按自然规律、生态规律办事。[①]

一篇学术论文，通常是运用多种论证方法写成。有时，在同一段论证中，多种论证方法综合地运用着。

本论写好以后，接下来是写学术论文的结论。

三、学术论文的结论

结论是研究课题的总判断、总评价，是整篇正论的归宿，也是最后的一种交代。

俗话说，头难起，尾难结。一篇文章结尾好坏，对突出主题，深化思想，加强文章的感染力和说服力，都有不可小视的作用。结尾好，全文为之增辉，结尾不好，也会美中不足。所以，认真的作者对于写好结尾也是很重视的。

当然，并非所有的论文都需要一个总概式的结尾，当我们感到意思已经充分表达，文章就可以戛然而止，并不需要再专门设计一个结尾。戛然而止，也是一种结尾的方式，有时还会起到“此地无声胜有声”的效果，更耐人寻味。

① 陶富源：《陶富源哲学论著集：青年马克思与费尔巴哈》，308、309页，合肥：合肥工业大学出版社，2006年。

就多数论文而言，结尾是不可或缺的。

结尾的写作内容，可以是对总论点的归纳，对中心论点的深化说明，也可以指明有待研究的问题，或是对未来进行展望，对解决问题提出对策和建议等。

结尾部分可以是一段，可以是几段，也可以分条列写。

学术论文的结尾是各式各样的，但不管是何种形式的结尾，都应与整篇文章的内容和形式相适应。

常见的结尾方式有以下几种。

（一）总结式

这种形式的结尾是作者对研究对象所做出的总结性看法，是对本论中主要问题的回答所做出的科学概括。往往用“总之”“综上所述”或“由上可见”等开头语，继而引出结论。

如《孟子笔下的道统与政统》一文，在系统论述了关于孟子的道统与政统及其相互关系的思想之后，作者就是以总括式的方式结尾的。作者写道：

> 总之，孟子笔下的道统绝不仅仅只维护自己的尊严，他追求的是一种道统与政统之间的平衡。当然，孟子在发挥道统对政统之“忠”这一思想时表现得惜墨如金，这是因为明君毕竟只是少数，多数是不明且傲的昏君；诚如费孝通先生所言：“道统不争政统，政统却可以压迫甚至消灭道统”，不怕君子不对知遇君主肝脑涂地，怕的是昏君对殷殷君子做不到仁至义尽。因此，孟子的笔墨才不加吝惜地洒向道统的弘扬。[①]

这个概括式的结尾重申了本论的中心思想，但又不是对本题观点的简单重复，而是进一步深化了对主题的认识。

① 张之锋：《孟子笔下的道统与政统》，《江淮论坛》，2004（3）。

（二）呼应式

这种形式的结尾是对文章的开头所提出的问题，做出总体性的回答，使文章前后呼应。

如在《中国社会各阶级的分析》一文中，毛泽东在文章开头提出了“谁是我们的敌人？谁是我们的朋友？”这样的问题。随后在文中对当时（1926年）中国社会的各阶级进行了经济地位、政治立场和思想倾向等方面的分析，最后在文章结尾处，毛泽东对前文提出的问题做出了总括式的、呼应式的回答。文章写道：

> 综上所述，可知一切勾结帝国主义的军阀、官僚、买办阶级、大地主阶级以及附属于他们的一部分反动知识界，是我们的敌人。工业无产阶级是我们革命的领导力量。一切半无产阶级、小资产阶级，是我们最接近的朋友。那动摇不定的中产阶级，其右翼可能是我们的敌人，其左翼可能是我们的朋友——但我们要时常提防他们，不要让他们扰乱了我们的阵线。[①]

（三）展望式

这种形式的结尾是对本课题研究工作中的遗留问题和需要进一步探讨的问题进行展望，有时还提出粗浅的思路。

如黄枬森在《论辩证唯物主义体系的不变性和可变性》一文中，在肯定了辩证唯物主义是科学的哲学，不会过时，不会退出历史舞台，不会被驳倒的同时，又指出它有历史的局限性，因而只会被修正、丰富，随着时代变化发展而不断变化发展，应该把建构马克思主义哲学新形态的任务提到议事日程上来。至于如何完成这一任务，在文章结尾处作者谈了自己的展望和期望。文章写道：

> 在我看来，建构马克思主义哲学新形态的工作不是一个人或几个人，甚至一代人所能完成的。要创造个人的哲学体系，要创造个性化的哲学当然不容易，要建构科学的哲学体系，其

① 《毛泽东选集》第1卷，9页，北京：人民出版社，1991年。

真理性又能为多数不抱有意识形态偏见的哲学家所认同，那就更难了。如果我们立志为建构科学的哲学而奋斗，而不热衷于建立个性化的昙花一现的哲学体系，那么，让我们携起手来，把我们一点一滴的贡献融入到这个壮丽的事业中去。①

展望式的结尾有时以建议或进言形式加以表现。即在对本课题进行理论研究和理论分析的基础上，对如何实际解决问题，提出建议，提出应注意的事项。

如《论职权占有者主体性内质的建构与嬗变——腐败现象主体性根源之考察》一文，就是以这种形式结尾的。文章写道：

以上我们主要是从主体性根源方面对腐败现象加以观察，从思想意识方面提出根治措施的。显然，这仅仅是问题的一个方面，更为重要的，还在于社会、国家要健全、强化对职权占有者‘以权谋私’行为的法律、法规等监督机制，这已经成了今天广大人民群众的强烈呼声和共识。②

（四）鼓动式

这种形式的结尾是在论文揭示了研究对象的发展规律，指明了现状之症疾所在的基础上，号召人们为改变现状而奋斗。

如马克思恩格斯共同撰写的《共产党宣言》的结尾所采取的就是这样一种方式。《共产党宣言》写道：

共产党人不屑于隐瞒自己的观点和意图。他们公开宣布：他们的目的只是用暴力推翻全部现存的社会制度才能达到。让统治阶级在共产主义革命面前发抖吧。无产者在这个革命中失去的只是锁链。他们获得的将是整个世界。

全世界无产者，联合起来！③

① 黄楠森：《论辩证唯物主义体系的不变性和可变性》，《学术研究》，2001（9）。

② 昌家立：《论职权占有者主体性内质的建构与嬗变——腐败现象主体性根源之考察》，《学术论坛》，1994（4）。

③ 《马克思恩格斯文集》第2卷，66页，北京：人民出版社，2009年。

《共产党宣言》是人类历史上的不朽之作。这个结尾也很好。它富于启发性、鼓动性，耐人寻味，意义深远。它表现了作者对新世纪的憧憬和对未来的召唤。

我国清代学者李渔曾经谈到剧本的开头和结尾。他说："开卷之初，当以奇句夺目，使之一见而惊，不敢弃去。"结尾呢？"终篇之际，当以媚语摄魂……使人看过数日，而犹觉声音在耳，情形在目者，全亏此处撒娇，作'临去秋波那一转'也。"[①]

李渔在这里以生动形象的语言，描绘了剧本开头和结尾所应达到的美妙境界。不过，这一论述对写好文章的开头和结尾也是有参考价值的。当然，要做到如此出色是不易的，但作为一种目标去追求总是应该的。

还需指出的，绪论—本论—结论，这一程式只是论文结构的基本形式，绝不是一成不变的固定格式。写作时可根据需要灵活掌握，也可是"绪论—本论""本论—结论"，甚至只有本论，即将绪论和结论融于本论之中，而不再单独列出。

① 李渔：《闲情偶记·词曲部》，107页，上海：上海古籍出版社，2009年。

第十一章　学术论文的修改及相关事项

世人著述，不能无病。仆常好人讥弹其文，有不善应时改定。[①]

——曹植

权衡损益，斟酌浓淡。芟繁剪秽，驰于负担。[②]

——刘勰

文章的初稿写成以后，作文的最重要阶段的工作算是完成了。但它还不是整个写作过程的结束。整个写作过程还有一个不可缺少的、非常重要的阶段，那就是修改、润色。

另外，在学术论文写作过程中，还要做好注释、参考文献、附录、后记等附属工作，以及做好标点符号、图表及相关数字的书写或制作等方面的技术性工作。

一、学术论文的修改

“好文章是改出来的”。这是许多学问家的经验之谈。

什么是修改？狭义地讲，修改，是指从文章的初稿到定稿的一个加工过程。

这里的加工过程包括对文章的内容和形式两个方面的优化提高；广义地讲，是指作者在各个写作阶段，都不断地订正自己的认识和表达。这里所讲的修改是在初稿完成以后意义上说的。修改能力是学术论文写作者的又一必备能力。文章为什么要修改，修改的范围是什么，

① 曹植：《与扬德祖书》。

② 刘勰：《文心雕龙·熔裁》。

怎样修改？搞清楚这些问题十分必要。

（一）修改的意义

论文修改的意义是多方面的。

1. 修改是提高论文质量的重要步骤

如上所说，学术论文的修改，是从初稿写出后直到定稿的一个加工过程，这是写作中不可缺少的一个环节。初稿是文章的“毛坯”“半成品”，通过修改，才能使文章成为“艺术品”“完成品”。这一修改过程，也是作者对写作内容不断加深认识，对表现形式不断选择润色的过程。从认识论来说，修改过程是一个经过多次反复，不断深化人对事物认识的过程；从表现论的角度来说，是一个对思想内容的表达不断完善、精粹的过程。这个过程体现在写作中，就是对文章进行反复的润色加工。文章的质量就是在一次又一次的修改中，得以不断提高的。

有人认为，自己的文章“笔到功成”，不需要修改。这一认识是不正确的。任何人的文章都需要修改，在这里无一例外。古今中外的大手笔，还有不少广为流传的改文佳话。

孔夫子说过：“为命，裨谌草创之，世叔讨论之，行人子羽修饰之，东里子产润色之。”[①]“命”就是辞令，是“政命”、“盟会”一类的文字。这要先请郑大夫裨谌“草创”，然后请世叔（游吉，亦郑大夫）参加“讨论”，接着请子羽（公孙挥、郑大夫、外交官）进行“修饰”，最后再由子产（郑相）“润色”一番。孔子把这件事讲出来，就反映了他对文章修改工作的一种肯定和强调，这对后世的影响是远远超过了这件事本身的意义的。

叶圣陶在谈《文章的修改》一文中指出：“修改文章不是什么雕虫小技，其实就是修改思想，要它想得更正确，更完美。”[②]文字是表达思想的，修改文字也就是修改文字表达的思想。也就是说，修改文字并不仅仅或并不主要是修改对思想的文字表达，而是修改文字表达的思想。儒家经典《论语》不仅思想深刻，而且文字表达精炼、典雅。虽然现已无从考证，经过了多少人的修改才呈现为我们所看到的样子，

① 《论语·宪问》。

② 转引自方迺：《写作思辨》，199页，合肥：安徽大学出版社，1998年。

但有一点是可以肯定的，一定经过了许多次的修改，而且不乏大手笔的修改。其实一些经典之作，西方的《荷马史诗》、中国《三国演义》《水浒传》《西游记》《红楼梦》，无不如此。例如，曹雪芹创作《红楼梦》是“披阅十载，增删五次”。

2. 修改是对读者负责的一种表现

文章是写给人看的，为了使看的人更多，文章还要争取发表出来。这是文章作者的一种共同心愿。由此，这里就有一个对读者负责的问题。写文章要考虑文章的社会效果。

拉法格在回忆中曾这样描述马克思：“他从来不满足自己的著作，事后总要加以修改，并且总是觉得文字的叙述没有达到思想所达到的高度。”“而且在他尚未彻底研究好一个问题时，他不谈论这个问题。他决不出版一本没有经过他仔细加工和认真琢磨过的作品。他不能忍受把未完成的东西公之大众的这种思想。”①在他看来，提供给工人阶级的必须是最好的东西，否则“我宁愿把自己的手稿烧掉，也不愿将半生不熟的文稿遗留于身后”②。

老舍先生在《我怎样学习语言》中说：“写完了，狠心地改，不厌其烦地改，字要改、句要改、连标点都要改，毫不留情。对自己宽大便是对读者不负责。”③毛泽东在《反对党八股》一文中批评一些人写文章，做演说，不预先研究，不预先准备；文章写好以后，不多看几遍，就马马虎虎地发表出来。他把这种粗枝大叶的作风，指诉为“党八股”的罪状之一，说它是“不负责任，到处害人”。他告诫全党同志：“这种责任心薄弱的坏习惯，必须改正才好。”④

3. 修改是提高作者写作能力的重要途径

写作能力是在写作实践中获得提高的。就写作能力的提高而言，起草初稿是一种提高的途径，对初稿进行修改加工更是一种提高的途径。因为修改文章比起草文章难度更大，要求更高。修改是对文章内容的深度加工和语言表达的完善、完美。所以，把这项工作做好了，对人锻炼也大。

---

① ［法］保尔·拉法格等著：《回忆马克思恩格斯》，马集译，10、12页，北京：人民出版社，1973年。

② 转引自霍焕民、徐秋英：《说明文写作技巧》，213页，北京：中国青年出版社，1994年。

③ 转引自黄建成主编：《写作学教程》，87页，合肥：安徽大学出版社，2002年。

④ 《毛泽东选集》第3卷，840页，北京：人民出版社，1991年。

由于文章修改不是一件轻松的事，所以，有人怕修改文章。认为与其改一篇文章，不如重新写一篇。殊不知，怠于修改，是永远也写不出好文章的，其写作能力也是不可能获得重大提高的。

（二）修改的范围

文章的修改范围，不包括论题的改换（那是重起“炉灶”），也不包括主旨的改变（那是改换“构思”），而是在初稿大致可用基础上的修饰、改动。以求达于文章内容与形式的完美统一。

文章内容方面的修改，主要是主旨和材料问题；形式方面的修改，主要是结构和语言问题。从二者达于完美的统一来看，修改的范围包括：锤炼主旨、增删材料、调整结构、推敲语言。

1. 锤炼主旨

主旨是学术论文的中心论点，是统帅全文的灵魂。修改论文，其首要的任务就是寻求主旨的深化和完善，使它在原有基础上更加准确、鲜明、集中、深刻。

对主旨的锤炼可以从以下两个方面来着手进行。

（1）中心论点及其从属的分论点是否偏颇、片面，或表达得是否准确、到位？如发现存在问题，应对材料重新分析研究，再做斟酌提炼，对原有观点加以适当调整。

（2）中心论点及其从属的分论点是否明确表达出来？这里通常有这样几种情况：一是文不对题；二是材料单薄，说明不了主旨；三是材料杂乱，湮没了主旨。如发现存在问题，应该有针对性地进行修改。

2. 增删材料

材料是用来论证或阐释文章观点的。主旨的深化和完善，也需要对材料进行相应的调整。这里包括增、删、改等三个方面。

（1）增，就是增加、补充。凡文章因材料不足而造成内容空洞或对观点支持不力时，都要添加材料。

（2）删，就是芟除、抹去。指材料堆砌过多，淹没了文章的观点，要删掉那些不够典型的材料。

（3）改，就是更改、变换。当材料不够准确时，要订正核实材料，并做适当的更改；对不利于突出主题或影响文章结构布局的材料，要进行必要的置换和调整。

3. 调整结构

一篇文章的观点和材料的有机统一，是通过完整而严谨的结构来表现和实现的。结构的调整，需要从绪论、本论、结论，论点、论据、论证，层次、脉络，过渡、照应等方面来考虑。篇章结构的安排是否完整、合理，层次是否分明、匀称，脉络是否清楚、畅通，上部分与下部分、上段与下段、上句与下句之间的过渡是否自然、妥帖，这些都要做通盘考虑、全面审视。其中的某些问题，在文章的起草过程中不易发现，正好在修改阶段加以调整。

4. 推敲语言

文章是语言的艺术，文章的修改最终都是通过语言的修改来实现的。因此，从表达意义上说，文章的修改，也就是语言的修正。语言的修改就是追求语言表达的得体、畅达、生动、简洁。关于语言的修改，我们将在下一章做详细说明。

（三）修改的方法

文章修改的方法因人而异，因文而异。就学术论文的修改来说，要注意以下几点。

1. 立足全局，以纲统目

全局，指文章的整体；纲，指文章的总论点。相对于文章的整体，文章的层次、段落、技法、表达、遣词造句等，都是从属的、局部的东西。文章的纲是文章整体性质的标示，是统领其他局部的主要的方面。其他的方面都是服从于、服务于这个主要方面的。修改时，应该着眼于文章的全局，着眼于文章主旨的充分表达和体现。对文章各部分的修改都要以服从全局，以有利于表现主旨为原则。不然，什么地方该改，什么地方不该改，什么地方要大改，什么地方要小改，也就失去了准绳，失去了文章的整体环境，失去了贯穿其中的脉络。

2. 虚心求教，择善而从

文章修改，要虚心向别人请教。可以把写好的文章，读给别人听，拿给别人看，听取人家的批评意见。这里的别人，可以是老师，也可以是学生、同事，也可以是朋友。自己写的文章自己改，为什么还要求教于别人，甚至请别人帮自己修改？因为对自己的文章往往是“当局者迷”，不易发现问题，而旁观者清，能较快地发现问题。俗话说，“当妈妈的总以为自己的孩子长得俊”。对此，白居易有言：“凡人为文，私于自是，不忍于割裁，或失于繁多，其间妍媸，益又自惑，必待交友有公鉴，无姑息者，讨论而削夺之，然后繁简当否，得其中矣。”[①]所以，在文章修改上，要听听各方面的、各种不同的批评意见，然后再由自己定夺，扬长避短，去粗取精，把文章改得较为完善，这是很有必要的。

3. 冷却处理，从容对待

文章修改，有热处理、冷处理两种改法。热处理是初稿写好，趁热打铁，及时润改；冷处理是将初稿写完以后，放一段时间，等头脑冷静后，再润改。

热处理的好处是，一篇文章刚写完，作者的思想还沉浸于文中，全文的思路、结构、层次、语言、论点、论据、论证了然于胸，改起来比较顺手。但热处理有其局限性。由于初稿刚写完，头脑发热，故许多需要修改的地方不易发现，甚至对一些明显的舛误，也熟视无睹。

为避免热处理的不足，就必须采取“冷却”处理法，就是把初稿写完以后，放一放，等头脑冷静些，再来审看和修改。这样，让思想感情暂时跳出原稿，站在比较客观的位置上，用新的、更高的尺度重新衡量，从中发现不当之处，这样就可能有意想不到的收获。

这种修改方法，为古今中外许多写作者所重视。宋代胡仔在《苕溪渔隐丛话》中引用唐子西语录说：“初读时未见可羞处。如置之，明日取读，瑕疵百出。辄复悲吟累日，反复改正，比之前时稍稍有加焉。复数日，取出读之，疵病复出。凡如此数日，方敢示人。”这是对文章“冷却”处理，从容对待的经验之谈。

4. 反复诵读，斟酌推敲

这是边朗读、边修改文章的方法。通过轻声朗读，便于发现语句不流畅、前后不连贯、过渡不自然，用词不恰当、遗漏、重复，以及褒贬感情不妥等方面的问题，从而斟酌推敲，可以使语言表达得体、畅达、生动、简洁。

---

① 白居易：《与元九书》。

（四）修改的符号

为了标明修改的情况，要使用公认的修改符号。这样，一是合于习惯，二则易于辨认。即使作者、编者及校对者，对修改后的文稿能清楚识别。依据国家技术监督局1993年11月16日批准、1994年7月1日起实施的《校对符号及其用法》（GB／T14706—93）的规定，在修改及校对中主要使用以下一些符号：

1）改正符号用来更正原文中的错字错句和错误的标点符号。如：

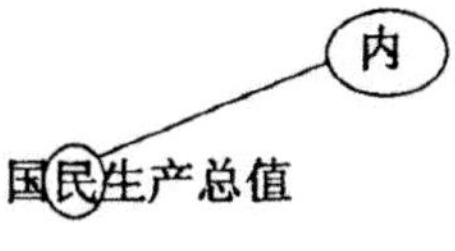

2）删除符号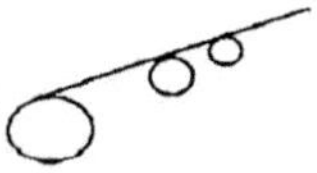用来删去字、词、句及标点符号。如：

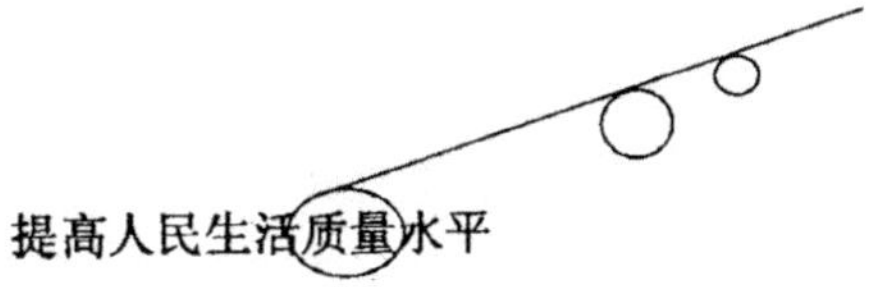

3）增补符号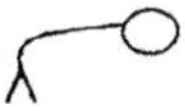用来增补词语、句子和标点符号。如：

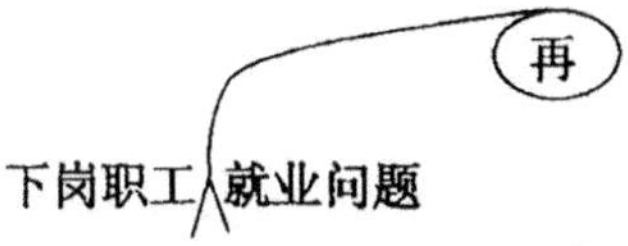

4）对调符号用来对颠倒的词语和句子进行对调。如：

5）转移符号用来对需要移动的词语和句子进行对调。如：

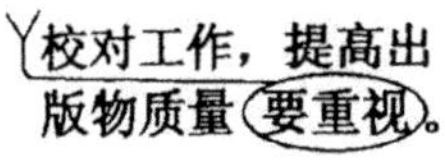

6）接续符号 用在需要连接的地方，将两段连接成一段。如：

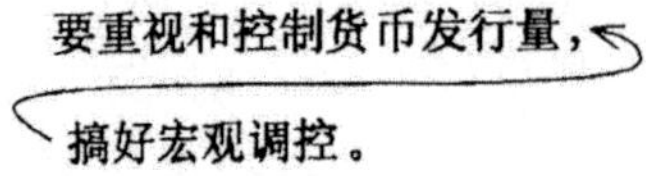

7）分段符号 用在需要分段的地方，将一段分成两段。如：

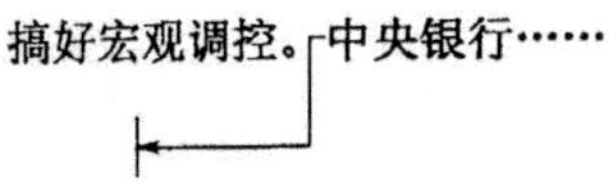

8）移位符号 ⊢ ⊣ ⊤ ⊥ 用于语句、标点符号等需要上下或左右移位的地方。如：

⊢要重视校对工

作，提高出版物质量。

9）离空符号 ⺘ 井 用于字与字之间需要离空的地方。空一字距用“井”，空1/2字距用“⺘”。如：

第一章井总论

10）保留复原符号△表示保留复原已删去的部分。用法是在已删节的字句下画“△”，同时在原删节号上画两条竖线。如：

11）代替符号○＝表示同页内要改正多个相同的字符，用此符号在页边注明。如：

机器由许多(另)部件组成，有的(另)件是铸出来的，有的(另)件是……

(另)＝零

12）说明符号 ○○○用于原稿抄写或打印时的说明文字，可在说明文字下画圈，表示此文字不作为改正的文字。如：

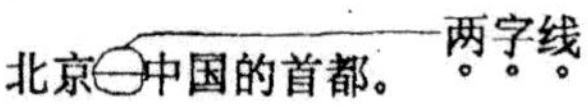

二、注释、参考文献、附录与后记

下面就上述各项分别来加以说明。

（一）注释

注释，是学术论文的附加部分。

1. 注释的内容

（1）对文章某些内容的进一步补充说明，如背景材料、一般性过程资料等不便于写入正文的内容；

（2）对文章某些文献的出处说明；

（3）对文章疑难词语、句子、理论等内容的解释说明；

（4）介绍作者或介绍本文的选题概况。

2. 注释的作用

（1）表示对他人劳动成果的认可和尊敬，增加资料的可信度，并便于读者查阅原文；

（2）为了使读者对被注对象有更好的理解。

3. 注释的方式

注释方式可分为三种：

（1）夹注。

夹注也称文中注，或段中注。即要在注释的字词句后面加上括号，在括号内写明注文。学术论文的夹注有以下几种情况：

①直接引文，在引文后注明出处。如，马克思说："人的本质不是单个人所固有的抽象物，在其现实性上，它是一切社会关系的总和。"（《马克思恩格斯选集》第1卷，60页，北京：人民出版社，1995年。）

②间接引文，即引用者用自己的语言来表述他人在其著作中的观点和见解，可在这种表述后面注明他人的姓名及其见解发表年份。例如，导致通货紧缩的另一个可能的原因是资产泡沫的破裂对经济产生的致命消极影响。（格林斯潘，1998年）这种注释方式在经济学论文中不少人采用。不过这样注释只能说明这种观点是谁，××年提出来的。除此以外，原文是怎么说的，在哪一本书，哪一页？就无从查对。这

样的注释尽量少用，因为效用不大。

③对文中某个词语做简单说明或标出其另外一种提法。前者如，“那些最早在1931年就放弃了金本位制的国家（如英国）经济减退程度就小于美国和法国。”后者如，“在中国，农民起义有三个前途：一是被镇压和消灭，二是投降（招安），三是起义领袖自己做皇帝。”

④引文是短语，可在引文后注明×××（作者）语即可。如，市场调节和政府计划调节在现代经济管理中缺一不可，否则“是试图用一只手来鼓掌”（萨缪尔森语）。

（2）脚注。

也称页下注。即在需要注释的地方用①、②、③或用［1］、［2］、［3］等标示注码，然而把注释的内容置于本页下端。

（3）尾注。

即把注释集中于全文、全书或书中某一章的末尾。

仅有一个注释时，也可用（注）或用*标出，把注释的内容置于末页下端或文章的末尾。

较长的注释必须用脚注或尾注。

4. 注释的规范性

（1）外文资料要引之有据，坚决反对伪注。

（2）同一篇文章注释的方式应统一，要么脚注，要么尾注，切忌多种方式同时使用。

（3）同一篇文章多次引用同一本书必须是同一个版本。比如《1844年经济学哲学手稿》，就有1979年、1980年以及2000年版。

（4）引用外国人都要用译名，加括号注外文。现在许多人不用译名，直书英文，有时整句是外语，读起来令人讨厌。在中国的刊物上写论文给中国人看，就应该按照汉语语法写。如果大家各行其是，学英语的直书英语，学俄语的直书俄语，这叫国人怎么看？

5. 注释的格式

（1）学术期刊文章。

［序号］主要责任者. 文献题名［J］. 刊物名，出版年，卷（期）：页码

［2］李晖. 晋陕蒙接壤区环境脆弱形势及其对策［J］. 国土开发与整治，1999（3）：53—56

（2）文集文章。

［序号］作者名．文献题名［A］．文集第一责任者．文集名［C］．出版地：出版社，出版年．页码

［6］瞿秋白．现代文明的问题与社会主义［A］．罗荣渠．从西化到现代化［C］．北京：北京大学出版社，1990.121—133

（3）报纸文章。

［序号］作者名．文献题名［N］．报纸名，出版日期（版次）

［8］谢希德．创造学习的新思路［N］．人民日报，1998-12-25（10）

（4）学位论文。

［序号］作者名．文献题名（版次）［D］．出版地：出版社，出版年．页码

［1］陈桐生．中国史官文化与《史记》［D］．西安：陕西师范大学文学研究所，1992.137

（5）学术著作。

［序号］作者名．文献题名（版次）［M］．出版地：出版社，出版年．页码

［2］武吉华．植物地理学（第二版）［M］．北京：高等教育出版社，1983.201—203

注释中的“作者名”项，在注明时有几点须注意的：

①有多位作者的只写前三位，并在后加“等”字；②人名间以逗号分开；③国外作者必须在人名前注国籍，如“［美］卡尔曼海姆”；④翻译的文献，需先写原著作者名并在其后加“著”字，再写翻译者名，并在其后加“译”字；⑤“文献题名”项中含有作者名的如《邓小平文选》，可省略“作者名”项“邓小平”。

也有些期刊报纸对引文注释有专门要求，给这些报刊写稿应按其要求去做。

另外，每篇论文的引文出处注释方式必须前后一致。标注中的年份、版次、卷数、页码均需用阿拉伯数字，这一点也应注意。

（二）参考文献

在学术研究和写作中大都要翻阅查看大量的书籍、报刊。只要它

们在研究和写作中起到启示、参考作用，都可以列入参考文献的范围。出于尊重他人的劳动成果，便于读者追索查询原文，在论文的后面一般都要列出主要参考文献的目录。

参考文献标明作者查阅、搜集资料的广度，从事某项研究的学术背景。因此，参考文献也是判断一篇论文质量高低的一个“窗口”。比如，某篇论文的参考文献中，与所研究课题的那些代表性、前沿性的资料都没有被列入，由此说明作者没有掌握这些资料，那么也就可以断定，这篇论文要达到很高水平是比较困难的。

但由此也产生一个问题，即有些作者为了表明自己学识渊博，把那些自己没有读过的文献，或把与该文不相干的文献也列了进来。这就不好，也没有必要。

另外，文献目录中只能列入公开发表的文献。也就是说，凡涉及保密性的以及内部的资料都不能列入参考文献。外文的参考文献如无译本，不必译出，可注明“见原书××页”即可。

文献目录编排一定要分类，分类的参考系可以自己酌情而定。

参考文献可按如下参考系排序：

①按论文撰写中参考价值的大小；②按本篇论文参考引用的顺序；③按文献时间的先后；④按作者姓氏笔画或外文字母顺序。

参考文献数量少，一般按方法①或②排序；数量多可按方法③或④排序。

每一参考文献都要在正文中加脚注码。

（三）附录

附录即指附于文后的有关文章、文件、图表、公式等与论文的阅读有着密切关系的资料。

附录的作用是便于读者参考使用或加深对论文的理解。

在正文行文过程中，会运用到一些作者清楚而读者并不一定明白的概念、理论观点、事例等。对此，如果不加说明，那么读者就会发生理解上的困难，就会成为拦路虎。碰到这些拦路虎，就会使读者难以卒读，就会造成思考的中断。因此，必须对这些难以理解的东西加以说明。

但这种说明一旦插入正文中，也会造成文章连贯性的削弱。如果这种说明的文字很长，那么甚至会造成对文章整体性的某种破坏，那样也会使文章难以卒读。怎么办呢？可以把这些同理解正文主要内容有关系的说明事项放到脚注或附录中。

（四）后记

大体说来，这也是任何层次的毕业论文中必须有的项目。

对自己论文的写作背景（包括由头）、写作过程和写作体会作一些说明或介绍，是必要的。这种说明是作者对读者的一种交代、一种交心、一种沟通，有利于读者对作者的认识及对其论文内容的理解、把握。

另外，对曾经支持和帮助（包括审阅、指导、修改、提供意见和有关资料等）过自己写作的人，特别是对自己的授课老师、论文的指导老师，表示感谢也是合乎情理的。这样做不仅是一种礼貌的表示，也是治学者谦逊恭良品质的体现。但一定要注意分寸，溢美之词太多是没有必要的。另外，把与写作本身不太相干、无关紧要的东西（如夫人承担了较多的家务、小女儿不再打扰等）也写了进去，是不合适的。

作为学术论文的附属部分，以上所论四个方面，并非是所有论文所必备的，可根据所写论文的不同要求确定取舍。但对每篇论文来说，注释是不可缺少的一项内容。对各种层次的毕业论文来说，除注释以外，还应有参考文献、后记、附录等内容。

三、标点符号、图表与数字

（一）标点符号的使用

标点符号是书面语言的有机组成部分。标点符号共有19种，其中有7种点号，有12种标号。标点不准确，会使内容产生歧义，影响文章思想的准确表达。

标点符号有一些约定俗成的用法，写作时应予以注意。

（1）除破折号——和省略号……占两格，其余标点均占一格。

（2），。；：！？’”〉》）等标点符号不能点在一行的第一格。

（3）‘“〈（等标点符号不能点在一行的最后一格。

（4）——和……均不能断开分在两行。

（5）段中原话引文和人物对话要用引号。在单双引号重用的时候，应该先用双引号，如果双引号内又有引文，那就要用单引号，如果单引号又有引文，再用双引号，其余类推。如《史记·项羽本纪》结尾的赞辞："太史公曰：'吾闻之周生曰："舜目盖重瞳子。"又闻项羽亦重瞳子，羽岂苗裔耶？何兴之暴也！'"这里就有三层引号。

（6）凡是用了引号的引文，必须依照原样，作者不能改动。如果作者对原文作了改动，只是引述原文的大意，则不要引号。引号内的引文，如果是完整的照录，那么最后一个标点符号就点在引号之内；如果引文不是完整的一句话，只是断引了原文的一个片断或几个字，那么标点就放在引号之外。

（二）图表的运用

在写作论文时，适当运用图表也是应该重视的。

图表可以使文章易懂。对于论文的读者来说，图表作为帮助读者理解内容的辅助手段，的确是有效的。学术论文有其特点，它的表达需用学术用语，需要抽象、概括、演绎、推理，其文本的专业性、学理性很强。但这一特点，确实给读者理解论文内容带来了困难，如果适当利用图表，这一困难就可以得到某种疏解。因为"图"可以使文章内容获得形象化的表现，因而显得生动；"表"可以使文章内容获得规格化表现，因而显得简明。生动、简明的东西是便于人们理解的东西。一篇文章中，有了图或有了表，就不会显得单调，就不会使人感到厌腻，就会产生视觉上的灵动感。

因此，在考虑文章的组成时，可适当运用图表来显示文章内容，使文章从总体上易读、易懂。

1. 插图的一般要求

（1）插图的作用，既然是与正文相配合，帮助读者形象地理解文章的内容，那么在选用插图时就应密切结合文章内容，不要采用与正文主题关系不大的插图。图中的线条和文字、数字应尽量简明，可有可无的部分和线条应删去。

（2）文中插图必须清晰美观，线条均匀；注字大小适宜；插图必须有序号和题目，如："图1（序号）三次化学反应实验数据曲线图（题目）"；图的序号和题目要有英文译文，排在中文题目之后（下）；图的序号要在行文时注明，如："实验数据曲线如图1所示"；插图宽度一般不超过8厘米，特殊加大图片不超过16厘米，彩色图片需提供原始照片。

（3）同一篇论文中，如果有几幅插图，在风格和体例上要一致，使用的名词术语、外文字母、符号等应与正文中相应的文字一致。

2. 表格的一般要求

（1）所有表格均应安排在文中第一次提到该表的正文下面。表中数据必须写清楚，并核对无误。

（2）文中表格必须有序号和题目，如："表1（序号）　三次化学反应实验数据表（标题）"；表的序号和题目要有英文译文，排在中文题目之后（下）；表的序号要在行文时注明，如："反应实验数据见表1"。

（3）表头和侧目的文字应力求简明。需要在表内重复说明的内容（如单位等）应尽量移入表头内。

（4）表头文字一律自左而右地横行缮写。

（5）表内数据上下要对齐。空位的地方，应用"——"填空，以示未列数字。表内数字上下一样时，应重复写出，不用""之类符号。

（6）表内如有简短的说明文字，以居中列出为原则。如遇较长的文字，须转几行时，起行空一字，回行顶格。表内文字也要正确使用标点符号，每段末一般不用标点。

（7）表内上下栏文字相同时，下栏可以使用"同上"，代替重复书写；左右栏文字相同时，右栏可以使用"同左"。

（8）应尽可能将一个表画在一页上，如表格较大，必须截断另起一页时，应在表的右上方注明"续表"字样并加写表头。表的两侧一律不用边线。

（三）数字的使用

1. 文内标题数字的使用

学术论文中，如果各个层次用数字表示，可依以下顺次标明文章各层次的序号和从属关系。

第一层次：一、二、三、……

第二层次：（一）（二）（三）……

第三层次：1．2．3．……

第四层次：（1）（2）（3）……

第五层次：①②③……

除此还可以用甲、乙、丙、丁或第一、第二、第三及英文字母A、B、C、D或罗马数字I、II、III等表示文章的层次。但这些文字、数字或字母一般都是用于文章的第一层次之后。

2. 其他数字的应用

按国家语言工作委员会等七个部门的规定，凡是使用阿拉伯数字且很得体的地方，均应使用阿拉伯数字。遇特殊情形时，可以灵活变通，但应力求保持相对统一。

（1）使用阿拉伯数字的情况。

应当使用阿拉伯数字的有两种情况：

①公历世纪、年代、月、日和时刻。例如：20世纪90年代、公元前221年、1997年7月1日、4时20分、下午3点。

年份不能简写，如1966—1976年，不能写成1966—76年。星期几一律用汉字，如星期五。夏历和中国清代及以前的历史纪年用汉字，如正月初五、丙寅年十月十五日、清康熙二年。

②计数与计量（包括正负数、分数、小数、百分数、约数等）。例如：3270、−21.45、1/16、7.8%、40多公斤、东经123度50分、21/22特快列车。

计数与计量应注意：

第一，一个数字的书写形式要照顾上下文，不是表示科学计量的整数一至十可以用汉字表示，如一个人、五本书、读了八遍；

第二，4位数和4位以上的数字，科技专业论文可采用国际通行的三位分节法，节与节之间空1/4个阿拉伯数字，但不用“，”号分节的方法，该方法不符合国际标准和国家标准，如67540不能写成67，540；

第三，5位数以上的数字，尾数零多的，可改写为以万、亿作单位的数，但不可以十、百、千等作单位，如345000000公里，可写为3.45亿公里或34500万公里，但不能写成3亿4500万公里或3亿4千5百万公里；

第四，一个用阿拉伯数字书写的多位数不能移行，即不可断开分在两行写；

第五，用两个阿拉伯数字书写的数值范围之间用“～”，前后必须加单位，如-11℃～9℃，1000米～2000米；

第六，引文、注释、表格等中带有年月日的时间可分别用短横线“-”代替。如1956年7月1日，可写为1956-07-01；

第七，数字的增加可用倍数和百分数表示，数字的减少不用倍数，而只能用百分数表示。如增加了2倍，增加了59%，减少了23%。

（2）使用汉字的情况。

应当使用汉字的两种情况：

①数字作为词素构成定型的词、词组、惯用语、缩略语或具有修辞色彩的语句。如：一律、第三世纪、八国联军、“九五”计划、二万五千里长征、棉纺五厂、市内六区、相差十万八千里。

②邻近两个数并列连用，表示概数（中间不可用顿号断开）。如三五天、十五六岁、一千七八百元、十之八九。

③凡是带有“几”字表示的约数，必须使用汉字，如十几天、二十几次、百分之几。

④竖排文章中的数字除必须保留的阿拉伯数字，应一律使用汉字。必须保留的阿拉伯数字（一般是产品的型号等），均按顺时针方向转90度书写。

⑤模糊（或概率）数字在文章中出现时，应当模糊一头，而不是模糊两头。如近百人或百人左右，不能写成“近百人左右”；约100公斤或100公斤上下，不能写成“约100公斤上下”；90%以上或接近90%，不能写成“接近90%以上”等。

（3）引文标注中的情况。

除古籍应与所据版本一致外，引文标注中版次、页码一般均使用阿拉伯数字。例如：马克思、恩格斯．共产党宣言．见：马克思恩格斯全集，第4卷，北京：人民出版社，1958.493。

第十二章 学术论文的语言

言以足志，文以足言。不言，谁知其志？言之无文，行而不远。[①]

——孔子

一篇文章的思想和文词是相互依存的，……就真正的意义上说，美的文词就是思想的光辉。[②]

——［古罗马］朗吉弩斯

一、必须重视学术论文的语言表达

（一）语言与思想互为表里

人每天早上起床以后，总要先洗洗脸，梳梳头，照照镜子，要调查研究一番，看有没有什么不妥之处，然后再出门办事。这是为什么呢？这是为了保持一个良好的形象。

人有一个形象问题，写文章也有一个形象问题。文章的形象就是文章的语言。

然而在学人中间，有些人对自我形象比较重视，但对自己文章的形象却不那么在意。因而不愿在遣词造句上下功夫，不想在修改润色上费力气。在他们看来，学术论文最重要的是思想内容，至于语言表达并不那么要紧，甚至认为是雕虫小技，或者认为是花拳绣腿，表面功夫。

---

① 《左传·襄公二十五年》。

② ［古罗马］朗吉弩斯：《论崇高》，引自《西方美学家论美和美感》，48页，北京：商务印书馆，1981年。

怎么看待这种观点呢？

我认为这种观点只讲对了一半，并不全面，因而总体上说，甚为不妥。

是的，一篇学术论文写得好不好，主要看思想内容，这是无疑的，但不能由此认为语言表达不重要。在我看来，一篇论文写得好不好，一要看思想内容，二要看语言表达。

所谓看思想内容，是指思想内容是否正确，是否深刻，是否全面，是否有新意。

所谓看语言表达，是指语言使用是否规范，对思想内容的表达是否到位，行文是否流畅、生动、简洁。

为什么说，一篇学术论文的思想内容和语言表达都很重要，因而都要讲究呢？这是因为此二者一里一表，相互联系，相互影响。

比如，一篇学术论文的思想内容很好，但如果没有获得好的语言表达，那么对文章来说，无疑是一种缺憾，对文章内容也是一种遮蔽，一种损害。犹如一位天生丽质的姑娘穿了一件灰暗破旧的衣服，以至失去了应有的光彩和动人。

问题的严重性还不止于此。如果文章的语言表达不好，词不达意，叫人百思不得其解；前言不搭后语，念起来就会上气不接下气；文章拖泥带水，冗长晦涩，就会叫人不堪其烦。如果是这样，文章就没有了可读性，读者就不会买你的账（没有阅读的欲望），因而你写的文章，写的书，最后也就变成了一堆废纸。

文章，包括学术论文是表达思想的工具。文章是语言材料的运用和组织。语言是思想的载体，是思想的表达。“语言是思想的直接现实”[①]。也就是说，语言不是单纯的写说形式，它总是表达思想的，那种不蕴含思想内容的语言是不存在的。同样，思想也必须借助语言来表达，才能获得自己的现实存在，才能现实地发挥作用。不然，它也只是存在于个人主观世界中的一种纯粹的意念。

好的思想内容如果获得了好的语言表达，即达到了二者的有机统一，那么就会相得益彰，就会令人赏心悦目，给人以美不胜收之感。具体说来，就是好的思想内容借助好的语言表达，就会使思想流光溢彩；同样，

① 《马克思恩格斯全集》第3卷，525页，北京：人民出版社，1960年。

用恰当的文辞，表达好的思想内容，也会使语言充满神韵、灵气。

关于思想与语言的关系，上述所引述的孔子和朗吉弩斯的见解是十分精辟的。确如他们所言，如果不借助于语言，那么从何知道你的观点和思想？语言没有文采，又怎么能使文章的思想内容获得广泛传播和发生久远的影响？没有美的文词，思想也就失去了应有的光辉。由此可见，讲究对文章内容的语言表达是十分重要的。

历朝历代的文人学者，所作文章之多，可谓不可胜数，然大多数在历史的烟尘中湮没无闻，而经过时间老人选择所流传至今的名篇佳作，可以说，无一不是思想内容和语言形式有机统一的典范。

马克思主义之所以能在中国广泛传播，并成为中国人民进行革命和建设的指导思想，除了它在与中国具体实践相结合的过程中，具有了中国化的理论内容，而且还在于它有了新鲜活泼，为中国老百姓所喜闻乐见的表达形式。概括地说，就是言简意赅、深入浅出、形象生动。这方面有不少堪称典范的例子。

马克思主义的唯物主义主张，物质第一性，意识第二性，意识是对物质的反映，毛泽东用“从实际出发，实事求是”来说明。马克思主义辩证法主张，矛盾是对立面的统一，任何事物都包含着既对立又统一的两方面，毛泽东用“一分为二”来表达。中国的民主革命是武装的革命反对武装的反革命。关于中国民主革命中武装斗争的重要性和必要性，可以讲一大堆道理，但毛泽东却只用一句话来表达：“枪杆子里面出政权”。“实事求是”“一分为二”“枪杆子里面出政权”等，每句话字都不多，简单明了，就连不识字的老百姓和普通士兵都能听得懂，记得住。这些基本理论观点很快为广大干部群众所掌握，并在改造世界的实践中发挥了巨大作用。

由上可见，学术论文的语言表达，关系到其思想内容的传播，关系到读者的理解、掌握和其社会作用的发挥。因此，对学术论文的语言表达，必须抱着积极认真的态度，决不可掉以轻心。认真的作者应该把学术论文的思想内容与语言表达的完美统一，作为一种理想目标，作为一种治学境界去不懈追求。

诚然，这种追求的成效，会因人而异，有大有小，但这种追求是不应该放弃的。古人云：“高山仰止，景行行止，虽不能至，心向往之”。当然，我们不仅要心向往之，而且要践以趋之。

当然，为了实现上述二者的有机结合，我们还要解决一个前提性问题，那就是弄清楚学术语言的特点。

（二）学术语言的三个特点

这里所说的学术语言的特点，是相对于其他语言形式而言的。比如，与日常生活中的交际语言，文学作品中使用的文学语言相比较，学术论文中所使用的学术语言，就有其特点。就总体而言：

交际语言，重情感夸张。因为使用交际语言的目的在于拉近双方情感上的距离，以便于交往。比如，“王先生，我与您虽是初次见面，但先生大名久闻，如雷贯耳。”又如，“赵小姐，你如此靓丽，完全出乎我的意料，今天有幸一见，我十分激动，身上的每个细胞都在跳舞。”

文学语言，重形象描绘。通过描绘，表达主观感受。比如，听到某个消息，某人很高兴。如果改用文学语言怎么说呢？他用形象描绘来表示，而不出现“高兴”这个抽象的词。可以这样表达：“李经理从电话里听到这个消息，大笑起来，一脸灿烂，连声说‘好’!”

又比如，张某听到某个消息，心里很紧张。如果用文学语言（第一人称）可以这样来表达：“听到这个消息，我的心都提到嗓子眼儿啦，差点没憋过气去。”

学术语言重科学抽象。通过抽象揭示事物的本质和规律。因而学术语言讲究科学性、严肃性。学术语言表达的是科学真理，虽然学术语言的运用也会富有作者的情感，但是这情感是对科学的热爱，而不是人际情感，更不是情感夸张。因此，学术语言不同于交际语言。

另外，学术语言是对事物本质和规律的揭示，是摆事实，讲道理，它不是停止于现象的层面，因此形象描绘不是它的特点，也不是通过描绘去表达主观的感受，而是去揭示客观的真理。

主观感受可以多样，而客观真理只有一个。

比如，对“柳”，用文学语言，就可以有不同的描绘，从而表达不同的感受。

温庭筠说：“柳丝长，春雨细……”

吴文英说：“一丝柳，一寸柔情……”

李白说：“年年柳色，灞陵伤别”；“风吹柳花满店香，吴姬压酒劝客尝。”

晏几道说：“舞低杨柳楼心月，歌尽排花扇底风”（舞人，杨柳腰，楼中心的圆形花坛，人面桃花）。

柳枝既然是柔条，又有春天时的嫩绿，因此，在文学描写中，可以代表柔情、可以象征女性体态的柔软，又可以暗喻离情别绪和青春气象。

然而，公理、定理及科学道理，并不因人而异，因情生变。比如，水在一个大气压下，100℃就沸腾，这个道理对谁都一样。因而也是一种共识。与此相联系，作为学术观点表述的学术语言也就有其特点。

学术语言的特点就在于它的抽象性、学术性、科学性。所谓抽象性，是指学术语言表现事物本质和规律的是概括性语言。所谓学术性，是指学术语言是与一定专业知识相联系的、反映该专业特点的专业性语言。所谓科学性，是指学术语言表达内容时所使用的是以事实为根据、以表现规律为对象的逻辑性语言。

诚然，学术语言的这些特点又是以遵循文章语言的一般规范为前提的。或者说，它是在遵循文章语言一般规范前提下所显示出来的特点。

（三）语言使用的一般规范

文章的语言规范，是人们对文章语言的运用所规定的一些共同标准，是千百年来的语言交流中所逐渐形成的一些约定俗成的东西，是语言运用中的游戏规则。这是语言作为一种共识符号，所必然要求的。反之，语言就不成其为共识符号，就不能作为交流思想的工具。

为了规范地使用语言，为了使语言能充分地表达思想，并且使语言有文采，有可读性和感染力，就要提炼语言，讲究修辞。

所谓修辞，它是一个根据思想内容和语言规范，来调整语辞以确定语文表达方式的过程。也就是说，是达到思想内容与语文形式有机统一的过程。

从文章语言的一般规范与学术论文的语言特性相结合的意义上说，学术论文的语言要求有如下几个方面。

二、学术语言的要求

（一）得体

1. 得体的含义

得体，是指修辞恰当，造句妥帖，语言的运用富有分寸，能够恰当地反映实际情况和作者的见解。

比如，有人写文章谈到孝道，写道："是否孝敬父母，这是一个大是大非的原则问题"。这种表达就不很得体。而只能说，是否孝敬父母这是人伦道德的一个基本问题。古人说"孝为百善先"。也就是说，只有孝敬父母，才可能进一步友爱邻里，热爱父老乡亲，才可能由爱家乡进一步提升为爱祖国、爱人民，进一步提升为爱人类。但其本身并不是一个关于政治原则的重大问题。

需要指出的是，这里的得体不等于准确。准确和模糊是一对矛盾。

在语言表达上，绝对的准确是永远做不到的，而且准确也不是在任何情境下所必需的，有时运用模糊语言反而能取得更佳的表达效果。

比如，老张劳累了一生，在40多岁时，头发已经花白了。这里的"花白"虽然是模糊语言，但它比精确语言，比方"××根头发变白了"，在表达效果上要好得多。

这里的模糊是侧重从总体上、根本性质上对事物的说明，而不是侧重从量的方面进行细微的分析，因而可能更接近真实。因而模糊语言中的模糊和模棱两可、语言含混不同。含混是指语言的不明确、不清晰。

可见，在有的情境下，用语要准确；在有的情境下，用语要模糊。这要具体分析，不可一概而论。但是不管在什么情境下，是用准确语言，还是用模糊语言，都要以表达得体为准绳。

2. 如何做到语言得体

要做到语言表达得体，并不容易，这其中要正确处理以下三对矛盾。

（1）意与物的矛盾。

这里的"意"指人们的主观认识，"物"指客观事物。主观认识是对客观事物的反映，而事物是曲折复杂的，必须反复研究，才能反映恰当，才能避免“意不称物”的情况发生。只有当人们的主观认识正确反映了客观内容的前提下，才能为语言表达的得体提供可能。正如叶圣陶在《文章的修改》一文中所指出的：“朦胧的思想是零零碎碎不成片段的语言，清明的思想是有条有理组织严密的语言。”他还说：“想的对头，说的也必然对头，说的有些不到家，就表示想的有些不到家。”①

当然，思想的对头也只是为表达的对头提供了可能，因为思想内容与语言表达之间还有矛盾，还有待正确处理。

（2）文与意的矛盾。

这里的“文”是语文形式，这里的“意”指思想内容。此二者的矛盾就是古人所谓的“书不尽言”或“言不尽意”②的矛盾，也就是“意会”与“言传”的矛盾。为什么会发生这个矛盾呢？因为思想总是个别的、具体的、灵动的、丰富的。而相对于思想，语言是一般的、抽象的、既成的、贫乏的。因此，如果停留在语言的一般性、抽象性上，那么就不能具体地表达某种思想。如果思想向前发展了，而语言不随之发展，那么，用陈旧的语言就表达不了鲜活的思想。如果思想丰富了，语言不随之丰富，那么贫乏的语言也不能使思想获得表达或充分表达。何况，语言虽然是人类最重要的交际工具，但不是唯一的，还存在着其他辅助的交际工具。而且就语言这个工具本身而言，其词语、句式的数目总是有限的，并且充满歧义，因而存在着语言与思想之间的不对称性。

“言不尽意”，所指谓的就是这种不对称性。因为语言离不开概念，而概念对于具体事物来说，总不完全适合，不过是一个大概轮廓而已。比如，一个人说，他牙痛。牙是一个概念，痛是一个概念，牙痛又是一个组合概念。其实，他不仅只牙痛而已，那种痛，有一种特别的痛法，有一定的大小范围，有一定的深度。这都是很复杂的情况，不仅仅牙痛两个字，就说得清楚的。无论怎样吐露，他也说不出来的。言不及义的困难就在于此。

总之，想明白的事情未必能表达清楚。怎样尽可能地解决这一矛

① 转引自李鸥：《经济论文写作旨要》，180页，天津：天津大学出版社，2000年。

② 《周易·系辞上》。

盾，从而达到“意与言合，言随意遣”的境界呢？这就需要解决好下面一对矛盾，即语言与言语的矛盾。

（3）语言与言语的矛盾。

如上所说，语言是一般的、抽象的、相对稳定的共识符号；而相对于语言而言，言语则是根据特定的目的、对象、题旨对语言的具体运用，它是个别的、具体的、复杂多变的。因此，要解决言与意的矛盾，就在于使语言的表达要由抽象向具体转化，即具有陈望道先生所说的那种“情境意义”。

而要实现上述转化，就要借助于修辞。

修辞在相当程度上也就是把抽象语言转化为对适合的题旨和情境的具体表达。

题旨，主要指一篇文章或一场讲话的立意或本旨，它体现着写说者的动机和目的。

情境，是指写说发生的现实条件，大致包括客观方面的自然、社会环境和主观方面的写说者、读听者的情趣心境。[①]

陈望道先生在《修辞学发凡》中把语言的得体，即修辞对题旨和情境的适应得当，作为第一要义来看待。他认为：“凡是切实的自然的修辞，必定是直接或间接的社会生活的表现，为达成生活需要所必要的手段。凡是成功的修辞，必得能够适合内容复杂的题旨，内容复杂的情境，极尽语言文字的可能性，使人觉得无可移易，至少写说者自己以为无可移易。”[②]

得体，是对文章语言的基本要求。坚持这一要求，就要反对那种不着边际，夸夸其谈，言过其实，言不符实，言不由衷等不良做法。

如何才能使语言表达“得体”呢？大抵没有定规可以遵守，也不应受什么条规的约束。题旨和情境是千变万化的，要适应千变万化的题旨和情境，只有靠作者去正确处理上述“意与物”“文与意”“语言与言语”的矛盾，根据题旨情境作种种权变措施，即做到随机应变。而要做到随机应变，一要靠题旨情境的洞达，这就要靠生活的充实和

① 参见复旦大学语言研究室：《〈修辞学发凡〉与中国修辞学》，138—142页，上海：复旦大学出版社，1983年。

② 转引自复旦大学语言研究室：《〈修辞学发凡〉与中国修辞学》，127页，上海：复旦大学出版社，1983年。

经验的积累；二是靠对语言文字可能性的明彻，就是要靠平时对眼下已有的修辞方式有充分的了解；第三，也是最主要的，即要在写作过程中，在修辞实践中，肯下苦功夫，不断地去提高语言运用的技巧、能力和水平。

（二）畅达

畅达，是指语言流畅、通达，好似行云流水，读来朗朗上口。

语言畅达是有前提的。这个前提就是文章的思路贯通。在某种意义上说，语言畅达是思路贯通的外在表现，而思路贯通则是语言畅达的内在根据。换句话说，也就是那些在思想上还没有真正想通的东西，也就不可能在语言文字上获得流畅的表达。

文章的思路怎样才能达于贯通？一是文章的中心思想明确，二是围绕中心所开展的文章布局合理、层次分明，三是层次安排具有条理性，层次过渡合乎逻辑性。

当然文章的思路贯通只是前提，思路贯通不等于表达流畅。要实现语言文字的表达畅达，以下几点是必须注意的。

1. 用词平易而不生涩

一篇文章是字、词组合而成的。因此，一篇文章的通达，首先在用词上必须浅显易懂，不矫揉造作，不故弄玄虚，不然就在行文上发生思路的阻隔，使读者思考产生中断。文从字顺，平淡清淳。可谓“清水出芙蓉，天然去雕饰”。当然，自然平易并非拒绝雕饰，而是雕饰之后又不露痕迹，是饱经历练而臻于炉火纯青。

另外，浅显并非浅薄，而是用浅近的语言道出深刻的道理，即达到深入浅出的境界。

有人把浅显与深刻对立起来，其实这是一种误解。这里有三种情况：

一是浅入浅出，这是浅薄、浅见，虽然能见度高，但没有深度，这不值得提倡。理论文章如果这样写，也就丧失了它应有的理论性和深刻性。

二是深入深出，这比浅入浅出要好，因为它有深度，但也有缺陷，即缺少可读性，容易产生读者的疏离感。

三是深入浅出，这是高水平，是写文章的高境界。常言道，真理是朴素的，“是真佛只说家常话”。即使是深奥的思想，也要深入浅出，于浅中见深，平中见奇。据统计，《毛泽东选集》四卷，只用了3000个常用汉字，而博大精深的毛泽东思想却表达得明白易懂。

有的作者不懂这个道理，好像故意要为难读者似的，他们不是去追求深入浅出，而是倒过来，把本来可以用平易的语言就能说清楚的东西，偏用生涩或生造的语词去表达，以显示自己的高深。结果弄得其文章不仅普通读者难以读懂，就是同行专家读起来也并不轻松，甚至感到头痛。这种在用语上生冷晦涩的追求，是人为地制造阻隔，实在是不足取的。

提倡用词平易，有时在论证时也难免要引用一些中国古文的材料和外来材料，为了方便读者理解这些材料，不妨在引文之后，用现代汉语作些通俗简明的解释。

2. 语句通顺而不拗口

一篇文章是通过句子把字、词组合而成的。句子是文章与字、词联系的最初的环节。文章的畅通是以语句的通顺为基本条件的。而语句的通顺则取决于构成句子的语词的排列组合要合乎语法，合乎逻辑。

语法是遣词造句的法则。合乎语法，就是用词要恰当，句子构造要正确、协调，句子的各种成分要齐备，不能残缺不全，该放在什么位置，就放在什么位置，不能颠倒错乱。只有语句结构完整，搭配得当，语序合理，关系明确的语言组合才可能达于通顺。

逻辑是人们思维的规律。合乎逻辑，就是合乎思维的规律，符合事理，这就要概念明确，判断恰当，推理有据。有些语言虽然无语法错误，但不合事理，同样也会使语言表达出毛病。整篇文章每段话、每句话都要合乎语法、合乎逻辑，才能通顺，读起来才不拗口。

改革开放以来，为了国际交流的需要，我国各类学校都十分重视外语教学。因为语系差别大和基础弱的原因，中国大学里的学生只能花大量的时间去死记硬背，而不注意母语的修炼。耳濡目染，用中文写论文，也就带有西洋味儿了，半土半洋、颠三倒四的复杂句，掺杂其中，聱牙佶屈，难以卒读。

3. “过渡”“照应”周密而不突兀

流畅是独立性和联系性、阶段性和过程性的有机统一。为此，有下面几点要注意的。

（1）句子宜短不宜长。

在文章中，是由句子组成段落，由若干段落构成小层次，又分别由若干小层次构成几个大层次，最后形成文章的整体。

但句子、段落、层次在这种有机联系中，首先是相对独立的存在。因此在写作中，坚持这种独立性原则，划清各自的边界，是文章达于畅达的一个必然要求。

就句子而言，作为段落中相对独立的单位，就宜短不宜长。因为一个句子承担的容量有限，不能把过多的内容放在一个句子里去表达。如果是那样，就必然使句子拖得很长，使句子累赘。一累赘，自然就不会畅达。

（2）段落宜小不宜大。

就段落而言，它是文章表达过程中，由于间歇、转折、强调等需要而设置的大于或等于句子的文字停顿单位。从写作方面来讲，段落反映文章的内在层次，使文章的内容有条理、有步骤地表达出来。从阅读方面讲，段落为读者安置了思考、回味以及调节心理张弛的“间歇”。

一个段落，作为文章构成的基本单位，它所承载的只是一个完整思想的表达。因此，不能把多层意思放在一个段落里去表达。如果是那样，就会显得拥挤。一拥挤，自然就不会流畅，文章的条理性也不易彰明。不仅如此，文章的段落过长，对读者来说，还会产生一种有形的压抑。密麻麻一大块文字，其间没有“间歇”，会让读者喘不过气来。

因此，相对于内容而言，如果表达的是一个完整的意思，段落稍长一点也未尝不可，但在那些转换话题的地方，即使文句还不长，也要另起一段。从总体上说，段落宜小不宜大。

（3）“过渡”“照应”须周密。

在写作过程中，遣词造句，段落建设，层次安排，归根到底是为了构成有机联系的文章整体。这种有机联系如何才能通过语言表达获得实现和表现呢？这其中的关键在于，要用恰当的文字实现上下文的“过渡”和“照应”。如果这种“过渡”和“照应”处理得很周密，很到位，那么文章就会严丝缝合，就能达于流畅通达。

什么叫过渡？过渡是承上启下的中介，是联系的桥梁和纽带。要通过过渡，表现和实现上下章、上下节、上下段之间的内在联系。也就是说，要通过恰当的文字使之衔接、沟通，达于浑然一体。

什么叫照应，照应又叫伏应，是对伏笔的回应。它与“交代”共同承担着承上启下的作用。上文启下文叫交代，下文承上文叫照应。交代是一种有意识的提示或暗示，目的是使下文出现时，有一个由头，而不致使人感到突然。照应是一种有意识的回复，以使上文的交代有着落，同时又是对上文的一种引申和发展。

在文章写作过程中，就是通过“过渡”与“照应”，才实现了相邻近的上章与下章、上段与下段或上句与下句之间文脉的衔接，思路的贯通。朱光潜先生说：“文章的‘不通’有多种，最厉害的是上气不接下气，上段上句的意思没有交代清楚就搁起，下段下句的意思没有伏根就突然出现。”[①]这就必然会使思想的流动中断，使读者的思考产生阻隔。医治这种不通的毛病，没有他法，惟有在需要过渡的地方，通过关联词、连接词或过渡段来铺垫，来衔接，来呼应。

4. 表述连贯而不累赘

为了使行文保持流畅，就要尽量保持阐述的连贯性。而为了保持这种连贯性，就必须要注意以下几点：

（1）集中阐明要点。

在阐述每一个要点时要尽量充分，并且尽量不涉及其他要点的内容。要防止各要点的内容在行文时相互掺和。不能在阐述下一个要点时，又回到上个要点再做补充说明，反之亦然。否则在表述上必然颠三倒四，造成内容的零散、分割和表述的不畅。

（2）枝蔓不可过密。

在行文中，应避免过多使用穿插性语言。穿插性语言的恰当使用，对表达文章内容，对读者理解文章的含义是有好处的，但是在使用时一定要掌握分寸，不能过度，过度了，就会适得其反。比如过长的解释说明，过多的举证示例，过繁的回顾联想，都会妨碍阐述的连贯性，有时会喧宾夺主，转移人们对正题的关注，打断对正题的顺畅表达。

（3）“反三”服从“举一”。

行文中不能枝蔓过多。文章内容要丰富，要充分展示其价值，举

① 转引自方道：《写作思辨》，134页，合肥：安徽大学出版社，1998年。

一反三是应该的、必要的。比如，阐明了一个观点，用这个观点去说明相关的问题，去批判某些不正确的见解等。但文章的主旨是“举一”，而不是为了“反三”。“反三”，说到底，也还是要服从于、服务于“举一”，即用“反三”来说明“举一”的重要性和价值。但是“反三”不能着墨过多、过重，这样枝蔓过繁就会遮蔽主干，就会主辅易位，在行文上，就会极大地妨碍表达的连贯性。因此，举一反三中的“反三”有一个“度”的掌握问题。

（三）生动

语言的生动，指语言的新鲜活泼、形象具体，遣词造句富于变化，具有吸引人的魅力。也就是说，要有文采。语言有文采才能吸引人，感染人。或者换句话说，文采是以语言的生动、形象、活泼、绘声绘色为基础的。这样，才能让人读起来有共鸣、有美感，如沐春风，如饮甘醇。

有人认为，学术论文偏于议论说理、抽象概括，似乎与生动、形象、活泼无缘。应该说，这种认识是不全面的。学术语言有他的特点，即所谓抽象概括，但不能因此把它与生动、活泼、形象的表现绝对对立起来。当然要实现二者结合比较难，但绝不是不可能的。实际上，许多学术高手在这一方面已经为我们树立了榜样。

那么，怎样才能做到语言生动呢？

1. 语言要富有情感

情感是人的心声的自然流露，是人的思想的情态表现。情感总带有生气，是鲜活的；情感总具有色彩，是斑斓的。因而，富有情感的语言总是生动的、感人的。

而要使语言富有情感，说到底，就要求文章的写作是有情要吐，有感而发。也就是说，对自己的研究对象，有所思有所想，有所感有所悟，研究心得中包含着作者的辛劳，渗透着作者的情思，寄托着作者的企盼，以至澎湃于胸，不能自已，充于脑际，不吐不快，因而倾注笔端，必然波澜起伏，生动异常。反之，如果脑袋空空，生拼硬凑，语言就会死板呆滞，自然就毫无生气、色彩，也就无生动可言。

如大家比较熟悉的《岳阳楼记》，范仲淹在该文的最后一段写道：

嗟夫！予尝求古仁人之心，或异二者之为。何哉？不以物喜，不以己悲。居庙堂之高，则忧其民；处江湖之远，则忧其君。是进亦忧，退亦忧。然则何时而乐耶？其必曰“先天下之忧而忧，后天下之乐而乐欤！”噫！微斯人，吾谁与归！

这一段文字千古传颂，就是因为它感情炽热，直抒胸臆，境界高远，生动感人。

在学术界有人提倡所谓“零度风格”，即纯然客观，不动感情，不动声色，不表现说话人，仿佛也不理睬听众的那么一种风格。据说这种风格宜于用在说理文里。朱光潜先生对这种论调持决然的否定态度。他说：“我认为这种论调对于说理文不但是一种歪曲，而且简直是一种侮辱。说理文的目的在于说服，如果能做到感动，那就会更有效地达到说服的效果。作者自己如果没有感动，就绝对不能使读者感动。”①朱先生的观点是对的，语言只有富有情感，才能生动感人。

2. 语言要具体形象

为此，在行文中，就要善用生动的比喻、寓言故事、成语、熟语、历史故事、名人名言来说明抽象的道理。

毛泽东在《实践论》中用“要知道梨子的滋味，就得变革梨子，亲口吃一吃”。这一比喻，恰当地说明实践是获得直接知识的根本途径这一真理。在《反对本本主义》中，他把“调查”比作“十月怀胎”，把“解决问题”比作“一朝分娩”，表明了“调查”是“解决问题”的先决条件，强调了“调查”的重要性。毛泽东在《反对党八股》中将长而空的八股文，嘲讽为又长又臭的“懒婆娘的裹脚布”，主张要像“老鼠过街，人人喊打”那样，对“八股”文风群起而攻之，将其消灭。用成语和熟语，如用“粗枝大叶，夸夸其谈”“生吞活剥”“一知半解”为主观主义画像。引用“庆父不死，鲁难未已”的历史故事告诉人们，只有消灭蒋介石集团，才能过上好日子。而用“愚公移山”的故事则阐明要进行中国革命，必须要艰苦奋斗、持之以恒，才能取

① 王力、朱光潜等：《怎样写学术论文》，40页，北京：北京大学出版社，1981年。

得最后的胜利！

3. 语言要有节奏变化

在用词上要避免重复，即根据表情达意的需要，活用语言，增加语言的表现力。在文章中，如果总用一种句式，就显得平板呆滞，没有生气。若交替地采用多种句式，如排比、对偶等就比较生动。

如毛泽东在《改造我们的学习》一文中批评主观主义，“或作讲演，则甲乙丙丁、一二三四的一大串；或作文章，则夸夸其谈的一大篇。无实事求是之意，有哗众取宠之心。华而不实，脆而不坚。”[①]毛泽东在《反对自由主义》一文中指出自由主义的一种表现是：“事不关己，高高挂起；明知不对，少说为佳；明哲保身，但求无过。”[②]这些句子对偶成文，显得十分均衡整齐，且富于节奏感，易于记诵。

另外在使用语言时，注意交错对应，也会起到很好的表达效果。如贾谊的《过秦论》说：“秦孝公……有席卷天下、包举宇内、囊括四海之意，并吞八荒之心”，这里变句式的整齐为错落，朗朗上口，气势俱足。

又比如毛泽东在《论联合政府》一文中说：“房子是应该经常打扫的，不打扫就会积满了灰尘；脸是应该经常洗的，不洗也就会灰尘满面。”[③]在此，将“积满灰尘”（动宾短语）换成“灰尘满面”（主谓短语），改变了词序，就使语言对应交错、不落俗套，不显得呆板，念起来顺口合拍，给读者一种语言的变化美。

语言的变化而产生美是与节奏相联系的，变化而有节奏才产生美，或者说，有节奏的变化和流动才是美。文章有节奏，音调才铿锵，才会体现情趣和气势，才会产生美感。清朝桐城派学者刘大櫆说过：“文章最要节奏，譬如管弦繁奏中，必有希声窈渺处。”美学家朱光潜也认为，“声音节奏对于文章是第一件要事”。他自己读了音调铿锵的文章，“周身筋骨仿佛作同样有节奏的运动；紧张或是舒缓，都产生出极愉快的感觉。”[④]

---

① 《毛泽东选集》第3卷，800页，北京：人民出版社，1991年。

② 《毛泽东选集》第2卷，359页，北京：人民出版社，1991年。

③ 《毛泽东选集》第3卷，1096页，北京：人民出版社，1991年。

④ 转引自复旦大学语言研究室：《〈修辞学发凡〉与中国修辞学》，408页，上海：复旦大学出版社，1983年。

4. 语言要风趣幽默

语言幽默能使文章增色添彩，横生妙趣，从而耐人寻味，以致令人击案叫绝。

例如《反对党八股》在批判“党八股”第六条罪状时写道：“拿洗脸作比方，我们每天都要洗脸，许多人并且不止洗一次，洗完之后还要用镜子照一照，要调查研究一番。”[①]“调查研究”自己的脸蛋，是何等的幽默。

又如邓小平在1975年参加农村工作座谈会时，有这样一段插话：“这半年来，我讲了多次话，中心是敢字当头。有个‘老大难’单位，过去就是老虎屁股摸不得。后来下了决心，管你是谁，六十岁的老虎屁股也好，四十岁的老虎屁股也好，二三十岁的老虎屁股也好，都得摸，一摸就见效了。”[②]这段文字中，用老虎屁股来比喻那些“老大难”单位的主要领导人，并且还有不同年龄段的老虎屁股，风趣幽默，轻快活泼，尽显文采。

（四）简洁

语言的简洁指的是语言的简练、干净、明白，用最少的文字表达尽可能多的内容，就是古人所说的“文约而事丰”[③]。

写文章为什么要追求简洁？这是因为：其一，简洁意味着简明扼要，不拖泥带水，不冗长晦涩，因而有助于思维内容的表达；其二，简洁意味着简单，能对读者产生亲和力，提高文章的可读性。恩格斯指出，言简意赅的句子，一经了解，就能牢牢记住，而这是冗长的论述绝对做不到的。现代人的生活节奏不断加快，力避繁琐，崇尚简洁已成为一种时代精神的要求。

另外，就学术论文的写作来说，追求简洁更是它的一个基本特点。科学研究的目的是探索规律，这就需要运用理论思维的分析与综合、抽象与具体，剔除对象复杂多样的外在现象，揭示出内在的本质规律，从而获得理性认识。所以，无论是研究过程本身，还是理论成果的语言表达，都应该体现简洁性的精神，即高度的抽象概括。这也就是古

---

① 《毛泽东选集》第3卷，840页，北京：人民出版社，1991年。

② 《邓小平文选》第2卷，35页，北京：人民出版社，1994年。

③ 刘知几：《史通·叙事》。

人所说的"删繁就简三秋树"[①]，或曰"秋水文章不染尘"。

写文章要做到简洁，并非易事。但是只要经过努力，也是可以做到的。毛泽东、邓小平都是这一方面的榜样。邓小平一贯推崇"毛主席不开长会，文章短而精，讲话也精练"的风格。其实邓小平也是这样。例如，社会主义的根本任务是发展生产力。关于这个问题可以写一本书。但邓小平只讲了一句话："发展是硬道理"。这句话只有6个字，也是人人听得懂，记得住，还能朗朗上口。邓小平曾谈到："周总理四届人大的报告，毛主席指定我负责起草，要求不得超过五千字，我完成了任务，五千字，不是也很管用吗？"[②]

三、学术语言的提炼

怎样才能使文章得体、畅达、生动、简洁呢？这里有以下几点要注意的。

（一）下功夫提炼思想

语言是表达思想的，思想要达于精辟，语言才能达到简洁。正如老舍所说，"思想不精辟，无从写出简洁有力的文字。"[③]思想精辟也就是抓住了根本，抓住了要领。这就犹如高屋建瓴之势，居高而临下，众多的事实尽收眼底，有"一览众山小"之感，所以在付之于笔端时，语言才能在厚积的基础上薄发，通过明白晓畅的语言来表达思想。思想如何才能达于精辟呢，其中的一个关键是要注意加强思维的训练。要在下笔前，多研究、多思考，从而对问题的认识达到清楚、透彻，也就是抓住本质和规律的东西。要在经常的不断的思维过程中，切实提高抽象概括的能力。

（二）下功夫提炼语言

如前所说，语言是表达思想的，"但没有高的语言艺术表达不出高深的思想"（老舍语）。如何才能有高的语言艺术呢，这要依靠对语言

① 郑板桥写的一副楹联的上联，下联是"领异标新二月花"。

② 《邓小平文选》第2卷，382页，北京：人民出版社，1994年。

③ 老舍：《谈简练》，载《老舍文集》第16卷，131页，北京：人民文学出版社，1991年。

的提炼。也就是要尽量节省用字，提炼最精粹、最富有表现力的词语，用在最恰当的地方。从这个意义上说，“写作的艺术就是提炼的艺术”（契诃夫语）。曾有人认为提炼语言是世界上最苦的差事，这是一点也不假的。唐代诗人贾岛有言：“二句三年得，一吟双泪流”，“为求一句稳，耐得半宵寒”。这就是说，提炼语言要舍得下功夫，要不怕吃苦，通过反复推敲，才能使文章语言简洁、干练。

（三）向古代文言文学习

我国古代文言文，文辞简严，止于达意，在构词造句上创造了许多凝练的形式，留下了许多至今仍有生气的精粹词语。少许笔墨，满溢风情；寥寥数语，洞彻事理。读一些古文，向古人学习炼词造句，时间一长，可以使语言简洁、干练，尽显精神。关于这一点，毛泽东曾经指出：“我们还要学习古人语言中有生命的东西。由于我们没有努力学习语言，古人语言中的许多还有生气的东西我们就没有充分地合理地利用。”[①]这个教训是我们应该认真汲取的。

（四）写完后多修改

语言的修改，包括把不明确的改为得体的；把啰嗦的、重复的改为洗练、简洁的；把平淡的改为生动的，把生涩佶屈的改为通俗规范的；把粗俗俚语改为学术用语。

从简洁的要求来说，修改是语言的缩水过程。要把那些人们熟知的、缺乏新鲜内容的，把那些累赘的、啰嗦的、重复的，以及不利于语言通顺、前后连贯的词句，或删去，或浓缩或简化。对此，鲁迅先生曾说：“写完后至少看两遍，竭力将可有可无的字，句，段删去，毫不可惜。”[②]

① 《毛泽东选集》第3卷，837—838页，北京：人民出版社，1991年。

② 《鲁迅全集》第4卷，363页，北京：人民文学出版社，1981年。

附录一：与青年学子谈读书*

大学生的主要任务是什么呢？是读书。因此，今天很高兴与同学们来谈谈读书问题。下面主要谈四点。

一、人为什么要读书

从上小学到上大学，同学们在学校读书已有十几年历史了。现在还来谈为什么要读书，是不是显得有些迂腐，有些不可思议？其实，一点也不。据我观察，就是那些读了一辈子书的人，其中没有弄明白读书价值的也并不少见。这是因为做一件事与自觉意识到做这件事的意义并不是等同的。

那么读书是为了什么呢？

（一）读书是为了生命的完整

我是农民的儿子，记得第一天上学时，父亲曾经对我说："到学校好好念书吧，不然就是一个睁眼瞎。"当时我对这句日常话语所蕴含的深意并不理解。后来长大了，才逐渐开窍，才知道人生的缺陷有两种：一是生理的缺陷，有这种缺陷的人是生理上的残疾人；二是文化的缺陷，即不识字、不会读书，有这种缺陷的人是文化上的残疾人，俗称文盲、睁眼瞎。人生的一半是生理，一半是文化，读书是为了生命的完整，是对生命的那一半的文化能量的补充。在地球上所有的物种中，除了物质的满足以外，还需要文化滋养的就是人类。而获得文化滋养的主要手段是读书。在这个意义上说，读书是人的专利。换句话说，如果一个人不读书，那他就不是完整意义上的人。这样，他的人生价

* 原刊于《安徽商贸职业技术学院学报》，2008（1）。

值的实现就会受到很大限制。

在我的老家，在解放以前，那些能读书、达到小学文化程度的人，被不识字或识字不多的乡下农民尊称为“先生”，是颇受敬重的。新中国成立以后，随着初等教育事业的发展，几乎每个村子都兴办了自己的小学，许多贫苦人家的孩子从此可以上学读书了。但到1958年，小学毕业生在乡村已经不那么吃得开了，初中毕业生被社会所重视。在那时，小学毕业考初中可不容易。1958年夏，我所在的小学毕业班50多人，被录取升入初中的仅有3人。可以说，一直到“文革”前，中学生，特别是高中生都被视为不可多得的人才。“文革”以后，高考恢复了，各地陆续恢复和兴办了许多大学，招生人数不断扩大，从专科生、本科生比较受到社会看重，到硕士生，然后再到博士生更多地受到社会的欢迎。

从上面的简略回顾可知，社会愈向前发展，愈重视读书人，愈重视读书多的人，愈重视读书有成就的人。这是为什么呢？这是因为读书不仅是个人的事，而且也是人类社会的事。

（二）读书是为了社会的进步

在生物进化史上，狗的资格比人老，在地球上有人以前，狗就早已存在了。当然那时的狗是野狗。自人类起源以后，部分野狗变成了家狗，变成了人类的工具。但狗还是狗，其基本属性并没有发生多大变化。相对于狗，人的发展却是十分巨大的。这是因为，狗与其他动物一样只有生物遗传、生物进化，而人除了有生物遗传、生物进化以外，更重要的，人还有社会遗传、社会进化，即一个人或一代人能够通过社会劳动、语言交流、书本学习、网上阅读，继承别人和前人的文明成果，在新的起点上，开始自己的发展。

在人类发展史上，先有劳动，然后在劳动基础上产生了语言，继而产生了文字、书籍。语言、文字、书籍既是社会发展的产物，又是社会发展的动力。劳动和劳动基础上产生的语言，使人类从动物界提升出来，进入了人类原始社会。

文字的产生是人类社会从蒙昧、野蛮的原始社会进入文明时代的标志。

以文字为基础的书籍的产生，以及作为写书人和读书人的脑力劳动者的产生，其队伍的扩大，作用的日益突出，作为一个重要原因，推动人类由原始的渔猎社会，经过农业社会，进入工业社会，走向知识社会。

原始社会没有体力劳动与脑力劳动的分工，没有读书人，没有知识分子的参与，因而原始社会发展缓慢，其生产率大约每万年提高1%—2%。

农业社会有了读书人，其脑力劳动的政治、文化功能成为社会发展的动力。农业社会的生产率每百年提高近4%。

工业社会的读书人已经突破了古代的学而为官的局限而大量活跃于生产第一线。知识的学习和创造已经日益突破统治阶级所垄断的狭隘的上层而逐渐普及于平民百姓，因而工业社会的生产率大约每年提高近3%。

自20世纪70年代以来，数字信息技术革命的兴起和发展，使一些发达国家由工业社会向知识社会转变。知识社会是以知识的学习、运用和创造为主要动力来推动经济社会全面发展的社会。在西方发达国家，科技进步的因素对国民生产总值增长的贡献率已达到60%—80%。

由于现代科学技术日益成为当代经济、社会发展的主导力量，因而提倡人们多读书、会读书、读好书，形成浓厚的读书风气，也就成为时代发展的必然。

总之，要通过读书，传承知识、积累文化、开发智力，来推动人的自我价值的实现和人类社会的进步。在这个意义上说，读书可以改变一个人的命运，也可以改变一个国家的命运，甚至改写人类的历史。美国有人曾写过一本书《影响世界历史的16本书》。其中有马克思的《资本论》、牛顿的《自然哲学中的数学原理》等。不过书写出来，一定要被人读，才能发生影响。不然，就是废纸一堆，放在家里还占地方。

马克思恩格斯合写的《共产党宣言》，经过世人的学习和宣传，促进了世界的改变，这是人所共知的。据统计，《共产党宣言》共出版了70多种文字的1000多个版本。它传到中国是1920年，是陈望道先生译出的第一个中文本，从此它开始改变中国的命运。

1938年，毛泽东在延安窑洞里完成了《论持久战》。当白崇禧把这本麻纸本小册子送给蒋介石时，蒋如获至宝，并下令全军团以上军官人手一册。这本书很快又在美国出版，震惊了世界。事实证明，抗日战争就是沿着《论持久战》的思路走向胜利的。

1952年，李四光的《中国地质学》一书，论证了地壳运动与矿产分布的规律，提出了“构造体系”这一地质力学新概念。当时只发行了2000册，但广大地质工作者在这本书的理论指导下，于十年后相继发现了大庆、胜利、大港等油田，使中国甩掉了贫油国的帽子。

总之，读书事关个人，也事关社会，事关人类。因此，自古以来，莫不强调读书，莫不强调学习，而一切成才者也莫不重视学习，莫不善于学习。

大学生是我国各方面人才的后备军，是我们国家的希望、民族的未来。对于大学生来说，几年的大学生活是人生中一段特定的学习、积累和准备的时期，我们应该倍加珍惜，刻苦读书，为将来建功立业打下了一个坚实的基础，决不可把时间和精力耗费于漫不经心之中，消磨于玩乐戏耍之途。如果是那样，就既对不起自己，也对不起社会。

二、读书要善于选择

懂得了读书的意义，接下来的问题是读什么书。对此，我认为，要善于选择，要选择高层次的书，要选择专业书，即专业基础书、专业经典书、解决专业问题的书。

（一）要读高层次的书

有学者曾概括说，人们读书大体要满足六种需要。下面结合自己的认识和体会转述如下：

第一，追求刺激。一般人的生活可以概括为“三平”，即平常、平静、平淡。因此，一个人总想改变这种“三平”的生活。而在现实中，这种改变要受到种种限制，作为一种缺憾，人们只好从书中去寻求满足。因此，什么书新奇就读什么书。于是那些奇闻逸事、宫廷秘史、明星绯闻之类的书，人们就特别感兴趣。

第二，休闲娱乐。为了满足这些需要就产生了一些轻松的作品，比如养花种草、养鸟养鱼、武侠言情之类。休闲娱乐需要的满足，覆盖面比较广，不仅有闲阶层靠消遣读物打发时间，就是专业人士也忙中偷闲，偶尔翻翻，放松神经。

第三，日常信息需要。随着社会的现代化进程，人们对信息的需求量越来越大。天气预报、自然灾难、市场行情、作物收成、政治变动、国际关系等信息与人们日常生活的关系日益密切。人们对这些信息的需求是书、报、刊等传媒的基础，特别是报纸存在的基础。

第四，知识需求。知识是人们在改造世界的实践中所获得的认识和经验的总和。通过“十月怀胎”形成了人这个生命体，这一过程是用10个月，走过了生物发展史上从单细胞到人的几十亿年的发展历程，然后又用20多年的专门读书学习时间，走过了从原始人到现代人的这几百万年的发展历程。以后直到终老还要不断学习，不断更新知识，这就要靠出版书、报、刊，特别是书籍来满足。

第五，审美需求。俗话说，爱美之心，人皆有之。但这种爱美之心不是生来就有的，而是在后天实践中激发、启发和提高的。为了满足审美需要，人们就要读文学、美术方面的书，同时以此为手段来不断提高自己的审美能力。

第六，思想需求。人的精神的最高层次是理性的思考，也就是探求规律、揭示真理，提高人类活动的理性自觉。这种需要的满足，促使人们去阅读理论学术书刊，去学习各门科学理论。

满足上述六种需求的读书，大致可以分为两类：一类是消费型的，即为了眼前实用；另一类是积累型的，是为了长远和根本的提高。上述前三种需求的满足属消费型，后三种需求的满足属积累型。只有在积累型阅读上下功夫，才能改变人生，创造辉煌。就是说，要多读高层次的书，少读低层次的书。读高层次的书，对大学生来说，就是要读专业书，特别是要注重读三种专业书。

（二）要注重读三种专业书

当代自然科学、社会科学和人文科学等的分支学科总数已达30000多门，而且还会不断增加。有人用“知识爆炸”来形容知识的这种急速增长之势。相对于知识的无限增长，而人生有限。古人讲，人生七十古来稀，现在我国的人均寿命已延长至72.5岁，但毕竟还是太短了。就人的一生来说，又可分为两个时期：一是人生的继承期，二是人生的创造期。人生的继承期是指人的少年、青年时代，一般指25岁以前。

人生的创造期主要是指人的中年时代，一般指25—55岁。人生如果不在少年、青年时代打下扎实的知识基础，那么到中年时代就难以有所作为。因此，要在有限的人生中通过读书，有所成就，对大学生来说就必须懂得限制自己，主要要读专业书。

读专业书也很有讲究。历史愈前进，人类的精神遗产愈丰富，而且出版和书写的条件也大为改善。仅就中国而言，一年之中出版的图书也会成千上万，可以说，任何一门学科的书籍现在都可以装满一个图书馆。你钻进图书馆，一本一本地读，可能一辈子也读不完。因此，对专业书也有一个选择问题。哪些专业书应该读呢？我认为应该读三类专业书。

一是读专业基础书。即通论、通史之类的书。比如，学文学的要读文学概论、文学史一类的书；学哲学的要读哲学概论、哲学史一类的书。这类书一般有多种，我的体会是，从中选一两种比较好的来读就可以了。为什么要读这类书呢？读这类书是打专业基础的，读了这类书就能掌握一根主线，不至于星星点点，连不成一片。

二是读专业经典书。即读该专业的经典著作。什么叫经典著作？经典著作是经过时间考验流传下来的，记载着人类文化精华的书。为什么要读经典？读经典能目睹一种大家气象，通过读经典与古往的智者、贤者进行对话、交流，会引起心灵的震荡，从中体悟到人类智慧的灵气，享受到接触人类精神高端的愉悦。因此，我劝同学们要读一些经典。怎么读呢？一本书拿来慢慢地啃，来回反复地读，要达到烂熟于心。有些段落、句子能随口成诵。见识什么叫经典，这是构筑一个人学术素质的根基，因而至关重要。同学们会问，读一个学科的经典著作选几本书为宜？按我的经验，三五本即可，烂熟于心的经典著作一两本即可。这就是你的看家本领。

三是读解决专业问题的书。即为了解决一个专业问题去读书。这个专业问题也就是你在一段时间里研究的中心。围绕这个中心去读书，目的在于搜集资料和诸家对这个问题的意见，供自己权衡取舍，从中推求结论。围绕一个中心去读书，如果一本书中只有一章或一节与您所研究的问题有关，那么就读这一章或这一节，得到所要搜集的材料即可丢手。围绕一个中心去读书，读的书愈多愈好。总之，能搜集到的资料要尽量搜集。

以上三类书，就做学问来说，是不可不读的。读第一类书所追求的是对专业知识的总体把握，读第二类书所追求的是对专业知识的高端把握，读第三类书所追求的是对专业知识的专题把握。

怎样选书呢？可多留心报刊上的书评，也可向专业老师和有经验的人请教。

三、读书与思考结合

在解决了读什么书的问题以后，接下来的问题是如何读。在我看来，书要读进去，要做到开卷有益，就必须把读书与思考结合起来。思考什么呢？这里有四个方面：

（一）弄清书中涵义

要弄清书中的某一概念、某一句话、某一段文字，以至全文或全书的意思。要做到这一点就必须联系上下文，联系作者所处的时代背景，以及作者的人生遭遇来进行理解。《共产党宣言》中有这样一句名言："共产主义革命就是同传统的所有制关系实行最彻底的决裂；毫不奇怪，它在自己的发展进程中要同传统的观念实行最彻底的决裂。"[①] 国内有人撰文，对这句话的后半句提出质疑，认为"同传统的观念实行最彻底的决裂"，这岂不是文化虚无主义？其实，这种质疑是一种断章取义，是毫无道理的。如果联系上下文，就不难发现，"传统的所有制关系"是指私有制关系，与之对应，"传统的观念"是指反映私有制关系的私有观念。共产主义革命要与之决裂，这是毫无疑义的。

（二）辨明是非得失

要把书中所论放到自己的人生经历，放到社会实践中去加以验证、比较、对照，做出是非得失的判断。几年前有人写过一本书并在香港出版，说某位伟人之所以能升到权力的最高端，是通过打击别人抬高自己实现的。对这个观点，我不以为然。我的人生阅历告诉我，要成就一番事业，何况是伟大事业，没有"两下子"，人家会服你？搞歪门

① 《马克思恩格斯文集》第2卷，52页，北京：人民出版社，2009年。

邪道可以得逞于一时，但决不能成就大事。我相信鲁迅先生说的一段话："捣鬼有术，也有效，然而有限，所以以此成大事者，古来无有。"[①]因此，我说，这位作者不懂历史。

（三）掌握来龙去脉

从积极意义来说，要研究正确的结论是怎样得出来的，有哪些事实或理论根据，在证明中有哪些技巧和方法值得学习，从中能不能引出一些新的观点。从消极意义来说，要研究错误结论是怎样得出来的，它失足的地方在哪里，为什么在这些地方失足，应该从中吸取什么样的经验教训，等等。

弄清一个结论的来龙去脉，相对于辨明一个结论的是非得失，是进一步的、更为重要的工作。美国学者塞缪尔·亨廷顿于1996年写了《文明的冲突》一书。书中首次提出了"文明冲突论"这一见解。他认为，在21世纪，世界文明将会由西方文明、伊斯兰文明与中华文明唱主角，从而构成21世纪的世界冲突图谱。这个见解提出来以后，东西方不少学者提出了异议，我也不赞同这种观点。为什么不赞同？因为它失足于离开现实利益冲突，孤立地讲文化冲突。事实上，世界上一切冲突归根到底都是利益冲突，并没有单纯的文化冲突。我作为一个马克思主义哲学工作者，我的专业根基是马克思主义，但我也读康德、黑格尔、费尔巴哈等人的著作，我的灵魂深处还烙印着孔子、孟子、荀子的背影，如果互相冲突，而不是相见而欢、愉快互补，那么我的灵魂岂不是一个寸草不生的战场？"文明冲突论"不能成立，那么鼓吹这种论调是为了什么呢？说到底是为了转移世人的视线，是为了掩盖美国在全世界的利益争夺。

（四）注重举一反三

古人说，隔行如隔山，但又说，隔行不隔理。就做学问来说，不同学科的理论之间有相同、相近、相似、相通之处。因此，可以通过联想、想象、感悟，获得理解和解决问题的启示。古人把举一反三叫"开悟"。开悟是通过亲身体验，从与一事物相联、相近或相通的事物

① 《鲁迅全集》第4卷，635页，北京：人民文学出版社，2005年。

中，把握该事物的本质和规律的一种心理状态或认知方式。比如，青春的可贵是从老年衰朽中体悟出来的，对牙齿健康的珍惜是从牙痛中体悟出来的。又比如，豪猪身上长满硬刺，因而在天寒地冻时也不能挤在一起互相取暖，致使有的豪猪不免会冻死。这种情况也会给人以启示，一个人如果浑身长刺，那么他也就享受不到人间的温暖，其结果肯定是不妙的。

把学习与思考结合起来，就要求读书不能读得太快，不能狼吞虎咽。俗话说，贪多嚼不烂，造成消化不良。另外，不能尽信书，要多问几个为什么，不要做书本的奴隶。

有所学，有所思，必然有所得，就要动笔记下来。

四、学会做读书笔记

（一）做读书笔记的意义

为什么要做读书笔记，理由有三：

一是积累资料，以备查用。一些资料用笔记下来，可以备查，以帮助自己在说话、写文章时用起来方便。俗话说："好记性不如烂笔头"。这里是说一个人的记忆力再好，对于应记之事总有遗漏，对于已记之事总会遗忘。笔记的作用之一就在于能补记忆之遗漏，能救记忆之遗忘。唐弢先生晚年写《鲁迅传》的时候，想起一个材料，鲁迅曾经说过他的父亲喝醉时老打他的母亲。所以，鲁迅从不喝醉。但这段话在哪里，因当时没有写笔记，一时难以找到。后来竟花了半年时间去大海里捞针，一次偶然的机会，才发现这句话在萧红回忆鲁迅的文章里。因此，他一再告诫，必须做笔记。

二是训练思维，学会表达。记笔记可以把自己在读书过程中激发起来的思想，通过整理而达于条理，通过概括而达于清晰。就语言而言，用于思考的是"内部语言"，用于说话的是"口头语言"，用于写作的是"书面语言"。这三者既有区别，又有联系。因此，习惯所说的"怎么想就怎么说，怎么说就怎么写"，其实不是很精确的表述。实际情况是，"内部语言"具有相当程度的朦胧性、散漫性，要经过加工整理，才能变为用于交流的"口头语言"。口头语言仍缺乏准确性，仍具有相当程度的散漫性。因此，口头语言要经过加工整理，才能变成具有条理、又分寸准确的书面语言。所以，很会想问题的人，未必有很好的口才；有很好口才的人，也未必有很强的写作能力、文字表达能力。通过写读书笔记，把学到的东西思考一番，把思考的东西整理一番，这对提高思维能力和写作能力是很有帮助的。

三是捕捉灵感，促进创新。灵感是人们在认识活动中，因思想高度集中，情绪高涨而突然表现出来的创造能力和产生的思想成果。灵感来得突然，逝在瞬息，如流星划过夜空，倏忽不见。因此，对于灵感必须即时捕捉。所以清代学者章学诚说："札记之功，必不可少；如不札记，则无穷妙绪，皆如雨珠落大海矣。"①这个形象的比喻告诉我们，如果读书不做笔记，那么因读书而激发的智慧珠滴就会不能保留，而落入思维的茫茫大海，瞬间便无影无踪。著名学者许征帆也说："许多大学问家都很重视写读书笔记，把它作为品评别人思想成果，磨炼自己的聪明才智，抒发自己的心得创见的理想场所。"②人们作文，尤其是写鸿篇巨制，都必须通过写读书笔记做必要的准备和积累，非如此则难以保证材料的真实性、准确性和充实性，也难以保证科研的创新性。

（二）做读书笔记的方法

那么如何做读书笔记呢？关于做读书笔记各人的做法不完全相同，就我自己的体会来说，要注意以下几个方面：

一是笔记方式的选择。做笔记可用笔记本或活页纸，也可用卡片。这几种选择各有优劣。我是选择用笔记本记笔记。为便于保存要选择硬皮封面的笔记本，纸页线条行距以较宽为宜，这样可以把字写得大一些，便于日后翻阅、查找。

二是应该分门别类。要准备几个笔记本，记录不同的内容。如哲学笔记、经济学笔记、历史学笔记等。另外，对摘抄的某段内容还要拟出和标上一个醒目的标题。一个笔记本记完以后，还应该在这个本子前面预先留下空白的几页上，按照所记内容的顺序，编出一个目录。

三是注明出处。抄录资料要完备，出处要详明，不可贪图简便。

① 章学诚：《文史通义》第333卷，302页，沈阳：辽宁教育出版社，1998年。

② 转引自李昂：《读书方法探寻》，195页，北京：长征出版社，1985年。

没有出处的资料，其准确性、真实性会大打折扣，以至丧失使用价值。

四是留下评议空间。一页笔记纸，不妨在其1/3处左右对折一下，该纸的2/3部分用于抄录，1/3部分用于书写对抄录内容的随感。应该说，除了专门为积累知识而作的摘录以外，读书笔记的内容主要是你的科学思想的最初表达，即对所摘内容，评是非之处，议得失之理，或赞成或反对，或发挥或批判。

五是笔记要复习。记下的笔记，每隔一段时间要拿出来复习一次。就我来说，大体是一年复习一次，目的是为了温故知新。

六是把笔记中的思维成果写成论文或著作。打个比方来说，就是要把笔记中的点点火星，使之燃成一团火，照亮自己，也照亮别人。就写作过程而言，就是把笔记中的创造性思维成果，先写成片断，由片断而成整篇，再由多篇到专著。

总之，要树立信心，勇于去做。多读书，多思考，多动笔，这是治学的根本途径。一切大学问家，你在看他的结果时，似乎高不可攀，当你回过头来看他的起点时，就会发现原来是同样的渺小。路是人走出来的，学问是人做出来的。治学无奥秘，贵在坚持，贵在积累。只要这样做了，必然会有所提高，有所成就。

附录二：大胆并优质申报国家社科基金项目

——2014年安徽师范大学项目申报教师大会上的讲话

在座的学术同仁，大家下午好！

我校科研处领导要我就社科项目申报，尤其是国家社科基金项目申报，来谈自己的一些体会。我是很乐意的。这是因为，能否成功申报，申报立项数多少，对我们安徽省很重要，对作为申报单位的高等院校很重要，对作为申报者的高校教师也很重要。

我们安徽省在国家社科基金项目立项方面处于什么位置呢？是处在第二方阵的中等的位置。第一方阵，大体包括北京、上海、江苏、湖北、广东等；第三方阵，除陕西以外的西部省区，其余的都处在第二方阵。在我们省内，安大、安师大、财经大学是第一方阵。（现在每年立项10项左右，都已突破了国家重大招标项目）；第二方阵5项左右；第三方阵2项以下。现在，国家社科基金项目立项多少，成为一个高等院校科研水平和科研成就的一个重要衡量指标。

对个人来说，也很重要。其意义有二：一是这是对科研项目的最高社会承认，分量很重，因而它成为晋升专业技术职称一个方面的重要条件；二是能获得项目研究的经费支持，有了经费支持，就可以购买图书资料、参加各种学术会议、资助科研成果的发表和出版。

诚然，很多老师都知道成功申报社科基金项目对自己的重要性，但对如何能实现成功申报比较迷茫。

鉴于这种情况，我作为国家社科基金项目的成功申报者（共成功申报3项国家社科基金项目），可以在这方面说自己的一些体会。

在这里，主要讲如下两点。

一、解除顾虑，大胆申报

有哪些顾虑呢，一是担心竞争激烈，不敢申报；二是害怕评审不公，不愿申报；三是顾虑功底不足，无力申报。

我觉得有这些顾虑可以理解。但顾虑太多，以致妨碍了自己前进的步伐，这没有必要。下面针对这些顾虑分别谈三点看法。

1. 竞争激烈程度有所降低

国家社科基金项目的评选，其竞争激烈毋庸置疑。一是它面对全国五大系统，其中包括高校系统，社科院系统，党校系统，行政、宣传研究系统，军队院校系统。二是层次高，属于国家级层次。三是名额少。

但是近年来激烈的竞争程度有所降低，申报环境有所宽松。原因在于国家的投入在加大，项目类型在扩大，立项数在增大（注意不是增加、增长）。

（1）国家投入在加大。

国家社科基金项目于1986年经国务院批准设立。起初资金投入500万元，后渐次增加到2011年8亿元，2012年12亿元。相对于1986年的数额，增长了240倍。

随着国家投入的增长，单个项目的经费资助也在增加。从1981年的3万元增加到2012年的一般项目15万元，重点项目20万元。到2013年的一般项目18万元，重点项目25万—30万元。

（2）项目类型在增多。

随着国家投入的增加，国家社科基金的项目类型在增多。国家社科基金的项目设立时，只有一类项目，即年度项目，也就是每年3月申报的项目。现在已扩大到5种类型：年度项目、重大招标项目、重大委托项目、西部项目、后期资助项目（教育专项、艺术专项、军事科学专项另设）。

后期资助项目是指该项目已完成了80%，可以凭已完成的80%的成果去申报项目资助。后期资助项目与年度项目相比，有两个特点：一是年度项目一年评一次，后期资助项目一年评两次；二是年度项目有名额限制，后期资助项目只要符合条件没有名额限制。

国家社科规划办现在把加重后期资助项目的立项作为一个工作方向。这是因为年度项目是一个研究设想，这个设想能不能实现，能不能如期实行，还不一定。据统计，从1981年到2009年所设立的国家社科基金年度项目，相当数量的年度项目不能按期完成，或有相当比例根本完不成，或没有达到及格等级，最后只能取消资助。因此，申报后期资助也就成为一个重要选项。

（3）立项数在增大。

随着国家投入的不断扩大，年度项目的立项名额也在不断扩大。比如，2006年全国立项1332项，到2010年达到2656项，比2006年增加近一倍。到2012年达到3291项，比2010年增加147%。

就安师大的申报立项数来说，2006年3项，2010年18项，2011年19项，2012年20项。80年代中后期，我校还把突破国家社科基金项目立项作为奋斗目标，近三年共拿了44项。为什么能拿这么多项，一是表明安师大的科研水平提高了，但最重要的一点，是国家社科基金项目的立项名额大幅增加了，对广大教师来说，成功申报国家社科基金项目不再是可望而不可及之事。在我看来，主要是国家重视。

2. 项目评审程序比较公正

还有人顾虑，社会风气不正，评选不公，自己没有关系，申报也是白费劲，做无用功。我认为，这个顾虑也可以打消。原因在于，国家社科基金项目的立项评审相对公正。

这里的公正是指评审程序公正。评审程序是两步，一是匿名通讯评审，二是会议评审。

匿名评审，每份材料由5名同行专家双向匿名评审。列入通讯评审专家库的专家1万多名，由计算机随机抽取。

匿名通讯评审的淘汰率不低于75%，国家社科规划办把每位专家的打分加以统计，定出每个学科的分数线。投放到会议的入围数与立项数之比，2010年为2.3∶1，2011年2.2∶1，2012年为2∶1。我估计，这个比例还会加大。即进一步发挥匿名专家在整个评审中的作用，以缩小会评专家在评审中的处置权。

入围项目拿到会议上评审，会议分为若干大组，大组一般按一级学科划分，视入围材料多少，有的一级学科因入围材料多可分为两个大组。比如，经济学作为一级学科就分为两个大组，一是理论经济学，二是应用经济学。又比如，历史学作为一级学科分为三个大组：一是中国历史，二是世界历史，三是考古。也有因材料比较少，两个相近一级学科合为一个大组，比如，图书馆学，情报、文献学就是一个评审组。

每个大组分为若干小组，一般是二级学科作为一个小组。比如，哲学作为一个大组，下设中国哲学、外国哲学、马克思主义哲学、美学、宗教学、伦理学、文化哲学等小组。

会议评审的程序为三步：

（1）专家个人看材料。

每个小组一般3—5人。专家个人看材料只能看到本小组的入围名单，看不到别的小组的入围名单。下到小组的材料，每位专家都得看，按照下达的立项数进行筛选。从一开始报到，评审专家就处于半封闭状态，不同的大组居住在不同的楼层。本组的专家互相知道房间号，不是本组的专家房间号都不知道。

（2）小组讨论。

在小组长主持下，一致推荐的不讨论，意见不一致的由不同意见的专家发表各自的理由，最后由2/3票通过。我所在的是马哲组，曾担任组长，专家一致推荐的达70%。

（3）大组讨论。

在大组组长主持下，由各评审组组长汇报。从进行过程看，我体会，主要的评审工作在小组，大组主要在形式上通过一下，当然也不仅是形式，大组要把关的主要有三个方面。一是政治把关。这里的政治是广义的，包括宗教关系、民族关系、国际关系、国际形象等方面。比如，2010年，伦理学组有一个项目涉及克隆人的问题，小组已推荐，大组没有通过。这个问题到目前为止在国际上还是一个禁区。哲学大组组长说，国家社科基金项目的立项和资助是一种国家行为，要在网上公布。国际上不少机构很关注，要从中分析我国的学术动向。因此，经过讨论，这个项目最终没有列入。二是地区平衡。各个小组是分别评审，因而无法考虑地区平衡，大组讨论要考虑这个问题。三是小组内无法统一的问题。

如前所说，社科基金项目的评审比较公正，但不是绝对的。比如，匿名评审专家分到一包材料，可能都比较弱，矮子里头拔将军，总不能不选一些。也可能一包材料都比较强，那就得硬性淘汰。这样一来，弱的反而上了，强的反而下了。又如，在一个小组，一个单位一般只有一项入选。如果该单位入围两项，不能入选的那位就吃亏了。比如2012年的伦学组，安师大入围两项，只能有一项入选。再如，国家社科基金项目有课题指南。这就容易造成撞车。在这里也只能是多中选一。凡是能入围的项目都是很不错的。因此，我建议，第一年入围而没有入选的，第二年不妨继续申报。

另外，同一个单位的申报材料在二级学科不能扎堆，能分散的，尽量分散。安师大因二级学科扎堆，这方面吃过好多亏。2010年，我们学校在马克思主义、科学社会主义小组里有两人入围，结果只能选一个，这是没有办法的事。

总之，国家社科基金项目的评审比较公正，而且在程序设计上越来越公正。

3. 选题立项注重倾斜青年

有些青年教师顾虑自己年轻，学术积累少，没有多少前期成果，因而不敢申报。遇到这种情况，有一些年轻教师总想听听我的意见。我认为学术功底的厚与薄，总是相对的。因此，我总是鼓励他们申报。年轻教师初次申报国家社科基金项目，能一炮打响，那当然好，不能一炮打响也不要紧。因为可以通过申请，学会怎样申报，从中积累经验，这也是收获。

另外，从国家层面来说，十分鼓励青年项目的申报。在评审会上有一个原则，即向青年倾斜。在给每个小组下拨的立项名额中，青年项目的比例一般都在20%—30%。会上还有一个规定，青年项目的名额不能用于评审一般项目，而一般项目的名额可以用于评审青年项目。一些学者的博士学位论文，略加改变、变通，不受时间限制，也可以申报。

这几年我校立项的社科基金项目中，青年项目占到1/3强。年轻教师有优长，头脑比较敏锐，问题意识比较强，这在科研上是优点。因此，要鼓励青年教师，大胆申报，不能妄自菲薄，党和国家寄希望于青年。

有青年教师问我，我想申报，但前期成果很少，或几乎没有，这怎么办？我认为，这里存在一个误区。其实，真正具有创新性的选题，不可能有多少直接相关成果，因为已经有了那么多成果，这个选题也就不那么具有前沿性、创新性了。另外，关于前期成果不能仅仅理解为直接相关的成果，间接相关的也可以填上，因为前期成果主要是说明你有这种研究能力，能承担这个项目的研究。

总之，要消除以上三个方面的顾虑，勇于申报国家社科基金项目。

二、科学谋划，优质申报

申报项目能否被立项，关键在于申报的材料能否达到要求。我认为，成功申报的项目必须是“三好”的项目：一个好的选题，一个好的论证，一个好的支撑。

1. 一个好的选题

拿到一份申报材料，评审专家首先看的是选题。选题是头等重要的事情。可以说，选题好是成功申报的一半，选题不好也就一票否决。在我看来，如果选题很好，即使论证不那么理想，支撑条件不那么给力，也不十分要紧，应该给申报者在日后的研究中弥补这些不理想、不给力的地方提供机会。不然，就亏了这个好题目。特别是对青年项目，对上述不理想、不给力的地方更应该加以谅解。

什么是好的选题呢？最理想的选题是使人眼睛一亮的选题。说实在话，在评审中，这样的选题凤毛麟角，不能以这种理想的标准来衡量一个选题的好与不好。现实一点说，我认为，评价一个选题好与不好，这里的衡量标准有三：能否成立，有无特色，意义大小。能成立是好选题的前提，有特色是好选题的关键，意义大是好选题的根本。

（1）好选题是能成立的选题。

这是好选题的一个前提。也就是说，好选题必须是一个能够成立的选题。所谓能成立，一是政治上成立，二是事实上成立，三是理论上成立。

①政治上成立。这里是指不能违背四项基本原则，不能影响社会安定，民族团结，不能影响中国的国际形象。

②事实上成立。即有事实根据，有事实的支撑。不然，这个选题就是虚假的。有一年通讯评审中，有一份申报材料的选题是：儒家社会主义与当代中国的发展研究。国际上曾经有这样一种观点，即把东亚，主要是日本和亚洲四小龙（韩国、中国台湾、中国香港、新加坡）称为不同于西方资本主义的儒家资本主义。相对儒家资本主义，有人提出了儒家社会主义。实际上既没有儒家资本主义，也没有儒家社会主义。资本主义和社会主义在发展过程中可以吸收儒家文化的一些思想成果。但不能说，吸收了儒家思想成果的资本主义，就成了儒家资

本主义；吸收了儒家思想成果的社会主义，就是儒家社会主义。如果这个逻辑能成立的话，那么人消化吸收了猪肉的营养，能否说，人就成了“猪性”的人呢，显然不能。

③理论上能成立。所谓理论上能成立，是指理论上有根据，有理论上的支撑。

上述的儒家社会主义在理论上也不能成立，儒家学说从总体上说，它是在中国农业社会生产力水平上产生的维护封建统治的主流意识形态。生产力决定生产关系、经济决定政治，经济、政治决定社会意识。根据这个理论，可以断言，从儒家学说中既发掘不出资本主义市场经济的思想内容，也发掘不出资本主义民主政治的思想内容；同样，也发掘不出社会主义共同富裕、公平正义的思想内容。因此，儒家资本主义或儒家社会主义的命题在理论上也是没有根据的。或者说，是违背马克思主义历史唯物主义基本理论的。

（2）好选题是有特色的选题。

如果一个选题在政治上、事实上和理论上能成立，但人家早已做过，早已有比较多的成果产生。因此，即使选题能成立，我认为，选题比较老，比较陈旧，再做就是炒冷饭，这样的选题就不能被通过。

有特色是好选题的关键。这里的有特色，是相对前人和别人的研究，你的选题有特别的地方，不同的地方。好的选题一定是有特色或比较有特色的选题。有特色，才能新颖。这里的有特色，可以是指选题没有人做过，独你一家，或者虽有人做过，但你的角度不同、观点不同、方法不同。选题的特色，具体说来，有以下几种表现。

①研究对象本身的特色。比如一个人物、一本著作、一个流派、一种思潮、一个物件，各有其特色，开展这种研究也就有了特色性。比如安财大有一位教授研究宣纸的制作及其历史沿革。宣纸是一种特殊的物件，此项目被列为国家重大项目。

②研究对象的地域特色。比如绘画是一个一般对象，如果你的选题不是研究一般的绘画，而是研究皖南画派，这就有地域特色。我校美术学院一位教授（2011年）就拿到了这个项目的立项。

③研究对象的时段特色。比如，马克思主义中国化是一个历史过程，如果有人选择某一时段来研究，如“解放前国统区的马克思主义中国化成果研究”，这就有时段特色。

④研究对象的角度特色。即从一个新的角度研究对象。国家社科基金项目有课题指南，按课题指南设定选题，肯定有人能立项，但同一选题申报人肯定比较多，因为大家都奔着课题指南去的。这里就有比较，有竞争。这就要看谁的角度比较新。比如，苏联解体20多年了，关于苏联解体的研究，人们做得比较多，有从意识形态角度、经济发展角度、体制变革角度、执政党建设角度进行反思的。有人从以人为本角度进行反思，这个角度没有人做过，因而就比较新鲜。

2012年社科基金项目年度项目评审，关于《资本论》的研究，入围的有5项，最后从其中选了两项，一是南大的，一是北师大的，取舍的关键就是研究角度。

（3）好选题是有现实意义的选题。

设立国家社科基金项目的宗旨：就是团结和引导广大哲学社会科学工作者，为繁荣哲学社会科学做贡献，并把研究的重点和兴奋点与党和国家事业发展的要求紧密结合起来。这种结合可以从两个角度体现出来：

①你的选题反映了社会急需，你为解决这些问题提供了理论分析、理论咨询，具有现实的针对性，是中央领导和社会大众所关注和渴望解决的问题。应该承认，处于转型和现代化中的中国面临许多重大而复杂的问题，比如举什么旗，走什么路，进行怎样的制度安排的问题，现在提出道路自信、理论自信、制度自信，就是针对这个问题而言的。另外，公共信仰、价值观、民主政治发展问题等，可以从这些问题入手，形成自己的选题。

这里说的问题，还包括一些比较重大或比较普遍的现实问题。比如对官员房产的追晒与隐私保护的关系问题。又比如保障中学生的身体健康与体育课上是否进行某些激烈运动项目以至造成某种伤害关系问题。这里涉及竞技体育与保健体育的关系。

②你的选题即使不是研究现实问题，但可以为现实问题的分析和解决提供启示，提供借鉴。这也很有现实意义。不管你是研究古代的，研究国外的，研究国际的，这些研究对我国的物质文明建设、政治文明建设、精神文明建设、社会文明建设和生态文明建设总有一些意义，要善于发现和提供这些意义。即所谓古为今用、洋为中用，理论为实践所用。

总之，课题的选择要体现强烈的问题意识，强烈的中国问题意识，特别是当代中国问题意识。

如何才能找到一个好的选题，这个比较复杂。就我们大学老师来说，知识的学习要提倡埋头读书，课题的选择要倡导东张西望。我主张，东翻翻西翻翻，左想想右想想。看世人关注什么问题，面临什么问题，在研究什么问题，从中寻找启发，激发灵感。

有人问我，课题自选和从选题指南中选题哪个更好。我说，不能一概而论。我认为不管是自选课题，还是从课题指南中选题，说到底还是三条，能成立、有特色、有意义就好。从课题指南中选题，可能申报同一课题的人比较多，要形成与别人不一样的特色不容易，因而不容易脱颖而出，竞争比较激烈，但肯定有人能入选。自选课题能比较充分地体现申报人的研究个性，竞争性不那么激烈，但能否被入选，那就比较难说。

不过，总体上说，我基本倾向于课题自选。从近几年最终立项的选题来看，有近一半的是自选项目。

另外，项目名称不能太长，一般不超过20个字。但也不能太短，要通过名称提供较多一些的信息，展示一些具体内容。比如2008年我申报一个项目，就名称表述可以有两种选择：一是字数比较少，比较笼统，比较概括："中国特色协商民主研究"（9个字）；二是字数稍多一些，提供的信息多一些、具体一些："中国特色协商民主发展历程与基本规律研究"。我的申报书所采用的是第二个题目，获得了立项。

2. 要有一个好的论证

有了一个好的选题，接下来的是，要有一个好的论证。如果说好的理想的选题是使人眼睛一亮，那么也可以说，好的理想的论证是使人心情畅快。当然这只是就主观感受而言的，而从客观现实方面来说，好的论证，一是指有比较到位的意义论证，二是指有比较系统的内容论证（即内容展示）。

（1）关于到位的意义论证。

这里的所谓到位，就是要把本课题的研究放到广阔的学术研究背景下，以此为基础引申出你的关于研究意义的说明。新版申报书（1981年设立国家社会科学基金以来34年，申报书第一次作了比较大的调整。因此2015年课题指南把调整后的申报书，称之为新版申报书）

第一栏“国内外相关研究的学术史梳理及研究动态；本课题相对于已有研究的独到学术价值和应用价值”，就是要你说明，本课题的研究从什么时候开始，经过了哪几个阶段，目前研究状况如何，有哪些主要观点分歧，取得哪些研究成果，还有哪些不足，从而说明你的研究是有意义和价值的。

这一栏要写1500到2000字，这很难写。但写好了，很见功夫。我认为这一栏填写所达到的理想状态应该是：总体勾画，简明扼要，一目了然。犹如一幅山水画，远处的山峰、山腰的白云、山坡的树木，山脚的流水。方寸之间，着墨不多，粗线条的轮廓勾勒，远山近水，开阔深远。要达到这样一种境界，这里有三点要求：一是广阔的学术视野，二是表述的综合概括，三是评价的恰如其分。

所谓广阔的学术视野，是指对本课题研究的国内外学术沿革、发展动态要比较了解。这里涉及该课题的研究历史，即该课题研究的来龙去脉，历史变迁。从远山到近水，没有一定的学术储备和学术视野是写不好的。

所谓表述的综合概括，是指要透过学术现象，说明主要观点，分歧所在，因而它不是该选题的学术现象描写，不要罗列大量作者的具体文章，而是要总体概括，实际是关于本课题研究的学术综述。

所谓评价的恰如其分。这里有两点要引起注意的，一是要如实肯定已有的研究成就，不能贬低别人，抬高自己，以显示自己课题的研究价值；二是对以往研究的成就和不足不能笼统地肯定和否定，要尽可能具体，甚至用1、2、3加以标明。

至于这部分的论述，要紧扣本课题的研究历史和研究动态，这里有三点应注意的。

一是不能用研究对象的历史与动态说明，去代替该对象研究的历史与动态的说明。比如，不能用关于医患关系的历史与动态的说明，去取代医患关系研究的历史与动态的说明。有人把医患关系日趋紧张，暴力手段对待医护人员等讲得很多，而研究情况讲得很少，这不行。

二是所谈的应是本课题研究的历史与动态，而不是与本课题相关的一般研究的历史与动态，比如论协商民主所谈的应是协商民主的研究历史与动态，而不是一般民主的研究历史与动态。

三是所谈的应是本课题的研究历史与动态，而不是本课题构成元素的研究历史与动态。比如，我看到一份关于“发展协商民主促进人权保护的研究”为题的申报书。其中研究历史与动态所谈的是“协商民主”的研究历史与动态和“人权保护”的研究历史与动态，这样的论证就有些走题了。

我于2008年成功申报了国家社科基金项目——“中国特色协商民主发展历程与基本规律研究”。该项目申报书的第一栏虽然是按旧版申报书的要求填写，但从其内容来说，也基本体现了新版申报书的要求。现抄录如下：

> 20世纪80年代，协商民主理论在西方兴起。针对票决民主的局限，以及西方票决民主在实际运行中所产生的弊端，一些西方学者提出了用“协商民主”来拯救票决民主的理念。约瑟夫·毕塞特较早从政治层面提出了这一概念；曼宁则从政治合法性角度论证了讨论协商的重要性；哈贝马斯以其建立的“交往行动理论”和“商谈理论”为“商议性政治”提供了理论的支撑。然而早在西方学者提出“协商民主”概念半个世纪以前，中国人民在筹划和建设新中国民主政治的实践中，已经创立了既重视票决民主，又重视协商民主的人民民主政治制度。其最高体现就是人民代表大会制度与共产党领导的多党合作和政治协商制度的有机结合。然而中国人民的这一伟大创造，在一个相当长的时期中尚缺乏理论的研究、概括和升华。直到西方相关理论传入我国，特别是2006年2月《中共中央关于加强人民政协工作的意见》明确提出“两种民主形式”的理论以后，上述状况才得以改变。到目前为止，关于协商民主已发表两百多篇研究论文，出版了一部学术著作。内容主要集中在以下几个方面：(1）关于协商民主内涵的研究；(2）关于协商民主与票决民主关系的研究：(3）关于协商民主作为中国民主政治的特点和优点的研究；(4）关于发展和健全中国协商民主的研究；等等。从现有成果看，理论界和学术界对中国特色协商民主的研究已经取得了一些突出成就。当然也还有一些重要问题需要展开研究，还存在一些有待进一步加强的领域：(1）中国特色协商民主的实质、

目标和根本目的的研究；（2）中国特色协商民主形成的基本依据、实践进程的研究；（3）中国特色协商民主的基本经验和发展规律的研究；（4）中西协商民主的比较研究，等等。中国特色协商民主研究的直接目的在于总结中国特色协商民主的基本经验，探寻中国特色协商民主的发展规律，推进中国特色协商民主理论的发展，进而为中国特色协商民主建设提供正确的理论指导。因此，开展本课题的研究，不仅对提高中国人民关于协商民主的自觉意识，促进中国特色协商民主理论的建设，而且对推进中国特色协商民主事业的发展，加速政治体制改革和构建社会主义和谐社会都有着极为重要的意义。

我于2011年成功申报了国家社科基金项目——“马克思学说的人本主题及其当代意义研究”。该项目申报书的第一栏，其内容也大体符合新版申报书的要求。现抄录如下：

由马克思恩格斯创立的马克思学说，无疑贯穿着一个以解决根本问题为内容的根本观点，或曰主题。这个主题，从认知性进路来说是“现实的人及其历史发展”，从规范性进路表述是“以人为本”，即坚持以人为本，追求人的彻底解放，实现人的全面发展。然而马克思学说的人本主题长期以来并未获得充分说明，相反是被种种误解所遮蔽。其表现主要有三：一是把马克思关于物质对精神、经济对政治的最终决定作用论绝对化，并夸大为马克思学说最根本最应关注之处，第二国际理论家的单纯“经济决定论”和苏联理论家的片面“物质决定论”是其主要代表；二是把马克思的阶级斗争论抽象化，并拔高为马克思学说最根本最重要之点，我国“左”的年代所盛行的“阶级斗争为纲论”是其突出表现；三是现代西方人本主义囿于抽象人性论，宣称后期的马克思忘记了人，马克思学说是人学的空场，于是主张回到早年马克思即人道主义的马克思，或主张用人道主义去补充马克思主义。这样也就把马克思学说误读成了“见物不见人”或“见阶级不见人”或人性缺失的偏颇理论。这三种表现尽管互有区别，但都阉割了马克思学说的人本主题。

20世纪80年代以来，随着我国改革开放迈开步伐，对“文革”中“左”的一套反思批判的深入，面对新科技革命及现代市场经济所日益突出的人的主体作用这样一种潮流，以及为回应现代西方人本主义对马克思学说的质疑，特别是为了给中国现代化建设的历史定位提供人性基准和理论指导，我国形成了一浪高一浪的人学思潮。在这一过程中，马克思关于人的一系列理论观点得到了研究和阐发。特别是2003年10月党的十六届三中全会明确提出了以人为本的科学发展观，从而成为一个关键点，它标志着以人为本已被确立为党的执政理念。从此“以人为本”也就成为我国学术界研究的一个热门话题。到目前为止，已发表论文数千篇，其内容集中在：(1) 以人为本内涵和实质的研究；(2) 以人为本与西方人本主义关系的研究；(3) 以人为本与中国古代“民本”思想关系的研究；(4) 以人为本现实价值的研究；(5) 以人为本与马克思学说关系的研究等。从现有成果看，学术界对以人为本的研究取得了不少成绩，但基本还停留于价值观层面，而很少上升到马克思历史观、世界观层面，特别是没有作为马克思学说的主题来加以阐明。即仅把以人为本理解为与神或与物相比，人更重要更根本，而没有将其理解为马克思学说关于正确处理人与自然、人与人的关系，不断创造条件，求得人的彻底解放与全面发展的根本理念。这样，既不利于从根本上说明马克思对西方人本主义的继承与超越，也不利于马克思学说人本主题在当代中国的弘扬。

因此，开展本课题的研究是有重要意义的。第一，有助于更新对马克思学说理解的传统框架，准确把握其真谛所在，澄清种种理论是非；第二，有助于理直气壮地坚持中国特色社会主义以人为本的指导思想，促进思维模式、治理模式和发展模式的转变，提高学习实践科学发展观的自觉性，推进中国特色社会主义事业又好又快发展和和谐社会建设。

（2）关于系统的内容展示。

一个好的论证除了上面所讲的要有一个到位的意义论证，关键的还在于内容论证。因此，这部分很重要。申报人要通过这一部分的论证，说明你要研究那些具体内容，如何逻辑地展示这些内容，通过这些内容你要表达哪些观点。

这里应注意以下几点：

主要内容的表述字数，应达到3000—4000字。主要内容是申报书的主体部分。新版申报书相对于旧版申报书，在研究内容上作了具体规定。

①研究对象。这里是要求用一段话来说明本课题研究什么。实际行文是对研究课题的“题目”的略加展开，同时又是对研究框架的适度浓缩。

②总体框架。这里是指主要内容应分为若干部分展开。如果最终成果是一本专著，分若干部分或分若干章展开；如果最终成果是系列论文，则围绕中心分若干专题展开。

展开的逻辑顺序有三种形式，一是横向并列式，即围绕中心从不同方面展开。比如，研究马克思主义中国化，就可以从其本质内涵、客观依据、历史进程、理论成果、基本经验、当代启示等多方面展开。二是纵向递进式，基本上是提出问题、分析问题、解决问题。比如，关于当代中国困难群体问题的研究，可以展开为：中国困难群体的内涵分析、中国困难群体的分类和生活现状、中国困难群体的产生原因（经济贫困——能力贫困——权利贫困）、中国困难群体的能力提供、中国困难群体的权利保障。三是纵横结合式。

另外，研究内容的总体框架的说明不能是目录排列式，即像一本书的章、节、目那样排列；也不仅是对象说明式，而是要说明在研究的对象上持有什么观点，即一种观点说明式。

下面把“中国特色协商民主的发展历程和基本规律研究”的项目申报书中以“主要内容”标示的“总体框架”展示如下：

本课题研究的主要内容：包括中国特色协商民主的发展历程和基本规律两个方面，前者侧重于历史和实践进程的梳理；后者侧重于学理的探讨和经验的总结。具体来说，本课题的研究内容主要分为以下六个部分。

第一部分：中国特色协商民主的内涵解读

本部分主要探讨中国特色协商民主的涵义、组成要素及其与票决民主的关系。1. 中国特色协商民主是中国人民在马克思主义民主政治理论指导下，从中国实际出发，所创造的一种新型社会主义民主形式。社会主义协商民主就是在根本利益一致前提下，人民内部各部分就重大的共同性问题发表意见，通过商讨，并力求达于统一。2. 协商民主有四个组成要素：多元平等的协商主体；基于公共利益的协商内容；宽松、自由、开放、互动的协商形式；制度化的协商场域。3. 协商民主与票决民主优势互补，能使民主的公正性与效率性、民主的充分性与权威性、尊重多数与保护少数有机结合起来。

第二部分：发展中国特色协商民主的内在根据

本部分主要探讨发展中国特色协商民主的必要性与可能性。1. 其必要性：（1）协商民主鼓励公众参与，在尊重不同利益和观点的基础上，遵循理性反思，从而促进合法决策。（2）协商民主尊重差异，并能够通过对话达成共识，从而化解冲突，这就为构建和谐社会提供有力支撑。（3）协商民主使行为主体通过参与，明确责任，从而激发历史主动性。（4）协商民主能够在交往和互动中培养具有理解、尊重、倾听、互让等公民精神的公民群体。2. 其可能性：（1）我国政治生活中已具有协商民主的基本制度安排和丰富的运作经验。（2）社会主义市场经济创造了大量的新利益主体，这奠定了协商民主发展的经济基础。（3）信息网络的迅猛发展为协商民主的发展提供了技术支持。（4）中国政治文化的“和”“合”传统，以及当代社会强调和谐文化，为中国特色协商民主的发展提供了良好的文化背景。

第三部分：中国特色协商民主的历史进程

本部分主要探讨党的几代领导集体对协商民主的开拓与发展历程。1. 以毛泽东为代表的中共第一代领导集体开创了中国特色协商民主，在人类政治史上第一次提出了关于协商民主的政治思想，实施了协商民主的制度安排，推进了中国特色协商民主的政治运作。2. 以邓小平为代表的中共第二代领导集体指明了发展中国特色协商民主应遵循的基本原则：坚持和改善中国共产党的领导是发展协商民主的政治保障；坚持以党内协商民主促进国家协商民主的路径选择；通过发展社会主义市场经济促进协商民主的发展。3. 以江泽民为代表的中共第三代领导集体和以胡锦涛为代表的中共新一代领导集体明确提出了中国发展协商民主的基本战略：协商民主既是一种新型的民主形态，也是一种有效的民主治理形式，同时还是一种合理的民主制度设计。

第四部分：中国特色协商民主的主要经验

本部分通过对中国特色协商民主的伟大实践进行评价，以期归纳、梳理出发展中国特色协商民主的若干重要经验。1. 中华人民共和国宪法是协商民主的政治基础，是最高权威，是协商活动的根本准则。只有这样，才能使政治协商有所依归。2. 协商制度的创新和建设是协商民主得以实施的基本平台和重要保证。这样才能使协商成为促进和巩固民主政治的带根本性、全局性、稳定性、长期性的重要资源。3. 协商以共存为基本前提，以合作为基本价值，以发展为共同目标，以参与为基本动力。4. 坚持以民主集中制为根本组织原则和活动方式，坚持协商民主与票决民主的统一。

第五部分：中西协商民主的比较研究

本部分旨在通过对西方学者阐述的协商民主与中国特色协商民主的比较研究，以求得借鉴。1. 西方协商民主思想的发展。20世纪80年代，约瑟夫·毕塞特出版了《协商民主：共和政府的多数原则》一书，第一次提到了“协商民主”，但只将其作为共和政府的一个原则。紧接着，曼宁在《政治理论》杂志上发表了《论合法性与政治协商》一文，开始从理论上对协商民主作了初步论证。对协商民主论述最深刻的还是哈贝马斯，他撰写的《交往行为理论》《事实与规范之间》和《包容他者》，使协商民主建立在深厚的理论基础之上。2. 西方协商民主思想对完善中国特色协商民主的借鉴意义。（1）西方思想家强调协商民主应贯彻“真诚”原则。认为舍此就会丧失协商民主的真实性。（2）商谈的参与者要坚持“平等”原则。在商谈中排除公共权力与暴力的干预，商谈过程要实现法律化。（3）重视协商的“经常”原则。强调凡涉及公共利益，皆要通过协商来形成决策。以上三个方面，对我国协商民主的完善皆有借鉴意义。3. 中西协商民主的区别。（1）西方协商民主理论以个人为核心价值理念，中国特色协商民主以和谐为核心价值理念。（2）西方协商民主理论强调协商主体绝对平等，反对领导与权威；中国特色协商民主不论是其组织体系还是程序过程，都必须以中国共产党为核心。（3）西方协商民主理论的基础是多党竞争、三权分立和权力制衡，中国特色协商民主是以共产党领导的多党合作和政治协商制度为基础。因此，发展中国特色协商民主既要借鉴但又不能照搬西方协商民主理论。

第六部分：中国特色协商民主的发展方向

本部分在把握中国特色协商民主发展历程与基本规律，以及借鉴西方协商民主理论的基础上，对中国特色协商民主的未来发展做可预期展望。1. 高举中国特色社会主义旗帜，落实国家发展战略与发展目标。2. 扩大协商民主的主体范围，将协商主体从政治、经济、文化界的精英，扩大到普通公民。3. 完善和丰富协商民主的实现形式。（1）人民政协作为协商民主的主要形式需要进一步完善。（2）除人民政协外，还要创造其他的协商民主形式。4. 积极培育协商民主的运作载体。协商民主的有效开展，需要相应的文化载体、制度载体和技术载体。

下面把“马克思学说人本主题及其当代中国意义”的项目申报书中的“主要内容”，即“总体框架”，也展示如下：

本课题研究的主要内容：包括马克思学说的人本主题及其当代中国意义两个方面，前者侧重于马克思学说人本主题的理论说明，后者侧重于马克思学说人本主题的当代中国意义阐发。具体来说，本课题的研究内容主要分为以下五个部分。

第一部分：马克思学说的现实人本主题

本部分主要依据马克思学说的主旨、主线、主则来阐明马克思学说的人本主题。1. 马克思学说的主旨是实现人的全面发展。2. 马克思学说的主线是追求人的彻底解放。这条主线贯穿于马克思的辩证历史唯物论、资本主义论、社会主义论、共产主义论之中。3. 马克思学说的主则是以人为本。作为主导原则的以人为本与作为前提原则的实事求是和基础原则的实践改造的统一，是马克思学说的活的灵魂。马克思学说的主题是坚持以人为本，追求人的彻底解放，实现人的全面发展，简称以人为本。

第二部分：马克思学说现实人本主题的逻辑形成

本部分主要探讨马克思学说人本主题形成的内在逻辑。1. 关于人的解放的宗教异化批判。马克思高扬自我意识，批判一切神灵，宣告要当拯救人类的普罗米修斯。2. 关于人的解放的政治异化批判。马克思从宗教异化追寻到政治异化，主张用武器的批判实现政治革命，并进而把人的世界和人的关系还给人自己。3. 关于人的解放的劳动异化批判。马克思从政治异化进一步追寻到经济异化、劳动异化，提出了异化劳动学说，初步揭露了资本主义的非人性，论证了共产主义是人性的复归。4. 关于人的解放的唯物史观论证。马克思通过创立唯物史观和剩余价值学说，系统阐发了人的解放的历史必然性和合理性。

第三部分：马克思学说现实人本主题的历史本原

本部分主要说明马克思学说人本主题是基于对社会发展规律，特别是资本主义发展规律深刻把握基础上所提出来的科学命题。1. 以人为本是人类发展的必然走向。在人的历史发展的三阶段中，资本主义超越了先前的人的依赖性而代之以物的依赖性，并为过渡到未来自由个性创造着物质条件。2. 以人为本是人作为历史主体的自我觉醒。随着近代以来科技革命和产业革命的不断推进，人的历史主体地位和作用不断突显，尊重人、关心人、爱护人日益成为时代潮流。3. 以人为本是社会主义的本质要求。坚持以人为本，实现社会公正，是社会主义运动的旗帜和社会主义本质的集中体现。

第四部分：马克思学说现实人本主题的基本内涵

本部分主要探讨马克思学说人本主题的基本内涵。马克思学说人本主题是以辩证历史唯物论为指导，科学揭示人的现实处境及其加以改变的依靠力量和根本途径，促进人的彻底解放和全面发展。1. 从现实的人出发。主要是从广大人民群众的现实处境和根本利益出发。2. 坚持人民群众在工人阶级领导下自己解放自己和发展自己的原则。3. 通过社会变革和社会发展消灭剥削阶级及其产生的社会根源，建立和不断完善人民当家作主的社会主义制度。4. 共建共享文明成果，促进以人的全面发展为首要价值的共产主义的实现。

第五部分：马克思学说现实人本主题的当代中国意义

本部分主要说明弘扬马克思学说人本主题对坚持中国特色社会主义以人为本的指导思想，推进中国特色社会主义有重要意义。1. 有助于又好又快推进中国现代化建设。坚持以人为本，超越以物为本，实现科学发展。即实现全面、协调、可持续发展，不断提高人民的幸福指数。2. 有助于提升当代中国政治合法性。坚持以人为本，执政为民，反对官本政治，夯实其权力来源、正义运作、绩效优化的民意基础。3. 有助于促进和谐社会建设。坚持以人为本，改善民生，协调各种利益关系，共建共享文明成果，极大地调动广大人民群众建设和谐社会的积极性。4. 有助于提升国际形象。一个以人为本、与世界各国合作共赢的中国，在世人眼中更加可亲可信，并进而促进地球更加美好。

③主要目标。这里的“目标”是指该内容研究的“内在目标”。即通过研究，弄清什么。弄清什么呢？其中包括弄清本质内涵，弄清来龙去脉，弄清其中的规律，弄清发展趋势，弄清不同观点的原则分歧等，而不是通过研究所达到的外在价值目标。如果作那样的理解，那么也就与申报书第一栏所要填的独到学术价值和应用价值相重复了。

比如，研究当代中国的困难群体，研究的主要目标应该是：什么是当代中国的困难群体，它有哪几类人，其生活状况如何，其形成原因有哪些？如何帮助困难群体脱贫？其办法、途径如何等。而不是当代中国困难群体的研究有什么理论价值和应用价值。

④基本思路。主要说明本课题的研究的主线、着力点，要解决的问题。

⑤研究计划。大体包括工作步骤、时间安排、达成目标。

⑥可行性。这里是指有问题导向（现实需要）、有前期基础、有研究实力。

⑦创新之处。文件要求填写在学术思想、学术观点、研究方法等三个方面的创新。在填写这一栏时要注意，这里的“学术思想”可理解为“学术研究视野”或“学术研究理念”。这样与“学术观点”也就区隔开了。“学术观点”是在一定研究理念指导下，通过研究所形成的观点。

⑧体现美感。申报书的填写，特别是研究内容各部分的说明，不能有的部分太长、有的部分太短，字数要大体相当。语言表达要简练、明快，有节奏感。

⑨申报书的填写少用或不用图表。老先生看了可能有些烦。

3. 要有一个好的支撑

如果说，好的理想的选题使人眼睛一亮，好的理想的论证使人心情舒快，那么好的支撑则使人心里踏实，使评审专家相信你能做出来。这里的支撑，包括下面三个方面。

（1）科研团队的支撑。

注意参加人员的职称、学位、专长结构的匹比，要有所选择，不能搞拉郎配。青年项目也要争取有青年教授、副教授参加。

另外，申报书的人员排列顺序和成果结项书的人员排列顺序可以不一样。

（2）前期成果支撑。

前期成果主要指直接相关成果，如果这种成果没有或比较少，也可以用间接相关成果，表明你有比较强的研究能力。如果带头人（负责）的直接相关成果比较少，可以选用直接相关成果比较多的参加者来加以弥补。

（3）参考文献支撑。

主要参考文献的选择，应注意以下要点：第一，代表性。这里的代表性是指所列文献代表了高水平、权威性。专家会从你所列的文献中，发现你对文献的掌握情况，你的阅读面、知识面。如果一些高水平的代表性的文献你都没有掌握，这肯定不行，说明你的学术眼界比较狭窄。第二，中外文献兼顾，特别是要选用国外有代表的文献。科学研究不能关起门来，自说自话，自拉自唱，而应有中外对话，学术观点的中外比较。第三，新鲜性。注意选用新鲜文献，文献不能都是十几年前的文献。

文稿整理至此，传来消息，我的学生，也是我的同事，路丙辉和张涛两位老师，按照国家社科基金项目2015年新版申报书的要求，成功申报了各自的项目。作为参考，下面把他们的申报书的相关内容展示如下。

路丙辉的申报题目："善事父母"之当代传承与创新研究。

一、［选题依据］国内外相关研究的学术史梳理及研究动态；本课题相对于已有研究的独到学术价值和应用价值等

本选题属于当代中国家庭伦理建设范畴，旨在针对我国老龄化社会条件下，由改革开放和城镇化进程加快等引起的老人被"边缘化"和"难得善事"等突出问题，通过观念创新和践行模式研究，传承"善事父母"之孝道，促成良好的社会道德风尚。

1. 国内外相关研究的学术史梳理及研究动态

（1）国内外相关研究的学术史梳理

"善事父母"作为家庭伦理文化概念的提出，源于春秋战国时期社会变革给家庭带来的多重危机，最早可见于先秦时期的《尔雅・释训》"善事父母曰孝"；《亢仓子・训道篇》"孝者善事父母之名也。"许慎的《说文解字》解读为"善事父母者，从老省，从子，子承老也"等。后世传承多以"孝"替代"善事父母"。

此后，"善事父母"的学术研究先后以三种文本著述形式完成了从理论研究到践行模式推广的全部过程。一是经典形式，以儒家经典《孝经》为代表，短小精悍，微言大义。指出孝是诸德之本："人之行，莫大于孝"，国君能以孝治国理政，臣民应以孝立身齐家，将孝亲与忠君有机联系，使"善事父母"之行适应了高度集权的封建专制统治。拓展和深化了"善事父母"的伦理内涵，在家"善事父母"之孝和在国善事君主之忠，成为中国封建社会最重要的道德，使"善事父母"极具社会理性。二是家训形式，以南北朝时期成书的《颜氏家训》为代表，思想性实用性兼具。通过记述个人经历、思想和学识，结合对《孝经》的内化吸收，告诫子孙为人处世要恪尽孝道。后世儒者以"善事父母"孝道为圭臬的文本著述，大多以"家训"的形式出现，如《朱子家训》《曾国藩家训》等。这种形式通过个人的体悟和内省，对《孝经》中"善事父母"的理论进行解读式探究，成为理论与实践相结合的范本。三是践行样本。以元代郭居敬编录的通俗读物《全相二十四孝诗选》为代表，浅显易懂，易于传播。收录的历代二十四个孝子行孝的典型故事，情节通俗易懂且感人至深，成书后广为流传，成为后世"善事父母"孝道传承的践行样本。这种通俗化的践行路径启发了人们的思路，清代的童蒙读物《弟子规》就是将"善事父母"传统孝道的理论和实践完美结合的有效尝试。至今依然有着很好的借鉴价值。

西方社会虽没有与我国"善事父母"对应的概念，但有类似的语词。如拉丁文"pielas"，表示对神的虔诚，对父母的孝敬，对他人的友爱，对国家的忠诚，就与"善事父母"的内涵相似。

国外与"善事父母"内涵相关的文本著述和学术研究，主要围绕宗教的经典教义展开。基督教的《圣经》，伊斯兰教的《古兰经》，对子女应当尊重和赡养父母的行为均以戒律条文的形式作明确的表述，如《圣经》中的"摩西十诫"十分典型。

（2）国内外相关研究的研究动态

随着改革开放的不断深入，我国伦理学界对家庭及家庭伦理问题的研究渐成蓬勃之势。以“善事父母”为核心内容的传统孝道的研究，主要集中在三个方面。

其一，立足对“善事父母”观念的内涵探究，结合社会现实，讨论传统孝道的当代价值。一是通过深度研究，结合《论语》或《孝经》等关于“善事父母”言论的整理和讨论，提出传统孝道的当代价值。二是通过比较研究，结合《孟子》《孝经》等有关“善事父母”的思想差异，探索“善事父母”的真实内涵。三是通过相互印证，将传统儒家文化在不同的历史时期所涉论的相关内容串起来，彼此佐证，探索“善事父母”的事实意蕴。

其二，立足“善事父母”传统孝道的系统研究，探索其历史流变的规律及对当代的启示。这部分成果主要以学位论文的形式呈现，以博士论文为最。多直接以“孝”立题，将“善事父母”放在家庭伦理文化的学术视野中进行系统的梳理和讨论，从不同角度对中国传统的孝道观念、孝行规范的形成发展及其对家庭和社会的影响进行较为系统的研究，视野开阔且观点独到。

其三，立足“善事父母”之行的实证研究，探索解决当代家庭道德领域突出问题的现实路径。一是通过调查分析当代家庭道德领域的现实状况。若干调查报告以可靠的数据和具有说服力的判断，敬告世人应高度重视“善事父母”的当代传承研究。二是从伦理学、法学、社会学等不同学科视角进行探究，通过分析某个时代或某个群体“善事父母”的事实状况，寻找其传播的经验、践行的路径及对当代传承的启示。

国外的相关研究主要是通过对家庭现实状况的描述、分析和反思，以应对后现代社会的“福利主义”给养老带来的突出问题。论者们认为，政府的财政资助和福利计划并不能像前工业时期形成的亲属网络家庭养老模式那样，可以给老人带来精神上的满足。因此，社会的养老保障，还需辅以家庭结构的支持，才能使老人获得真正的幸福。

上述成果为本课题的研究提供了良好基础，但尚有不足。

如何应对家庭道德领域老人被“边缘化”和“难得善事”等突出问题表现出来的两个缺憾尤为明显：一是理论研究的针对性不强，没有明确提出适应当代家庭“善事父母”的新观念，以指导人们进行现代家庭道德建设；二是对策性研究不够。没有较好地建构当代家庭“善事父母”的践行模式，以便于人们效仿。事实证明，只有加强“善事父母”的观念创新和践行模式研究，才能真正促进“善事父母”传统孝道的当代传承，促成良好的社会道德风尚。

2. 本课题相对于已有研究的独到学术价值和应用价值

（1）学术价值

①对当代中国“善事父母”观念更新提出借鉴和思路。结合“善事父母”传统孝道的内涵，提出尊重、友爱等“善事父母”新理念及社会养老将成为“善事父母”的有益补充等新观点。

②丰富当代中国家庭伦理建设的理论。从理论上阐明只有努力倡导“善事父母”与“善待子女”、家庭美德建设与个人发展相统一的时代精神，才能推动社会与人相得益彰的和谐发展。

③为当代中国家庭“善事父母”提供尽孝的方法与路径。通过建构当代家庭“善事父母”的践行模式，使人们走出“难尽孝道”“难得善事”的现实困境。

（2）应用价值

提出适应改革开放和城镇化快速进程要求的“善事父母”的践行模式，切实解决老人“难得善事”和子女“难尽孝道”之忧，维护和促进家庭和谐，促成良好的社会道德风尚。

二、[研究内容] 本课题的研究对象、总体框架、重点难点、主要目标

1. 研究对象

依据本课题提出的当代家庭老人被“边缘化”和“难得善事”的“善事父母”之道德难题和问题域，以“善事父母”的观念创新和践行模式建构为研究对象。

2. 总体框架

随着我国进入老龄化社会，“善事父母”的道德问题日益凸显。老人被“边缘化”和“难得善事”等不良现象被广泛关注。法律保障和社会福利并没有从根本上解决老人的现实困境。尤其是子女“不愿养”和“不能养”等未尽孝道的“家丑”观念，使得众多老人“难得善事”。事实表明，“善事父母”的当代传承需要解决的突出问题就在于观念创新和践行路径的模式建构。本课题的研究主要围绕这两个问题展开。

第一部分，家庭道德领域“善事父母”的若干突出问题研究。

家庭道德领域“善事父母”的若干突出问题，有的早已为社会关注，无需调查就可加以分析和研究；有的在实证调查的基础上将被着重提出。如：（1）老人何以被“边缘化？（2）家庭养老的现实困境何在？（3）社会养老缘何尴尬？将家庭道德领域“善事父母”的若干突出问题简单地归因于“善事父母”传统孝道的现实局限性或社会经济的快速发展，既有失偏颇，也不符合事实，容易忽略问题存在的真实原因，客观上无益于问题的解决。

第二部分，“善事父母”传统孝道的内涵、历史价值、局限性研究。

在梳理现有成果的基础上，厘清三个基本问题。（1）“善事父母”传统孝道的内涵。将“善事父母”的生成、发展、流变及其基本形态加以整理，通过对“善事父母”的基本内容“梳洗打扮”，推陈出新，呈现“善事父母”的事实意蕴：如敬爱父母、顺从父母、奉养父母、光宗耀祖、祭祀先辈等。（2）“善事父母”的历史价值。理论阐明“善事父母”传统孝道在漫长的历史传承中，对我国家庭伦理道德建设的价值。揭示其在不同的历史时期，特别是在社会变革过程中，对家庭和社会的稳定、发展、和谐等作用和功能，为后文阐明“善事父母”当代研究的现实价值作理论铺垫。（3）“善事父母”的现实局限性。“善事父母”因适应社会制度的更替而生，经过封建时代不同历史时期的损益传承，适应了封建时代专制统治的需要。而在社会制度发生根本性变革时，其局限性随之突显：在强调因感恩而孝顺父母的同时，抹杀了子女的价值存在，少有现代社会提倡的民主、平等、尊重、友爱的价值内涵。

第三部分，"善事父母"传统孝道当代传承的实证研究。

结合实际调查的数据，对"善事父母"当代传承的现实状况进行实证研究。(1) 通过分析代表性个案的调查数据，剖析"善事父母"当代传承的利弊得失；(2) 通过比较不同个案的调查数据，总结整理"善事父母"当代传承的经验教训；(3) 在实证研究的基础上提出"善事父母"当代传承的观念创新和践行模式研究的必要性和可能性。

第四部分，"善事父母"传统孝道当代传承的观念创新研究。

旨在研究与当代社会和家庭生活相适应的"善事父母"的新观念。(1)"善事父母"观念创新的原则。"善事父母"与"善待子女"相结合，"善事父母"与"善待社会"相统一，"善事父母"与核心价值观相协调。(2)"善事父母"观念创新的方法。合理诠释，尊重事实尊重历史；批判继承，去其糟粕取其精华；删减增益，删除有理增补有度。(3)"善事父母"观念创新的标准。合情合理，符合中华民族基本的民族情怀；精炼实用，能够满足我国社会快速发展条件下家庭道德建设的实际需要；易于践行，没有繁文缛节，宜学易行；便于推广，能够成为人们"善事父母"的行为指南。(4)"善事父母"观念创新的内容。初步涉论的内容包括尊重、平等、友爱等，需要在实证研究的结果之后进一步确定。

第五部分，"善事父母"传统孝道当代传承的践行模式研究。

简单地说，就是建立一套与时代发展相适应的家庭成员"善事父母"的可行性模式，让人们在"善事父母"之时有章可循，有法（方法）可行。(1) 建构"善事父母"践行模式的原则。普遍性与特殊性相结合；理论与实践相联系；城市与乡村相协调。(2) 建构"善事父母"践行模式的方法。实践探索：选择有代表性的社区和家庭，指导实践，总结经验，建制模型。理论建构：对中央文明办张榜公布的“孝老爱亲好人”的先进事迹进行整理，挖掘经验，建构模型。辩证分析：对前两类模型进行辩证分析，规范模式。(3) 建构“善事父母”践行模式的内容。“善事父母”的践行模式不同，但其基本内容大致相同，包括“善事父母”的行为模式；“善事父母”的基本礼仪，如规范的称呼语、温暖的交流语、日常的避讳语等。

张涛的申报题目是：以海德格尔存在论解读马克思主义理论倾向研究。

一、［选题依据］国内外相关研究的学术史梳理及研究动态；本课题相对于已有研究的独到学术价值和应用价值等。

(一) 国内外相关研究的学术史梳理及研究动态

海德格尔存在论的奠基作《存在与时间》，自1927年面世以来，在西方世界引起了极大的反响与论争，产生两种对立的观点：一是认为，海德格尔存在论颠覆了以往唯物唯心的本体论，克服了二元分立的思维模式，把人们的目光从超感性的形而上学领域转移到人的实际生存领域，实现了哲学史上的生存论转向。二是认为，海德格尔存在论虽然批判了实体论形而上学，但又因袭了其追求“先验性”“绝对性”与“永恒性”的哲学传统，从而陷入了主体论形而上学。

在赞同上述第一种观点的情况下，有一些人鉴于在马克思主义发展过程中，存在着一种偏重于从客体向度、忽视从主体向度来理解和说明马克思主义的片面倾向，力图借助于海德格尔存在论来诠释、补充、重建马克思主义。于是，形成了以海德格尔存在论来解读马克思主义的理论倾向。其理论表现归纳起来有四：“互补论”“融入论”“深化论”“彰显论”。

“互补论”观点是1928—1932年德国哲学家马尔库塞提出来的。在他看来，马克思主义与海德格尔存在论互有优长与不足，因而主张用前者所具有的现实历史性来克服和拯救后者的空洞性，并用后者的“生存论转向”来补救前者的“知识论危机”，从而形成一种“海德格尔生存论的马克思主义”。

“融入论”观点是上世纪60年代捷克斯洛伐克哲学家科西克提出来的。所谓“融入”，在他看来，即把海德格尔存在论的“操心”范畴，融入马克思主义辩证法之中，从而构成他所谓的马克思主义“具体辩证法”。

“深化论”观点是上世纪80年代日本哲学家广松涉提出来的。他主张以此在“上手”去存在为视角，把马克思主义解读为一种关系本体论的“物象化理论”，以此来深化马克思主义的内容。

“彰显论”是进入21世纪以来我国一些学者提出的观点。该观点认为，海德格尔存在论的生存论实现了对近代认识论哲学的根本变革，即实现了对唯物唯心的超越。而在这一点上，生存论与马克思历史唯物论走到了一起。只不过，在马克思那里，生存论作为深层结构潜藏于马克思历史唯物论之中，故而不易被发现罢了。于是这种观点主张，必须从海德格尔生存论切入，以此来重建和彰显马克思的历史唯物论。

上述关于以海德格尔存在论来解读马克思主义的理论倾向，在国内外都引起了一些论者的批评。比如，德国哲学家阿多诺就认为，马尔库塞的互补论欲打通存在论与马克思主义现实性之间的隔阂，但他却把存在论问题置于对真实历史事实的解释之前，因而这种互补只是空论。海德格尔本人不屑于马尔库塞这种“互补论”。他认为，他的存在论要优越于马克思主义，因而根本不需要马克思主义来补充。相反，要想读懂马克思，必须上升到他存在论的高度才行。由此，他断言，马尔库塞所谓的互补，反而使他的存在论倒退回形而上学里。

在国内，持批判立场的有孙伯鍨、陶富源等为代表的一些学者。其基本观点概而言之有三：第一，海德格尔此在存在论是一种非理性的主观唯心论。它实质上是把理性主义哲学所压抑与忽视的前反思的非理性神秘体验，改造成先验的意识基础。因此，它并没有革除以往形而上学的弊端，也没有超越唯物唯心的对立。第二，此在存在论的逻辑理路存在困难。作为海德格尔此在存在论逻辑前提的“存在优先于存在者”，并不成立；作为其逻辑中介的“此在优越于其他存在者”，也是片面之词；因而其逻辑结论，即存在的显示是此在的生存，是没有根据的。另外，人的现实存在也并非是无矛盾的能在建构。所谓无矛盾建构，实际所体现的只能是主体与客体未有分化的混沌状态，因而这里并没有人的位置。第三，马克思主义哲学与海德格尔存在论是根本异质的。因此，不能用海德格尔存在论来解读马克思哲学，否则，就必然会走偏方向。或者说，是把马克思哲学粉饰成为当代西方的流行哲学，因而是不合法的；至于将马克思哲学革命的实质解读为生存论范式的开创，则更是一种误读。

应该说，国内一些论者的批判，正确指明了海德格尔存在论及用其解读马克思主义这一理论倾向的根本缺陷，在原则上澄清了其间的一些理论是非。但到目前为止，它并没有把其作为一个总体来加以把握。其所批判的，也主要是国内介入论者的观点，而较少涉及国外相关论者的观点；另外，研究成果在总体上还显得单薄。除一篇涉及“‘以海解马’思潮”的博士论文外，其余的都是以单篇论文形式表现的。因而以海德格尔存在论解读马克思主义理论倾向的各种形态、逻辑路径及其内在困难等，尚未得到系统的归纳、全面的论证和深入的剖析。特别应该指出的是，这种理论倾向作为一种有广泛影响的社会思潮，其产生的背景是什么，迄今为止探究甚少。至于如何从中获得关于马克思主义哲学当代走向的启示，也亟待阐发。因此，本课题相对于已有研究具有自己的学术价值和应用价值。

（二）本课题相对于已有研究的独到学术价值和应用价值

第一，把以海德格尔存在论解读马克思主义的理论倾向作为一个总体来加以研究，揭示其具体表现形态、逻辑路径以及内在困难。第二，剖析了以海德格尔存在论解读马克思主义长期流行且影响广泛的根本原因。第三，阐明以海德格尔存在论解读马克思主义理论倾向对马克思主义所造成的消极作用，澄清其间的理论是非，总结经验教训，为马克思主义的当代发展提供启示。

二、[研究内容] 本课题的研究对象、总体框架、重点难点、主要目标等。

(一) 本课题的研究对象

本课题的研究对象是以海德格尔存在论解读马克思主义理论倾向，包括其背景、理论形态、逻辑路径与内在困难，以及在发展当代中国马克思主义过程中所要坚持的基本原则。

(二) 本课题的总体框架

1. 以海德格尔存在论解读马克思主义理论倾向的背景分析

解析以海德格尔存在论解读马克思主义理论产生和流行的深层原因。(1) 海德格尔此在存在论有其意义，即它从抽象意义上肯定了人的意义和价值。(2) 在马克思主义发展过程中，从第二国际正统派马克思主义到社会主义各国的理论界，长期存在一种偏重从客体向度而忽视从主体向度来理解和说明马克思主义的片面倾向。(3) 作为对这种片面性，从另一个极端的反拨，国外马克思主义和国内不少论者推崇海德格尔存在论，试图找到超越对马克思主义哲学进行近代哲学理解的所谓存在论根基。

2. 以海德格尔存在论解读马克思主义理论倾向的主要形态

总结以海德格尔存在论解读马克思主义的四种形态表现。(1)“互补论”。马尔库塞试图将海德格尔此在自身的生存与马克思主义的现实历史性互补起来，形成所谓“海德格尔生存论的马克思主义”。(2)“融入论”。科西克以海德格尔此在存在论的“操心”范畴为视角，来重建马克思主义，构成所谓“具体辩证法”。(3)“深化论”。广松涉立足于此在上述去存在的关系本体论，建构一种物象化论的马克思主义。(4)“彰显论”。国内部分学者主张存在论是马克思哲学的深层结构，通过彰显这一结构，从而建构起以生存论为内核与根基的马克思主义。

3. 以海德格尔存在论解读马克思主义理论倾向的逻辑路径

从主导逻辑、二重还原与三步归结等几个递进层次来总结介入论的逻辑理路。(1) 主导逻辑。以海德格尔存在论解读马克思主义理论倾向是以海德格尔存在论的个体生命的“能在”原则或作为基础本体论的此在存在为主导逻辑。为了对其加以说明，于是有了如下还原与归结。(2) 二重还原。一是把以自然对人的制约作用为基础的人与自然的双向互动关系还原为人的实践，二是把人的实践还原为人的生存中的先验性情绪心理结构。(3) 三步归结。首先，将马克思主义归结为哲学；其次，将哲学更进一步归结为人学；最后，将人学归结为主体际的精神能动。

4. 以海德格尔存在论解读马克思主义理论倾向的内在困难

以海德格尔存在论解读马克思主义理论倾向存在着内在困难，这根源于海德格尔存在论与马克思主义的原则区别。(1) 迷惑于海德格尔与马克思在某些用语上的相似，将海德格尔指谓的源于内在本性的个体生存的能在建构，等同于马克思的改造现实状况的社会实践活动，这是一种双重误读。(2) 以海德格尔存在论为代表的西方人本主义哲学对人的理解，并非是立足于现实人类社会，而是用其所赋予的人的本质来进行说明。(3) 马克思主义不存在“人学空场”，相反，它是人的彻底解放的科学，它立足于人类实践为基础的人类社会及其历史。(4) 以海德格尔存在论解读马克思主义理论倾向从根本上不能给历史唯物主义提供“基础”，反而会消解马克思主义。

5. 以海德格尔存在论解读马克思主义理论倾向的批判反思

通过对以海德格尔存在论解读马克思主义理论倾向进行批判反思，从中吸取经验教训，科学把握马克思主义哲学的当代走向。(1) 要吸收以往哲学，特别是现代西方哲学的某些积极成果，但不能搞“唯西是从”“唯海是从”的新教条主义。(2) 要完整准确地理解马克思主义，就必须坚持唯物原则与实践原则、主体原则与客体原则、真理原则与价值原则等的辩证统一，过去偏于唯物、客体和真理等原则来理解马克思主义哲学，是片面的，有害的，我们要认真吸取这一方面的教训。但也不能走向另一个极端，只讲实践、主体、价值等原则，这样也必然会走向片面，对此也必须有高度的警惕。(3) 坚持马克思主义实践的唯物的辩证的哲学立场，在本体论问题上，反对一切形式的本质主义。既反对抽象实体论的本质主义，也反对抽象主体论的本质主义。马克思主义哲学立足现实、立足历史发展，科学揭示自然规律、社会历史规律，为人类前进指明方向。(4) 坚持马克思主义哲学的当代性，即必须在解决现实问题的过程中展现自己的真理性、力量和获得发展的动力。

附录三：与学生和青年教师谈科研与写作（专题摘编）

一、有专业但不为专业所限

欢迎大家来安徽师范大学攻读博士学位。在这里，向你们表示祝贺！

博士，从其字面意义来说，是广博之士，或谓见多识广之人。中国古人称博士为掌通古今之人。在中国，从战国时期开始，那些在宫廷中管理图书典籍，知识渊博，备国王顾问之人被封为博士。也就是说，在中国古代它是一级官职，此官职一直沿用到明清。其人数也由最初的几人，扩大到汉武帝时的12人，后来又被增至50人。人多了，总得找到地方办公。于是到唐朝设国子监。故而，后来又把博士称之为国子博士。

在古代西方的意大利，博士不是官职，而是作为对一种人的称谓，这种人在人们心目中的形象不佳。那时的人们把即兴喜剧中那种夸夸其谈、卖弄学问，发表冗长学术演讲的人讽刺为博士。不过，对他们的见多识广，人们还是承认的。其所不满的只是这些人的自我张扬，行事的不低调而已。

博士，作为一种学衔，特别是最高学衔，是从近代西方开始的。不过，作为学士、硕士、博士所构成的这种阶梯式的学位结构的形成，其历史并不长。马克思于1836年就读大学二年级时，从波恩大学转入柏林大学，后来又转到耶拿大学，最后在该校获得了博士学位。到1841年毕业，其间总共4年零5个月。毕业时，他写了一篇毕业论文，也就是被后来称之为马克思的博士论文。这一事实说明，至少在那时，即马克思所就读的大学，尚没有形成现在世界各国通常所设置的学位层次结构。

在现代西方人的心目中，博士学位的分量是很重的。因此，在外交场合，授予某人的某校名誉博士头衔，这是一种很高的礼遇。另外，称某人为博士，比如称美国前国务卿基辛格为基辛格博士，这也是一种敬称。这是为什么呢？因为博士学位一旦获得，即为终身头衔，而官职、教职等并非终身头衔。

我国从1981年起在全国实行学位制度。30多年过去了，我国的博士培养工作取得了很大成就，培养了一大批人才。但从总体上说，培养的博士质量还不是很高。也就是说，虽名谓博士，实则知识面狭窄，学科分割，视域不宽。

当然，这样说，并非要求博士成为知识全能之人。退一步说，从古代到近代早期，在知识尚未充分分化以前，尚大体有这种知识全能之人，然而在专业化已成主流的今天，这样全能的人也就不可能存在了。

在中国古代，孔子是当时的博学之人。他精通“六艺”，即所谓礼、乐、射、御（驭）、书、数等6个方面的知识技能。中国古人把学问广博的人称赞为“学富五车”。1959年威武出土汉简《礼仪》，每枚简宽1厘米，长54厘米，可书写60至80个字。一部《史记》50余万字，得用10万枚竹简才能容纳下来。10万枚竹简如果用牛车或马车拉，不会少于20辆。可见，汉人所说的“学富五车”，也就没有多少书。

在西方近代的启蒙时期，在法国产生了一些百科全书派的人物。这些人了解当时许多学科的知识，可谓博学之人。不过，这里的“百科”也是笼统的说法，泛指多科。如中国春秋战国时期的“百家争鸣”，这里“百家”也只是表明“多家”一样。

与那时的知识状况相适应，于是在过去中国读书人的心目中形成了这样一个观念，即“一物不知，儒家之耻。”然而在“专业化”成为大趋势的当今世界，这一观念确确实实是过时了，失效了。

早在90多年以前的1919年，马克思·韦伯在给德国慕尼黑大学青年学生所作的《以学术为业》的讲演中就指出：“学术已达到了空前专业化的阶段，而且这种局面会一直继续下去。无论就表面还是本质而言，个人只有通过最彻底的专业化，才有可能具备信心在知识领域取得一些真正完美的成就。”他还说：“只有严格的专业化能使学者在某一时刻，大概也是他一生中唯一的时刻，相信自己取得了一项真正能够传之久远的成就。”“今天，任何真正明确而有价值的成就，肯定也是一项专业成就。”①

在学术发展史上，学科专业分化是学术进步的产物，也是学术进一步发展的前提。这是必须肯定的。但学科分化不能成为学科封闭的理由。学科隔绝、封闭，其弊端很大。满足于一得之功、一孔之见，必然成井底之蛙，必然是瞎子摸象，限制其学术视野，影响其综合判断，消解其应该担当的社会关怀，而且这也有违当代学术发展的一个大趋势，即既分化又综合的趋势。

据美国对1300多名科学家的5年跟踪调查表明，有成就的科学家很少是仅仅精通一门专业的“专才”，而绝大多数是以博学为支撑，在专业基础上取胜。在科学研究日趋综合化的今天，单学科的“纵深性”“专才”，与能驾驭多学科横向联系的博才相比，后者取得重大突破的几率越来越大。正是针对这种情况，爱德华·萨义德在《知识分子论》一书中指出：在“挑战着知识分子的诚信和意志的四种压力”中，排在首位的就是“专业化”。在他看来，“今天在教育体系中爬得愈高，愈受限于相当狭隘的知识领域。”②也就是说，学历层次愈高，受到的限制愈大，而这是应该警惕的。

怎样解决这一问题呢？唯一的办法就是“博学”与“精攻”互补，或互相结合。即有专业但不为专业所限。围绕专业，扩大知识面，在知识面扩大的基础上，深化专业学习。这里有两个渠道能满足这一要求。一是在课程的选择上，实现二者的兼顾。大学里开设了专业课，也开设了相对于某一专业的其他多种课程。因此，在选择专业课的同时，不妨挤出一些时间听听相邻或相近专业的课程。二是在看书的选择上，实现二者的兼顾。即不仅要看专业书，而且利用业余时间看看非专业的书籍。在专业性与业余性之间保持必要的张力。对搞专业的学人来说，一心只读专业书，这不妥；自由阅读，无所归心，亦不妥，二者必须兼顾。至于在学期间，可以有轻重缓急，根据情况，适当

---

① ［德］马克斯·韦伯：《学术与政治》，冯克利译，23页，北京：生活·读书·新知三联书店，1998年。

② ［美］爱德华·W·萨义德：《知识分子论》，单德兴译，67页，北京：生活·读书·新知三联书店，2002年。

掌握。

（摘自“2010马克思主义基本原理和马克思主义与思想政治教育博士生班开课前的开场白”）

二、能说会道与能书善文

有一次给大学本科生作报告，总体讲了八个字，前四个字是“与人为善”，后四个字是“天道酬勤”。与人为善，讲的是做人；天道酬勤，讲的是为学。即要勤于读书，勤于锻炼，主要是要通过锻炼提高能力。对于大学生来说，这里的能力，包括口头表达能力和文字表达能力。当然，还有其他方面的能力。口头表达能力要达到什么要求呢，要达到能说会道；文字表达能力呢，要达到能书善文。

能说会道，在以往，以农民占绝大多数的中国民众的日常观念中，是一个贬义词。说某人能说会道，这可不是什么好事情。因为其言下之意是，这个人嘴上功夫行，手上功夫不行。也就是说，只会耍嘴皮子，能说不能干。几千年来，农民与土地打交道，面朝黄土背朝天，汗流浃背，重苦干、实干。因此他们瞧不起那些四体不勤、五谷不分的能说会道之人。然而在从农业社会过渡到工业社会和知识社会，由封闭社会过渡到开放社会，个体劳动愈来愈成为社会化劳动、全球化劳动；经验型劳动愈来愈成为科学型劳动的环境条件下，不善学习、不善表达、不善交际，也就成为人生发展的一大障碍。

把表达能力的作用发挥到极致的，大概是西方国家的大选，或曰普选。在西方，一个候选人能否当上总统或首相，诚然，首先取决于能否有足够的金钱支撑。有人说，西方的民主选举是有钱人的游戏，应该说，此言不虚。但是，单有钱也不行，如果你发表的演讲不精彩，不叫响，选民也不会把选票投给你。当然，能演讲，并不表示你有能力领导一个国家，这也是西方一些国家民选领导人往往治国能力不高的一个症结所在。另外，为了骗取选民手中的选票，候选人表达政见的演讲，现在蜕变成了政治作秀，变成了对对手的攻讦，变成了天花乱坠的许诺，此种许诺，说了就了，如同儿戏，根本没有打算兑现。这一点可不好，没有什么可肯定的。

不过，在当今条件下，能说会道确实是一个优点，是一种素质。

具有这种素质，对于师范类的大学生，对未来的人民教师来说，尤其显得重要。因为我们服务于学生的主要是嘴巴，主要工作是讲课。不能讲，也就不能当教师，更谈不上当一个好教师。当然，这里所说的能说会道，不仅指能讲，即能运用口头语言进行表达，而且是指“会道”。“道”虽然也是说，但不同于说，它是指，要说得有条有理，头头是道。

对教师来说，能说会道，不是指聊天，拉家常，或侃大山，而是指有思考、有条理的口头表达，或是指能讲课。思考，特别是哲学思考是个严肃的甚至痛苦的事。它令思考者废寝忘食、不得安宁。这是智慧的痛苦。一个观点、一个思想的提出，力求经过深思熟虑，不能张口就来。康德说，“我永远不会说出我没有思考过的东西”。马克思也明确反对“把哲学变成胡说”。

为了培养学生的口头表达能力，我过去给本科生讲课，经常创造一些机会，提供一些平台，让学生讲。现在带研究生的课，我把讲稿预先发给学生，按照分工，让他们自己讲，我也讲。但我讲得少，主要是针对他们讲的内容进行点评、引申、总结。这样做，不是教师偷懒，而是对学生负责。多少年来的实践证明，这样做的效果是好的，得到了学生的好评。

与能说会道相比，更高一个层次的能力是能书善文，能书就是能写文章，善文就是写得有文采。孔子说：“言之无文，行而不远。”[①]是说写文章没有文采，就不能产生广泛而深远的影响。能书善文，对大学生，对知识分子来说，就要开展学术研究，发表学术成果。这一点，对大学教师和师范类大学生来说，显得尤为重要。

现在的国际竞争，主要是国与国之间的经济和军事实力的竞争，而作为其支撑的则是科技和人才的竞争，从根本基础来说，则是教育的竞争，要通过教育培养成千上万的高素质的创新人才。学校教育的主体是教师。为此，教师的素质就必须大力提高。

与世界先进国家相比，我国教师的素质在总体上是不高的。

为了改变这种状况，中国教育部曾搞了一个规划。即要经过若干年的努力，使小学教师、初中教师达到本科学历，使高中教师达到硕

① 《左传·襄公二十五年》。

士学历，大学教师达到博士学历。这个工作已经进行了多年，现在已经大见成效。

除了学历层次的要求以外，对教师的内在素质方面也有新的要求。这些要求主要有五个方面。

一是具有良好的师德修养，有高素质的责任感和敬业精神。

二是具有丰富的科学文化知识，强烈的教育教学研究意识和较强的教研科研能力。

三是具有较好的教学基本功和较高的教育教学水平及优良的教育教学效果。

四是具有运用现代化教学手段的能力。

五是具有健康的体魄、良好的心理素质和广泛的交往能力。

上面第二条所要求的，就是一个教师的学术研究素质。

因此，当一个好教师不仅要传授知识，而且要研究和创造知识。如果只是传授知识，这样的教师就是我们通常所谓的“教书匠”。如果不仅传授知识，而且有所研究，有所创造，这样的教师就是“学者型教师”。

提出当“学者型教师”，有人可能觉得很新鲜，以为这个要求很高。其实，并非如此。在世界教育史上，这一思想的提出，至今已有近二百年了。即1809年创立德国柏林大学的洪堡已经明确提出了这一思想，并作为新成立的柏林大学的办学宗旨。教育史家鲍尔生称许柏林大学为“专心致志于真正的科学研究与科学教育的机构的典范”[①]。在我看来，解放前、解放初，直到1958年以前，至少在我的家乡，教师的地位，特别是名教师的地位，包括小学、中学校长的地位都是比较高的。什么人可以当小学校长，特别是中学校长？只有学问家，或富有学养的社会名流才能充任。一个县城中学（初中）的校长，他的地位和影响可以与县长齐名。其威望甚至可以超过县长。那时的不少教师都是学者型教师，都在报刊上发表文章。后来教育普及了，造成了教育质量的下降，教师队伍素质的降低，在相当一段时间内，还有数量众多的民办教师活跃在中小学教学战线上。近几十年来，我国教育的相当一部分工作就是为改变这种状况而努力。

① 别敦荣、李连梅：《柏林大学的发展历程、教育理念及启示》，《新华文摘》，2011（4）。

一个教师要从教书匠变为学者型教师，关键在于要进行学术研究，要发表学术成果。

我曾给我院的青年教师做讲座。其中，讲了两句话。一句是，搞好教学是立足之本；另一句是，搞好科研是发展之路。

所谓搞好教学，一是学生愿意听你的课，即你的教学，学生能听懂，好理解；二是学生喜欢听你的课，即你的教学生动形象、富有情趣；三是学生企盼听你的课，即你的教学提供了启迪，被学生视为一种精神享受。

所谓搞好科研，是指在治学中能提出一些问题，并能把提出的问题转化为研究课题，进而在对课题的研究中获得自己的一些见解，以一定的文题展示出来，发表出来。

一个教师，第一位的工作或基本的工作是搞好教学，如果教学都搞不好，那就是不合格的教师，这样的人就不能继续任教。所以，搞好教学是立足之本。一个教师不仅要搞好教学，而且要搞好科研，这样才能开拓生存空间，开辟光明前程，才能用高质量的科研，不断促进高质量的教学。所以，搞好科研是发展之路。

（摘自“2008年安徽师范大学政法学院全体教师会议上的报告”）

三、大学教师应有自己的学术理想

人应该有理想，大学教师应该有自己的学术理想。说到理想，可能有人认为，这是寻常之理，或是老生常谈。在我看来，就是这样一个老生常谈之理，十分重要，或令我感慨良多。

我认识一位大学老师，他因受到一些刺激，不能加以正确对待，从此对什么人都没有热情，对什么事都不感兴趣。不仅没有学术理想，而且连生活理想也丧失殆尽。以至几十年来，在学术上毫无建树。他与大学里的同学也断绝了往来。弄到后来，妻子也离他而去。这种没有理想的人生成了无聊的人生、孤苦的人生。这里应了这样两句话：有的人已经死去，但精神永存；有的人虽然活着，但精神已死。

人生理想是多方面的，有生活理想、工作理想、政治理想等，除此以外，对大学老师来说，还应有学术理想。这个学术理想，从最一般的意义来说，就是当学者型教师，而不是教书匠。

任何一个教师一开始都是教书匠，即仅仅传授知识，而尚未创造知识。后来，有些人从教书匠变成或提升为学者型教师。即不仅传授知识，而且创造知识。发生这种转变的关键在于：要进行学术研究，要发表学术成果。

树立自己的学术理想，这里要破除一些思想障碍，要形成一些正确理念。

1. 人是最可塑造的

世界上有这样两种人：一种人自傲，瞧不上别人；还有一种人自卑，瞧不上自己。自傲和自卑都不妥。不过，从长远看，自傲的人，心气很高，勇于实践。因而他的这种自傲的缺点，会在实践上得到改正，从而变得谦虚起来。自卑的人缺少自信，怯于行动，这就妨碍了他在实践中的自我修复。在这个意义上，自卑比自傲更不可取。

人在才能上大体可分为三类：上材、中材、下材。人的才能的社会结构总体上呈椭圆形。大学老师的构成，在20多年前，其主要来源是本科毕业生，硕士毕业生比较稀少。现在已有越来越多的博士毕业生加入了进来。这样一种档次，应该说，他们都属中材以上之人。因而其塑造的空间是很大的。中材之人要取得成就，主要取决于后天的努力。我相信，中国古人讲的一句话：天道酬勤。也就是说，一分耕耘，一分收获。只要努力，就能成功。对此，大学的青年教师对自己应有一个正确的认识，坚信："只要努力，我能行。"学校的领导，特别是前辈学者也应对他们充满信心，多鼓励，多提携。"小妹妹，小弟弟，大胆地往前走。""你能行，大胆干吧！"给他们指路子，压担子，扶上马，送一程。

2. 环境因人而变

我经常碰到一些地方高校，包括专科类高校的一些青年教师，我鼓励他们好好搞科研，争取出成果。可他们中有些人总是抱怨，说自己的环境不好，他所在的单位，没有多少人把科研当回事。于是心灰意冷，提不起科研的积极性。对他们这样一种自我辩解，我则不以为然。是的，环境可以制约人，但人也可以改变环境。也就是说，人不仅是一个被环境制约的被动存在，而且还是一个能动的主体。与其埋怨环境，不如求诸自己，不如通过自己的努力，打破这种消极被动的局面，带动起一批人，共同行动起来，改造旧环境，营造新环境。在科研大环境日益向好的条件下，在一个工作单位，打破旧的消极的局面，其实并不如想象的那样难。在科研上，有一个或几个人坚持不懈地努力下去，在学术上冒了尖，做出了成绩，原先的沉闷气氛就会逐渐被打破，局面就会随之松动。我在原工作单位的科研氛围，就是由包括我在内的四位教师逐渐带动起来的。

那是在“文革”后期，“左”的影响还没有消退，搞科研被批判为成名成家，是资产阶级名利思想作怪。当时我在的学校，一位分管教学工作的副校长在大会上公开讲，教授就是要教，讲师就是要讲。言下之意，你们这几个人搞科研是不务正业。不过，现在回过头来想想，在当时的大环境下，这位领导这样说，还算是比较客气的。后来随着整个大环境的好转，我们几个在小环境中的待遇也从根本上改变了。

何况，现在大学的学术环境是新中国成立以来最好的时期。每个大学都积极支持和鼓励科研，对做出科研成就的人都礼遇有加。因此，我劝那些还在迟疑观望的青年朋友，赶快行动起来，一万年太久，只争朝夕。

总之，大学的青年教师应该有自己的学术理想，要有那么一点雄心壮志。中国古人讲：“彼人也，予人也，彼能是，我乃不能是?”我相信这句话。只要努力，只要坚持不懈，总会在学术上做出一些成绩的。

（摘自“2007年给马鞍山师范专科学校青年教师所作的报告”）

四、脚踏实地，不断前行

从事学术研究，发表学术成果，这是一项十分复杂的工作。谁也不是天生会做研究，会写论文。用文学语言来说，谁一开始都是丑小鸭，在长期的研究和写作实践中，在多次的失败中，在别人瞧不起的冷眼中，不断总结经验教训，才逐渐成长起来而成为一只美天鹅的。这里有几点要注意的。

1. 能坐冷板凳

搞科研，做学问，作为过程是很辛苦的。有人说，乐在其中。其实这里的乐，主要不是指乐在过程，而是指乐在结果，而且是成功的结果。二万五千里长征作为过程可谓艰苦卓绝。毛泽东说：“三军过后尽开颜。”是说，经过了艰难跋涉，一旦登上山顶，才眼界大开，“无限风光在险峰”。我写文章，一篇文章万把字，有时一万几千字，写好以后，犹如生了一场病，那是一种巨大的精力消耗，特别是脑力的付出。因此，做学问、搞研究，不能怕苦。所谓能坐冷板凳，就是要甘于寂寞，长期埋头苦干，默默耕耘，这样才能取得丰硕之果。传说孙悟空曾在八卦炉里烤了七七四十九天，没有被烤煳，相反，还经受了锻炼。看来，功夫不到家不行。当然，功夫一到家，也会快乐无比。科研的快乐，特别是科研成果被社会承认和在生活中发挥作用所感受的快乐，是商场中赚钱的快乐、物质享受中的口福之乐，所无法相比的。用18世纪法国哲学家拉美特利的话说，那是天神般的快乐。

2. 一步行动胜过一打纲领

这是对马克思一句话的变通表达。马克思说：“一步实际运动比一打纲领更重要。”[①]其意思就是，纲领重要，但行动更重要。把这句话引申开来，也可以说，计划、设想很重要，但关键在于行动，在于做起来。拿科学研究来说，要设想，但主要不在于设想，而在于行动。在于找一个题目先做着，刚开始可能写得好，也可能写得不好，这没有什么要紧，这叫不计成败。只要动起手来，并坚持下去，这就是成绩，就是进步。不要希图写出一篇文章就能得到别人称赞，不要奢望写一篇文章投出去，就能得到回应，就会发表。可以说，这种可能性不大，或没有可能。

几年前，有一位青年朋友对我说，他想今年把讲师职称评到手。我问他，文章够了吗？他说，有几篇文章寄出去了。我说，那不一定靠得住。结果如我所言，他的这几篇文章如石沉大海，杳无音讯。于是，这位朋友十分沮丧，甚至自我怀疑，认为自己不是块搞科研的料。我对他说，不必如此，你很少写文章，还没有发表过文章，在这方面你经受的锻炼还比较少，文章投出去，没有音讯，没有什么可奇怪的，这很正常。说明你文章的质量还没有达到该刊发表的要求，继续努力就是了。不过，你已有进步，已有收获。这进步和收获不在于发表了作品，而在于你动手写作了。这开始的一步能走出去，可不是小事情，对初搞科研者来说，这就是最大的收获。

① 《马克思恩格斯文集》第3卷，426页，北京：人民出版社，2009年。

3. 不要用“创新”来束缚自己

搞学术研究，写学术论文，无疑要追求创新。因为创新是科学的生命。但对刚走上科研道路的人来说，不要一味追求创新，不要认为，要么不写，要写就要写出有新意的论文。这种观念对不对呢？我认为，是不对的，甚至还有危害。为什么这么说呢？因为初学写作者，根本不可能写出有新意的论文。既然写不出来，而又要求这样做，这不等于说，你根本不要写。因此，我认为，老师不要拿创新的要求去压学生，青年教师也不要拿创新的要求去压自己。这种压是没有好结果的。我带的硕士生往外投的第一篇文章，我鼓励他们往外投，但我从来不看。为什么？不是偷懒，而是一看，就得提意见，怕吓着他们。

其实，学术创新，谈何容易，不要说对本科生、研究生，就是对大学教师、大学教授来说，也不是一件轻松之事。因此，我主张，先把创新放在一边，把文章写出来再说。何况，创新不是存在于研究的预设之中，而是出现在研究的结果之中。把文章写出来了，其中就可能有那么一点或几点新意。

另外，对青年教师来说，写文章一开始没有新意，也属正常。一个青年的学术成长道路，总要经过学习、模仿、创新这样三个阶段。在这里，企图一步到位，那是不现实的。如前所说，关键在于动起手来，在于坚持下去，今天没有新意，不等于明天没有新意。总之，不要把创新看得太重，以致阻碍了自己前进的步伐。

4. 要学会自我约束

这是我的一个体会，即每年在科研上有一个大致的规划，大致的要求。用这个规划和要求来约束自己。古人说，“凡事预则立，不预则废”。我认为，这是至理名言。这在科研工作上，也是完全适用的。我们都是凡人，凡人都有一个共同的缺陷，那就是容易原谅自己。比如，我这一年没有闲着啊！我上了那么多课，还要忙家务，哪有多少时间去搞科研。因此在科研上容易马虎对待。这种态度是不对的。年复一年，老是原谅自己，长此以往，就会越来越懒，后果不堪设想。我曾带过一位女硕士生，原来基础很好，毕业后不久也发表了一些科研成果，但后来结婚、生孩子、带孩子，一拖几年。到要评职称的时候，逼着自己写文章。她把文章发给我，让我提意见。我一看文章，大吃一惊，学业荒疏到如此地步，简直令我不敢相信。“学如逆水行舟，不进则退。”这句古语，又获得了一次新的验证。

（摘自“2009年给安徽师范大学皖江学院青年教师的报告”）

五、关于问题意识

什么是问题，这里涉及矛盾、课题、论题及文题等相关概念，在这里，需要作适当的区分。

一般认为，矛盾就是问题，解决矛盾就是解决问题。在主体维度上，作这样的理解是可以的。但在主客体统一的纬度上，二者并不等同。按照辩证法的观点，矛盾是客观存在的，不管你认识或不认识，它都存在。只有当客观存在的矛盾被主体所意识，并且还不知如何解的时候，矛盾才会被称之为问题。因此，可以说，问题是反映在主观上的、尚无解的矛盾。不仅如此，矛盾一旦作为问题而存在。对主体人来说，也就必然内含着解决问题的意向。

问题中所反映的“无知”有两类。一是在人类意义上的有知，而在个体意义上的无知。这种无知所引发的问题，可以通过学习加以解决。二是人类意义上的无知。这种无知所引发的问题只有通过研究来加以解决。

现在大家都在说，搞科研要有问题意识，这是对的。但问题从哪儿来，它不是明摆在那儿的，而是要我们去感知和发现生活中的矛盾，并把矛盾转化为问题。

世人所面临的问题是多种多样的。但大体有三类：

一是在理论上已获解决，但由于操作方面的原因，在实践中尚未或尚未完全获得解决的问题。这类问题的解决，主要应诉诸实践。当然其中也有研究，但这里的研究，主要不是理论研究，而是实际操作的研究。

二是在实践上已经解决，而尚未获得理论上解决或理论上说明的问题。这类问题显然可以转化成为学术研究的课题。

三是在理论上和实践上都尚未获得解决的问题。这类问题可以转化为学术研究的课题，也是显而易见的。

因此，学术研究的问题意识，不仅指要感知和发现生活中的矛盾，把矛盾转化为问题，而且是指，要去发现在理论上尚未解决或尚未完全解决的问题。这样的问题才可以成为科研的课题。所谓课题，是指需要从理论上研究如何加以解决的问题。

另外，科研课题也并不等同于学术论文的论题。科研课题是从研究角度指谓的研究对象，而论题作为研究成果的表达，是从论证角度去指谓的论证对象。因此在拟定科研课题时，应把课题与论题加以适当的区分。

另外，论题与文题这两个概念也有区别。文题指文章的总标题。学术论文的文题有的直接标明论题。如是，论题与文题也就同一了。但在绝大多数情况下，并非如此。也就是说，同一个论题，其文章标题可能是多样的。在拟定文章标题时，应坚持这样两个标准：一是能更好地表达文章内容，二是能更好地吸引读者。也就是说，在选择文章标题时，不要拘泥于论题的制约。

（摘自“2009年给安徽师范大学皖江学院青年教师的报告”）

六、项目申报要打有准备之仗

申报项目，不能靠灵机一动，也不能找几个人临时凑一下，搞出一个申报书，那不行。这种做法不能成功，或成功率很低。一旦失败，对信心也是一种打击、一种伤害。

所谓要打有准备之仗。一是指研究课题确定得比较早。我成功申报的几个国家社科基金项目，一般都是正式申报前半年，把选题确定下来。二是指围绕选题大量阅读。有关的资料尽量找来看。有了这个准备，对申报书的填写，才能做到心中有数，做得比较周到。

七、项目申报书要提早填写和反复推敲

我的做法是，提前3个月左右，把申报书初稿填写好，放在那里，时时想，时时改，直到自己满意为止。前一些年，我校和我院，以及其他高校请我对一些教师的项目申报书，把把关，提提修改意见。我发现其中有一些做得比较认真、精细，也有不少申报书做得比较粗糙，很不成熟，这就极大地降低了申报成功率，而这一缺陷，经过努力，

是完全可以克服的。

（摘自“2010年给安徽工程大学青年教师关于科研所作的报告”）

八、倡导对现代中国学术的发挥式推进

学术的发展，就新观点与以往观点的关系来说，有以下两种推进方式。

一是否定式推进。即新观点通过对以往观点的否定和批判而形成。这就是所谓的先破后立，破中有立。

二是发挥式推进。即新观点通过对以往观点的肯定和发挥而形成。这就是中国古人所说的“我注六经”和“六经注我”，或如冯友兰所言的“照着说”，即照着别人说开去，“接着说”，即接着别人说下去。

诚然，在科研实践中，这两种方式不是迥然有别，截然分开的，而是互相支持、相互补充的。因为科学的发展总是在既有认识的基础上前进的。既有的认识在研究者看来，可能包含正确和错误两个方面。其中，被认为是正确的部分也不可避免地会带有时代和认识的局限。因此，一个研究者，除了要对以往认识中错误的部分加以否定性批判以外，也应对其中正确的部分加以肯定性发挥。一般说来，没有对错误认识的否定性批判，无疑会妨碍科学的发展；同样，没有对正确认识的肯定性发挥，也会妨碍科学的发展。因此，否定式推进和发挥式推进，是科学发展之两腿，少了哪一条都不行。

然而世人比较青睐科学发展中的否定式推进，而冷落发挥式推进。造成这种偏颇的原因可能有以下几个方面。

一是，否定式推进比较威猛、新奇，其促进科学发展的成效往往能吸引眼球，令人耳目一新。而发挥式推进则比较平和、平淡，其成效往往难以引人注目，以至通过这种肯定发挥所推动的新观点的提出，容易被人所忽视、抹杀。这种遭遇就是对杰出的思想家来说，有时也难以幸免。比如，列宁的《帝国主义是资本主义的最高阶段》，在现代人眼中，无疑是一部创造性的伟大著作。然而在其出版以后不久的一段时期中，曾有论者因它肯定和发挥了约·阿·霍布森的《帝国主义》一书中关于帝国主义基本经济特点和政治特点的论述，而指责列宁是对前者的简单重复，因而了无新意。毛泽东的《矛盾论》

《实践论》因为吸收和发挥了列宁和苏联20世纪30年代一些哲学家的思想，也曾遭此厄运，被一些论者视为抄袭。[①]然而这些都是没有根据的。

二是，我国是一个以马克思主义为指导的国家。因此，高扬马克思主义，特别是高扬马克思主义的批判性，这是对的。但是这种高扬曾在一段时间内，受到“左”的思潮的裹胁，走向了片面，走到了自己的反面，即遮蔽了马克思主义对以往人类文明成果加以继承和发挥的一面。改革开放以来，这种状况已有很大好转，但离根本改变还有一段距离。

三是，否定式推进比较适合当今的表现自我、推销自我的社会风气。而发挥式推进因是以肯定既有思想成就为前提，因而作者“自我”只能隐约于这种发挥之中。既然是“隐约”，于是在行文上，就不宜用“我认为”“我主张”等提示语来独树一帜，来强化读者对自己的印象。由此作者在这种发挥式中的自我表现，就显得不那么直接、那么光鲜。因而这种方式也就不那么受到为文者的喜欢。

如果不信，你不妨注意浏览时下的报纸杂志，那么你就会发现，以肯定发挥式为文的论者，是多么的稀少。这种对前人，特别是今人，即同辈同行的研究成果缺少欣赏、推介、弘扬和发挥的不良风气，已经极大地妨碍了现代中国学术的传承创新、妨碍了中国学派的形成发展，以及有声望人才的培养、涌现。可以说，这已成为当下中国学术的时弊。

毋庸置疑，新中国成立以来，特别是改革开放以来，我国学术建设获得了长足发展，科研队伍不断壮大。不仅老一辈学人焕发出了青春，而且新一辈学人也以新的研究方法、理论框架和思路登上学术舞台，取得了一些突破性的成果。然而，不少理论成果并未引起学术界的关注，自然也未产生应有的反响。因缺少肯定、赞许和发挥，这些新的理论观点可能因无人问津而湮没于历史的烟尘之中。同行之间，同辈之间，对别人的东西不去关注，不去阅读，又如何能站在现代学术的水平上，而有所发现和有所前进呢？现在不少人看重的是古人、已离世的人、洋人，看不上的是今人、活人、中国人，这种状况不改

① 参见许全兴：《为毛泽东辩护》，180—190页，北京：当代中国出版社，1996年。

变，绝对是没有前途的。

诚然，对同辈同行的肯定，不是故作低调，不是客套，而是在实事求是分析基础上的肯定，是照着说、接着说，并进而发挥引申地说。这里的“发挥引申”，可以表现为以下几个方面。

一是对既有的、仅限于理论上获得说明的观点，给予事实的举证，从而进一步做实这种理论观点。

二是对既有的、限于篇幅而点到为止的理论观点，加以具体内容的展开。

三是对既有观点的适用范围进行必要的甄别和划界。

四是对既有观点的描述性说明，通过提升，达于论述性说明。

五是对既有观点的意犹未到、未明、未尽之处，给予展现、扩展、延伸。

六是对既有理论没有涉及，而又与之密切相关的一些问题展开研究和论述。

七是对既有理论的散漫性论述加以提升，变成系统性、条理性和逻辑性的论述。

往大处说，一个民族的文化要得以延续、得以形成传统、得以不断地发扬光大，就必须依赖这种发挥性的推进方式。中华文化精神，特别是作为其主轴的儒家文化精神，之所以能在两千多年中生生不息，至今发挥着不可忽视的作用，其中一个重要原因，就是历朝历代的鸿学大儒对儒家经典的发挥式推进，从而使之常解常新，于是形成了源远流长的深厚底蕴。

冯友兰曾说：“不能轻视发挥引申。发挥引申即是进步。”①我赞同冯先生的观点。从某种意义上说，马克思主义的发展，其主要方式就是结合时代和民族的特点，对马克思恩格斯创立的马克思主义不断加以发挥引申。这里有两个方面的涵义：一是马克思主义、列宁主义、毛泽东思想，以及当代中国马克思主义是一脉相承的；二是在这个序列中，其后者又是对前者的丰富发展。

现代中国学术要使已经取得的成就获得巩固、走向成熟，进而形成自己的传统，并得以进一步传承创新，就必须大力提倡和践行对现

① 冯友兰:《中国哲学史》上册，19页，北京：生活·读书·新知三联书店，2009年。

代中国学术的发挥式推进。而不能一味否定，动不动就推倒重来，也不能缺乏热情，冷漠待之。为此，就要从根本上克服那种崇洋媚外的心态、那种厚古薄今的心态、那种重死人轻活人的心态。

我赞同赵敦华对当代中国学术的评价。他说："以往的大师（指19世纪末到20世纪上半叶出现的学术大师，引者注）是中国现代学术的创始者，固然值得尊敬，但也要看到，他们开创的学科毕竟还在草创阶段，他们的思想受20世纪初期国际学术思想的影响，不可能没有现在看来的历史局限性。他们之后的学术进步是明显的。几乎在中国学术的每一个学科，不但在资料、内容和广度上，现在的新成果已经超越了过去大师们的成就，而且在研究方法、理论框架和思路上，也有新的突破。……就以哲学学科来说，有谁能说，现在的中国哲学史研究没有达到冯友兰、胡适的高度，西方哲学研究没有达到贺麟、洪谦的高度，马克思主义哲学研究没有超出李大钊、李达或艾思奇的思想呢?"①

正是基于对现代中国学术成就的肯定，并作为在其中尽了一点微力的我来说，我比较重视阅读现代人的著作，从中吸取营养，同时也注意引导我的硕士生、博士生开展对现代学人思想的研究。我的一位博士生所进行的"黄枬森哲学思想的研究"，就曾获得2011年国家社会科学基金的项目资助。

（摘自给本科生开设的"文献检索与论文写作"的讲稿）

九、概念如何展开说明

学术论文的写作往往以明晰概念，特别是最核心概念为前提，并以此作为逻辑依据，展开有关论题的论述。对此，恩格斯曾说："辩证的思维……是以概念本性的研究为前提的。"②

如何展开对概念的说明呢？通常使用的有以下三种方式。

1. 通过对相近、相通、相似概念的比较来求得说明

比如，下文关于"人化自然"这一概念的内涵，就是在与"自在自然""人工自然"等概念的比较中来求得说明的。

① 赵敦华：《"为什么没有出现学术大师"：问题还是伪问题?》，《哲学动态》，2008（8）。

② 《马克思恩格斯文集》第9卷，485页，北京：人民出版社，2009年。

自在自然，是指未被人类作用和改造过的自然物质存在。这种物质形态无限地存在着。除地球浅层、表层和有限的地外空间以外存在的物质形态都是自在自然。

人工自然，是指人类通过实践改造自在自然所形成的各种人工自然物。

有人认为，人工自然就是人化自然。其实二者是既有相同又有不同的一面。

这里的相同之处有两点：一是人工自然和人化自然，既区别于自在自然，但又都是从自在自然转化而来；二是人工自然和人化自然都是人的活动的产物。

这里的区别在于：人化自然是指人的本质力量所改造并为社会的人所占有的自然，是属人的，作为人的本质力量的确证和服务于人的自然。因此，人化自然是在对主体积极意义上而言的人工自然物。但人工自然除了包含这种积极意义上的人工自然物以外，还包括对主体而言的消极意义上的人工自然物，即反主体性的人工自然物。比如，污染的环境、破坏的生态、伪劣产品，以及排放的废气、废渣、废液等。这种消极意义上的人工自然物不是对主体人的肯定，而是对主体人的否定，因而是要通过实践加以改造和消除的东西。[①]

2. 通过对同一概念不同解读的分析比较来求得说明

比如，下文对自由概念的说明，所采用的就是这种方式。

关于什么是自由的问题，不同的哲学派别在答案上是不同的。这里有关于自由的消极自由论、绝对自由论、理性自由论和实践自由论等观点的区别。

消极自由论把自由归结为人对自身之外的某种最高力量或必然的服从。在旧唯物主义那里表现为听从自然的安排，在宗教唯心主义那里表现为听从命运的安排。无论是以自然

① 参见陶富源：《实践主导论》，65页，合肥：安徽人民出版社，2001年。

主义或神秘主义表现出来的消极自由论，虽然都肯定了必然对人的客观制约性，但它夸大了这种制约性，完全抹杀了主体的能动性，这样也就抹杀了自由本身。

绝对自由论则是从上述的一个极端跳到另一个极端。它完全否定必然对人的活动的制约性，认为自由是完全排斥必然的绝对意志的自由，自由就是“由自己”，就是“为所欲为”。贝克莱说，自由就是脱离必然的人的精神的绝对自由。他把心灵的有条不紊、互相连贯看作是“自由的标志”①。休谟说：“所谓自由只是指可以按照意志的决定来行动或不来行动的一种能力。”②在现代西方哲学中，唯意志论的主要代表人物叔本华和尼采都主张绝对的意志自由。绝对自由论虽然肯定了人的意志自由这一合理之点，但是它把意志自由理解为脱离必然性制约的主观任意性，则是不正确的。

理性自由论认为，自由意味着合理，即合乎事物发展的内在规律（道理）。因此，在这种观点看来，自由是对必然的理性把握，即对必然的认识。在近代哲学史上，最新提出“自由是必然的认识”这一重要命题的是17世纪荷兰唯物主义哲学家斯宾诺莎。黑格尔继承和发展了斯宾诺莎这一珍贵思想。他说“自由一般是以理性为内容的”，“无知者是不自由的，因为和他对立的是一个陌生的世界”。③“任性作为决定这样或那样的能力而言，无疑是自由意志的一个环节，不过任性却不是自由，而首先是一种形式的自由。”④人只有认识了必然性，才能获得自由。所以，他说：“内在的必然性就是自由。”⑤不过，黑格尔所理解的必然性并不是外在客观的必然性，而是作为世界本质的绝对观念的必然性通过外在事物的一种呈现。这说明，他对自由和必然关系，以及对自由的理解，仍然是建立在唯心主义基础上的。

实践自由论，这是马克思主义哲学的自由论。马克思主

① ［英］贝克莱：《人类知识原理》，关文运译，45页，北京：商务印书馆，1973年。
② ［英］休谟：《人类理解研究》，关文运译，85页，北京：商务印书馆，1981年。
③ ［德］黑格尔：《美学》第1卷，朱光潜译，124、125页，北京：商务印书馆，1979年。
④ ［德］黑格尔：《小逻辑》，贺麟译，302页，北京：商务印书馆，1980年。
⑤ ［德］黑格尔：《小逻辑》，贺麟译，105页，北京：商务印书馆，1980年。

义哲学立足于人类实践，批判了消极自由论，认为："人不是由于有逃避某种事物的消极力量，而是由于有表现本身的真正个性的积极力量才得到自由。"[①]马克思主义哲学也批判了绝对自由论，并克服了理性自由论的不足，指出："自由不在于幻想中摆脱自然规律而独立，而在于认识这些规律，从而能够有计划地使自然规律为一定的目的服务。"[②]毛泽东以更为简练明确的概括指出："自由是对必然的认识和客观世界的改造。"[③]这种认识和改造的基础就是人们的社会实践活动。人们通过实践认识世界的必然，又以对必然的认识为指导，去改造世界。所以马克思说："自我实现，主体的物化——也就是实在的自由，——而这种自由见之于活动恰恰就是劳动。"[④]劳动是自由之基础，发展之动力。[⑤]

上文就是通过对消极自由论、绝对自由论、理性自由论和实践自由论关于自由的论述的分析、比较，从而科学揭示了自由的内涵。

3. 通过对概念内在结构的分析来求得说明

任何一个概念都有结构。诚然，作为概念所指的对象，其结构是完整的，但作为对对象进行把握的概念的结构，相对于对象的结构，则是近似的、不完整的。不过，这并不妨碍人们在相对完整的意义上去说明概念的结构。

什么是概念的结构，概念的结构就是作为概念构成内容的各要素之间的整体性关联。

一个概念的内在结构，可以从不同角度去说明。如同一个领导班子的结构，可以从不同角度，比如年龄结构、知识结构、性别结构、能力结构等去分别加以说明一样。

下文关于幸福概念的说明，就是从其内在结构的分析着手的。

关于幸福概念的说明，不能从单项指标，比如金钱与财

① 《马克思恩格斯全集》第2卷，167页，北京：人民出版社，1957年。
② 《马克思恩格斯文集》第9卷，120页，北京：人民出版社，2009年。
③ 《毛泽东著作选读》下册，830页，北京：人民出版社，1988年。
④ 《马克思恩格斯全集》第46卷（下册），112页，北京：人民出版社，1980年。
⑤ 参见陶富源：《实践主导论》，409页，合肥：安徽人民出版社，2001年。

富、运气与成功、健康与亲情来理解，而必须就其整体结构来理解，即多项要素的综合来理解。为了表达这种关于幸福的总体理解，人们提出了各种各样的“幸福指数”或“幸福地图”。其角度有两个：一是侧重于个人角度，二是侧重于社会角度。前者可称为个人幸福指数，后者可称为社会幸福指数，或国民幸福指数。所谓幸福指数也就是关于幸福的数据模型。

在人类认识史上，最早从总体结构来谈个人幸福的，可能要数亚里士多德。虽然那时还没有今人所说的个人幸福指数的概念，但他确实具有了这样的思维框架。他说，个人幸福有外在于身体的幸福，比如，财富、权力（国王的权力、政府的权力等）；有身体的幸福，即身体的健康；还有内在于身体的心灵的幸福。比如这个人是信奉斯多葛学派的，他很知足，知足就长乐，他就很高兴，不仅长寿而且幸福。又比如这个人品行很好，他受到普遍的尊重，从而给他的心灵带来幸福感。

英国莱斯特大学的怀特先生认为，他所理解的幸福是健康、财富和教育（获得享受教育的机会）的总和。英国的一个非政府组织“新经济基金”制定了一个“幸福星球指数”，认为“幸福=生活满意程度×寿命÷生态足迹”（即关注环保和可持续发展）。不丹第四世国王吉格梅·辛格·旺楚首次提出了“国民幸福指数”的概念，其中涵盖了廉政善治、经济增长、文化教育发展和环境保护等四个方面的内容。

这样一来，抽象的幸福概念，通过对其内在结构的展示，也就走向了具体，实现了模型化，人们对幸福的把握和对幸福的追求就有了可操作性，即把它变成了行动的纲领，以至国家的战略。

（摘自给本科生开设的“文献检索与论文写作课”的讲稿）

十、造成概念和理论的系统

这是毛泽东在《实践论》中提出的一个重要观点。他说：“要完全地反映整个的事物，反映事物的本质，反映事物的内部规律性，就必须经过思考作用，将丰富的感觉材料加以去粗取精、去伪存真、由此及彼、由表及里的改造制作工夫，造成概念和理论的系统。”[①]这就告诉人们，为了反映整个事物的本质和内部规律，仅有概念是不够的，还必须进行判断和推理；但仅有概念、判断和推理也是不够的，还必须形成理论的系统。即要揭示关于事物各种本质规定之间的内在联系，从而获得理论上的条理性、逻辑性表达。

条理性是指，理论系统中层次排列的有序性。或者说，理论层次的展开要反映和符合事物本身的顺序律。世界上一切事物在其层次构成和先后展开上都是有顺序的。如果反映和符合了事物本身的顺序律，那末，也就在行文中体现了条理性。比如，从经济到政治再到文化，体现了一种条理性；再比如，提出问题、分析问题、解决问题，也体现了一种条理性；又比如，从普遍到特殊，又从特殊到个别，这也体现了另一种条理性。

所谓逻辑性，即按照逻辑规律，一环扣一环，从一个层次逻辑地引出另一个层次；从一个层次自然过渡到另一个层次。比如，“人是自然界的一部分”[②]，这是马克思主义生态理论的一个重要命题。其逻辑展开，就表现为：（1）自然界是处在永恒的运动中。[③]（2）人本身是自然界的产物。[④]（3）人是自然界的一部分。[⑤]（4）自然界是人类劳动的前提和基础。（5）人的活动要服从自然规律。（6）坚持人与自然的一体性。即实现人与自然的共生共长、和谐发展。这六点，也就是“人是自然界的一部分”这一命题，通过一系列判断或六个层次，条理地、逻辑地所呈现的理论体系。

那种没有形成理论体系的文章、演说、报告，就只能是几大块的机械拼凑，或是杂乱无章的概念游戏。如毛泽东所指出的“单单按照事物的外部标志，使用一大堆互相没有内部联系的概念，排列成一篇文章、一篇演说或一个报告，这种办法，他自己是在做概念的游戏，也会引导人家都做这类游戏，使人不用脑筋想问题，不去思考事物的

① 《毛泽东选集》第1卷，291页，北京：人民出版社，1991年。
② 《1844年经济学哲学手稿》，57页，北京：人民出版社，2000年。
③ 《马克思恩格斯文集》第4卷，270页，北京：人民出版社，2009年。
④ 《马克思恩格斯文集》第9卷，38页，北京：人民出版社，2009年。
⑤ 《马克思恩格斯文集》第1卷，161页，北京：人民出版社，2009年。

本质，而满足于甲乙丙丁的现象罗列”[①]。这种罗列现象的概念游戏，或曰单个判断的简单排列，结果丧失了理论的具体性和系统性，也丢弃了事物本质的整体性。在这里，“概念”或命题是思维的“细胞”，理论的系统则是由细胞展开、形成的“大厦”，而判断、推理，则是这个“大厦”的“骨架”。是由“细胞”到“大厦”的逻辑环节。恩格斯说：“思维，如果它不做蠢事的话，只能把这样一些意识的要素综合为一个统一体，在这些意识的要素中或者在它们的现实原型中，这个统一体以前就已经存在了。”[②]

① 《毛泽东选集》第3卷，839页，北京：人民出版社，1991年。

② 《马克思恩格斯文集》第9卷，45页，北京：人民出版社，2009年。

主要参考文献

一、学术著作

［1］［英］威廉·伊恩·比德莫尔·贝弗里奇：《科学研究的艺术》，陈捷译，北京：科学出版社，1979年。

［2］中央人民广播电台理论政法部编：《成才之路》，北京：广播出版社、中国社会科学出版社，1981年。

［3］王力、朱光潜等：《怎样写学术论文》，北京：北京大学出版社，1981年。

［4］王涵、华石等编：《名人名言录》，上海：上海人民出版社，1981年。

［5］王通讯：《学海泛舟》，石家庄：河北人民出版社，1982年。

［6］乔默、江溶编：《治学方法谈》，北京：中国青年出版社，1983年。

［7］饶鹏飞：《采访与写作》，重庆：重庆出版社，1983年。

［8］复旦大学语言研究室：《〈修辞学发凡〉与中国修辞学》，上海：复旦大学出版社，1983年。

［9］李昂：《读书方法探寻》，北京：长征出版社，1983年。

［10］刘锡庆、齐大卫：《写作述要》，北京：红旗出版社，1984年。

［11］乔默、江溶编：《怎样学习和研究历史》，北京：中国青年出版社，1985年。

［12］［日］米武国弘：《怎样写科学论文——兼谈口头发表论文的方法》，李大川等译，济南：山东教育出版社，1986年。

［13］徐秋英、霍焕民：《说明文写作技巧》，北京：中国青年出版

社，1994年。

［14］陈妙云：《学术论文写作》，广州：广东人民出版社，1998年。

［15］方遒：《写作思辨》，合肥：安徽大学出版社，1998年。

［16］李鸥：《经济论文写作旨要》，天津：天津大学出版社，2000年。

［17］黄建成主编：《写作学教程》，合肥：安徽大学出版社，2002年。

［18］叶至诚、叶立诚：《调查方法与调研报告》，北京：中国纺织出版社，2002年。

［19］杨玉圣、张保生主编：《学术规范读本》，开封：河南大学出版社，2004年。

二、论　文

［1］徐希元、王亚军：《从“名师出高徒”看博士生培养》，《学位与研究生教育》，2001（9）。

［2］陈洪捷：《论寂寞与学术工作》，《北京大学学报》（哲学社会科学版），2002（6）。

总 后 记

在多方关怀和支持下，我的12卷本文稿的整理和审定工作，终于落下帷幕，并交由出版社出版。心情为之一宽，也颇感欣慰。

我在高校工作，至今52年。除教学以外，我一直积极从事科学研究。现已年近八十，自知来日无多，渐增紧迫之感，于是想趁自己脑子还好使的时候，把上述事项办好，算是给社会，也给自己一个交代。有人说，对学者而言，作品重于生命。我深以为然。现得偿所愿，岂不幸甚!

在繁忙的教学工作之余，取得这样一些科研成果，虽没有多少特别闪光之处，但欣慰的是，总是比较努力，争取有所建树，从而为国家、为社会、为青年提供较好的精神果实，弘道扬善、针砭时论，回答人生的种种疑难，给人信心和温暖，使人反省和感动。因而自以为生活得还算踏实、充裕、享受。在教书育人间，自得其乐，以桃李芬芳为无上荣光。

常有青年朋友问我，怎样才能在科研上取得成绩。我以为，主要是贵在坚持。遇到困难，不气馁、不放弃；小有成绩，不骄傲、不停顿。坚持“三勤”，即勤于读书，勤于思考，勤于写作（做读书笔记和作文）。对作品要注重深度加工，力求做到言而有物（揭示本质和规律，达真）、言而有序（符合逻辑，讲究条理，致顺）、言而有文（讲究修辞，臻美）。就表达主体来说，达真是表达的必然境界，致顺是表达的能动境界，臻美是表达的自由境界（即意美知之感心、音美读之悦耳、形美阅之赏目的，富有情趣和享受快乐的境界）。俗话说，“水深则流缓”。科学研究需要从容不迫，力戒急功近利，要坚信：只要用心去做，必定会有所成。就获得科研成果而言，相对于聪明，坚持和执着是更为关键的因素。至于如何治学，我在文集第12卷中已做了较为详细的说明，故在这里从略。

总 后 记

收入这12卷的文稿，除自己的创作以外，还有作为附录的1篇译作和曾经受教于我的几位学生的4篇文章。凡学生谈老师的文章，总会带有感情色彩，难免会有溢美之词，此4篇文章也不例外。不过，其所言大体也是事实。对这些事实，特别是关于教学和科研的一些理念和做法的记述，对有心的读者可能会有帮助。正是基于这一认识，促使我多少超越了那种关于个人得失的一些顾虑。

这12卷文稿的整理和出版，除了自己的努力以外，得到了许多方面的支持和帮助，这在总序中已有说明。在这里，对各方面的支持和帮助，再一次表示深深的感谢。

陶富源

2024年6月26日